JN295798

LADAKH
ラダック

西チベットにおける病いと治療の民族誌

山田孝子 著

京都大学学術出版会

目　次

序　章 …………………………………………………………………… 1

第1部　ラダックの歴史と人々の暮らし

第1章　西チベットの自然・歴史とラダック王国 ……………… 11
　1. 西チベットの自然と人々　12
　2. 西チベットの歴史と宗教的背景　20
　3. 交易に支えられたラダック王国　40
　4. 王国期の統治体系　47

第2章　村人の伝統的社会生活 ………………………………… 55
　1. 伝統的社会集団概念　55
　2. 婚姻規定と結婚式　68
　3. 仏教徒にみる日常的宗教行為　88

第3章　農耕と牧畜からなる生態 ……………………………… 95
　1. ムギ類を主とする灌漑農耕　97
　2. 作物の種類と品種　110
　3. 食材を彩る果樹栽培　116
　4. 伝統的牧畜　123

第4章　伝統的食文化 …………………………………………… 135
　1. 主要栽培植物の加工・調理　135
　2. 動物性食品の利用 ── 乳製品と肉類　148
　3. 日常的な食事と特別な料理　153
　4. 伝統的慣習と特別料理 ── 事例から　156
　5. ラダックにおける食物観　160

第5章　インド独立後の現代化と政治的・宗教的・文化的葛藤 … 165
　1. インド独立後の社会制度改革　167

2. 政府による地域開発，観光化，そして経済格差の拡大　171
　3. 宗教的共存から宗教的対立の顕在化へ　175
　4. 1989 年の暴力的衝突の展開　181
　5. 指定部族地位の獲得とラダック自治山麓開発評議会の成立　183
　6. 解消されない仏教徒の不満　184
　7. 宗教の共存に向けての試み　186
　8. 盛んになる NGO 活動　189
　9. 開発をめぐる意見の対立　192

第 2 部　ラダックにおける病いと治療

第 6 章　村人にとっての病い　197
　1. 病いと村人の信仰　199
　2. 超自然的病因の判定　216
　3. 『パルダンラモの占い書』が語る病因論　220
　4. 病いの多元的理解　224

第 7 章　アムチの医学理論 —— 病因論，診断法，薬物理論　233
　1. チベット医学の歴史的背景　234
　2. アムチの病因論と治療の理念　235
　3. 病いの診断　240
　4. 病いの分類　244
　5. 薬物理論　252

第 8 章　アムチの治療実践　261
　1. アムチへの道　261
　2. レーのアムチにみる病いの治療　269
　3. 憑霊の病いを治療する村のアムチ　278
　4. アムチが保持する薬物知識　281
　5. アムチの医学にみる健康観　292

第 9 章　シャマンになるとは　301
　1. 病いの経験　302
　2. アユ・ラモの語る病いの経験と修業　310

3. シャマン候補者としての認証と修業　321
　　4. ラダックにおけるシャマン化の過程　328

第10章　シャマンの儀礼的行為 …………………………………… 331
　　1. シャマンの道具類と儀礼の場　332
　　2. 治療儀礼の手順　334
　　3. シャマンのイニシエーション（ラボック儀礼）　341
　　4. シャマンの異言（1）：身体的に不調な患者との対話　359
　　5. シャマンの異言（2）：霊による病いの患者　366
　　6. シャマンの儀礼的行為と病因論の再生産　375

第11章　現代化の中で生きるシャマン …………………………… 377
　　1. 実践され続けるシャマニズム　377
　　2. 2003年に出会ったラモDT　379
　　3. シャマンの儀礼的行為にみる変化　381
　　4. 憑依する神々とその変容　385
　　5. 人々はシャマンに何を求めてきたのか　388
　　6. 依頼者・内容にみる変容　391
　　7. 境界を越えるシャマニズム　393

終　章 …………………………………………………………………… 397

引用文献　405
索　引　411
あとがき　419

ラダック
西チベットにおける病いと治療の民族誌

序　章

ラダックへの旅立ち

　西チベット，ラダックは私にとって初めてのフィールド調査の地ではなかった。大学院に入学して選んだ沖縄の八重山諸島を最初のフィールドワークの地とし，常夏のミクロネシアのプンラップ島，そして旧ザイール国東部のニンドウ地方をへて，ラダックは4つめのフィールド調査地である。アフリカでのフィールドワークを終えた後の1983年に，西チベット，ラダックでのフィールドワークに初めて旅立ったのであった。

　インド西北部ジャム・カシミール州に位置するラダック地方は，古くにはマルユル (mar yul) と呼ばれ，10世紀ごろからラダック (la dwags) という名で呼ばれるようになった地域である。この地方は，ザンスカル地方，パキスタンのバルティスタン地方とともに，チベット語系の人々が暮らし，古くから西チベット，あるいは小チベットと呼ばれてきた。ラダックの人々は，ラダック語でラダックスパ (la dwags pa) と呼ばれる[1]。

　唐代の求法僧玄奘の記した『大唐西域記』などの古代の旅行記に登場する西チベットは，インドと中央アジアを結ぶ交易路の要衝地にあり，古くから人々が行き交った土地である。近世に入ると，西チベット地域は探検，調査，あるいはキリスト教布教の対象としてヨーロッパ人の関心をも集めるようになってきた。たとえば，1820年代におけるイギリス人ウィリアム・ムーアクロフト (William Moorcroft)，ハンガリー人アレクサンドル・チョーマ・ド・ケーレス (Alexandre Csoma de Korös) による

---

[1] 本書では，ラダック地方をさす場合にはラダックを，ラダックの人々を示す場合には，英語の慣用的な民族名称であるラダッキを用いる。

探検，1846-1847年にかけてラダックに滞在したイギリス人の名誉陸軍少佐のアレキサンダー・カニンガム（Alexander Cunningham）による調査，19世紀から20世紀初めにかけてレーに滞在したモラビア教会の宣教師A・H・フランケ（A. H. Francke）などにより，民族誌的，言語学的，歴史民族学的事実がヨーロッパ世界に知られるようになっている。

　しかし，インドのイギリスからの独立以後，西チベットは度重なる印パ戦争，中印国境紛争の戦場となってきた。国連による停戦ラインが事実上の国境線となり，バルティスタンはパキスタン側，その東側に位置するラダック，ザンスカルはインド側，ラダックのチャンタン地域の一部は中国側というように，西チベット地域は，インド，パキスタン，中国の各国家に分断され，ラダックとバルティスタンとの間，ラダックとチベットの間はかつてのような自由な行き来は途絶えてしまっている。しかも，ラダック・ザンスカル地方は，1970年代半ばに一般外国人旅行者に開放されるまで，外国人が踏み入れることのできない閉ざされた地帯となっていた。

　この入域開放は，チベット文化を肌で触れることのできる，現代に残された秘境としてラダック地方が世界の檜舞台に登場していく契機ともなったのであった。当時，ラダックへの入域ルートは，ニューデリーからラダックの中心地レーまで一飛びする空路，ジャム・カシミール州の夏の州都スリナガルからの空路と陸路の3ルートであった。後には，インドと中国との関係が好転したことにより，ヒマラヤ南面の山麓に位置するヒマチャル・プラデーシュ州の町マナリーからの陸路が外国人に開放された一方で，1990年代にはカシミールの分離独立をめぐる抗争の激化がスリナガルからの陸路の利用を困難にさせていた。初めてラダックを訪れたのは1983年の夏であるが，ちょうどトレッキングで村々を訪れる外国人観光客が賑わい始めた頃であった。ラダック入りは，スリナガルからの陸路をとったのであった。

自然の障壁に囲まれたラダック地方

　スリナガルからラダックへの陸路は，かつて，カシミールの商人が隊商を組み，交易の途に着いた，あるいは，カシミールのイスラム王がラダック王国攻略の兵を進めたものである。スリナガルを発って車で約三時間の距離にある，標高約3,444メートルのゾジ・ラ（ゾジ峠）は，長い間ラダック王国にとって自然の障壁の役目を果たしてきた。ゾジ峠で大ヒマラヤ山脈を越えると，一面にステップが広がり，ヒツジや馬をつれた放牧キャンプのテントが散在するプーリック地方となる。ここからカルギル，ボド・カルプまでのプーリック地域に住む人々は，バルティスタンの人々とともにイスラムを信仰するチベット語系の住民として知られている。彼らは，ラダックとバルティスタン，カシミールとの抗争の歴史の中で，イスラム化されていった人々であり，カルギルから北西のインダス川下流域にあたるバルティスタン

写真 0-1 スリナガルからの陸路で最初に出会うインダス川流域の光景。岩山と半砂漠の幻想的な景観の中にそびえるラマユル・ゴンパを望む（1983年）

の人々とひとまとめにして、ラダックの人々からバルティと呼ばれている[2]。

　カルギルからレーまでの道のりには、もう一つの高い峠越えがある。標高約4,167メートルのフォト・ラ（フォト峠）であり、峠にはラトー（lha tho「地方神ラーlhaを祀る石積み」）が立ち、色とりどりの布が結びつけられ、はためいていた。フォト峠を越えると、正真正銘のラダック地方となる。峠を越えるとインダス川本流域に入り、一段と乾燥が進んだ半砂漠の景観が拡がり始めるが、この下手ラダック地方に入って、最初に出会う村がラマユルである。村の家々を見下ろす険しい岩山の上には、ディグン・カーギュ派の僧院として有名なラマユル・ゴンパがそびえ立っている。第2章でラマユル僧院の歴史について触れるが、ここには、カーギュ派の始祖の1人であるナローパ（na'a ro pa ca. 1016–1100）が建立したといわれる小堂や、大翻訳僧として知られるロツァワ・リンチェンザンポ（lo tsa'a ba rin chen bzang po）の創建になると語り伝えられる古いお堂が残されている。

　ラマユルからさらに道路を進むと、インダス川沿いの標高3,048メートルに位置する下手ラダックの中心地カラツェに至る。カラツェは古くからインダス川を渡る

2　プーリック地方の人々は、バルティスタンのスカルド地域からカルギル地区に移住してきたバルティからは、プーリックパ（purig pa）と呼ばれているという（Bhasin 1999: 61–63）。

写真 0-2 細かく区画化された段々畑と植栽されたポプラが際だつ典型的なラダックの村の景観。インダス川支流域沿いの盆地に立地するティンモスガン村から (1989年)

橋が架けられ，交通の要衝地として知られてきた。カラツェからインダス川にそって上流地域へと進むのであるが，あたりは植物などほとんど生えていないような景色が続く。近づいてみると，乾燥に強い草が逞しく生えている。半砂漠の荒れ地が拡がり，村のあるところのみが木々の緑で覆われたオアシスのようで，遠くからもその存在が一目瞭然となる。第3章で詳しく取り上げるが，ラダックではこのような乾燥条件のもとで，耕地の隅々まで水を張り巡らすという，階段状のテラス耕地および灌漑水路の構築という技術を活用して農耕が行われてきた。

スリナガルからの陸路が示しているように，カシミールから大ヒマラヤ山脈，トランスヒマラヤ山脈を越えての高度差約 1,905 メートルの道のりは，刻々と移り変わる自然の景観をまざまざと見せつけるものでもある。ラダック王国が幾度となく降りかかったカシミール王朝の侵略を逃れることができた理由の一つには，このような自然の障壁があるのではないのかと合点したことを覚えている。

大ヒマラヤ山脈を越え，ドラス地方，カルギルを経て，ラダックに近づくにつれこのような荒涼とした岩肌の露出した山々が連なるのであった。それまで，「山」と「緑」は一体となって意識されていた私の「山」に対するイメージとは対照的な，綿々と果てしなく続くラダックの岩山，しかも自然の色に縁取られた岩山は，これまでのフィールド経験からの想像を絶するほど神秘的，魅力的な景観であった。ま

た，景観だけではなく，このような山々に囲まれた土地に王国が数百年にわたって成立してきたという点にも興味がそそられたのであった。こうして，ラダック文化の理解への長い道のりが始まったのである。

　ラダックでの調査は，新しい研究テーマに踏み出すという意味でも私にとって研究上の契機となった。それまで，沖縄，ミクロネシア，アフリカを舞台に人間ー自然関係という生態人類学の基本テーマを念頭に，とくに，エスノボタニー（民族植物学），エスノサイエンスの観点から研究を進めてきていた。ラダックでの調査も当初は，エスノサイエンス的調査を考え，民族植物学的広域調査を行ったのであった。植物相が貧弱な環境で，民族植物学的情報が多くはない中で，薬草の話が頻繁に出てくるのに気づき，アムチと呼ばれるチベット医学の医師と出会い，アムチの医学を民族医学として捉える調査から取りかかったのである。

　この頃は，私がちょうど京都から札幌に移り住んだ時でもあった。札幌での生活という地の利を活かして，ラダック文化を国外での調査対象，アイヌ文化を国内での調査対象として，同時並行で研究を進めていたのである。この同時並行の研究姿勢は，アイヌの研究が民族植物学的研究から，民族動物学，そして，超自然観へというように，認識人類学的世界観の研究へと進展するのに連動し，ラダックの研究も民族医学の研究からシャマニズムの研究へと進展したのであった。ラダックの調査は，いわば，エコロジーからコスモロジー，宗教と生態とを総合的に考えるという方向へとテーマを拡大する契機ともなったのである。

　1980年代ラダック地方では，チベット仏教という教義宗教に頼りながら，その一方で，シャマンにも頼るという宗教実践が実在し，チベット医学でさえも，チベット仏教の儀礼，シャマンの儀礼と共存，共同しながら病気の治療を行うという実態があった。そこでは，農耕と牧畜，そして交易という見事に環境に適応した生計によって人々の暮らしが支えられる一方で，多種多様な霊の観念への信仰，あるいは村の中のさまざまな社会的軋轢は人々をシャマンに向かわせるという現実が垣間見られた。

　生態学的に適応した人々の生活が，実のところ，宗教によって見事に支えられていることに気づかされたのである。こうして，日常的生活のレベルにおいて人々が抱くアニミズム的世界観が，たとえばアイヌ，ラダッキと文化を越えて普遍的に存在し，人々の生態と深く結びつくことに，とても関心が引きつけられたのである。1990年代には，東シベリアのサハにおいても調査を進めることになったが，現代社会においても引き継がれるアニミズムとシャマニズムの世界観はラダック文化を理解するうえでも重要なテーマとなったのである。

文化を理解するということ

　異なる文化の理解はどのように可能であろうか。人類学者が民族誌を書く目的の1つは，文化理解に貢献することにあるといってよい。私たちは，文化を理解しようとするとき，ややもすれば，文化が個々の民族がその土地に住み，生計を成り立たせる上で作り上げた生活様式の「総合的体系」であることを忘れ，文化を断片ごとに細切れにして，目を向けがちである。しかし，たとえば，人々の宗教的世界は，「宗教」として単独に存在するものではなく，生態や社会関係との相互関係，多面的な網の目の中に成立するものである。

　しかも，一面的な見方しかできないときには，異なる文化に対する偏見のみが残ることにもなりかねない。たとえば，もう1つの研究対象としてきたアイヌ文化をみてみると，文化の真髄が込められている「クマ送り」(イオマンテ)の儀礼は，日本社会において，否定的な評価を下されてきた歴史がある。「クマ送り」は，狩猟と採集を主要な生業としてきたアイヌにとって重要な儀礼の一つある。「クマ送り」には，山でのクマ狩りの後に行われる「山グマ送り」と，生け捕った仔グマを1-2年間の飼育後儀礼的に殺してその霊を送る村里(コタン)での「飼いグマ送り」がある。アイヌの集団儀礼として重要な「飼いグマ送り」は，儀礼のクライマックスで生きた仔グマを殺すために「野蛮な」儀礼として非難された経緯がある。その背景には，この儀礼の意味を理解しない他者にとっては仔グマを殺すことは無益な殺生であり，また，動物愛護の意味からも容認することができなかったことがあった。

　しかし，『アイヌの世界観』(山田 1994)で示したように，「クマ送り」において仔グマを殺すことは，アイヌの世界観においてとても重要な意味を持つ。アイヌの世界観においては，クマはヌプリ・コロ・カムイ(山岳を領有する神)あるいはキムン・カムイ(山の神)の人間の世界における顕れ，つまり，カムイ・モシリ(神の世界)において人間と同じ姿をして暮らすクマの神がアイヌ・モシリ(人間の世界)を訪れたときの姿なのである。そして，カムイ・ユーカラには，人間に狩られたクマの神は丁重にもてなされ，毛皮と肉を残し，人間から送られたイナウ(木幣)，酒，粢餅などを土産にもたされ，再び神の国に帰り，土産にもたされた品々をもとに神の国(カムイ・モシリ)で神々を招待して饗宴を開くと謡われるのである。

　カムイ・ユーカラは，ヌプリ・コロ・カムイと人間との接点となる狩猟はクマの神が火の神の招待を受けることによって成立するものであることを示唆し，クマの狩猟は人間とクマの神との直接交流の始まりの場であることを示すのである。クマの毛皮と肉はカムイから人間への贈り物なのであり，カムイはこの人間への贈り物と引き換えに，イナウ(木幣)や酒を土産にもって神の世界に帰るべきものなのである。また，人間が死後カムイとなってカムイ・モシリ(神の世界)にあるコタンで暮らすと考えられるように，死によって人の魂はアイヌ・モシリ(人間の世界)からカ

ムイ・モシリへとその存在する場を移す。同様に、クマは死（人間に殺されること）によって訪れた人間の世界からその神の世界へ戻ることができるのである。つまり、「クマ送り」において仔グマを殺すことは、人間によって彼らの世界を一時的に訪れることになり、養い育てられたクマの神を、再び本来の世界へと送り返すために、人間に負わされた責務なのである。

　アイヌの世界観はカムイと人間との同等な関係を基盤とし、現象世界である人間の世界と超自然的世界である神の世界との相補的互酬性に基づく二元的世界観を基本とする。「クマ送り」儀礼は人間の世界と神の世界との互酬性を再確認する場であり、両者の互酬性が維持されることにより狩猟の成功が保証されることになっているのである。

　生活の糧をほぼ全面的に自然に依存してきたアイヌにおいて、人間と自然との間には本質的平等性が想定されており、クマは単に生物種としてみなされるのみではなく、霊魂をもち、カムイとして存在し続ける実体として考えられている。このような世界観を背景に、儀礼の場においてクマを殺すことが大きな意味をもつのである。クマを殺すことを無益な殺生、あるいは動物虐待とみなすことは、むしろクマを生物種としてのみ捉える世界観を背景にしているにすぎないのである。

　文化の理解には、このように生態と宗教を統合させた深い理解もまた必要なのである。このことは、シャマニズムの理解にも当てはめることができよう。北方文化にとってシャマニズムは宗教・世界観そのものとして文化の中心的核となっており、シャマニズムを宗教的現象として限定させるのではなく、むしろ宗教と生態との連繋という視点から考えることも重要である。実際、*Circumpolar Religion and Ecology* (Irimoto & Yamada 1994) において明らかにしたように、北方諸文化において宗教と生態との緊密な連繋、北方という地域環境における宗教と生態との動態的関係にみる普遍性、共通性が認められる。このような宗教と生態、さらには社会との緊密な連繋は北方諸社会に限定されたものということはいえず、むしろ人類文化に普遍的に認められることと考える方が自然であろう。シャマニズムの研究においても、人々の生活基盤としての生態学的側面の考察も含めた、総合的理解が重要なのである。

本書の目的

　宗教と生態は、人類学において伝統的に2項対立的に、別個のテーマとして扱われてきたといっても過言ではないであろう。しかし、以上の視点に立ち、本書は宗教と生態とを連繋しあうものと捉え、ラダックにおけるシャマニズムを、病いと治療をキーワードに、伝統医学や人々の生態をも含めて総合的に理解しようとする試みである。また、ラダックにおける病いと治療は、多様な霊的観念への信仰を軸に、チベット医学の伝統を受け継ぐアムチ、チベット仏教の僧侶、そしてシャマンがと

もに関わり，ラダック王国という複雑社会の歴史の中で人々の生態を保証し，発展してきたものでもある。この意味で，本書は，アニミズムとシャマニズムを単純社会に限定される問題としてではなく，王国という複雑社会において継承されてきた宗教動態として人類学的に再考するものである。

ラダック地方へは，1983年の約10ヶ月に及ぶ長期調査以降，1988年，1989年，1990年，2003年と数回にわたって訪れた。十数年ぶりに訪れた2003年のラダック調査では，現代化の波にもまれる，その変貌にも驚かされた。今日のラダッキが直面する現代的問題は，宗教と生態との動態的関係に目を向けさせるものでもあった。

したがって，本書は2部構成をとり，まず，第1部では「ラダックの歴史と人々の暮らし」として，ラダックの民族誌的背景を取り上げる。具体的には，西チベットの自然・歴史とラダック王国の経済的背景と統治機構，ラダックの人々の伝統的社会システムと日常的宗教行為，宗教的多様性の歴史的背景，農耕・牧畜を主要な生計基盤とするラダックの人々の生態および食文化，および，インド独立後の現代化の中で直面する政治的・宗教的葛藤について明らかにする。第2部は「ラダックにおける病いと治療」として，病いと信仰，アムチの医学理論と治療実践，シャマンの誕生過程と儀礼的行為，現代化のなかで生き続けるシャマンといった点に焦点をあてる。

以上の構成をもとに，シャマニズムをはじめとする信仰と宗教実践を核としながら，宗教と生態の動態的関係を描き，ラダックにおける病いと治療の特徴を明らかにする。また，近年の現代化の中でのラダック文化の継続性を手がかりに，伝統文化が社会の現代化の中で生き続ける，あるいは再活性化されるという，伝統文化の「連続性」とは何を物語るのかについて考えてみることにしたい。

最後に，本文中でのラダック語の表記は，Wylie (1959) によるチベット文字の転写方式に基づくものであることを付記しておく。ただし，ここでは，チベット文字と文字の間をハイフォンで結ぶ代わりに，1文字の空白としている。現地用語については，ラダック語のカタカナを用いた音写，チベット文字の転写，その意味を，例えば，ラー (lha「地方 (特有の) 神」) という形式で記述する。

第1部　ラダックの歴史と人々の暮らし

第1章

西チベットの自然・歴史と
ラダック王国

　西チベット地方は，現在は3つの国家に分断されている。ラダック，ザンスカル，ラホール，スピティなどの地域はインドに帰属するが，バルティスタン地方はパキスタンに事実上帰属し，ラダックの北東に位置するアクサイチンは中国の実効支配のもとにある。この地域の歴史からみると，これはインド・パキスタンの分離独立以後のほんの近年になって生じたことであり，西チベット地方には，インド・パキスタン間，インド・中国間の国境紛争の結果，それぞれの間に停戦ラインが引かれ，これが実質的な国境となり，自由な往来はできなくなっている。

　いずれの地域においても，カラコルム山脈，トランスヒマラヤ山脈，ヒマラヤ山脈などに囲まれた高標高の山岳地帯という自然を利用した生活が営まれてきたが，これらの地域では交易を通した相互交流が盛んに行われてきたのであった。つまり，このように国境によって分断された西チベット地方の現状は，この地域の歴史を振り返ってみると，とても不自然な状況ということができる。ラダックの歴史的背景は，広く西チベット地域という文脈を抜きにしては語ることができないだけではなく，国家の領域が反映された現代の地図上では辺境の地となるラダック地方が，かつては国と国とを結ぶ結節点，ある意味では中心であったことを示しさえするのである。ここでは，このようなラダックの歴史的背景について，とくに古代から近代までに焦点を当て，西チベットの自然と歴史の中でのラダックの位置，ラダック王国が維持されてきた経済的基盤と統治機構，宗教的多様性の生成という点から，概観してみることにしたい。

1. 西チベットの自然と人々

　西チベットの各地方では，高度差に伴う自然環境・自然条件の違いによって，そこで営まれる生計活動には微妙な違いがみられる。地域ごとの生態的多様性は，第3節で取り上げるように，交易活動を発達させてきたということもできる。ここでは，西チベットにおける生態的多様性を，ラダック，バルティスタン，ザンスカルの3地方を例に，眺めてみることにする。

ラダック地方

　ラダックは，北はカラコルム山脈，南は大ヒマラヤ山脈に，西はゾジ峠，北西にバルティスタン，東はチベット高原を境界とする，周囲をヒマラヤの山脈群に囲まれた地域である（図1-1）。この地域は南側に大ヒマラヤ山脈，北側にカラコルム山脈を控えたトランスヒマラヤ地帯に位置し，カラコルム山脈，ラダック山脈，ザンスカル山脈が北西から南東へと平行して広がり，その間をインダス川，ショック川，ザンスカル川などが流れる。ジャム・カシミール州の夏の州都スリナガルとレーとを結ぶ道路は，ゾジ峠，フォト峠を越えてラダックに至るのであり，ヒマチャル・プラデーシュ州のマナリとレー間の道路には，ロータン峠（3,978m），バララチャ峠（4,892m），タクラン峠（5,325m）がある。ラダックの地形はラダック山脈，ザンスカル山脈と，それらの間を平行に流れるインダス川，ショック川の深い渓谷によって特徴づけられ，周囲の山脈や河川は自然の境界ともなってきたのである。

　ラダックは古くはマルユル[1]とも呼ばれ，この地域には吐蕃王国崩壊後の10世紀から19世紀中頃までラダック王国が栄えていた[2]。ラダック王国は，最盛期には東はルトックからチベットのグゲ，プーランまで，西はプーリック，南はヒマチャル・プラデーシュ州に属するラホール，スピティ地方をも含む広大な地域を治めていたことが知られる。このため，ラダックという地名は，重層的な意味をもつものとなっている。ラダックは，広義には現在の行政上，インド国，ジャム・カシミー

1　Jäschke（1998 [1881]: 411-412）は，la dwags と同じで，ラダックのことを指すと述べるにとどまるが，Das（1981 [1902]: 955）は，インダス峡谷の国であり，la dwags（Ladak）に与えられた名称であり，低地の国という意味であるとしている。

2　後述するように，カラツェには，紀元前3世紀頃のマウリア朝アショーカ王時代のものといわれる碑文や，AD184 または 187年の碑文が残る。吐蕃王国のティソン・デツェン王の時代（755-797年）には，西はパキスタンのバルティスタン，ギルギット地方まで，北はカシュガル，東は中国（唐王朝），南はインドと接するまでの地域がその支配下に入り，9世紀までこれらの地域は吐蕃王国の領土となっていたことが知られる。とくに，バルティスタン以東の地域はチベット系の人々が住み，中央チベットに対し西チベットと呼ばれてきた。

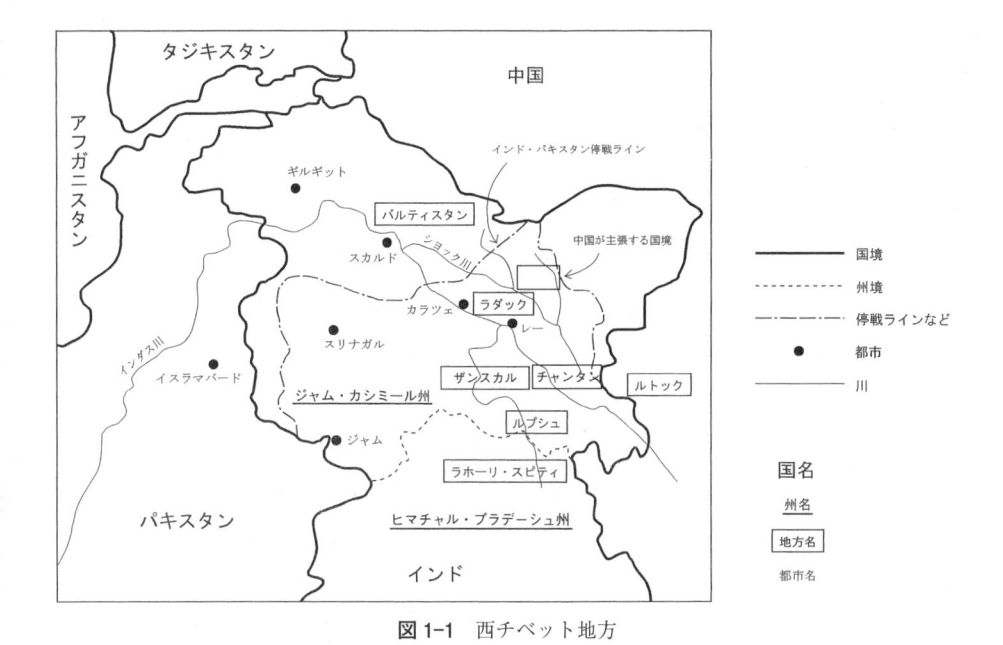

第1章　西チベットの自然・歴史とラダック王国　●──　13

図 1-1　西チベット地方

写真 1-1　レー市内への入り口から遠くに望む，ラダック王国の威勢を伝えるレー城（1989年）

ル州，ラダック管区（Ladakh Region）に相当し，狭義にはラダック管区の下位区分であるレー支区（Leh Tehsil）[3] に相当するものということができる。

　レー支区は，さらに自然の境界によってシヨック川流域のヌブラ地域，インダス川流域の正真正銘のラダック地域，ラダック地域の南東の高原地帯に拡がるチャンタン地域，ツォモリリ湖やツォカル湖周辺のルプシュ地域に分かれる[4]。ラダック管区のもう一つの下位区分はカルギル支区であり，カルギル市区，ザンスカル川流域のザンスカル地域，ゾジ峠を越えたドラース川流域からカルギルまでのプーリック地域，スールー川流域のスールー地域などがこれに含まれる。正真正銘のラダック地域はさらに，レーを中心とし，ウプシ，サクティ，ギャまでの上手あるいは中央ラダック，およびニェモからカラツェあたりまでの下手ラダックに分かれる。つまり，カラツェから東南にカル，ウプシまでのラダック山脈とザンスカル山脈とに囲まれた，インダス川流域が正真正銘のラダック地域ということになる。本書が調査対象としたのは，この正真正銘のラダック地域の村であり，本書では，ラダック地方というのは正真正銘のラダック地域を指す意味で用いる。

　このような立地条件を背景に，ラダック地方は10月後半-6月には陸上の交通は閉ざされる。中心地レー（標高約3500m）で，年平均降水量が156mm程度，夏季の日中には気温が25-6℃に達するが，冬季には最低気温が-20℃にもなる[5]。一方，どの村も砂漠の中のオアシスのように，植栽された木々の緑で覆われており，遠くからも村の存在が一目瞭然となる。しかし，一旦村を外れると，あたりは植物などほとんど生えていないような，乾燥に強い草が逞しく生えているだけである半砂漠の荒れ地が拡がる。

　インド政府による1941-1960年の気象観測記録によると，レーでの年平均降水量は111.9mm，比較的降水量の多い7-8月でさえ15.7-19.2mmであり，5-9月の作物の生育期間の総降水量は56.1mmにすぎない[6]（Kachroo et al. 1977: 13）。ヒマラヤを越えるモンスーン季節風は，山脈の南面で雨を降らし，乾いた風をラダック側にもたらすだけであり，植生は高山性のステップと石の多い砂漠となる。こうしてラダック地方の自然は，寒冷で，非常に乾燥した気候のもとで，河川に沿った峡谷，高地の草原地帯を除き，半砂漠地域が続くものとなっている。

　この自然条件はラダックの人々の生態を特徴づけ，かれらの生計基盤である農耕

3　1979年にラダック管区が2つの下位区分（レー支区とカルギル支区）に区分されるまでは，ラダック管区は1つの地区で構成されていた（Srinivas 1998: 25）。
4　中国が実効支配しているアクサイチン地域は，インドの主張によれば，レー支区に含まれる。
5　website: http://www.jktourism.org/cities/ladakh/gen.htm, 02/06/23
6　インド政府による1981年の国勢調査の報告をみると，1901-70年の気象観測記録にもとづく，年平均降水量はレー支区で，96.4mmとなっている（Khan 1989: 112）。

写真 1-2　中央ラダック地方の景観

は，河川の水を利用してのみ可能となるのであり，村々が川沿いの谷に立地することとなっている。完全な遊牧生活が営まれるチャンタン地域などを除き，農耕・牧畜を基本生業とする村落は標高約 3,000m−4,000m の高標高地域の河川流域に点在する。レー支区は約 45,110km^2 の面積を有し，行政上 112 の村とレー市に分かれているが，1981 年の国勢調査によると，ラダック管区全体の人口は 132,372 人，レー支区では 68,380 人であるが (Khan 1989: 102, 125)，1991 年にはラダック管区全体で 163,000 人，レー支区で 93,000 人 (Van Beek 1996: 185) と人口は急増していることが分かる。ただし，人口密度は 1991 年においても約 2.1 人 /km^2 と低い数値を示す。

ラダック管区全体では，主な家畜頭数は 1981 年の個体数調査によると，パシュミナヤギが 140,000 頭，その他のヤギが 17,000 頭，ヒツジが 70,000 頭，ヤクとウシの種間雑種ゾー・ゾモが 4,000 頭，ヤク・ウシが 27,000 頭となっている (Bhasin 1999: 35)。単純に合計すると，258,000 頭で，人口 1 人当たり 1.94 頭ということになる。81 年の国勢調査によれば，レー支区では，農耕を主生業とするものは人口の約 65.8％を占めるのに対し，牧畜を主生業とするものは約 4.8％を占めるにすぎない結果となっている (Khan 1989: 209, 211, 213)。しかし，実際には，村の立地する標高の違いが村ごとの生計活動の微妙な違いをもたらすものともなっている。たとえば，標高 4,000m 近くの村では，夏の期間が短く，生育期間の短いオオムギをかろうじて栽培できるだけで，エンドウも結実できず，家畜の飼料に利用できるのみである

という。このため、ヤクとディモ（ヤクの雌）、ヒツジ・ヤギを飼育する牧畜が中心となるという。反対に、標高3,000mの村では、たとえばカラツェにおける農耕と牧畜については、第4章で詳しく述べるが、収穫時期の早いオオムギの畑では二毛作が可能となり、オオムギの収穫後ソバ、ダッタンソバ、エンドウなどを植える。また、アンズ、リンゴ、ブドウなどの果樹栽培が盛んとなる。また、第3節で述べるように、村ごとの標高差による自然条件の違いは、主要となる生計活動の相違をもたらし、交易活動を盛んにさせる要因ともなっているのである。

バルティスタン地方

　西チベット地域は、すべてラダックのように乾燥した土地であるというわけではない。ザンスカルは冬季の降雪量が多いせいもあり、山は大きな木はないが、緑で覆われ、夏には一面お花畑となっていた。ラダックの山々は岩肌の男性的な装いを呈すのに対し、ザンスカルの山は優しい、穏やかな味わいを醸し出す。また、標高の低いバルティスタンの村々では、乾燥した気候とはいえ、木々が多くなっている。標高、降水量などの微妙な違いにより、自然の景観は多様性に富んでいる。

　パキスタン北部、カラコルム山脈の高峰を北方にひかえたインダス川とその各支流域の峡谷からなる地域はバルティスタンと呼ばれている。村々は標高約1,800-3,000mに位置する。標高約2,500mの町スカルドがその中心地である。この地方に住む人々は、バルティ（sbal ti）と呼ばれるが、彼らはイスラム化したチベット語系の言語を母語とする人々である。

　パキスタンの首都イスラマバードからカラコルム・ハイウェーを北にギルギットまで辿り、そこから右に折れ、インダス川の急峻な峡谷に沿って道を進むと、スカルドの町に到着する。1983年に訪れた頃、ギルギット−スカルド間の道路は、冬には閉じ、夏の間に開くのみであるといい、バルティスタンはパキスタンの中でも交通の便の悪い、辺境の地となっていた。

　バルティスタンは、ラダックの西北、インダス川下流域にあたり、村々はラダックより標高が低い地域に位置する。このため、植生は乾性ステップではあるが、居住地域はより温暖な気候となっている。農耕、牧畜、交易を主な生業とする点で、生計活動にはラダック地方と大きな違いがないが、農耕は温暖な気候を反映し、果樹栽培がより盛んであり、村の中にはクワ、モモ、リンゴ、西洋ナシ、アンズ、クルミなどの果樹がたくさん植えられている。ここでも農耕は縦横にめぐらした水路による灌漑を利用して行われ、谷間の傾斜地の土地が石を組んでテラス状に整備され、耕地に使われている。

　温暖な気候条件は、オオムギ、コムギを一次作物、アワ、キビ、ソバ、ダッタンソバ、マメ類を二次作物とする二毛作、その他にカブ、サトウダイコン、ジャガイ

写真 1-3 バルティスタン，カプル村の少年たち（1983 年 10 月）

モ，ウリ類といった野菜類，香辛料など，多彩な作物の栽培を可能にさせている。なかでも，アンズは最も重要で大量に植樹され，干しアンズ，アンズ油が一年中をとおして利用可能となっている。

　牧畜は，ヤク，ヤクとウシの種間雑種であるゾー（雄）とゾモ（雌），ウシ，ヤギ，ヒツジを対象とし，夏季には標高 3,000 メートル近くの牧場での放牧，冬季には集落内での飼育という移牧形式で行われていた。家畜のミルクからは，乳製品を作り，これを食用とするが，ゾーは畑の開墾，ムギ類の脱穀に欠かせないものとなっている。また，バルティスタンのスカルドは，バルトロ氷河を越えてヤルカンドに向かう交易路の拠点となっており，ヤクはカラコルムの峠を越えての交易活動で，荷役獣として欠かせないものとなっていた。耕作期間中は移牧により，牧畜活動を農耕活動から空間的に分離させるというように，バルティもラダックの人々と同様に両活動をうまく調整させた生活を送っている。

　バルティスタンが西チベットの中で特殊な位置を占めるのは，現在パキスタン領であることが示すように，この土地に暮らすバルティが仏教徒ではなくムスリムであることによる。あるバルティは，ムスリムになったことによるラダッキ（ラダックの人々）との最大の違いは一妻多夫婚の禁止にあると語っていた。しかも，複数の妻や一時的な結婚が認められ，女性は一時的な結婚の解消後，自由に再婚できるのであるという。また，イスラムの相続法により，土地・財産の分割相続などが普及したため，土地の細分化がより進んでしまったと語る。1983 年当時，農耕・牧畜という生計手段は自給自足的ではありえなく，出稼ぎなどによる現金収入なくしては生活が成り立たないといい，パキスタン国内だけではなく，アラブ諸国など国外

にまで出稼ぎに行くのが一般的となっていた。

ザンスカル地方

　ザンスカル（zangs dkar「銅・白い」）は行政的にはラダック地方カルギル支区に属する。ラダックの南東，北をザンスカル山脈，南を大ヒマラヤ山脈に囲まれた地域であり，この地域の人々は，ザンカルパ（zangs dkar pa）と呼ばれる。村の位置する標高は平均 3,700m であるが，高度 4,000m 以上に位置する村もある。ザンスカルに入るには，東のシング峠（標高 5,100m），南のウマシ峠（5,930m），西のペンシ峠（4,350m），北のシンゲ峠（5,060m）という，いずれかの高い峠を越えなければならない。このため，ザンスカルはラダックの中でもとくに地理的に隔離され，冬季の寒さが厳しいことで知られる。

　ラダックのレーからザンスカルの中心地パダムへは，ザンスカル山脈を越えるトレッキング・ルート以外に，夏季にはカルギルを経由しスールー川沿いに進み，ペンシ峠を越えての自動車道路が利用できる。しかし，1980年代には，カルギルからザンスカルの中心地パダムまでのジープ道は夏のほんの短い間に開通するのみであった。夏の間はレーとの間はカルギル廻りにしろ，山越えのトレッキング・ルートにしろ，遠い距離となる。これに対し，冬の厳寒期には峠が雪で通行不能となり，夏季のルートが利用できないのに対し，ザンスカル川が氷結するため，インダス川とザンスカル川との合流点から氷結した川の道 —— チャダール（chab dar）—— を通るルートがレーとの交通路となる。チャダールはレーとザンスカルの村々とを最短距離で結ぶ，冬の交易ルートであり，冬にはむしろ，レーの町のバザールでザンスカルの村からやってきた人々をよく見かけるのである。

　ザンスカルの人々の言語は分類上，チベット語西部方言のラダック方言に含まれるが，ラダック地域とは少し異なり，ザンスカル方言と区別される。1980–81年の人口統計によると，8,175人（男性 4,104人，女性 4,071人）である[7]。オオムギ・コムギの灌漑農耕，ヤク，ゾー・ゾモ，ウシ，ヤギ・ヒツジを飼う牧畜，交易という生計手段，チベット仏教の信奉など，ザンスカルの人々はラダッキとほぼ共通の文化をもつ。ザンスカルにおける主な家畜頭数は，1982年の個体数調査によると，ヤギが 15,128頭，ヒツジが 19,960頭，ウシが 3,157頭，ゾー・ゾモといったヤクとウシの種間雑種が 5,409頭，ヤクが 9,328頭であった[8]。家畜の単純合計は 52,982頭で，人口1人あたり 6.48頭となり，ラダック管区の1人あたり平均頭数の約 3.3倍と牧畜のウェートが高いことをこの数値からもうかがうことができる。

7　1983年1月現在の統計では，21歳以上の男女の数は 5,285人となっていた（フィールドノート，1983年8月6日）
8　村の獣医へのインタビューから（フィールドノート，1983年8月6日）。

写真1-4 ザンスカル川とインダス川の合流点からザンスカル側を眺める。冬季には，凍ったザンスカル川が唯一の交通路となる（2003年）

写真1-5 ザンスカル高地の原野のただ中にひっそりと建つ仏塔。仏教徒の土地であることを物語る（1983年7月）

実際，村の標高はラダックに比べ相対的に高く，耕地面積が少ない一方，降水量が多いため豊かな牧草地をもち，ラダックの人々よりも生計は牧畜により重点を置くものとなっている。夏の間，家畜の乳を搾り，バター，チーズを作り，羊毛で布を織る。ザンスカル産のバター，羊毛布は，レーのバザールで重宝され，冬になると，彼らはこれらの生産物を背負い，チャダールを歩いてレーに売りに行く。そして，干しアンズ，茶，砂糖，日用品と交換し，村に持ち帰るのである。

以上のように，西チベットの人々の生活は，たいていヤク，ウシ，ヤギ・ヒツジを飼う牧畜，オオムギ・コムギを主な作物とする農耕，そして交易によって成り立つという点では基本的には大きな違いがない。しかし，高度差による自然条件の違いは，生計活動における比重のかけ方の違いとなって現れ，それぞれの土地ごとに生活はバラエティに富む。たとえば，オオムギとコムギの栽培面積の割合をみても，高度が高くなるほどオオムギへの依存が高くなっている。標高の低いバルティスタンでは，アンズ，リンゴなどの果樹栽培が盛んで，干しアンズはこの地域の重要な交易品となる。比較的温暖な気候のため二毛作が可能となり，牧畜へのウェートが低くなる。これに対し，標高の高いラダックのチャンタン地域では，もはやオオムギの栽培も不可能で，牧畜が中心となり，この地域はヤクのバター，ウール，レーナ (le na) と呼ばれるパシュミナ[9]の産地として知られる。

2. 西チベットの歴史と宗教的背景

ラダックを始め，パキスタンからインドに広がるインダス川の上流域に古くから住み着いていた集団は，紀元前2世紀のプトレマイオスの時代にすでに Byltai として知られていたものと同じで，古チベット語系の言語を話す集団であるともいわれる (Thomas 1935; ref. by Jettmar 1980: 27)[10]。西チベット地方は，現在では，仏教徒が多数を占めるラダックとザンスカル，イスラム教徒からなるバルティスタンというように，その住民の宗教的背景が異なる。しかし，この地方はインドのカシミールと中央アジアを繋ぐ経由地であり，この立地条件の下，カシミール地方が仏教の中心地であった古代に，ここには北インドの王朝の支配下のもとで，いわゆるインド仏教が進出していた。

---

9 パシュミナというのは，ヤギの毛で織った生地のことをいうが，チャンパが売りに来るのはパシュミナヤギからとった毛である。
10 Gergan & Hassnain は，「チベット語を話す集団は，紀元前4–5世紀頃，タングート地方を発ち，西へと移住し，その後，さらに，パミールを越え，インダス川上流域に移動し，定住したのである」と述べる (Gergan & Hassnain 1977: 21)。

ここでは，西チベットにおける古代から近代に至る歴史を概観しながら，異なる文化や文明の交流，あるいは交差点となってきたこの地域の歴史的特異性を考えてみることにしたい。

古代西チベットにおけるインド仏教の伝播

西チベット地方には，ガンダーラを中心に栄えた古代インド王朝との結びつきを示す遺跡が各地に残っている。たとえば，フランケは，カラツェの橋の近くの岩山には，ブラーフミー文字，カローシュティー文字，古いグプタ文字の碑文，さらにはチベット文字の碑文などが残されているのを確認している (Francke 1914: 94-95)。また，ラダック地方の南に隣接するザンスカルの中心地パダム近郊のザンスカル川沿いの断崖には，5体の仏像を描いた岩壁画が残り，中央の仏像は弥勒像であることが報告されている (Francke 1998 [1907]: 21-22)。

ブラーフミー文字は紀元前4世紀ごろから4世紀ごろまで北インドで使われており，カローシュティー文字については，紀元前3世紀頃のマウリア朝の威勢が絶頂に達していたアショーカ王 (268-232 B.C.[11]) の碑文が現存最古のものとして知られ，第2次クシャーン朝時代に，ブラーフミー文字に取って代わられるまで用いられていたものである (中村 1966: 189-190, 383)。ブラーフミー文字の碑文は B.C. 200年頃のものであり (Francke 1998 [1907]: 20)，カラツェで発見されたカローシュティー文字の碑文には，王の名と年代が刻まれており，年代は184年または187年というように読み取れたという (Francke 1914: 94)。このカラツェの碑文は，第1次クシャーナ朝ウェーマ・カドフィセーヌについて言及する唯一の碑文であり，西暦37年以降のものと知られるものである (中村 1966: 169-170)。さらに，グプタ文字は，4世紀中ごろにグプタ王朝が成立して以降，ブラーフミー文字から変遷して用いられるようになった文字である。

これらの西チベットで発見された考古学的遺跡は，この地域が非常に古くから北インドと中央アジアを結ぶルート上にあり，重要な経由地であったことを示すとともに，この地が当時古代インド王朝の植民地となっていたことを示す強力な証拠であるともいわれる (Francke 1998 [1907]: 20; Petech 1939: 100)。古代インド王朝は，アショーカ王以来，仏教を擁護し，布教に努めたことで知られるが，第2次クシャーン朝のカニシカ王 (A.D. 129-152[12]) は仏教を信奉し，保護・援助し，それ以後仏教は，急速にアジアの諸国に広がるにいたったといわれる (中村 1963: 554; 1966: 189-191)。したがって，西チベット地域には，アショーカ王あるいはカニシカ王の頃には，カシミー

---

11 中村 (1963: 417) による推定に基づく在位年代である。Francke (1998 [1907]: 20) は，アショーカ王の時代を 272-231B.C. と推定している。

12 中村 (1966: 186) の推定に基づく。

ル由来のインド仏教[13]が西チベットに伝播していたということができる (Francke 1998 [1907]: 20; Jamyang Gyaltsen 1997: 117)。

　一方，バルティスタンについてもその歴史は古くまで遡ることが可能で，ギリシャ文献にも登場することが知られている。たとえば，紀元前5世紀ごろに書かれたヘロドトスの『歴史』には (3巻102)，インダス川西方の砂漠地帯に，「黄金を掘るアリ」が存在することが記されている (松平1971: 352, 446; M'Crindle 1901: 3)。M'Crindle (1901: 3) は，「黄金を掘るアリの話は，メガステネースによっても繰り返され，黄金が Derdai 族 ── Dardistan の人々 ── から運ばれるとメガステネースが述べる」と注釈している。紀元2世紀に書かれたプトレマイオスの『地理学』の第7巻には，インダス源流の下にはダラドライ族 (Daradrai)，その上方に彼らの山岳地帯と記されている (織田・中務1986: 117; Majumdar 1960: 370)。また，紀元1世紀のプリニウスの『博物誌』の中にも，「金はダルデ族 (Dardae) の間でとても豊富である」という記述が残っている (Majumdar 1960: 342; 中野他1986: 261)。さらに，インダス川とギルギット川との合流点近くには，仏像を彫った岩壁画や碑文などが数多く残されており (Jettmar 1982)，垂直にそそり立つ岩に彫られた大きな仏陀の像は，当時の人々の信仰心を今に伝えるものとなっている。

　ギルギット渓谷の入り口にあるアラム橋 (Alam Bridge) に残るカローシュティー文字の碑文には，ダラダ (Darada) の王の名が記されており，この地域には，ギリシャ文献に登場する強大な初期ダラダ王国が存在していたと考えられている (Jettmar 1980 [1958]: 13)。ダラダ王国はその後には4つの領国に分かれ，ギルギット川流域およびロンドウ (Rondu) 峡谷の東側のインダス川・シヨック川流域がボロル (Bolor) 国となったといわれている (Jettmar 1980 [1958]: 13)。バルティスタンはギルギットとともにボロル国に統一されていたと推定できる。

　西チベットの国々は，中国からインドに向かった求法僧の巡礼記にも，登場することが知られている。たとえば，最も古い記録が5世紀にインドを訪れた法顕の残した，399-414年の求法巡礼記である『法顕伝』(長沢1972) に残されている。「竭叉(かつしゃ)国」の項で (長沢1971: 24-25)，「千余人の僧がおり，ことごとく小乗学である。……沙門の法要はたいそう立派で，詳しく書くことができぬほどである」と仏教が興隆しているようすが記される。フランケは竭叉国を Kie cha と読み，ラダックのことであろうと比定し，カニンガムもこの比定を認めたと述べている (Francke 1998 [1907]: 40)。ただし，長沢は，白鳥庫吉が明らかにしたように，パミール山中のタシュクルガンに比定すべきであると注釈している (長沢1971: 248)[14]。

13　中村 (1966: 190) は，「カニシカ王は，……大乗仏教との関係は希薄であったらしい」と述べており，当時，西チベットの伝播した仏教は大乗仏教ではなかったとも考えられる。
14　法顕の既述がラダックを述べたものかどうかについては異論がある。長沢和俊は，竭叉国をパ

また，629 年に陸路でインドへ求法にでかけた玄奘の著した『大唐西域記』の巻第 3 に「2 鉢露羅国」がある。鉢露羅について水谷は，音標文字の 1 つとして balora を示し，今日のバルティスタンに当たると注釈している（水谷 1999b: 56）が，フランケもまた，これを Po-lu-lo とし，この地域の古い名称 Bolor の中国語音訳であるとしている (Francke 1998 [1907]: 40)。この項では，この国の概観として，ボロル（勃律）国がギルギット川流域およびその東側に続くインダス川流域沿いの東西に細長く伸びた地域であり，しかも，伽藍は数百か所，僧徒は数千人いると述べられており（水谷 1999b: 56），この地域においても，当時，高度な仏教文化・芸術が栄えていたことが分かる。

　一方，玄奘の『大唐西域記』の巻第 4 の「4 屈露多国」の記述をもとに，ラダックの比定が試みられている。この項には，「伽藍は 20 余カ所，僧徒は千余人いる」と記され，さらに，屈露多国から北路千八，九百里を進むと，「洛護羅国に至る。［また］この北二千余里，道は困難に，風は寒く雪が飛ぶ［所を通り］秣邏娑国（原注また三波訶国と謂う）に至る」とある（水谷 1999b: 135-136）。水谷（1999b: 137）は，秣邏娑国の注で，「Tib. mar-sa 即ち Tib. maryul（低地，Ladak の古今にわたる通名）とするが，これには異論（佐藤 1958: 199）もあり，原注中の三波訶についても定説はない（佐藤 1958: 150-199）」と述べている。しかし，ラダック研究者であるフランケは，この秣邏娑国について，次のようにカニンガムの説を紹介している (Francke 1998 [1907]: 41)。「カニンガムは，玄奘が Mo-lo-pho の名で西チベットのことを述べていると信じている。この名は，ラダック王国の通名 Mar yul に相当するものであり Marpa というのは Mar yul の人と同じである」。山口瑞鳳は，さらに，秣邏娑国を限定して，レーの東南にあるサブーを指すものであると比定している（山口 1983: 232）。

　このように，古代史料に登場する地名の比定には，研究者による違いがみられる。しかし，玄奘は，訪れた西チベット地域にはたいてい仏教が興隆していたことを書き記しており，ラダックにおいても例外なく，カシミール伝来の仏教が人々の信仰を集めていたことと考えることができる。ラダックでは，吐蕃王国において仏教が国教化される以前から，仏教が伝播し，浸透していたといえよう。ラダックにおける仏教のさらなる興隆は，次項で述べように，8 世紀以降に吐蕃王国に組み込まれたという歴史を見逃すことはできない。

吐蕃王国による支配と仏教の国教化

　チベットが吐蕃王国として統一され，8 世紀に強力な国家として歴史の表舞台に

ミール山中のタシュクルガン (Tashkurgan) に比定し，従来，レミュザによってカシュミール，ジャイルズや足立喜六氏らによってカシュガル，ボロル（小勃律国）などに比定されたのはすべて誤りであると述べている（長沢 1971: 20）。

登場するとともに，西チベットの政治状況が変化している。たとえば，8世紀20年代後半にインドを訪れた新羅の僧侶慧超の『往五天竺国伝』には，「大勃律」(バルティスタンに相当する東半分) 国は吐蕃王国の所管にあると記されるのに対し，「小勃律」国 (ギルギットに相当する) は唐の管轄下にあると記される (桑山 1992: 37, 104; 山口 1983: 238-240; 佐藤 1958)。ただし，「小勃律」国は，737年には吐蕃王国のティデ・ツクツェン王によって服属させられ，740年には吐蕃王国の皇女を王妃に迎えている (Jettmar 1980 [1958]: 26)。いずれにしても，8世紀20年代後半には，勃律国は2つに分かれていたのである。大勃律 (バルティスタン) と小勃律 (ギルギット) は，チベット語でそれぞれ，バルティ，ブルザ (bru zha) /ブルシャ (bru sha) と呼ばれるようになり (Jettmar 1980 [1958]: 26; 山口 1983: 238-240)，バルティスタン (バルティの土地の意味) はこの時の命名に由来するものである。

　また，ラダック地方もまた，この時期には吐蕃王国の配下に入っていたと考えられている。『往五天竺国伝』には，「……大勃律国，楊同国，娑播慈国である。これら三国はみな吐蕃の管轄下にある。……(ここにも) 寺があり僧侶がいて，三宝を敬い信じている。しかしここより東の吐蕃となれば，まったく寺はなくなり仏法を知らない。當地は胡人がいるので (仏法を) 信仰しているのである」と記される (桑山 1998: 37)。桑山は「娑播慈国をどこに比定するかについては，まだ定説がない」と述べるが (桑山 1998: 107)，山口瑞鳳はラダックのレーの西，アルチの対岸にあるサポツェ (Sa spo rtse) の国を示すと比定する (山口 1983: 239)。

　いずれにしても，慧超の記述は，娑播慈国は吐蕃王国の配下にあり，吐蕃の西に隣接する国であること，ここでは仏教が信仰されていたのに対し，吐蕃では仏教はまだ信仰されていないことを示している。ラダックも含めて，西チベットのほぼ全域が当時，吐蕃王国の支配下にあったことが分かる。実際，吐蕃王国の歴史をみると，ソンツェン・ガンポ王の時，吐蕃王国は西へと勢力範囲を拡大し，645年にはシャンシュン国を征服している (スタン 1971: 48-50)[15]。ティソン・デツェン王の時 (755-797年) には，西はバルティスタン，ギルギットまで，北はカシュガル，東は中国，南はインドまでと吐蕃王国周囲の辺境地帯をすべて征服したといわれている (Jettmar 1980 [1958]: 26)。

　ラダックは上手シャンシュンにあり (山口 1983: 232)，ラダックは少なくとも7-8世紀には吐蕃王国の支配下に入ったのである。これを示す次のような考古学的証拠をフランケが見つけている (Francke 1998 [1907]: 49-50)。下手ラダック地方カラツェの近くにある，800-1000年頃の吐蕃王国のおそらくティソン・デツェン王の時代のものと思われる，要塞形式の税関跡の遺跡である。フランケは，残された碑文か

15　山口 (1983: 392-398) はシャンシュンの併合は643年であり，ソンツェン・ガンポ王の治世とする説に対し，ティ・ソンツェン王の時代であったとも考えられるという説を紹介している。

らここに駐屯させられた税関の役人は，「下流域における交易の統治者」という称号を与えられ，この税関がインダス川に架かる橋を警護する役目も担っていたと推定している。

　一方，吐蕃王国の歴史は，王国が仏教を興隆させていったことを物語る。吐蕃王国を統一したソンツェン・ガンポ王（ca. 617-650）によって取り入れられた仏教は，その後，ティソン・デツェン王の時代（ca. 755-804）になると，ますます栄えるようになっている。とくに，ティソン・デツェン王は，まずナーランダ大学からシャンタラクシタを招き，サムエ僧院を建立させようとし（775-787），さらにシャンタラクシタのすすめで，僧パドマサンバヴァ（pad ma sam bha va）を招いている。パドマサンバヴァのお陰で，地鎮の儀式を行うことができ，最初の僧院となるサムエ僧院を建立することができたといわれている（デェ 2005: 59-60）。

　とても強い力を持っていたとされるパドマサンバヴァは，チベット土着の神々を折伏して仏法を守る護法尊として取り込んだと語られるように，かれは在来の神々，儀礼を取り入れ，ボン教との融合を計る契機をつくり，チベット仏教のその後の興隆の基礎をつくったのである。パドマサンバヴァはチベットに3ヶ月間留まったのみであるが，彼が去った後，794年には中国仏教徒（禅）とインド仏教徒との間で論争が行われ，最終的にインド仏教徒が勝利し，インド仏教のチベットにおける国教化がなされている（デェ 2005: 60; 山口 1988: 42, 46）。

　パドマサンバヴァはチベット仏教の祖としてニンマ派（rnying ma）のみならず，チベット仏教の各派で崇められているが，8世紀にザンスカル，ラダックのサクティ，ポカールを訪れ，ラダックにもニンマ派の教えを広めたといわれる（Jamyang Gyaltsen 1997: 118）。現在でも，パドマサンバヴァはラダックの人々の信仰の対象となっており，僧院には彼を描いたタンカが掲げられているのをよく目にする。吐蕃王国における仏教の国教化は，パドマサンバヴァの宗教的な力への信仰を伴い，ラダックにおいても8世紀以降，仏教をますます興隆させていったということができる。

　ただし，吐蕃王国は，その末期に，仏教とボン教との対立の中で崩壊するという歴史をもつ。ティデ・ソンツェン王の死後に跡をついだティツク・デツェン王，別名レルパチェン（在位 815-838）は，仏教を優遇したが，仏教以外の信仰とボン教を弾圧したため，ボン教徒大臣に殺されている（デェ 2005: 63-64）。ランダルマが跡を継いで王位につくと，今度はタントラ仏教に対し破仏を断行し，僧院は壊され，仏典は焼かれたのである。このため，ランダルマは，842年に変装して近寄った僧に殺害され，吐蕃王国は崩壊し，解体したのである（デェ 2005: 64）。

　吐蕃王国の解体後，ラダック王国が成立したばかりではなく，西チベットの他の地域も独立の小王国に分裂したのである。ただし，その後も初期仏教の伝統は継続していた。たとえば，843年に吐蕃王家が南北二朝に分裂した後，タントラ仏教は

次第に勢力を得ており,「ゾクチェン」の禅やボン教も復活している。また,ニンマ派も民間信仰を取りこみ,在来の神々を護法神として祀り,一方では古い型の性瑜伽を説き,呪殺の儀式をはびこらせ,その後の1世紀以上の間にチベット仏教の本当の基礎が作り上げられたといわれる (山口 1988: 47, 52)。

10世紀の前半には,ガリ地方のコルレ王は,若者をインド,カシミールに使わして仏教を学ばせており,その中の1人が大訳経僧といわれるリンチェンザンポ (ca. 958-1055) である (山口 1988: 54)。彼は多くのタントラ系の仏典の翻訳を行い,その後の仏教の再興に大きく貢献したことが知られる。また,バルティスタン地方をみると,10世紀中頃にはギルギットとバルティスタンが独立の領主国となるが,1168年にはスカルドに大僧院が建立されたことが記録に残っている (Francke 1972 [1926]: 183)。

リンチェンザンポのもたらした仏教は,7世紀頃インドで栄えた,瑜伽観法を中心とし民衆教化を直接目的としないヨガ・タントラ系のものであったといわれる (松長 1980: 12-13; ref. 煎本 1986: 439)。その後,コルレ王の跡を継いだガリの王は,当時の名僧アティーシャ (a ti sha) (982-1054) をヴィクラマシーラ大僧院から招いているが,1042年にアティーシャはチベットに入り,仏教の再興を行っている。アティーシャの弟子,ドムトウンは1056年にラデンに密教道場を建てて,人々を指導し,「教説を選び取った派」の意味でカダム派と呼ばれる,タントラ仏教を明確に制限する教理(シュン)派を起こしたといわれる (山口 1988: 57)。このように,リンチェンザンポからアティーシャをとおして引き継がれてきた教えは,チベット仏教カダム派として確立されていったのである。この教えは,次節で述べるように,ラダック王国成立後のラダック地方にも還流し,ラダックはチベット仏教徒の土地となっていくのである。

ラダック王国の成立と発展

『ラダック王統記』(Francke 1972 [1926]) には,吐蕃王国末期の破仏王といわれるランダルマの曾孫であるキデ・ニマゴンは,チベットを逐われ,マルユルを通過し,ガリのプーランの地に迎えられたとある。彼の3人の息子の1人により,初代ラダック王朝が始まったのであり,それは900-950年頃と推定されている。本項と次項では,ラダック王国の成立後の発展と,それに伴うチベット仏教の浸透と発展を眺めてみることにしたい。

『ラダック王統記』をみると,ラダックという名前がキデ・ニマゴン王の項で初めて登場している。そこには,マルユルの上手ラダック (la dwags stod「ラダック・上手」) はケーサルの子孫によって治められ,下手ラダック (smad rnams「下手・地区」) は独立の小国に分かれていたと記されている (Francke 1972 [1926]: 93)。当時,ラダックはマ

ルユルと呼ばれてきた地域の一部を指す地名であったことが分かる。

　キデ・ニマゴンはプーランで妻をめとり、ニズンに都を定め、その後、ラダック、グゲ、ルトックなどのガリコルスム全域を征服し、これを3地域に分割し、3人の息子にそれぞれの地域を任せたのである。長男には、マルユル、ルトック、ワムレから西へカシミール峠まで、次男にはグゲ、プーラン、ツェなどを、三男にはザンスカル、スピティなどを与えたのであり、長男のパルキィゴンから第1次ラダック王朝が始まったのである (Francke 1972 [1926]: 94)。

　第1次ラダック王朝期を物語るものとして、次のような遺跡が知られている。下手ラダックのカラツェの村を見下ろす高い崖の上に古い城跡があるが、A. フランケは、これを第1次ラダック王朝初期のナクルック王 (c. 1110-1140[16]) が建てたタクナック城の跡であると比定している (Francke 1998 [1907]: 92-93; 1972 [1926]: 96)。『ラダック王統記』にも、トラ年にナクルック王によるカラツェ築城が行われたことが述べられており、この碑文の主はナクルック王と考えられている (Francke 1972 [1926]: 96)。

　フランケはまた、橋のすぐ近くに次のような石碑が残されているのを発見している。彼は、碑文には偉大な王によりトラ年に橋が建設されたと刻まれ、「この新しい橋を壊そうとするものすべてに対する脅迫」で締めくくられていること、さらに、次のような脅迫文も刻まれていたという伝説が残ることを報告している (Francke 1998 [1907]: 66-67)。

　　たとえ誰でも心のなかでそれを悪く思うものがいたなら、その心を腐らせてしまえ。誰でもそれに手を伸ばそうとしたなら、その手を切り取ってしまえ。誰でもそれを目で傷つけようとするならば、その目が見えなくなるように。たとえ誰でも橋を少しでも壊そうとするならば、そのものは地獄に生まれ変わるように。

　フランケはこのような史実から、ナクルック王が現在の橋と同じところにインダス川に架かるラダック王国での最初の橋を建設し、橋を渡る交易商人から通行税を取り立てたのであったと解釈している。それ以前にはこの橋から3マイル離れたところにダルド出身のカラツェの領主が橋を架け、交易商人から通行税を取り立てていたのであり、この碑文はラダック王ナクルックがカラツェにおけるダルドの領主の支配に取って代わったことを示すと、フランケは述べている (Francke 1977 [1907]: 92-93)。つまり、独立の小国に分かれていた下手ラダックが、この時期にラダック王国に統合されたことが分かる。

　カラツェには、序章でも述べたように、スリナガルーレー間の道路がインダス川

16　ナクルック王の治世時期については、フランケ (Francke 1972 [1926]) の推定に基づいている。

流域に入り，初めてこの川を渡ることになる橋がかかっている。カラツェの橋は，調査当時も，レー支区の交通の要所として重視され，厳重な監視がなされていた。この碑文は，古代より交通の要衝地となっていたカラツェ地区の支配は，ラダック王国においても，交易活動の支配という意味で戦略的に重要であったことを示している。また，この時期にはラダック王国は上手ラダック地区のみならず下手ラダック地区をも領土とする，いわばインダス川上流域全域を支配する王国への脱皮を図っていたことが分かる。

一方，『ラダック王統記』には，キデ・ニマゴン王（c. 930-960）の王位継承にあたって，三男のデックゴンにスピティ，ザンスカル地方などの支配権が与えられたと記される（Francke 1972 [1926]: 94）。一方，ザンスカルの王統記には，カンパ（Khampa）[17] による征服についての言及があり，フランケはこれを，10世紀に起きたラサ王朝のニマゴン王によるこの地域の征服に比定している（Francke 1972 [1926]: 160-161）。これらの記述が示すように，ザンスカル地域もまたラダック王国の成立と機を同じくして，王国として統一されたのである。

ところで，ザンスカルの中心地パダムの対岸からザンスカル川に沿って下流にあるカルシャ村の丘の上に立つカルシャ・ゴンパ[18] は，12世紀にパクパ・シェラップによって建立されたといわれる。また，カルシャ・ゴンパにもリンチェンザンポに由来する仏塔があり，ラダックのアルチ・ゴンパと同じ形式の壁画が描かれている。これらの僧院が示すように，ザンスカル王国の成立後，この地方にリンチェンザンポの教えが広まり始めていたことが分かる。ザンスカル王国は別の王をいただく独立した王国を形成しながらも，政治的にはラダック王国と密接な関係を保ち，仏教徒王国として存続してきたのである。

ラダック王国は，同一の王朝として19世紀中ごろまで継続してきたのではなく，二つの系統に分かれて，維持されてきたと考えられている。実際，『ラダック王統記』は，ロロ・チョクダン王が叔父方の孫にあたるラーチェン・バガンに王位を奪われたことにより第1次王朝が終わり，第2次王朝がラーチェン・バガンを祖として1470年頃から始まったと記している。第2次王朝はナムギャル王朝とも呼ばれ，王の名には，たとえばツェワン・ナムギャルのようにナムギャルが含まれる。センゲ・ナムギャル王（c. 1590-1635）の時代，ラダック王国はその覇権が最大となっている。たとえば，ラダック王センゲ・ナムギャル王の時代には，かれの三男にスピティ，ザンスカルの支配権が与えられたと記され，ザンスカルもラダックの支配下に入っていたが，さらに，プーラン，グゲ，スピティ，プーリックから東はチベットのマルユム峠，ルトックに至るまでの地域を支配下に置き，隆盛を極めたことが知られ

---

17 東チベット地方のチベット人。
18 ゴンパはラダック語で，dgon pa と書き，僧侶たちが修行のために生活する僧院を指す。

写真 1-6 12世紀に建立されたといわれるカルシャ・ゴンパ。ザンスカル川を見下ろす岩山に建つ（1983）

写真 1-7 古い時代の仏教伝播を伝えるといわれる石仏。ザンスカル，サニ村にて（1983年）

ている。

　ラダック王国は，後述するように，バルティスタンのイスラム君主国との戦争，ダライ・ラマ政権成立後のチベットとモンゴル連合軍との戦争，さらにはムガール帝国の脅威に直面しながら，その維持を図っていく。ただし，センゲ・ナムギャル王以降，ラダック王国は，再び全盛期の領土を獲得することはなく，19世紀半ばのドグラ戦争によってその終焉を迎えるのである。

王国期におけるチベット仏教各派の伝播

チベットの歴史をみると、ランダルマの殺害により、843年に吐蕃王家が南北二朝に分裂した後、タントラ仏教は次第に勢力を得て、「ゾクチェン」の禅やボン教も復活している (山口 1988: 47, 52)。そして、10世紀の前半になると、ガリ地方のコルレ王のもとで、リンチェンザンポにより仏教が再興していた (山口 1988: 54)。

リンチェンザンポからアティーシャをとおして引き継がれてきた教えは、カダム派 (bka' gdams pa) として確立されていったのであるが、このカダム派をはじめとする吐蕃王国崩壊後に再興された仏教は、今日後伝仏教とも呼ばれるチベット仏教の教えである。その後、チベットでは祖師ごとの教えに応じて、カーギュ派 (bka' brgyud pa)、サキャ派 (sa skya pa)、ゲルック派 (dge lugs pa) などの宗派が誕生し、各地に僧院が建てられることになる。

リンチェンザンポはグゲ、スピティに多くの僧院を建立したばかりではなく、ラダックにおいても、仏教の浸透に深く関わったことが知られている (Petech 1977: 165)。ラダックの伝承が語り伝えるところによると、11世紀には彼によってバスゴの近くの廃寺や仏塔、サスポールの近くにある壊れかけた仏塔、マンギュ (mang rgyu)・ゴンパ、ムルベの小さなお堂などが建立されたといわれる。また、現在では完全に廃寺となっているが、ティクセ・ゴンパの近くにあるニャルマ・ゴンパは彼によって建立されたと記す文書が残されている。

また、ラダックに現存する僧院の中で歴史の古いことで知られるアルチ・ゴンパは、リンチェンザンポゆかりの寺といわれ、この寺には彼の肖像画が残されている。さらに、下手ラダック地方にあるラマユル・ゴンパには、リンチェンザンポの創建になると語り伝えられる古いお堂があるだけではなく、カーギュ派の始祖の1人であるナローパの建立した小堂もある。ペテックの推定したナローパの生没年からすると、ラマユル・ゴンパの建立は11世紀ごろまで遡ると考えられる (Petech 1977: 165)。また、この僧院は正式には、ユンドゥン・ゴンパ (g.yung drung dgon pa)、つまり、「吉祥なる文字(卍)の寺」と呼ばれており、この名はこの地が古くからボン教徒にとって重要な土地であったことを示唆するともいわれる (インド・チベット研究会 1982: 49; Thupstan Paldan 1982: 10)。このように、第1次王朝初期の11世紀には、ラダック地方の各地に、チベット仏教の僧院が建立されていったことが分かる。

13世紀には、ディグン・カーギュ派 ('bri gung bka' brgyud pa) の祖で、1179年にチベットにディグン・ゴンパ ('bri gung dgon pa) を建立したジクテン・ゴンポ ('jig rten mgon po) が、1215年にラダックに僧院を建てるために僧侶を派遣している (Jina & Konchok Namgyal 1995: 21, 24; Petech 1977: 166)。この時以来、ラダック王はディグン・カーギュ派の影響を受けることになり、ラマユル・ゴンパはラダックにおけるディグン・

写真 1-8 浸食された奇怪な岩山にそびえるラマユル・ゴンパと，実りの秋を忍ばせるユルタックで干される収穫後のコムギ（1990年）

カーギュ派の中心僧院となったと考えられるという[19]（Petech 1977: 166）。また，ラーチェン・ゴルップ王の治世（1300-1325頃）には，中央チベットへの学僧の派遣が導入されている（Francke 1998 [1907]: 68）。さらに，第2次ナムギャル王朝のタシ・ナムギャル（在位1500-1530）の時代には，ディグン・カーギュ派のフィアン・ゴンパが建立され，中央チベットの儀礼様式を導入し，大蔵経の書写，仏塔造りなどの仏教事業に力を傾けたことが知られている（インド・チベット研究会 1982: 17,48）。

センゲ・ナムギャル王の時代には，ドゥクパ・カーギュ派（'brug pa bka' brgyud pa）の偉大なラマ僧タクツァン・レーチェンが招かれ，ヘミス（1638），チェムレ，タシゴン，ハンレに僧院が建てられたという（インド・チベット研究会 1982: 19）。とくに，ヘミス・ゴンパは，ドゥクパ・カーギュ派のラダック地方における最重要拠点となっている。ドゥクパ・カーギュ派はラダック王家と結びつき，王国の庇護を受け発展するが，タクツァン・レーチェンの死後，チベットでの興隆を背景にしたゲルック派が次第に力を持つようになっている。

一方，15世紀のタクブン・デ王の治世（c. 1400-1440）には，ゲルック派の僧侶ラワン・ロロ（lha dbang blo gros）により，カダム派の僧院であったといわれるスピ

---

19 ジーナとコンチョク・ナムギャルは，フィアン・ゴンパが創建された後，つまり，16世紀以降，それまでカダム派であったラマユル・ゴンパがディグン・カーギュ派の配下に入ったという説を出している（Jina & Konchok Namgyal 1995: 21, 24）。

写真 1-9 人里離れた，谷の奥にひっそりと建つ戒律の厳しいことで知られるリゾン・ゴンパ。本堂の下に広がる僧侶達の居室には，太陽電池板が備え付けられていた（2003 年）

トゥック・ゴンパが再建されたことになっている。また，11 世紀に建立されたと年代記に記されるリキル・ゴンパは，中央チベットの史料では，ラワン・ロロの後継者によってゲルック派の僧院として建立（再建）されたことになっている（Petech 1977: 167）。このように，ラワン・ロロによってゲルック派の教義が積極的にラダックに導入され，僧院の中には，宗派を変更し再建されたものがあったことが分かる。

現在，ゲルック派は，他にティクセ・ゴンパ，リゾン・ゴンパ，サスポール・ゴンパ，サブー・ゴンパなど多くの寺を持ち，ラダックにおいてディグン・カーギュ派と並ぶ勢力となっている。また，15 世紀後半にレー支区で唯一のサキャ派僧院，マトゥ・ゴンパが建立されている。ニンマ派は，パドマサンバヴァがラダックを訪れた時に，伝播したということができるが，レー支区のニンマ派僧院は，1430 年にパドマ・ティンレーによって建立されたという，サクティ村にあるタックタク・ゴンパが現在まで残るのみである。

以上のように，ラダック地方の歴史は，ラダックが古くからカシミール経由でインド仏教の影響を受けるなかで，チベットとの政治的関係を背景にチベット仏教の各派の浸透を経験してきたことを示している。しかも，各宗派の僧院の栄枯盛衰は，ラダック王家との関係に左右されてきたのではあるが，僧院はラダッキの生活の安寧を保証するものとして，人々の生活の中で重要な役割を担ってきたのである。ラダッキの多数派である仏教徒は，日常的な仏教儀礼の実践に縁取られた生活を送ってきたし，現在も仏教への帰依はほぼ変わりない生活が送られている。

写真1-10　ゲルック派，ティクセ・ゴンパの本尊，黄金色に輝く弥勒仏。ダライ・ラマの写真も掲げられている（2003年）

バルティのイスラム君主国の成立とラダック王国との抗争

　しかし，西チベット地方諸地域の仏教を軸にした同質な宗教的背景は，バルティスタンのイスラム化によって大きく変わっていったのである。

　バルティスタンにおける最初のイスラムの布教は，サイード・アリ・ハマダーニ（Sayyid Ali Hamadani）によるスンナ派の教えであったといわれている（Biddulph 1880 [1977]: 123）。実際，カプル地区には，ペルシャ出身の神秘主義教団の聖者サイード・アリ・ハマダーニによって建立されたといわれる木造のモスクが残っている。バムザイの書いた『カシミールの歴史』によると，サイード・アリ・ハマダーニは1379年にカシミールを訪れている（Bamzai 1962: 318）。カプル地区には，遅くとも14世紀後半にはイスラムが浸透していたといえる。

　14世紀末にはカシミール地方にイスラム王朝が成立し，1405年にカシミールのムスリム君主シカンダール（Sikandar）はバルティスタンを征服し，彼らを仏教徒からイスラム教徒に改宗させたといわれる[20]（Jina 1999: 17; Bamzai 1962: 319）。さらに，1492年頃には，神秘主義教団の聖者モハンマド・ノール・バクシ（Mohammad Noor Baksh）の門弟であるシャムッドディン・イラキ（Shams-ud-din Iraqi）がカシミールを訪

20　Bamzai（1962: 319-320）には，「MagreyをラダックΚ征服のために派遣し，ラダックの領土の一部を加えることができた」記され，さらに「かれはラダックを手に入れ，パンジャブにも勝利を収めたため，彼の名はチムール（Timur）が支配する中央アジアまで鳴り響いた。チムールの迫害を逃れてやって来た沢山の聖者サイードを保護した」とある。

写真 1-11 バルティスタン，カプル村に残る，ペルシャ出身の聖者によって建立されたといわれる木造のモスク。ムスリムの村であることを示す（1983 年 10 月）

れ，後にスカルド地方に向かったといわれる（Bamzai 1962: 334-335）。イスラムはスーフィズム（神秘主義）によって人々の間に根を下ろしたともいわれるが，バルティスタン地域を訪れた初期のイスラム布教者は，いずれもペルシャに起こった神秘主義教団に属しており，この地域におけるイスラムの浸透化もその例外ではなかったことが分かる。

バルティスタン地域では，1846 年にはインダスの本流及び支流ごとにカプル国，シガール国，パルグータ国，スカルド国などの独立のイスラム君主国が成立していたことが知られる（Cunningham 1854）。カニンガムは，『スカルド王統記』をもとにそれら君主国の形成時期を 15 世紀から 16 世紀にかけてと推定している（Cunningham 1854）。また，カルギル支区に含まれるスールー川流域のプーリック地方においても 16 世紀中頃から，ノール・バクシ派のイスラムが浸透し，人々のイスラム化が始まったとされている（Grist 2005: 176-177）。これらのことから，16 世紀にはバルティスタン全域がイスラム化されたと考えることができ，以降，バルティはイスラム化したチベット系住民として知られるようになるのである。

バルティスタンにおけるイスラム君主国の成立は，ラダック王国との関係が敵対的，対立的，あるいは共存的になるなど新たな関係性へ発展する歴史をもたらすことになる。実際，『ラダック王統記』は，第 1 次王朝後期から第 2 次王朝センゲ・ナムギャル王に至る時期，イスラム化した西方隣接諸国からのラダック王国に対する攻略がたびたび続いたことを伝えている（Francke 1972 [1926]）。このような関係性は，次項で述べるように，ラダック地方におけるイスラム教徒の定住をもたらすこととともなっていくのである。ここでは，ラダック王国とバルティのイスラム君主国

との抗争の歴史を概観することにしたい。

　最初の例として,『ラダック王統記』には, バルティスタン地方スカルド国の初代ムスリム君主アリ・ミール・シェル・カン (Ali Mir Sher Khan) によるラダックの征服の経過が詳しく記されている (Francke 1972 [1926]: 106-107)。第 2 次ナムギャル王朝期のジャムヤン・ナムギャル王 (c. 1560-1590) は, イスラムに改宗してラダック王国の意に従わないプーリックの首長に対し軍を派遣するが, スカルド国のアリ・シェル・カンの侵攻により, 封じられてしまう。このとき, バルティの軍はラダック全域を制圧し, 仏典を焼却し, 川に投棄し, 僧院を破壊したあと, ラダックの王を捕虜として自国に引き上げたといわれる。ラダック王はアリミールの娘ギャル・カトゥム (rgyal ka thum) を妻とすることにより, 再びラダックに帰ることを許されたのである。このとき, ギャル・カトゥムはドルマ神 (sgrol ma, ターラ) の化身とされたともいわれたのである。この輿入れに際し, 多くのムスリムが王女に連れ従い, ラダックに移住し, チュショットに土地を与えられた。ここに最初のシーア・ムスリムの村が成立したのである。

　一方,『カシミールの歴史』をみると, 将軍ミルザ・ハイダール (Mirza Haider) がカシュガルのスルタン (君主) の兵に加わり, 1532 年にラダック, バルティスタンを降伏させたとある。また, ムガール帝国の初代アクバル大帝は, 1589 年にカシミールを服属させ, さらにバルティスタン及びラダック地域の征服を企てており, アリ・シェル・カンのラダック征服直後に, バルティスタンを服属させている (Bamzai 1962: 362, 392)。

　イスラム君主国のラダック王国への侵攻という敵対関係は, イスラム君主国の一方的勝利という訳でもなく, ラダック王国が時には勝利を収めることもあったのである。17 世紀のセンゲ・ナムギャル王の治世には, バルティ王アームド・カーン (Ahmed Khan) が, ムガール帝国のジャハンギール・シャー (Jahangir Shah) の援助を受けて, ラダックに侵攻したが, ラダック軍はバルティ・ムガール連合軍をカルブーの戦いで破っている[21] (Cunningham 1854: 322-323; Francke 1972 [1926]: 110)。さらに, センゲ・ナムギャルの息子, デルダン・ナムギャル (ca. 1620-1640) はプーリック地方のチクタン, カルツェを攻略し, 勝利を収めムスリム君主を連行したといわれる (Francke 1998 [1907]: 103; Francke 1972 [1926]: 110)。

　このように, バルティスタンのイスラム君主国とラダック王国とは, 攻めたり攻められたりという敵対関係をもつことが多かったが, ときには友好的関係を結ぶこともみられた。17 世紀から 18 世紀にかけて在位したラダック王ニマ・ナムギャル

21　フランケは, カニンガムのこの記述に対し, カニンガムはセンゲ・ナムギャルの息子デルダン・ナムギャルの時期と混同したものであるとコメントしている (Francke, 1998 [1907]: 98)。

(ca. 1680-1720) はカプル国のスルタン家の孫娘ズィズィ (Zizi)[22] を妻とし，ラダック王とカプル国君主とは姻戚関係を結んだのである (Francke 1972 [1926]: 190)。1722年頃にはラダック・カプル連合軍がシガール・ギルギット・スカルド連合軍と戦い，打ち破ったことが『ラダック王統記』に記されている (Francke 1972 [1926]: 228-235)。ただし，1722年頃にラダック・カプル連合軍を編成し，シガール・ギルギット・スカルド連合軍と戦い，打ち破ったのは，ニマ・ナムギャルの息子デスキョン・ナムギャル (c.1720-1740) であるともいわれる (Francke 1972 [1926]: 232-233)。

一方，デルダン・ナムギャルと息子であるデレク・ナムギャル (ca. 1640-1680) の治世には，改革派ゲルック派の拡大を画策するチベット-モンゴル軍の攻略を受けている。モンゴル大戦争の始まりであり，この戦争は1679-1685年の間続いたといわれる。両軍は一進一退を繰り返し，軍事行動により攻略できなかったチベットは，最終的にはブータンのドゥクパ・カーギュ派の僧ミパム・ワンポを派遣し，ティンモスガンにおいて講和したのであった。これによりラダック王国は，東部のガリコルスム地方を失い，その覇権が著しく縮小したのであった。さらに，チベットとラダックとの交易規則が定められ，チベットからは茶を，これに対しラダックからは金，サフラン，綿布を献じることになったという (Francke 1972 [1926]: 116-118; 1998 [1907]: 106-112)。

また，デルダン・ナムギャル王は，ムガール帝国の脅威を認識し，オーラングゼーブ (Aurangzeb) 王と平和協定を結び，レーのバザールにおけるモスクの建設 (1666-1667年頃に完成された)，カシミールに貢納を払うことなどを誓ったことが知られている (Jina 1999: 19; Srinivas 1998: 21)。さらに，上記のチベット-モンゴル軍の侵略に対し，1679年にはムガール帝国に援助を求めたために，それ以降，ラダックにカシミールのムスリム交易商人の定住が本格的に始まったとされる (Srinivas 1998: 21)。このように，イスラム君主国との抗争は，ラダック王国内へのムスリムの定住化をもたらすというように，宗教的な意味においても，大きな影響を与えることとなったのである。実際，次項で取り上げるように，ラダック王国は，17世紀以降，宗教的多様性の国へとさらに足を踏み出すことになるのである。

17世紀以降のイスラム，キリスト教の浸透

ラダック地方は，仏教徒の里として表象されることが多い現状にある。しかし，西チベット地方諸地域の仏教を軸にした同質な宗教的背景は，ラダックのインダス川下流域にあたるバルティスタンのイスラム化を契機に大きく変わったのである。そして，利害を求めての王国間抗争が繰り広げられた歴史や交易の要衝地としての

---

22 Francke は，*A Hisotry of Western Tibet* では，ニマ・ナムギャルの2番目の妻をプーリクの Zizi katun と述べている (Francke 1998 [1907]: 119)。

写真1-12 レーのバザールの中心，レー城のすぐ下に建つスンニ派のモスク。1989年に破壊される以前の姿（1983年）

　立地条件は，ラダック地方にムスリムが定住することをもたらしてきた。また，17世紀以降になるとヨーロッパ人宣教師，探検家・旅行家が往来するようになり，この地域の情報がヨーロッパにもたらされたばかりではなく，この地域でのキリスト教の布教が目指されるようになったのである。このように，17世紀以降，イスラム，キリスト教の浸透により，ラダックにおいて宗教的多様性が生み出されてきたのである。
　既述したように，17世紀には，スカルドのイスラム君主の娘の輿入れに際し，多くのムスリムが王女に連れ従い，ラダックに移住している。彼らバルティは，インダス川をはさんでレーの対岸にあるチュショットに土地を与えられ，この地にラダックで最初のシーア・ムスリムの村が成立している。また，ラダック王デルダン・ナムギャルは，ムガール帝国のオーラングゼーブ王と平和協定を結び，その後，カシミールのスンニ・ムスリムの交易商人が本格的に定住し始めたことが知られている（Srinivas 1998: 21）。
　カシミールのムスリム商人による交易の本格化は，アルゴン（ar gon）と呼ばれる

交易専門集団を生み出す背景ともなってきた。アルゴンは、カシミールや中央アジアの交易商人とラダッキ女性との婚姻関係によって形成された混血集団を指す呼び名であるが、彼らはスンニ・モスリムとしてカシミールとヤルカンドの間の交易を担ってきた人々である。彼らの存在もまた、ラダックにおけるイスラムの浸透に一役買ってきたといえる。

一方、ラダック地方には、17世紀以降、キリスト教の宣教師がチベットを目指す旅の途中で、ラダックを訪れはじめたことが知られる (Jina 1995: 14-15)。中でも1715年6月に、チベットに向かう途中、ラダックを訪れたイエズス会士イッポリト・デシデリ (Ippolito Desideri) 神父は、ラダック王に手厚くもてなされ、2ヶ月間滞在していた (薬師 1991: 119-129)。彼の報告に、当時、「カシミールから来た商人は多数、この王国に住んでおり、彼らはそこにモスクを持ち、自分たちの宗教を保持することを承認されている」と記されている (薬師 1991: 124-125)。ただし、この当時には、まだ、キリスト教宣教師が拠点を築くには至っていなかった。

19世紀に入ると、1820年代におけるイギリス人ウィリアム・ムーアクロフトや、ハンガリー人、チョーマ・ド・ケーレスによる探検調査 (Le Calloc'h 1987; Jina 1995)、1846-1847年にかけてのアレキサンダー・カニンガムによる探検 (Cunningham 1854)など、ラダックの地誌はヨーロッパ人の関心を集めるようになっている。さらには、大英帝国植民地として組み込まれていくとともに、モラビア教会がヒマラヤ地域で布教活動を開始している。モラビア教会の宣教師 W. ハイデ (Wilhelm Heyde) は1855年にレーを訪れており、1856年にはラホール地区のキーロンに伝道所を建設している。1857年には、*A Tibetan-English Dictionary* を著したイェシュケ (H. A. Jäschke) がキーロン伝道所の所長として赴任し (Jina 1995: 37; Heyde 2005: 271-3)、1885年には、カシミール藩王の許可を得、ラダックの中心地レーに伝道所が設立されている (Bray 2005: 264-265)。

ラダッキで初めて高等教育を受けた3人のうちの1人で、モラビア教会信徒であるジョルダン氏は、1983年当時、彼の曾祖父について次のように語っていた。「曾祖父はキーロンに出て、1865年にモラビア教会の洗礼を受けている。その20年後にレーにモラビア教会の伝道所ができた。曾祖父は、キーロンの伝道所で教育を受けた後、レーに戻ったが、彼の受けたクリスチャンとしての教育が、当時のラダック王に認められ、レー市内の現在家がある土地を王から貸し与えられた」という。このように、モラビア教会の伝道活動は当時のラダック王に好意的に受け入れられていたこと、そして、その後、ハイデ (Heyde 2005: 278) も述べるように、ごく一部ではあるが、ラダッキのキリスト教徒化が進むことになったことが分かる。

このような過程を経て、ラダッキの間には、チベット仏教徒を多数派としながらも、イスラム教徒、モラビア教会派キリスト教徒が混在する現状となっている。ラ

写真1-13 ラダックで唯一のキリスト教教会，モラビア教会でのクリスマス礼拝に参加するラダッキ（1983年）

ダック地方は，この意味で，宗教的多様性の歴史を有してきたといえよう。ラダック王国と隣接諸国間には，利害を求めての抗争がしばしば宗教戦争の様相を呈してきたのに対し，ラダック王国内の住民の間では，王の圧倒的権力のもと，仏教徒，イスラム教徒はそれぞれ生態学的に棲み分け，宗教の平和的共存が図られてきたのである。

西チベット諸王国の終焉と近代への参入

　1830年代には，西チベット地域はジャム，ドグラ地方の将軍の率いるドグラ軍との戦争に巻き込まれていくことになる。ドグラ地方の藩王グラブ・シン（Gulab Singh）王の派遣した将軍ゾラワール・シン（Zorawar Singh）の率いるドグラ軍は，1934年の夏にラダックへ侵攻している。ラダック王国側がジャムのドグラ王国に毎年朝貢することで，ラダック王国はその地位を保たれ，この戦争はいったん終結をみている。その後，ドグラ軍は，さらにザンスカルにも進攻し，ザンスカル王に各家から取り立てた税をドグラに支払うことを約束させている（Francke 1998 [1907]: 139, 149）。

　一方，1941年に，ゾラワール・シンは，スカルド国の後継者争いの内紛に乗じ，敗れたカルマン国出身の王妃から生まれた長男側の要請を口実に，ドグラとラダックとの混成軍をカルマン国の首長の先導のもとに侵攻させ，スカルドを攻略している。スカルドの城は混成軍により包囲され，ついにドグラ軍に明け渡された。ゾラワールは，スカルド君主Ahmed Shahを退位させ，ドグラ王国に進貢する事を条件にその長男Mohammad Shahを君主に就かせた。さらに，ドグラ軍を駐屯させるための砦を建てたのである（Francke 1998 [1907]: 157-158）。こうして，バルティスタン全

域がジャムのドグラ体制に組み入れられることになったのである。

　グラブ・シンは，1846年にはイギリス植民地政府との間でアムリツァ条約を締結し，カシミール地方の支配権を得ており[23]，ドグラ体制は，西チベット，カシミール，ジャムの3地方からなるジャム・カシミール藩王国として，再出発している。以後，大英帝国の植民地でありながら，ラダック，ザンスカル，バルティスタンは実質的にはドグラ体制の下にあり，1948年のインド・パキスタンの分離独立により，バルティスタンはパキスタンに，ラダック，ザンスカルはジャム・カシミール州にと分断され，現在に至る。

　以上の歴史が示すように，ラダック王国の歴史は，ラダックがこの荒涼とした厳しい自然環境にあって，隣接諸国との宗教的抗争を経ながら，10世紀から19世紀の中頃まで独立の王国を維持してきたことを物語っている。ラダックがカシミール王朝をはじめとするイスラム諸国からの侵略を幾度も経験しながら，免れてきたのは，峠が冬季には雪で閉ざされ，1年の約半分が近づきがたいという自然条件そのものが防衛手段となっていたことだけではなく，インダス川に架かる橋を破壊する権力を持っていたことにあるともいわれる。

　しかし，ラダッキは孤立して生きてきたのではなく，ヒマラヤの山脈群に囲まれた，生態的，地形的には厳しい，いわば隔離された土地に暮らしながら，地理的には中央アジアとインドとを結ぶ中間の位置にあるという立地条件を生かし，古くから交易活動を重要な生計の1つとしてきたのである。次節で述べるように，交易活動はラダック王国にとって重要な経済的基盤となっていたのであり，このような王国間の対立は，単に宗教的対立というよりも，いわば交易路をめぐる経済的利益をめぐる政治的対立といったものであるといえよう（煎本 1986: 423-247; Grist 2005: 175）。交易による利権を求めて隣接諸国との抗争が展開してきたのである。

3. 交易に支えられたラダック王国

　ラダック王国の歴史は，王国間抗争がこの地域における交易権をめぐって起きてきたことを示している。つまり，トランスヒマラヤ地帯という，一見辺鄙なようにみえながら，10世紀から19世紀半ばまでラダック王国が独立の王国を保つことができた背景には，古代より開かれてきたインドと中央アジアを結ぶ重要な交易路沿いに位置するという立地条件と，それ故の交易活動がもたらす経済的利益があったということできる。ラダックにおける交易活動はどのようなものであったのであろ

---

[23] The Official Website of Jammu and Kashmir Government, India (http://jammukashmir.nic.in/profile/jkhist.htm 2008/07/13)

うか。19世紀中ごろこの地域を訪れた，イギリス人の名誉陸軍少佐のアレキサンダー・カニンガムは，当時のラダックにおける交易経済について，詳しく報告している（Cunningham 1854）。ここでは，ラダック王国期，とくに，近代における交易活動の経済的意味を概観してみることにする。

国内交易と国際交易

　ラダックに古くから伝わる『ケーサル叙事詩』には，ラダックはトラのように強い英雄で有名であると詠われるのに対し，プーラン地方は美少女，トルキスタン地方は馬，チベットのパンゴン湖の東にあるルトック地方は塩と羊毛，プーリック地方は花，バルティスタン地方は干しアンズ，カシミール地方は米で有名であると詠われる（Francke 1972 [1926]: 95）。

　また，ラダッキのことわざの中には，何かをもらい，とても嬉しいことを表すのに「バルティが塩を得たように」というのがある。これはバルティスタンには塩がなく，バルティは干しアンズをラダックの塩と古くから交易してきたことによるものであるという。物がたくさんあるところに同じ物をもって売りに行くことを表すのに，「ウ地方へ木製サドルを」ということわざもある。これはチベットのウ地方は木製サドルの産地として知られてきたことによるものである。

　地方ごとの特産が詩やことわざに詠み込まれているように，ラダッキは古くから各地方の特産品を求めて交易活動を盛んに行ってきたのである。交易は，標高差からくる生産品の違い，自然産物の違いを反映した国内交易ばかりではなく，中央アジア，チベット，カシミール，さらにはバルティスタンとの間のいわば国際交易といえるものも盛んに行われてきたのである。もちろん，現在では，国際交易はいずれも国境線で妨げられ不可能となっている。

　たとえば，標高が約 3,000m で果樹栽培に適したカラツェなどの下手ラダック地方では干しアンズの生産が盛んであるのに対し，標高が 4,000m 近いチャンタンや上手ラダック地方では牧畜が盛んとなり，羊毛，バターの生産量が多いことで知られている。実際，レーのバザールでは，チャンタンやザンスカルからもたらされた粗羊毛，毛織物，バター，ヤクの毛で織ったテントの覆いにも利用する敷物，下手ラダックからもたらされた干しアンズなどが売られているのを目にすることができる。ラダッキの日常生活において，バターは無論のこと，干しアンズもハレの食事には欠くことができないし，粗羊毛や毛織物は寒さをしのぐ上で必須のものとなっている。

　ラダックの村で暮らしていたとき，人々が暇さえあれば糸を紡いでいる光景をいつも目にしたものであった。とくに冬の農閑期には，村人は糸繰り独楽と羊毛を手に，糸を紡ぎながら話にふけるのであった。粗羊毛を自分の所有するヒツジから刈

写真1-14 レーのバザールで買い物をするチャンパ。羊の皮で作ったゴンチャ（ラダック式衣服）を身につけることで、一目で区別できる（1983年12月）

写真1-15 レーのバザールで、干しアンズなどを売るバルティ。バルティ独特の帽子を被ることが特徴的である（1983年12月）

り取り、また足りない分はバザールで購入するのであるが、これをきれいに梳いてゴミを取り除き、糸に紡ぐ。こうして紡いだ糸がたまった頃を見計らい、携帯織機をもって家々を回る職人に布を織ってもらうのである。布は幅約30cm、長さ約10-13mに織られ、これがほぼ1着分の布地となる。この厚いウールの布地で着物に仕立てたのであった。

チャンタン地方産の粗羊毛はとくに上質なものとして評価されているし、ザンス

写真1-16 村々を織機を担いで回り，布を織る旅回りの職人。かつては，紡いだ羊毛を夏の間に布に織ってもらい，冬用の服を仕立てたものであった（1983年）

カル産の毛織物は，市販の布地よりも冬用の着物に適していると重宝がられ，バザールで売買されていた。このように，いくつかの加工品は古くから国内交易品として流通し，村人の生活を支えてきたのである。

国際交易の重要性

ところで，カニンガムが19世紀中頃に試算したラダック王国時代の交易経済に関する統計資料によると，ラダック全体の交易品の年間総額のうち国内交易の占める割合は0.7％にすぎない（表1-1; Cunningham 1854: 251）。一方，国際交易の合計は全体の99.3％を占めるのであるが，国内生産品の輸出はこのうちの7.8％を占めるにすぎないのに対し，外国製品の輸出及び輸入の割合は91.5％を占めていた。ラダック王国の国際交易において，ラダックはカシミールと中央アジアを結ぶ交易の中継地として大きな役割を担っていたのである。

カシミールと中央アジアを結ぶ交易路には，かつて主に4つのルートがあったことが知られている（煎本 1986: 412-417; Bamzai 1962）。第1は，カシミールの首都であったスリナガル（標高1,600m）からカブール渓谷を通って中央アジアに向かう西方ルートである。第2は，スリナガルからフンザ，ミンタカ峠，カラコラム山脈のクンジュラブ峠を越えて，カシュガル（現在，中国の新疆ウイグル自治区に属す）に向かう北方ルートである。第3は，バルティスタンのスカルドからバルトロ氷河を抜け，カラコラム山脈のアジル・デプサン峠を越え，ヤルカンド（現在，新疆ウイグル自治区に属す）に向かうルートである。

表1-1 ラダックにおける国内交易と国際交易の割合

		総価格(Rs)	%
国内交易		7,500	0.7
国際交易	国内生産品（輸出）	80,000	7.8
	国外生産品（輸入）	487,850	47.4
	国外生産品（輸出）	454,000	44.1
総計		1,029,350	100.0

注：Rsはインド通貨ルピー（Rupees）の略。Cunninghamの調査当時，10ルピーは10ポンドであった。
出典：煎本（1986: 418）；Cunningham（1854: 238-240, 251）

第4がレーを通るルートである。まず，スリナガルからゾジ峠（3,444m），カルギル，ナミカ峠（3,627m），フォト峠（4,167m）を越え，カラツェ（3,048m），レー（3,505m）へと至る。レーからはラダック山脈内の最も高い峠であるディガル峠（5,456m）を越え，ヌブラ地方を抜け，サッティ，サセル峠（5,334m），さらにデサン高原（5,425m），カラコラム峠（5,654m）を越えて，ヤルカンド川沿いに下り，シャヒドゥラ（3,591m），グマ（1,200m）を経てヤルカンド（1,250m）に至るものである。このスリナガルからヤルカンドまでの交易路は全行程距離が1,122.3kmに及び，その全累積登攀高度は11,459mに達するという（煎本1986: 416-417），壮大なものである。

また，レーとヤルカンド，ホータンを結ぶ交易路も，これ以外にいくつか開かれており，氷結した河川を通行する冬期間専用のルートもあったことが知られている。さらに，レーとチベットのラサを結ぶ交易路も開かれていた。馬，ラバ，ロバ，ヒトコブラクダ，ヤクなどの家畜に荷を積んでの交易の旅は，スリナガルとレーの間で約40日間，スルナガルからヤルカンドまでの全行程では約2.5ヶ月間かかったものであるという。

多彩な交易品目

交易の品目をみても，当時，輸出される国内生産品の種類は多くはなかったことが分かる。ショール用の山羊毛（パシュミナ），毛布や衣服用の羊毛があり，パシュミナはとくにカシミール，ヌルプール，アムリッツァル，ランプールに輸出された。その他に，硼砂やイオウ，カシミールからシムラに至るヒマラヤ山麓の高原地帯のバザールで売られるアンズやブドウなどの乾燥果実であった。これに対し，数多くの外国製品が輸出入されていた。中国領産インド向け交易品は42品目に及び，インド領産ヤルカンド向け交易品は26品目に及んでいた（Cunningham 1854: 241-248; 煎本1986: 420-421）。

タバコはヤルカンドから毎年大量に輸入されるが，これはすべてがラダック内で

表1-2 ラダックにおける中継交易における交易品の年間総額と課税額

産地		価格＊	課税額＊	課税率%
輸入	中国領	267,650	7,350	2.74
	インド領	220,200	2,391	1.08
	小計	487,850	9,741	1.99
輸出	中国領	238,000	6,550	2.75
	インド領	216,000	150	0.66
	小計	454,000	6,700	1.47
総額		941,850	16,441	1.74

注：＊インド通貨 Rs.
出典：煎本（1986: 419）；Cunningham（1854: 251）。

消費される物である。茶（緑茶，紅茶）はラダッキの誰もが飲むものであり，自家消費用および一部をカシミールやパンジャブ地方向けにヤルカンドから大量に輸入される。これら以外の外国製品のほとんどは，ラダック国内での消費向けというよりはラダックを経由して他の国に運ばれるものである。

　たとえば，チャンタン，ルトック産のショール・ウールはラダック経由でカシミールに輸出され，カシミールにおいて，ショールや幅広の肩掛け布などに加工され，再びラダック経由でヤルカンドに運ばれる。ショール・ウールや肩掛けは量，価格においてラダックの中継交易経済における主要交易品目となっていた。一方，原料の綿がインドからヤルカンドに輸出されるのに対し，綿布はヤルカンドからラダックを経由してインドへと輸出される。また，生糸，イリチやホータンで生産された粗絹織，シリンと呼ばれる絹と羊毛の上質な混紡もヤルカンドからインドへと運ばれる。また，グルと呼ばれる粗砂糖はカシミールから約2ヶ月半かけてヤルカンドへと運ばれ，そこで精製され，砂糖飴となり，再び同じ道のりをかけてラダック，インドへと運ばれるのである。ヤルカンドからインドへチャラスと呼ばれる大麻抽出物がラダックを経由して運ばれるのに対し，阿片がインドからヤルカンドへと運ばれる。これらもまた経済的に重要な交易品となっていた。

　ラダック王国時代における交易経済は，原料輸出とともに中継交易を基盤にしてきたのである。また，交易の中継地としての経済的意味は，大量の製品が行き来するという製品価格総額の大きさによるものというよりも，むしろ輸出入の関税に由来するものであったことが知られている。ヤルカンド，ホータンなどの中国領からラダックに輸入される製品は輸入品としての課税対象となり，この同じ製品がラダックからインドへと輸出される時には再び輸出品として課税されたのである。同様に，インドから中国領へと運ばれる製品に対しても，中継地のラダックにおいて

輸入税と輸出税が課せられた。表 1-2 に示すように，ラダック王国は交易の中継地として，莫大な関税収入を得ていたのであり，これがラダック王国を維持してきた重要な経済的基盤ともなっていたのである。

村人の生計を支えてきた交易

　ラダッキのことわざに，「男は旅に出るのが良く，女は家にいるのが良い」というのがある。男性は家の外に出かけて働くのが良く，女性は家をしっかり守るのが良いという意味であるが，昔から夫が夏の間交易の旅をし，妻は村に残りその留守を預かったということによるものである。また，「チベットのミルまで出かけた若者たち」ということわざがある。チベットのミル地方までの交易の旅はとても厳しく，この旅から無事帰ってきたことは旅の成功を意味するのであり，このことわざは交易者として一人前になった若者を称えるものであるという。

　実際，カラツェ村の男性のほとんどは，かつてバルティスタン地方のスカルドとラダック東部のチャンタン地方との間の交易に従事していたという。スカルドには塩を運び，そこから干しアンズ，アンズ油，ゾモのバター（これは自家消費用）などを手に入れ，運んできた。チャンタン地方に出かけてはパシュミナ，塩，肉を運んできた。さらには，パシュミナをカシミールまで運んで売り，カシミールのスリナガルからは米を運んできた。男性は冬の間の 2-3 ヶ月間しか家にいなかったものであるという。

　また，ザンスカルの人々は，冬になると 5-20kg のバター，6-7kg の干しチーズ，ナンブ (snam bu) と呼ばれる自分で紡いで織らせた毛織布を売りにレーにやってくる。ザンスカル産のバターは味が良く，1984 年当時，1kg80 ルピーで取り引きされていた。彼らはこれらを売った金で，茶，砂糖，布，靴などを購入し，村に戻っていた。たいてい，1 月の末，ザンスカル川が氷結すると，チャダールと呼ばれる氷結した川の道を 7-8 日間歩いて，レーを訪れ，2 週間ぐらい滞在して戻っていった。16-17 人が一組となってやって来たが，一冬に 4-5 組が訪れたものであり，若い女性がこれに加わることもある。

　一方，チャンタン地方の人々（チャンパ）は，レーに，年 2 回やって来るという。1 回目は 5，6 月であり，2 回目は 7，8，9 月であり，冬には峠が通行不可能となる。彼らは，Tsokhar 湖でとった塩，ヒツジとヤギ，パシュミナなどを運んでくる。パシュミナがとれるのは，チャンタン地方のみであり，パシュミナ・ヤギの毛を櫛で梳いて獲る。ヤギ 1 頭で，300-400g のパシュミナがとれ，1984 年当時スリナガルから来た商人はこれを 1kg250 ルピーで買い取っていた。チャンタン地方のヒツジの毛は長いことで知られ，チャンパは羊毛も売りに来る。彼らの平均的な家族は，200-300 頭のヤギとヒツジを飼っている。裕福な家族であれば，500-700 頭のヒツ

ジ・ヤギ, 20-30 頭のディモ (雌ヤク), 16-17 頭のヤクを所有するという。

　彼らの交易の旅は, チャンタンからレーと (7, 8月) テント生活の旅であり, レーからマトゥをとおって, チャンタンに戻る。彼らは, レーでヒツジ・ヤギ, 塩を売り, コムギ粉, オオムギ粉, 油, 茶, 砂糖を購入する。また, 彼らは, 塩と羊毛をヒツジや馬の背に乗せてザンスカルにも行く。1頭のヒツジは, 8-9 kgの塩を運ぶことができ, ザンスカルからは乾燥エンドウ, オオムギ粉を持ち帰る。

　このように, ラダッキの男性は古くから交易に従事してきたのである。第2章で述べるように, ラダッキには伝統的に兄弟により妻を共有するという一妻多夫婚の慣習があったが, そこでは長男が夏の間一家の主として交易に従事するのに対し, 次男が妻とともに村に残り, 畑や家畜を管理したものであるという。交易という経済活動は, ラダッキに独特の婚姻慣習を継持させてきたということもできる。

　交易活動に従事する商人はラダッキばかりではなく, カシミール人, チベット人, インド人などと多様であったが, 中でもカシミール商人はその活動が盛んであったことが知られている。ラダッキの交易商人によっても, 羊毛布がラダックからカシミールに運ばれていたが, 18世紀初頭において, カシミール交易商人は多数の代理人をラダックに置き, 年間を通して羊毛を集めさせ, 夏には幾千人もの男たちがカシミールからレーに向かい, 羊毛を持ち帰ったといわれる。また, アルゴンと呼ばれる特別な交易集団のように, レーと中央アジアとを結ぶ交易活動に従事する専業集団も形成されていたのである。

　以上のように, ラダックは中央アジアとカシミールを結ぶ交易の通路に位置し, 古くから文化的にも経済的にもその立地上の恩恵に浴してきたことが分かる。また, チベットとラダックとの間におけるいわゆるモンゴル戦争後のラダックーチベット間のティンモスガンの交易協定 (17世紀後半), ラダック王国とヒマラヤ南部のクル王国との交易協定などの存在が知られるように (煎本 1986: 423-427), 交易はときには争いの種となりながらも, 王国間の協定により維持されてきたのである。

4. 王国期の統治体系

　ラダッキは, 彼らの歴史が物語るように, ギャルポ (rgyal po「王」) の称号をもつ支配者によって統治される王国体制を10世紀頃から19世紀中頃まで維持してきた人々である。19世紀半ば以降, ドグラ体制, 次いで大英帝国の植民地支配に組み込まれてきたが, インド・パキスタンの分離独立まで, ラダック王の政治的権威は温存されてきたことが知られている。インド独立後には, 民主化が進められてきたといえるが, 1980年代の調査時に, 村の生活の中で, 王国時代の統治機構の片鱗

がうかがわれ，また当時からの身分の差異がまだ村の社会関係のなかに生きているのを感じた。ラダックの人々の歴史的背景の最後として，人々の日常生活の中で意識される社会的地位の背景にある王国期の伝統的統治機構について，触れておくことにしたい。

王国の統治

　行政の担い手は，カロン (bka' blon) と呼ばれる貴族出身の宰相であり，何か突発的なことによって王としての行為を喚起される以外には，王は実質的には何もしなかったといわれる。ただし，時折，たとえば，ラダック王国の覇権を最大にしたセンゲ・ナムギャルのように，野心的な王が登場し，全権力を手中に収めることがみられたという (Cunningham 1854: 257)。

　宰相の実質上の権力は絶対であるが，彼の権力は各地に点在する僧院の権威，あるいは地方領主や地方の大臣の部分的な独立体制などによって大いに抑制されていた。宰相の役職はほとんどが世襲的であり，地方小領主である主要な貴族の出身者に限定されていた。選出は王の好みや陰謀の成功，あるいは信望の厚さや能力に因ることもあったが，その役職は大きな力を持つことになるため，1つの家系が数世代に渡って役職を保持することが多かったという。実際，イギリス人ウィリアム・ムーアクロフトがラダックに滞在していた1820年頃は，チンラ峡谷の小領主が首相を務めて，その権力はゾラワール・シンの到着まで彼の家系の手中にあったことが知られている (Cunningham 1854: 258; cf. Jina 1995: 22; 矢田 1997: 195)。

　主要な貴族たちの多くは，かつて独立を保っていた峡谷の小領主であった。まず第1が，ヌブラの王であり，第2にギャ，第3がスピティ，第4がザンスカル，第5がパスキュム，第6がソス，第7がスールー，第8がヘンバップあるいはドラースの領主であった。パスキュムとソス地区の領主は，19世紀中ごろにゾラワール・シンに率いられたドグラ軍によって侵攻されたとき，長期間にわたって抵抗したことで自分たちを特別視していたことをカニンガムは記している (Cunningham 1854: 258)。

　また，貴族は王の下で行政・官僚組織に組み込まれ，官僚機構の担い手となっていた。単にカロン（大臣），あるいはバンキ・カロン（主席大臣）と呼ばれる宰相の役職があっただけではなく，彼の名前を付けて，カロン・リグセン (bkha' blon rig sen「大臣　リグセン」)，あるいはノノ・カロン (no no bka' blon「若い・大臣」: 副大臣）と呼ばれる副宰相が置かれていた。地方領主である他のカロンについては，それぞれが支配する地域名をつけて，たとえば，バスゴ地区の領主であれば，カロン・バスゴと呼ばれたという (Cunningham 1854: 259)。

　次に地位の高い役職は，ロンポ (blon po「忠告者」: 町の長官，知事) とカルポン (mkhar

写真1-17　高い丘の上に建てられるのが一般的なラダックの城。現在は僧院となっている，旧バスゴ城（2003年）

dpon「砦・長」: 司令官）であったという。ロンポには，レー・ポン（gle dpon「レー・長官」），ガル・ポン（gar dpon「ガル・長官」）というように，町の名前を付けて呼ばれた。レーの町には，その他に，マクポン（dmag dpon「軍・長官」: 軍最高指揮官），チャクゾット（phyag mdsod「御手・宝庫」: 大蔵大臣），ショガム・チャクゾット（sho gam phyag mdsod「税・チャクゾット」: 税吏長官），シャクポン（gshags dpon「正義・長官」: 主席判事），ティンポン（khrims dpon「法・長官」: 裁判官，法を参照する役職）が置かれ，カカタジ（ga ga rta lchi「長老・馬糞」: 馬長官），チャクジ・ゴバ（chagsi goba[24]: 市長）などの役職があったことが知られている（Cunningham 1854: 259）。

　さらに，下級の官職として，各村にはミポン（mi dpon「人・長官」）あるいはゴバ（mgo ba「頭・人」）と呼ばれる村長，地域ごとにショガンパ（sho gam pa「税・人」）と呼ばれる税の徴収者があった。ゴバは，ゴンポン（grong dpon「村・長官」）とも呼ばれるが，あらゆる犯罪，歳入に関して彼らの地域のカロンやギャルポに直接責任を負っていたという。これに対し，主要な町のミポンは会計報告をレーの町のチャクゾットに行う。これらの地域が王族の土地の場合には，ミポンによる会計報告はなく，チャクゾットが会計収支報告を王家の財布を握るカロン（宰相）に行っていた（Cunningham 1854: 259）。

　ラダッキのインフォーマントは，さらに，王のイヌの世話をする役目キィジ（khyi rdzi「犬・世話人」）があったこと，王家に対し食料や薪を調達する役目をもつ家は，

24　チベット語のつづり字が確認できなかったので，Cunningham (1854: 259) のつづり字を借用している。

ナンソ（nang so「家の中・見守る」）と呼ばれ、これを担う家がニェモ村にあったことを教えてくれた。

また、王国期には、社会的逸脱行為、村人同士の紛争を解決するための司法制度は基本的には専制的であったが、つぎのように法廷が開かれ、裁定が決定されていたことが知られている（Cunningham 1854: 262）。誰かが傷つけられる、あるいは不当に扱われた場合には、自分の住む地域の小王やカロン、あるいは村のゴバに訴える。これにより、5-7人の長老によって構成される村の会議が開かれ討議されたという。レーの町では、手続きはもう少し複雑となっていた。不平はまず、ロンポあるいは市長に訴える。すると、これは宰相に報告される。次に、シャクポン（主席判事）が5あるいは7人のメンバーから成る法廷を開いた。メンバーは長老たちから選ばれるが、これにさらに2人以上のティンポンが加わる。法廷（gshags khang「正義・部屋」）は法のラッパ（khrims dung「法・ラッパ」）によって閉廷、開廷が告げられ、判決は直ちに実行される。疑わしい事件の場合には、さいころ占い、試罪法（くがたち）などによって決定したという。

たとえば、昔、ハリッツァの土地の一部をめぐって、カラツェ村のダクショスパ家とタクマチック村の家との間で、所有をめぐって争いがあったとき、次のように紛争の調停が行われたことが語り伝えられている。当時には、土地台帳などはなく、この争いが生じたとき、どちらの言い分が正しいのか裁くことになったが、この裁きは、ヤギを1頭殺して、その内臓の中のものを頭に被り宣誓させて行うというものであった。このとき、ダクショスパの人はヤギの臓物の内容物を頭から被ったのに対して、タクマチックの人は頭に被るのをやめ、その土地を放棄したという。こうして、このときの裁きでは、ダクショスパの言い分通り、この土地は彼らのものとなったのだという。

刑罰が必要な場合、その種類は少なく、鞭、科料、監獄がほとんどであり、極刑として死刑があったという。罪の程度により、刑の程度はさまざまであり、僧院の破壊などの神聖冒涜、凶悪な殺人などのケースに対しては、罪人は張りつけの刑、あるいは手足を縛り、重石をつけてインダス川に放り投げる刑などがあった。殺人に対して最もよく行われたのが、鞭打ちと焼き印をして、追放するというものであった。「犬印－追放」の焼き印とともに、犬の頭を身につけさせられ、その後、村人から石を投げられ、村から追放されたのであった（Cunningham 1854: 263）。

一方、盗みに対して、ルス・チャッド（lus chhad「身体の罰」）という鞭打ちの刑、ノル・チャッド（nor chhad「財の罰」）と呼ばれる科料、あるいは、ツォン・チャッド（tson chhad「牢の罰」）と呼ばれる牢獄行きがあったという。盗まれたものは、もとの所有者に帰されることになっていたが、盗まれたものが失われてしまった場合には、盗人の科料が倍増された。2回目の盗みに対しては左手の切断、3回目に対しては右

手の切断が付加され，4回目に対しては，溺れ死の刑となったという（Cunningham 1854: 265-266）。姦通については，妻の場合のみが一方的に処罰されるのではなく，妻側，夫側とそれぞれによって処罰が決められていた。たとえば，妻の方に罪がある場合には，その愛人は罰金を払わされるか，鞭打ちを受ける。夫は望めば，妻を取り戻し手元に置いておくことができ，妻を取り戻したくなければ，持参金だけを保持することもできた。夫に罪がある場合には，妻は持参金を取り返すことができたという（Cunningham 1854: 266）。

　最後に，19世紀中ごろにおけるラダック王国の外交問題は，①バルティ，チャンタン地方ルトックとの政治的関係，②ヤルカンド，カシミールとの通商関係，③ラサとの宗教的関係などに限定されていたという。当時の対外関係では，カラコラム山脈を越えるルートは，ヤルカンド，ホータンからの中国王朝によるラダックの征服を防いできたといわれるとともに，ラダック王国はカシミール王朝とも比較的友好的な関係を保ってきたと指摘されている（Cunningham 1854: 261）。これに対し，バルティとの関係は，前述のラダッキの歴史の項で述べたように，たびたびの国境侵犯の抗争が起きていたのである。

小領主による村の統治

　では，ラダック王国時代の統治は，現在の村人の間にどのように語り伝えられているのであろうか。村での生活の中で聞き取ることのできた情報をもとに，独立以前の村における統治をまとめてみることにする。ラダック地区のサブー村，マトゥ村，ニェモ村，バスゴ村などに貴族（スクタック sku drag）とされる家系が存在し，彼らはその地域の小王（小領主）であったといわれている。中には，マトゥ村，ニェモ村の領主のように，ギャルポ（王）の称号が付与されていたことで知られるものもいる。また，調査当時，サブー村のジムスカン（gzims khang「眠る（敬語表現）・家」）家はカロンを送り出してきた家として特別視されていたし，下手ラダック地方のカラツェ村には，郷長クラスの役職タクショス（thak chod pa「物事を決定する・人」）を担った家があった。

　王国時代に郷長を務めてきたカラツェ村のダクショスパの家長は，1989年の調査時に，カラツェ村の起源や王国時代の役目などについて，次のように語ってくれた。

> 昔，道路は現在とは異なり，インダス側の対岸につけられていた。ある時，男たちの集団がやって来て，道から対岸を眺めて，緑が一杯であることに気づき，あの緑は私のものになるだろうといった。彼らがしばらくしてやってくると，緑はクルミの木であったことに気づいた（調査時にも，カラツェ村内には，クルミの大木がたくさんあった）。最初に，緑に気づいた人は，ここに何が生えているのかが分かっていた。

こうして、この人の家系は、シェラパ (shes pa「ものごとを知る人」) と呼ばれるようになった。この男に続いて、他の人たちもここに住みつくようになった。彼らはギルギット地方からやって来たのであった。

　また、カラツェ村には、その家の男性に対し、カカ (ka ka) という呼びかけが必ず用いられる9軒の家がある。これらの家は、パコラパという一つのパスプン集団[25]を構成しているが、この中の1軒であるダクショスパの男性に対しては、とくに、ラダック地方で貴族に対しての称号であるカガ (ka ga) という呼びかけの敬称が使われることとなっている。シェラパのパスプンとダクショスパのパスプンはそれぞれ異なる。これら2つは、いずれも同時期にカラツェに住みついた人たちであり、カラツェ村に最も古くからあるパスプンなのである。

　王国時代には、ダクショスパはこの村におけるラダック王の代理人であった。彼らは村を見守り、どんな王の命令も村で実行する役目を担っていた。しかし、王から俸給を貰っていたわけではなかった。俸給の代わりに、村のすべての家は、ダクショスパのために労働奉仕が義務づけられていた。牧草刈り、干し草運び、家畜の放牧など、家ごとに奉仕する仕事が割り当てられていた。ただし、オオムギについては村人から徴集することは出来なかった。当時、王はカラツェの人々から税を徴収していたのかどうかについてはよく知らない。王国時代、税、あるいは賦役のように、王は、人々に仏塔やマニを建設させていた。ただし、王は村人から何かを徴集するのではなく、それらの建設を命じたのであった。

　ダクショスパは、村で起きる揉め事を調停するなど、村人を見守る役を担っていた。また、村についての必要な情報を王に報告する役目も担っていた。このような役目はドグラ時代も続き、ドグラ政府はダクショスパから税を徴収しなかったくらいであった。村のために良い働きをすると、昔は王が褒美に土地を与えたものであった。こうして、ダクショスパは、カラツェの土地だけではなく、ヌブラ、ティクセなどにも土地を持つようになったが、ダクショスパはカラツェ村に対してのみ、責任をもっていた。他の村の中には、ロンポをもつものもあった。ジムスカン、カスダール (bka' sdar) もまた、社会的地位の高い家である。ダクショスパは、ロンポと同じ地位にあるが、ダクショスパというのは文字通り「貴族」を意味し、ロンポは「大臣」を意味する。カラツェ村には、トンスゴンパとよばれる家があったが、この家は、ダクショスパが必要なときに村人を徴集する役目を担っていた。

　ローサル (lo gsar「正月」) の時には、すべての村人はダクショスパに挨拶に来た。これに対し、ダクショスパは彼らを食事とチャンでもてなした。他の時期には、ダクショスパは村人に対してこのような特権はなかった。ローサルには、ダクショスパの家のまえで、村人は踊りと歌を楽しんだ。

　今でも続いていることであるが、畑の開墾はダクショスパから始まることになっ

---

[25] パスプン (pha sphun) については第2章で詳述する。

写真1-18 結婚式に呼ばれて音楽を奏でるモンの人々。中央の2人が叩くのがダムダムと呼ばれるタイコである（1984年）

ていた。占星術師が開墾を開始する良い日取りをまず決める。モン（mon「楽師カースト」）の人々が音楽を奏でながら従い，ダクショスパは畑に出かけて，儀式を行い，すこしだけ開墾する。これが済むとカラツェの各家は開墾を始めることが出来ることになっていた。

収穫の時には，シュップラー（shub lha）という初穂儀礼が行われるが，この儀式もまずダクショスパによって行われた。シュップラーでは，モンが特別な音楽をカラツェの各家に対して演奏する。しかし，モンは必ずダクショスパから始めなければならないことになっていた。シュップラーの時，モンは，①ダクショスパ，②ダンブチェンパ，③ゴマパ，④カンチャクパの順で廻った後は，どの順でも家々を廻ることが出来た。一方，畑への給水については，ダクショスパは最初に給水を始める権利を持たない。給水の時期には，お寺の畑の一部が最初に給水された。また，ダクショスパの畑で，種まき（開墾）の儀礼が終わった後，お寺の畑が最初に開墾されることになっていた。

王国時代には，カラツェ村以外に所有していた土地からは，オオムギが運ばれてきたものである。しかし，ドグラ時代になると，これらの土地はすこしずつ人手に渡っていた。今では，カラツェ村以外には土地を持っていない。記録によって，他の村に土地を持っていたことを知るのみである。昔は，自分たちの妻を同じカースト，つまり貴族の中から捜しており，息子の妻を他の村から求めなければならなかった。また，娘についても他の村の同じカーストの家から相手を捜さなければならなかった。今でもこの伝統は続いている。このため，ダクショスパの親族は多くの村にまたがっている。

このように，地方の村々は王の代行役をになう小領主によって治められてきたのである。これらのカロン，ロンポ，タクショスなどを輩出する家系は貴族として，社会の支配階層を構成してきた。これらの家系出身の男性の年長者はカガ，年少者はノノ (no no)，女性の年長者はシェマ (she ma)，年少者はチョチョ (cho cho) と，特別の称号で呼びかけられ，婚姻も貴族同士で行われていたのである。

一方，この語りにも登場する，村人のために音楽を奏でることを専門とするモンやベダ (be da)，鍛冶を専門とするガラ (ga ra) という職業集団は，被差別カースト集団として，社会の下層集団を構成していた。ベダはモンと同様に楽師集団であり，タイコと撥，笛を使って演奏しながら，村の行事，結婚式などの際に家々を廻り，施しを受けていた音楽演奏を専門とする集団である。ベダは土地を持たない点で，モンよりも下層に位置づけられるが，今日では，家を持ち定住し，商売を始めて金持ちになった者もいるといわれる。モンは土地をもち，ベダよりも上位であるともいわれ，彼らは楽師というよりもむしろ大工などを職とすることが多い。結婚に当たっては，彼らの間のみのカースト内婚が行われていた。

ラダック王国は，王，小領主といった支配階層となる貴族に対し，大多数を占める平民となる一般の村人たちはドンパ (grong pa「農民」) と呼ばれ，そしてその下層には特別な職業集団が位置するという階層社会となっていた。また，ドグラ時代には上記の語りに登場するカスダールという役職が置かれ，貴族階層からラダック全体で 10-12 人が任命され，各地区の行政を担当していた。その下の行政単位である村は，ゴバ (go ba) と呼ばれる村長によって治められてきたが，カニンガムによれば，訴訟問題については，5-7 人の長老からなる集会が開かれ，解決されたという (Cunningham 1854: 262)。サブー村でも，カラツェ村でも，伝統的にゴバを補佐する役目として，村役 (yul'i tshogs po，ユリツォクポ) から成る村委員会があり，税の徴収，村内におけるもめごとの解決，畑への給水順の取り決めなどといったことばかりではなく，村の行事の実施など，様々な村の行政が担われてきた。

サブー村には，貴族，平民，モン，ベダ，ガラといった各階層の家が存在していたが，カラツェ村には，鍛冶屋はいなく，他の村のガラに頼んでいたという。このような社会階層の存在は，日常会話という点で，敬語を発達させてきたのであり，ラダック語は名詞，動詞などに細かく敬語表現が区別されるという複雑な敬語体系をもつ言語となっている。この身分階層性は，第5章で延べるように，インド・パキスタンの分離独立以降の社会制度改革の中で，民主化されていくのである。

第 2 章

村人の伝統的社会生活

　第1章で述べたラダックの歴史が示すように，ラダックは仏教徒を多数派としながらも，ムスリム，キリスト教徒が共存する世界である。ここでは，ラダッキの社会的・宗教的背景として，特にラダッキ仏教徒に焦点を当てて，伝統的社会集団概念，婚姻体系，チベット仏教僧院，人々の日常生活における宗教的行為という点から概観してみることにする。

1. 伝統的社会集団概念

カンパ (khang pa) とパスプン (pha spun)
　チベット社会にみられる親族集団概念について，18世紀前半にチベットを訪れたデシデリは次のように言及している (薬師 1991: 296)。

>　チベット人は2つの親族関係を認めている。その1つはリュパ・チク，つまり「同じ骨」の親族関係と呼ばれ，もう1つはシャ・チク，「同じ肉」の親族関係である。彼らはリュパ・チク，同じ骨の親族関係として，たとえ，いく世代にもわたっていろいろな分家に分かれてきたとしても，そしてそれほど遠くても，共通の祖先から系統を同じくする人たちを認めている。シャ・チク，同じ肉の親族関係は正規の婚姻によって作られた人たちである。最初の「同じ骨」，リュパ・チクは，それがどれほど遠縁であったとしても，結婚では犯してはならない障壁として考えられている。

　また，ネパール，ドルポ地方のチベット人において調査を行った川喜多は，父系

血縁グループに相当する「骨」(rus pa)，および母の属する父系血縁グループに相当する「肉」(sha)という血縁概念が存在することを報告している（川喜多　1997: 340-343)。このように，チベット社会には，いわゆる父系血縁グループと婚姻によって形成されるグループの存在が知られてきた。

一方，モラビア教会の宣教師として1857年に訪れ，ラダックで長期間にわたって生活したJäschke (1998 [1881] : 532)は，彼の編纂した辞書のrusの項目で，西チベット（つまりラダック地方）ではrus paであるとし，「リネージ，家族」という訳を与え，西チベットにおけるrus pa chig chigという用例に対し，「私たちは同じ家族である」という訳を与えている[1]。続くrus paの項では，'dungの敬語とし，「骨」の訳を与えている。これはラダックにおいても，リネージを表す「骨」という用語が存在することを示唆するものといえる。しかし，Phylactou (1989: 141) も「ラダックでは骨とその結びつきを言及するような資料をほとんど持ち合わせていない」と述べており，1980年代に実施したカラツェ村やサブー村での調査においても，「骨」という用語が重要な社会集団概念として意識されている実態を確認することはできなかった。

さらに，Brauen (1979: 53)が「ラダックにおける民俗宗教の調査中，何度も気づいたのはいわゆるpha spunという概念であった」と述べているように，調査地でよく耳にしたのは，むしろパスプン（phas spun，あるいはpha spun)という言葉であった。パスプンについて，Jäschkeはspunの項目で，次のような説明を与えている (Jäschke 1998 [1881] : 330)。まず，spunの訳を，「①同じ両親から生まれた子供たち，兄弟姉妹」としたうえで，pha spun（父・兄弟姉妹）について，「同じ父からの兄弟姉妹」と記す。さらに，「②より広い意味では，イトコ，義理の兄弟姉妹」としたうえで，pha spun, pas spunについて，「村の中の隣人たち，住民で，共通の神 (lha) をもち，したがってrus pa chig chig，同じ家族の構成員となる。この共通の絆は，彼らには，死が起きたときにはいつでも，遺体の火葬の世話をするという義務が伴う」と詳述している。

1980年代の調査地においても，Jäschkeが19世紀後半に目にしたように，パスプンは祀る神（パスラー[2]，phas lha「父による・神」）を共通とすることでカンパ（「家」）を越えて形成され，村の生活においてお互いに儀礼的な義務を負う集団として，重要な意味を担っていたのである。ラダッキにとって重要な家族を越えた社会集団の概念

1　Das (1981 [1969] : 1188) は，彼の辞書のなかで，rus paに対し，1) リネージ，家族，2) 骨という訳を与えている。
2　ラダッキは，パスプンを文字化する場合には，pha spun, phas spunのいずれの方法をとっていたが，祀る神については，pha lhaとはいうよりも，phas lhaとむしろ発音していた。したがって，本書では，パスプンが祀る神については，パスラー (phas lha) としている。

は,「骨」という概念よりも, パスプンということができる。ここでは, カンパの実態, パスプンの実態とその社会的役割, カンパの実態と深く結びつく婚姻形態などに焦点をあてながら, ラダックの特に仏教徒社会における伝統的社会体系を概観してみることにする。

カンパの多様な形態

　同じ屋根, 同じかまどで暮らす家族, 両親と息子家族をラダック語で, ナムツァン／ナンミ (nam tsang/nam mi) と呼ぶ。一方, カンパは, 村における基本的な社会単位となっており, 屋号とも呼ぶことのできる名称で区別されている。カンパは, 構造物としての家を表す用語でもあるが, 親子・兄弟関係によって結びつく人々によって構成され, 家, 土地, 家畜などの財産を共有する, 経済活動単位あるいは生計単位を示す概念ともなる。ただし, カンパの構成員は必ずしも常に一緒に暮らす (同居する) ことを前提としなく, カンパは共同体構成員として公的に認知された社会単位ともなっている。日本の「イエ」の観念にとても近いものであるということができる。

　カンパの中には, ティラ・カンチェン (Tira Khangchen), ティラ・カウン (Tira Kaun) という家名のように, カンチェン (khang chen「家・大きい」) (ただし, カラツェ村ではカンバ (khang ba) という呼び方が一般的であった), カウン (kha un, khang chung「家・小さい」の略) という語尾をつけて区別される場合がみられた。Jäschke (1998 [1881] : 38) は, khang pa の項目で, khang chung (カンチュン), つまり, ここでいうところのカウンを取り上げ,「年をとった両親のために用意された家あるいは部屋であり, khang chung pa というのは, そのような所の住民である」と説明している。

　1980年代当時, ラダッキは, カンチェンとカウンの違いについて,「両親は年をとると自分たちが暮らしていけるだけの畑と家畜を残し, 他の財産はすべて息子家族に譲り, カウンに移り住むのである」と説明していた。Jäschke の辞書に記載されるものと同じように村人は説明してくれたのであり, カンチェンがいわゆる本家に相当し, カウンは隠居所に相当するものと, 理論的にはみなされていたことが分かる。しかし, 調査対象とした上手ラダック地方のサブー, 下手ラダック地方のカラツェのいずれの村でも, カンチェンとカウンの住みわけは, 実際には彼らの説明とは多少異なり, 単なる隠居所だけではなく, 完全に新しいカンパの成立とみなされる, いわゆる分家に相当するものなど多様な形態をとっていた。

　レー近郊のサブー村の事例を見てみよう。この村は 1984年当時, M地区, S地区, P地区, Y地区, A地区の5集落区分から成り立ち, 確認できた家屋の総数は, それぞれ 24, 34, 38, 20, 22 の 138戸であった。ただし, 村にはサブー・ゴンパがあるが, これは数に含めていない。これらの中の P地区にある 5戸は夏の間のみ

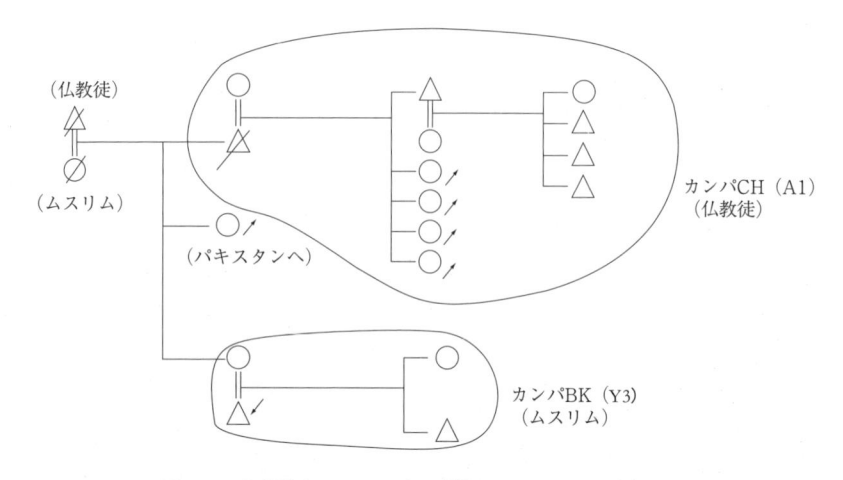

図 2-1 仏教徒とムスリムとの婚姻にみるカンパ形成
(注)○╱婚出した娘
　　△╱マクパとして婚入した男性

利用される家屋であり，S地区の1戸は他の地区から行事のためにやってくる僧侶の家屋である。また，15戸はイスラムに改宗したカンパであり，1戸はキリスト教に改宗したものである。残り116戸が仏教徒のカンパということになる。

　ムスリムのカンパは，ほとんどが戸主のムスリム名をカンパ名としている。しかし，中には，チャクゾットパ（Chagzodpa）のように，王国時代の小領主地における財政を任されたチャクゾットという役職をカンパ名として残しているものもあった。特別な社会的地位にあったカンパの中にもイスラムに改宗する例があることを物語る。さらに，仏教徒とムスリムとの婚姻をとおして，子供たちが仏教徒とムスリムに分かれ（後述するように，これは仏教徒とムスリムとの婚姻の慣習的な取り決めとなっているが），仏教徒の息子がカンパを継ぎ，ムスリムの子供が新たにムスリムのカンパを形成していくという例（図2-1）もあった。

　すでに述べたように，サブー村は，ラダック王国時代にはカロン（大臣級）の地位を与えられた小領主によって治められていた。このため，サブー村のカンパ名の中には貴族であったことを示すジムスカンという名をもつものがあった。最後のカロンを出したカンパはA地区にあり，ジムスカン・ニンパ（Zimskhan Nyimpa「ジムスカン・古い」）と呼ばれ，カンチェンとカウンに分かれていた。ジムスカンの名がつくものには，そのほかに Zimskhan Soma「ジムスカン・新しい」，Zimskhan Sabu, Zimskhan Sabu Kaun があった。また，Ayu Cho（ayu rje「アユ（地区名）・支配者」）と呼ばれるカンパもあり，これらすべては，王国時代に貴族であったという身分を示し，調査当時も特別な社会的敬意を払われる対象となっていた。このうち，Zimskhan

Nyimpa と Ayu Cho は，レーやシェイの貴族階層のカンパと同じパスプンの構成員となっていた。

一方，村の中にはベダ，モン，ガラと呼ばれる専門的職業集団の被差別身分階層（カースト）があり，それぞれ1，2，4戸のカンパがあった。ベダのカンパには当時人は住んでいなく，家屋が残るのみであったが，モンのカンパはカンチェンとカウンに分かれ，婿を取った娘夫婦がカウンに住んでいた。ガラのカンパは，M地区とA地区にあり，それぞれカンチェンとカウンに分かれていた。これらのカーストでは，パスプン・メンバーが村の中にはなく，また，カースト内婚をすることが一般的となっていた。

サブー村の仏教徒のカンパは，各地区それぞれに19，32，27，17，21戸で総計116戸であったが，このうち80戸はカンチェンに相当するもので，36戸がカウンであった。つまり，仏教徒のカンパの27戸がカウンをもち，カウンの総数は36戸であり，カウンをもたない仏教徒のカンパは53戸となっていた。カンチェンとカウンとの関係をみると，長男以外の息子が別個に嫁を迎え，独立して家を構えた場合が9例，娘に婿を取り，その後，息子に嫁を迎えて，娘夫婦がカウンに移り住んだというものが17例，息子がなく2人の娘たちがそれぞれ婿を取り，一方が婿とともにカウンに住んだものが1例，未婚の娘が住む例が4例，息子夫婦が独立して両親がカウンに移り住んだ例が3例，不明が2例であった。

最も多く認められた事例は，娘にマクパ (mag pa「婿」) を迎え，長男の結婚を機に，娘夫婦がカウンを形成するというものである。娘夫婦が公式にカウンを構成するに当たっては，土地などの財産がカンチェンとカウンの間で分配されることになっている。この場合，娘が息子よりも年長の場合が多いが，必ずしもそのような場合ばかりではない。カンパ TS の事例（図2-2）をみると，息子に嫁を迎えた後，娘に婿を迎えてカウン (P31) に住まわせている。一方，カンパ HD の事例（図2-3）では，年長の娘に婿を迎えることが，2世代にわたって行われ（娘1, 2），それぞれ年少の息子が嫁を迎えて，前者がカウン，後者がカンチェンに住むこととなっている。

カンパ TS カンチェンの事例では，両親の世代において息子たちが分家し，それぞれが現在では，家名を異にし，カンチェンの位置を占めているが，そのうちの1つ (S8) はパスプンも異にしていた。このように，1世代前においては戸主が兄弟であるが，現在では，それぞれカンパ名を異にし，パスプンも異なるという例は，カンパ CD とカンパ PD の場合のように，他にもいくつか認められた。

また，息子間でカンチェンとカウンとを分け合うという例は，一般的には，長男の家族がカンチェンに住み，次男の家族がカウンに住むという例が多い。しかし，カンパ PC の事例（図2-4）のようなバリエーションもある。この事例では，ソナム・ドルジェ（図中の男性1）は彼の長男夫婦と次男とともにS地区にあるカウン (S5) に

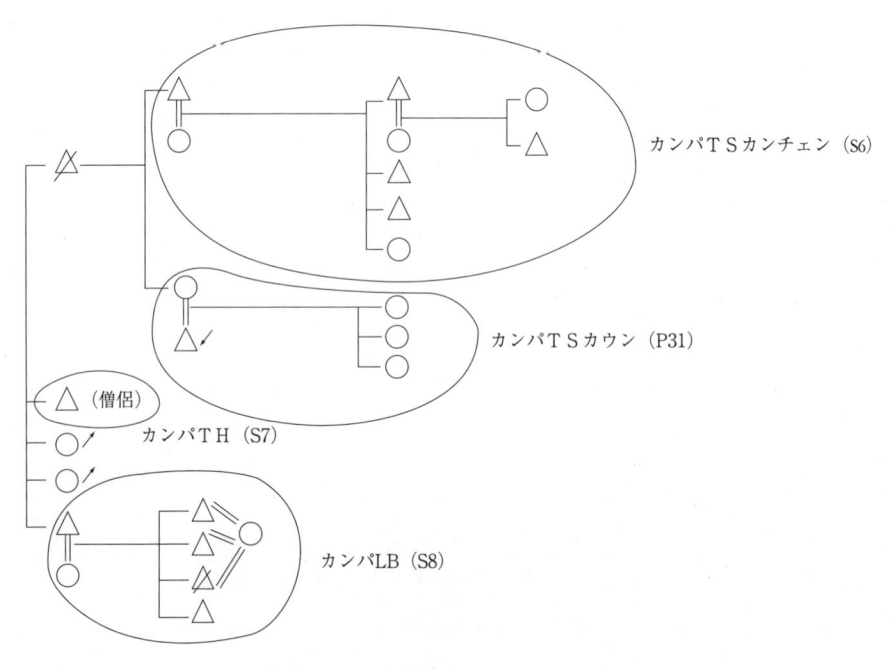

図 2-2 カンパTSにおけるカンパの分裂
(注)○↗婚出した娘
　　△✓マクパとして婚入した男性

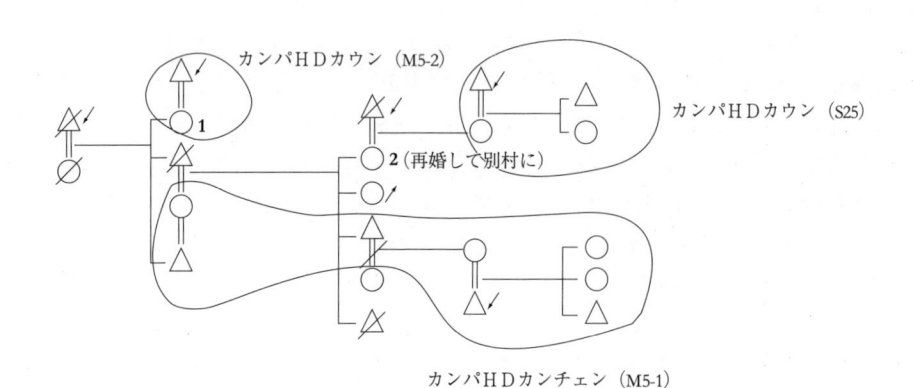

カンパTSカンチェン（S6）
カンパTSカウン（P31）
カンパTH（S7）
（僧侶）
カンパLB（S8）

カンパHDカウン（M5-2）
カンパHDカウン（S25）
1
2（再婚して別村に）
カンパHDカンチェン（M5-1）

図 2-3 カンパHDにみるカウン形成
(注)○↗婚出した娘
　　△✓マクパとして婚入した男性

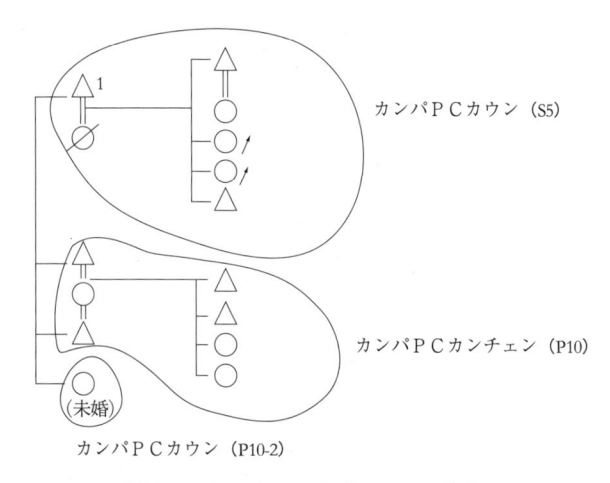

図 2-4 カンパ PC におけるカウン形成
(注)○↗婚出した娘

住む。一方，彼の弟 2 人は妻を共有し，子供たちとともに P 地区にある新しく建てたカンチェン (P10) に住み，未婚の妹がカンチェンの隣の古い家をカウン (P10-2) として住む。この例では，若い弟たちがカンチェンを任され，年長の兄がカウンにという住みわけがなされている。いずれにしても，これらの事例は，兄弟で妻を共有するという婚姻慣行から息子たちが独立してカンパを構えるという方向への変化が起きていることを示す。

　一方，下手ラダック地方のカラツェ村では，1989 年当時，カンパは 46 戸であった。このうち，カウンであるとされたものは 20 戸であった。もともと 26 カンパであったところに，15 のカンパがカウンをもつようになったものであった。このうちの 1 世帯は，クリスチャンに改宗後，息子たちがそれぞれ嫁を迎え，独立の生計を営むようになったため，2 戸のカウンをもつようになった例である。最も多かったのは，息子たちがいったんは長男と妻を共有した後に，新たに妻を迎えカウンに移り住んだ例で，11 戸のカウンはこうして成立したものであった。娘が離婚して実家に戻り，カウンに住むという例が 2 戸，両親が結婚した長男に家督を譲り，移り住むという例が 5 戸であった。カウン形成にみるカラツェ村とサブー村との大きな違いは，前者には娘に婿を取り，後にカウンに住まわせるという例がなかった点であり，カラツェでは娘に婿を取るのは，息子がいなく，娘にカンパ (カンチェン) を継がせる場合のみであった。

　サブー，カラツェのいずれの村においても，カンパは息子がいない場合には娘夫婦によって継承されるが，原則として息子夫婦によって継承されてきたことが分かる。カンパを継承する息子は長男であることが基本型といえるが，長男が出家する

こともあり，必ずしも理念通りではない。また，両親が息子夫婦あるいは娘夫婦に家督を譲り，カウンに移り住むという，カウン形成の伝統的な理念型と呼べるような例は，むしろ少数派であった。長男以外の息子たちが別個の家族を作り，カウンを構成する例，娘たちがそれぞれ婿を取り，一方がカウンに住む例など，後述する伝統的婚姻制度，社会制度の変容をうかがわせる例が増えている。

これらのカウンの中には，単に家屋を別にするだけで，村の中では1つの社会単位とならない場合もみられるが，正式に畑などの財産の分割を行い，本家と分家とが社会単位として認知されるものも多い。しかも，分家してからの時間経過，あるいは分家時の事情によって，分家は本家とは異なるカンパ名をもつという例がサブーにも，カラツェにもみられる。さらに，サブー村では，本家と分家がパスプンを異にするという例を確認することができた。たとえば，すでに紹介した TS カンチェンの事例，カンパ CD とカンパ PD の事例などのように，現在の戸主の1世代まえに発生した分家が，当初から家名を変えたのかどうか確かめることはできなかったが，調査当時にはそれぞれ異なるカンパ名を有し，パスプンも異なる例がいくつか認められた。カンパという社会単位の動態的変容過程で，カンチェン，カウンが多様な形態をとるようになってきたということができる。

パスプンとその社会的役割

同じ神格を集団の神（パスラー）として祀り，カンパを越えて形成され，重要な社会的役割を担う集団がパスプンである。パスラーは，パスプンの中心メンバーとなるカンパにラトーが造られ，そこに祀られる。ラトーは，屋上に設置されることが多いが，仏間に安置される場合もあるという。毎年，ローサル（正月）の時期には，すべてのパスプン・メンバーがこの家に集まり，ラトーを取り替えて新しくする。つまり，そこに供えてある矢 (mda') は取り換えないが，新しいバターを矢の先につけ，新しいカタック (kha btags) と呼ばれる白い布を結びつける。これをさらに新しいシュクパ (*Juniperus* sp.) の葉で包み，新しくするという。

サブー村では，各仏教徒のカンパについて，パスプンへの帰属を聞き取ることができた。かつて小領主家であったカンパや，被差別のカーストとみなされてきたベダ，モンのパスプンのように，村内よりも村外のカンパとパスプンを共有する例を除くと，サブー村の仏教徒の 107 戸のカンパは，9 個のパスプンのどれかに属していた。パスラーの名を確認することができたものをみると，パスラーには，ゴンポ (mgon po) と呼ばれる護法尊や，ギャルポ (rgyal po) と呼ばれる土着の神が含まれていた。パスプンを構成するカンパの数は，8–20 戸と幅がみられたが，12 戸からなるパスプンが最も多かった（表 2-1）。パスプン・メンバーは，特定の地区に集中する例（パスプン V, VI）もみられたが，必ずしも近隣のカンパであるとは限らず，メ

写真 2-1　家の屋上に設置されたラトー。毎朝，家長はシュクパを焚いて清める（1989 年）

表 2-1　サブ村における主要なパスプンごとのカンパ数

	パスプンⅠ	パスプンⅡ	パスプンⅢ	パスプンⅣ	パスプンⅤ	パスプンⅥ	パスプンⅦ	パスプンⅧ	パスプンⅨ	合計
M 地区	6	1	1	2	0	0	3	2	1	16
S 地区	1	2	5	5	7	0	2	7	4	33
P 地区	1	4	2	2	5	0	1	6	5	26
Y 地区	0	2	1	1	0	2	5	4	2	17
A 地区	0	3	0	0	0	10	1	1	0	15
合計	8	12	9	10	12	12	12	20	12	107

（注）この表には，旧貴族階層，モン，ベダ，ガラのカーストに属するカンパ，およびムスリム，キリスト教徒のカンパは除いている。

ンバーがサブー村の5地区に分散するものが3例（パスプンⅡ，Ⅶ，Ⅷ），4地区に分散するものが3例（パスプンⅢ，Ⅳ，Ⅸ）となっている。

　ラダッキは，いろいろなラー（地方神）を祀るのは昔からの伝統であり，すべてのラーは家を守ってくれ，ラーを喜ばせていると，家は良い状態となると考えてきた。パスプンは，昔1つであったカンパから分かれた家々で構成されるものであり，とくに phas spun nye mo（パスプン・ニェモ「パスプン・近い」）であるという場合には，最近になって別れたものであり，お互いに親族関係をたどることができると考える人もいる。その一方で，必ずしもそのようなものばかりではないともいわれている。さらに，とくに，下手ラダック地方のある村では，パスプンはつねに近い親族であり，同じパスプン同士では結婚はできないばかりではなく，同じパスプンに属する少年少女はお互いに性的な会話を交わすことはできないといわれる。しかし，このような規制はラダック全域で一般的なものではなく，パスプンという集団を婚姻規制の条件とする例はあまり確かめられなかった。

　たとえば，サブー村をみると，ベダ，モン，ガラの各カーストに属するカンパは，それぞれがみな同じパスプンのメンバーである。ガラ（鍛冶屋）のパスラーは，とくに力の強いラーであり，血の犠牲を要求することでも知られている。これらのカーストの人々は，ほとんど同じカースト内で結婚する傾向があり，この意味では同じパスプン内での結婚を優先するということになる。一方，かつてサブー村の領主であったカロン家を引き継ぐカンパは，村の中には同じパスプン・メンバーであるカンパが他に1戸あるのみであった。彼らは，同じ階層から結婚相手を選ぶ傾向が現在でも強く，彼らもパスプン内婚をする傾向があるといえる。これに対し，その他の平民である107戸の仏教徒のカンパでは，パスプン内婚の規制を聞き取ることはできなかったし，実際，パスプン内婚の例は1例のみで，他は結婚相手をパスプン外に求めていた。

　また，すでにサブー村での事例を紹介したが，パスプンを変えることが可能であるという。たとえば，兄弟の間で，弟が兄と同じラーを持ちたくないような場合には，弟は加入したい他のラーのパスプン・メンバーを1軒から1人ずつ招待して，チャン（chang「オオムギ酒」）と食事でもてなし，そのパスプン・メンバーとなることを了解して貰うことによって，加入できるという。さらに，弟は，自分の以前のパスプン・メンバーに対し，また自分のラトーでパスラーに対し，自分がそこから抜け出したことを了解してもらい，許しを請うことが求められる。一方，僧侶になると，自分のパスプンのメンバーから外れるという。この場合，僧侶は僧院のラーに見守られるのであり，しかも，僧院で毎日読経を行うので，特に自分のパスラーに許しを請う必要はないといわれる。

パスプンと葬儀・出産儀礼

　Jäschke (1998 [1881] : 330) も述べているように，パスプンの役割の最も重要なものは，喪家に代わっての葬儀への関わりである。まず，死の知らせを受けると，その家と同じパスプン・メンバーは直ちに集まり，灯明を絶やさないように燃やし，死者を安置する部屋に鍵をかけるという。最初の祈りの儀式は「ポワ」('pho ba)[3] であるが，その後，火葬に付すまでの7-8日間あるいは10-12日間（その家の経済状態による），毎日5-6人の僧侶による読経の儀式（チョガ chos nga）がおこなわれる。この間，パスプン・メンバーの女性たちは，死者の親族に代わって，コムギ粉，葬儀のための金（レル rel）を集めることになっており，コムギ粉と金を集める役をレルフェ（rel phe「葬儀の金・ムギ粉」）と呼ばれる。また，タルタック（熾き灰の中に入れて焼いた大型のパン，コムギ料理②）の調理，チャン・食事・バター茶を作るのを受け持ち，男性メンバーは，火葬場で死者を火葬に付す役を受け持つ。火葬場には，パスプンごとの火葬用の石棺（ロカン ro khang）があり，そこで火葬される。

　火葬してから4日目の朝には，パスプン・メンバーは火葬場に行き，死体に残った跡を見る。子供の足のような跡があれば，再び人間に生まれ変わり，イヌの足の跡であれば，イヌに生まれ変わり，ネコの足，鳥の足であるのか，その跡を見て判断する。そのあと，彼らは，灰と骨を取りだし，山や川にすこし持っていき，投げ，残りを家に持ち帰るのである。その後，僧侶がこの灰でツァツァ（tsa tsa）と呼ばれる円錐形のものを作り，仏塔に納める。時には，額の骨が残ることがあり（生前良い人であった場合におこるという），その場合には，これを持ち帰り，仏間に安置するのであるという。

　さらに，葬儀後の49日目に，村人，パスプン・メンバーが夕方集まり（男の人が亡くなった場合には男性が，女性が亡くなった場合には女性が集まるという），11時頃まで，「オンマニパドメーフム」（om ma ni pad me hum）と，観音菩薩のマントラを唱え続ける。僧侶は参加しないが，このとき，各自タガ（tha ga）といって，チャン，バター茶，トゥクパ（コムギ料理⑪，⑫）などの食事を持参する。1周忌には，また，村人とパスプン・メンバーが集まり，観音菩薩のマントラを唱える。僧侶の参加は必要とはしないが，男性も女性も参加するし，誰でも参加できる。チャンと食事が提供される。

　毎年，ローサル（正月）には，パスプンの構成員はパスプンのロカンに，シミ（shi mi）といって，ご飯またはパパ（オオムギ料理①），1瓶のチャン，1塊の茶，ロウソクなどを持って，集まる。ロカンの上に持ってきた食べ物をすこしずつ載せて供え，集まったパスプンのメンバーは，ここで食事をともにし，先祖を供養するのであるという。このように，葬儀の際には，家族に代わってパスプン・メンバーがこれを

3　川崎（1993: 13）はポワについて，「転移，意識を身体から抜き取ってより高い状態へ移し替えるチベット密教のヨーガ的秘法」と注釈している。

写真 2-2 死者を火葬場へと送る村人の葬列。先頭を行く僧侶達の衣装はシャマンの衣装とほとんど変わらないことが分かる（1984年）

写真 2-3 死者をロカン（焼き釜）に収め，最後の別れの儀式を行う。ロカンはパスプンごとに決まっている（1984年）

取り仕切ってきたのであり，死者供養の際にもパスプン・メンバーが重要な役割を果たしてきた。

　パスプンは，また，子供の誕生にあたっても，重要な役割を果たす。子供が生まれたら，7日目には人々が食べ物をもって訪問する。とくに，近い親族はマルザン（オオムギ料理②），米，バター，干しアンズと仁，砂糖などを持参する。また，この日には，必ず子供を家のラトーに，ロウソク，1瓶のチャンをもって，連れて行き，報告す

写真 2-4 産婦を訪問するために，調理されるマルザン。オオムギ粉を湯で練ってから，最後に溶かしたバターを加える（1989年）

る。この時，ラマ（bla ma「僧侶」）はチョカン（chos khang「仏間」）で，ラップサンス（lha bsangs「ラーの・浄化」）という浄化儀礼を行う。村の人たちは，20日目以降に，訪問する。1皿の米，砂糖，カタックをもって訪れ，訪れた村人はチャンと食事をふるまわれる。

　出産は「穢れ」とみなされており，産婦はナベ，スプーン，その他の道具を自分専用のものを使い，他の家族のものは，これらの道具に触れることができないとされた。このため，かつては赤子の両親はともに1ヶ月間家から出られなかったという。現在では，母親は1ヶ月間，父親は7日間というように，その期間は短縮されてはいるが，この間，パスプン・メンバーがその家の仕事を手伝うのであるという。

　パスラーによって，葬儀や出産にまつわる規制は異なるという。サブー村のある男性は，彼のパスラーは，パスプン・メンバーが，ラーが異なる産婦の家から，出産後20日間，食物を貰うことを認めないという。しかし，彼のパスプン・メンバーは，異なるパスプンの家で死者が出た場合，この家から食事を貰うことができると語っていた。

以上のように，パスプン組織は共通のラーへの信仰と儀礼実践のみではなく，葬儀，祖先崇拝，出産，後述する結婚式などにおける共同組織として重要な役割を果たしてきたのである。ラダックにおいて，生計活動における共同作業などにおいて，パスプンが機能することはなく，隣組ともいえる隣人との間で，労働交換が行われる。パスプンは，むしろ，葬儀，出産という「穢れ」の発生する時期に，当人の家族に代わって日常的活動を行う存在として，重要な意味をもつのである。

2. 婚姻規定と結婚式

婚姻規定とその変容

　前節で述べた，カンチェン，カウンの多様な形態が共存する現状は，後述する一妻多夫婚の法的禁止と長子相続権の廃止という，新たな制度の導入とともに生み出された，ラダックにおける婚姻形態の変容の結果ということができる。ここでは，

写真 2-5　花嫁衣装（正面）。ペーラ，真珠の首飾りとイヤリング，銀細工の首飾りなど，花嫁が持参することになっている装飾品一式（1989 年）

写真 2-6 嫁入りに不可欠とされる花嫁の頭飾り，ペーラ（後ろ側）。縫い付けられたトルコ石の数は富を象徴し，花嫁の貴重な持参財となる（1989年）

ラダックにおける伝統的な婚姻規定とその現代化における変容を考えてみることにする。

ラダックには，既婚女性の地位を取り上げた，「頭にペーラ (spe rags) をかぶりながら，自分の心には欺きがある。嫁と言いながら，実は人の召使にすぎない」ということわざがある。ペーラはトルコ石を縫い付けた，ラダッキの独特の既婚女性の頭飾りであり，既婚女性のシンボルといえるものである。このことわざは，嫁は結婚式の直後から，自分の思いとは別に夫の家族のために召使のように働かねばならないという意味であり，嫁ぎ先の働き手としてのみ期待されていたという，ラダック社会における嫁の地位を表わしている。実際，カラツェ村では，両親によって婚姻が取り決められ，男性は一般に18歳になると結婚し，少女は初潮を迎えたばかりの12歳ごろには嫁がされたものであるという。結婚は働き手を得るためのものであり，初潮前であっても結婚が取り決められることさえ近年まであったという。

初めてラダックを訪れた1983年当時には，レーのバザールでは，山高帽を被る既婚女性（レー在住の女性であることが多かった）もいたが，主に農村からレーにやっ

てきた女性たちではあったが，ペーラをつけた女性もよく見かけたものであった。ペーラに縫いつけられたトルコ石の数は，女性の生まれた家の裕福さを物語るとともに，当時はまだ女性はペーラなくしては嫁に行くことが出来ないといわれ，そのことがまだ現実味を帯びた言説となっていた。大抵，母親は自分のペーラにトルコ石を少し残し，他の大部分のトルコ石をもとに娘のためのペーラを作り，婚出させていたという。このため裕福な家でない限り，嫁にいくことができるのは母からのペーラを相続できる娘1人に限られ，他の娘は尼僧になるか，未婚のまま家に残ったものであった。

　一方，男性側の立場を表したことわざもラダックにある。たとえば，「牛を養うために，干し草を蓄えておくように，妻をもつために金，食べ物を蓄えておく必要がある」「ネズミがいる場所もなくて，コネしゃもじをどこに置くのか」（ネズミは男性，コネしゃもじは女性のメタファー）というものもある。前者は，男性は妻をもつためには金がいるという意味であり，後者は家さえも持たない男が，結婚して一体どこに妻を置いておくのかを意味する。これらは，ラダックでは，男性のみが金を稼ぎ，家で必要なものをすべて整えるものである，あるいは，男性は家を持たなければ，結婚することができないと考えられてきたことを表す。つまり，夏の間の交易活動はかつてラダッキ男性の主要な仕事ともなっていたが，夫には一家の現金収入の稼ぎ手という期待される役割があることを示すとともに，男性は住む場所を用意して初めて嫁を迎え入れることができるという，婚姻後の居住形態は，夫方居住が伝統的なあり方であったことを示している。

　このように，女性は結婚後，夫の家族と住むという夫方居住を原則とするが，娘しかいない場合には，娘に婿を取って，カンパを継がせてきた。このような場合には，サブー村で1例みられたように，姉妹が夫を共有するという一夫多妻婚の形態をとる事例もある。一方，息子についてみると，ラダッキ仏教徒の間では他のチベット系社会にもみられるように，結婚式を執り行い，嫁を迎えることのできるのは，原則として長男のみであったという。カンパの中で，1世代1婚姻というのが伝統的婚姻体系であり，両親から財産を相続するのは長男のみであるという，長子相続制度が規範となり，長男のみが自動的に家屋や土地を用意することができ，結婚できたのであったといわれる。実際，サブー村やカラツェ村の事例は，次男，三男は自らの経済力がない限り，独立してカンパを構えることは難しく，他家にマクパとして婿入りするか，僧侶にならない限り，簡単な儀式のもとで，長男と嫁を共有するという一妻多夫婚の慣習が伝統的なあり方であったことを物語っていた。

　ただし，裕福な家では，男性は2人の妻を迎えるということさえあったといわれる。この場合，第1の妻に対しては盛大な結婚の儀式がおこなわれるが，第2の妻に対しては簡単な結婚式が行われただけであったという。つまり，後者の場合には，

すべての村人が出席するというわけではなく，パスプン・メンバーだけが祝宴に参加したのであるという。2人の妻は姉妹のこともあるが，異なるカンパ出身ということもあった。たいてい異なる村にたくさんの耕地を所有するため，妻をそれぞれの村に住まわせて，畑の世話をさせるというものであったという。

　このような伝統的婚姻規定には，現代化の中で法的制限が加えられてきた。まず，ラダッキ・ムスリムの間では，ムスリムのシャリーア（コーランに基づくイスラム法）があり，一妻多夫婚は認められない[4]。サブー村やカラツェ村のムスリムの事例でも，息子たちがそれぞれ妻をもらい，独立のカウンを形成していたように，彼らの間には仏教徒ラダッキにみられる伝統的婚姻形態がみられなくなっていた。また，1941年には，当時のジャム・カシミール藩王国によって一妻多夫婚が法的に禁止された。さらに，インド独立後の1954年10月9日には，インド政府によって「The Special Marriage Act 1954」が制定[5]されており，公式には，一妻多夫婚の慣習は一夫多妻婚とともに罰則が科せられることになっている。このような法的整備の中で，経済的に可能であれば，一妻多夫婚を解消する傾向が出てきたということができる。1980年代の調査時において，一妻多夫婚は恥ずかしい慣習であると語るものも少なくなかったのである。

　しかし，実際には1980年代のサブー村，カラツェ村で，一妻多夫婚の慣習がまだ行われていた。たとえば，サブー村では，一妻多夫婚を行っていたカンパは少ないながらも8例認められた。カラツェ村では，もっと多くの事例を聞き取ることができ，26戸のもともとあったカンパのうち14戸（53.8％）において，一妻多夫婚の事例が20例を確認できた。そのうちの2戸では3人の息子で妻が共有されており，1戸では4人の息子が2人ずつで妻を共有していた。

　ラダッキは，兄弟が妻を共有することは，畑，現金収入などを共有することであり，たいていその家族は金持ちになると考えられている。ただし，長男の妻が拒めば，兄弟間での共有は成立しなく，弟たちは別個に妻をもらうのであるという。一妻多夫婚が成立するためには，兄弟のみではなく，妻の了承も必要とされているのである。いずれにしても，一妻多夫婚を行っている事例で，兄弟たちが常に一緒に住んでいるという例は少なく，1人がいつも家におり，他の兄弟は軍隊に入隊して

4　1937年には，The Muslim Personal Law (Shariat) Application Act 1937が，ジャム・カシミール州を除くインドのムスリムを対象とする家族法として制定されている（http://nrcw.nic.in/shared/sublinkimages/60.htm 2008/07/13）。

5　多民族，多宗教国家であるインドにおいては，伝統的に宗教，民族ごとに慣習的家族法が守られてきた。しかし，1954年には，インドのすべての国民に共通の家族法の施行を目指して，The Special Marriage Act 1954が制定されたのである（http://www.sudhirlaw.com/SMA54.htm 2008/07/13）。ただし，この結婚特別法は実際にはあまり機能していないともいわれる（http://www.law.emory.edu/ifl/legal/india.htm 2008/07/13）。

普段は留守であるという例や，1人は通常レーのバザールの店に寝起きし，たまにしか家に帰ってこないという例のように，兄弟でうまく住み分けていることが多い。

　弟たちが兄の妻を共有するにあたって，特別な儀式はないため，村人は，たいてい，弟たちが年頃になっても結婚しないような場合には，彼らは兄と妻を共有していると判断するのであるという。現在では，一妻多夫婚はよくないことだと考えるようになったのではあるが，昔は良いことだと考えていたという。実際，ラダックには，「2人の夫をもつ妻は，何にでも似合う花であるが，2人の妻をもつ夫は，墓場の入り口にいるようなものだ」ということわざがある。インフォーマントは，このことわざの意味を次のように説明してくれた。妻を2人もつと，2人を仲良く暮らさせるために，夫は心を配らなければならず，気苦労が絶えず，若死にするといわれる一方，2人の夫をもつ妻は，夫たちの間では争いが起こらないし，どちらの夫も妻によくしようと服を買い与えたりするものであり，喜ぶといって，一妻多夫婚がうまくいくことを譬えたものである。このことわざは，一妻多夫婚がラダックの伝統的慣習として肯定的，前向きにとらえられてきたことを示しているのである。

　ところで，すでに述べたように，サブー村では娘に最初に婿を迎えた後，長男に嫁を迎え，娘夫婦をカウンに住まわせるという事例が多くみられた。ラダックの首都レーに隣接するサブー村では，下手ラダック地方に位置するカラツェ村に比べ，農耕以外の経済活動が可能であるうえに，耕地にも恵まれている。サブー村におけるカンチェンとカウンの多様な住みわけの形態は，このような村で特に発達した，生計維持，あるいは広大な土地での農耕を維持するための労働力確保という，世帯戦略上の形態ということができるかもしれない。

　ラダックには「藁のなかに，中国の針」といって，子供のない夫婦に子供が授かることを譬えたことわざがある。藁のなかに中国針の文字通りの意味は，非常に貴重なものが藁のなかにあるというものであるが，これは，藁のなかにある貴重な針を探すのは至難の業であり，子供を授かることができる難しさの象徴的表現であるといわれる。子供が宝と考えられていること，翻っては，子供を授かることがカンパを継続させる上でとても重要であることを言い当てたことわざということもできる。ラダックには，子供に恵まれない夫婦が，カンパを継続するための方策として，ブドゥット（bdud）と呼ばれる慣行が認められている。これは，息子と娘を，夫と妻それぞれの親族から養子として迎えて縁組させ，カンパを継がせるというものであるが，サブー村では，これを実践した例を3例確認している。このように，ラダキはカンパの維持を第一義に婚姻形態を選択してきたということが分かる。

最後に，ベダやモンのような特定のカーストがカースト内婚を規定とする例[6]や，ラダックの隣のザンスカル地方のイチャール村で聞き込んだ，昔は配偶者をパスプン・メンバーの中から選んでいたという伝統的婚姻慣習の例がある。しかし，サブー村やカラツェ村の仏教徒ラダッキの間では，パスプン内婚の事例を見つけることはできなかったように，仏教徒ラダッキの間では，一般にパスプンは外婚単位となっているといえる。しかも，女性は結婚によって，自分の生家のパスプンのメンバーから夫のパスプンのメンバーへとメンバーシップを変えることが原則となっているのである。この意味で，結婚は女性にとって，生家からの完全な別離（分離）であり，後述するように，ラダッキの結婚式では花嫁衣装に身を包んだ花嫁は，始終すすり泣いて，別離の悲しみを表現するのが慣例となっている。

父・母を曖昧化する親族名称

一妻多夫婚，一夫多妻婚，婿入り婚など多様な婚姻形態が容認されているが，婚姻形態，婚姻後居住形態は，彼らの親族名称体系とはどのようにむすびつくのであろうか。ラダッキの親族名称体系の特徴をみてみることにしたい。

ラダッキの親族名称は表2-2のようになり，これを図示すると，図2-5となる。エゴ（親族関係図のなかで基点となる人）を男性として図示しているが，女性の場合にも基本的に変わりはない。彼らの親族名称体系の特徴は以下のようにまとめることができる。

まず，2世代上の世代をみると，母方，父方の区別はなく，性によって区別されるのみである。男性をメメ（me me），女性をアビ（a bi）と呼ぶ。

次に，1世代上の両親の世代をみると，性別，彼らの間の年齢差が考慮され，特定の関係に対しては父方，母方という出自が考慮され，親族名称が異なるが，姻族にも親族名称が同じ原理で拡張されている。父を表す親族名称アバ（a ba）が，父の兄，母の姉の夫にまで拡張されているのに対し，父の弟，母の妹の夫はアグ（a gu）と呼ばれる。一方，母を表す親族名称アマ（a ma）は母の姉，父の兄の妻にまで拡張されているのに対し，母の妹，父の弟の妻はマチュン（ma chun）となる。母の兄弟，父の姉妹についての親族名称は，この世代に対する他の親族名称とは異なり，出自が考慮される一方で，年齢差が考慮されない点で特異的で，それぞれアジャン（a

---

[6] Ratherは，仏教徒ラダッキの間での，ベダ，モンに対する，宴席で同席しない，食器を共用しないなどといった差別的慣習の存在を報告するとともに，仏教徒と彼らとの婚姻は厳しく忌避され，ベダ，モンらは族内婚を慣習としていたことを報告している。また，ムスリム・ラダッキの間ではベダ，モンとの婚姻に忌避が見られないこと，ムスリムとなったベダやモンは，他のムスリムと同等の地位にあり，時にはモン以外の人たちと同じパスプンとなることもあると報告している（Rather 1997: 217-218）。

表 2-2　ラダック語親族名称と対象者

図2・5中の番号	ラダック語親族名称	対象者
1.	アバ (a ba)	F; FeB; MeZH
2.	アビ (a bi)	FM; MM; FFZ; MFZ; MMZ; FMBW; MFBW
3.	アチェ (a che)	eZ; FZD; FBD; MZD; MBD[1]
4.	アチョ (a cho)	eB; FZS; FBS; MZS; MBS[2]
5.	アグ (a gu)	FyB; MyZH
6.	アジャン (a jang)	MB; FSZ; FFBS; FFBDH; FFZS; FFZDH; MFBDH; MFBS; MFZDH; MGFZS; MMBS; MMBDH; MMDH; MMZS; MMZDH; FMBS; FMBDH; FMZS; FMZDH
7.	アマ (a ma)	M; MeZ; FeBW
8.	アネ (a ne)	FZ; MBW; FFBSW; FFBD; FFZSW; FFZD; FMBD; FMBSW; FMZSW; FMZD; MFBD; MFBSW; MFZD; MFZSW; MMDSW; MMBD; MMZSW; MMZD
9.	マチュン (ma chun)	MyZ; FyBW
10.	マクパ (mag pa)	H; DH
11.	メメ (me me)	FF; MF; FFB; FMB; MMB; MFB; FFZH; FMZH; MFZH; MMZH
12.	ナマ (na ma)	W; SW
13.	ノ (no)	yB; FZS; FBS; MZS; MBS[3]
14.	ノモ (no mo)	yZ; FZD; FBD; MZD; MBD[4]
15.	プモ (pu mo)	D
16.	プツァ (pu tsa)	S
17.	ツァモ (tsa mo)	SD; DD; BD; ZD; BDD; ZDD; ZSD; FBSD; FBDD; FZSD; FZDD; MZDD; MBSD; MBDD; SSW; DSW; MSW; ZSW; BSSW; BDSW; ZSSW; ZDSW; FBDSW; FBSSW; FZSSW; FZDSW
18.	ツァオ (tsa o)	BS; ZS; SS; DS; BSS; BDS; ZSS; ZDS; FBSS; FZDS; FZSS; FBDS; MZSS; MZDS; MBSS; MBDS; BDH; ZDH; SDH; DDH; BDDH; BSDH; ZDDF; ZSDH; FBDDH; FBSDH; FZDDH; FZSDH

1　この親族名称は,傍系親族の場合,エゴより年長である者に使われる。
2　この親族名称は,傍系親族の場合,エゴより年長である者に使われる。
3　この親族名称は,傍系親族の場合,エゴより年少である者に使われる。
4　この親族名称は,傍系親族の場合,エゴより年少である者に使われる。

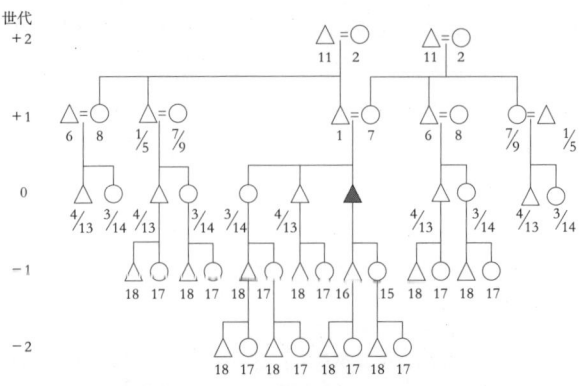

図 2-5　ラダック語親族名称の系譜図
(注)▲はエゴである

jang), アネ (a ne) と呼ばれ, それぞれの配偶者はアネ, アジャンと呼ばれる。

エゴと同世代をみると, 直系であるか, 傍系であるかによる区別はなく, 性, エゴとの年齢差によってのみ区別されている。男性は, 年長であればアチョ (a cho), 年少であればノ (no) となり, 女性は, 年長であればアチェ (a che), 年少であればノモ (no mo) となる。妻はナマ (na ma), 夫はマクパと呼ばれる。

エゴの1世代下の子供の世代をみると, 直系と傍系とで区別されている。息子はプツァ (pu tsa), 娘はプモ (pu mo) と呼ばれ, 娘の夫はマクパ, 息子の妻はナマと呼ばれる。これに対し, 従兄弟の子供たちは性によって区別される名称で呼ばれるのみで, 男性はツァオ (tsa o), 女性はツァモ (tsa mo) となるが, これらの名称はそれぞれの配偶者にも拡張して用いられている。しかもこれら2つの名称はエゴの2世代下の孫世代に対する名称と同じである。つまり, エゴにとって, 孫と姪・甥とは親族名称上区別されないこととなっている。

以上に述べたラダッキの親族名称体系は, 父・母, 兄弟姉妹のカテゴリーの傍系への拡張的用法, 孫というカテゴリーの甥・姪への世代拡張的用法に大きな特徴をもつということができる。また, 父・母というカテゴリーの曖昧化は兄弟一妻多夫婚, 姉妹一夫多妻婚という婚姻慣習とも無関係ではないといえよう。また, エゴの1世代上の親族名称の中で, アジャン, アネは特異的な位置を占めているが, アジャンは特に母方の親族を代表して婚姻儀礼において重要な役割を果たす存在であり, このことが名称上にも反映されているのである。

結婚成立への過程

伝統的には, 結婚は両親同士の取り決めによるものであり, 娘が12–13歳になるころには, 婚約を取り決めたものであるという。結婚相手は, すでに述べたように, 同じパスプンから選ぶことはほとんどないが, 同じ村出身者あるいは同じ格の家同士での結婚が良いといわれる。実際,「村のオオムギには, 村のイースト」(オオムギは花嫁, イーストは花婿のメタファー),「馬の飼葉桶にロバが達しようとする」ということわざがある。前者は, 新郎新婦が同じ村出身であることを譬えたものであり, 後者は格式の低い家の男 (女性) が高い家の娘 (男性) と結婚しようとすることを揶揄したものである。ラダッキは同じ村, 同じ格式同士での結婚が良いと考えてきたことを表している。

婚約は, プンパ・キェルチェス (pung pa khyer chas「壺を・持っていく」) といって, リント (rin mtho) と呼ばれる「婚約の贈り物」とチャンを花婿の家から花嫁の家へと持っていくことにより, 成立することになっている。そして, 結婚に当たっては, レマ (le ma) と呼ばれる一種の持参財として, オオムギを花嫁が持っていくことになっている。これは, 両親が娘の結婚まで, 畑からの収穫物の一部をいつもとって

おき，収穫物を貯蔵しておいたものであるといい，娘が結婚後，子供をもうけ，離婚しないことを見届けたころ，それまで保管しておいた娘分の収穫物として結婚した娘に贈与するのであるという。特に両親に愛された女性の場合，たくさんの贈与があるといい，カラツェ村のある女性は，結婚の時，レマとして1,600kgのオオムギを持参したと語っていた。

また，花嫁側は，結婚式のために，両親はペーラ，首飾り，イヤリング，胸飾りなどたくさんのものを娘に用意しなければならなかったという。ペーラは，小さいものであれば，2,000-5,000ルピーぐらいであるが，大きいものになると，20,000-50,000ルピーもするといい，何人もの娘を嫁がせることは経済的にとても大変なものとなっていたのである。花嫁の親族もまた，鍋，釜，衣装などを贈り，持参財として持たせるのである。これらの花嫁が持参する鍋一式や衣服などは，一点一点紙に記され，目録が作られる。そして，この目録は花婿の家での披露宴で読み上げられる。ただし，最近では花嫁の持参財のリストを紙に書くことは少なくなり，簡略化されるようになっている。

結婚は，正式には，最後の小節で紹介するように，村人をすべて招待して3日間以上にわたって行われる結婚式（bag ston バクストン）によって，承認され成立するものとなっている。しかし，ラダックには，結婚が成立するまでの過程にはヴァリエーションがある。一種の略奪婚（skyu ste kyon se スキュステキョンセ）や，娘交換婚（bag sdeb バクデップ）という形式がある。略奪婚の場合でも，花嫁は結婚後，夫のパスプンに移ることは変わらない。次に紹介する略奪婚の事例は，この形態が結婚に際しての経済的負担を軽減させるものとなっていたことを示している。村人は，それぞれの経済状況に応じて，結婚形態を選択していることが分かる。

1つ目は，カラツェ村のパンパのKSの結婚の例である。KSは15-16歳のときに，略奪婚で結婚した。調査当時，結婚してから4年が経ち21歳となっていた。この結婚は，両家が娘を交換し合う結婚，つまり，娘交換婚でもあった。まず，スカンチャクパのアバ（父親）がチャンとリントを持参して，嫁をもらいたいと来た。このとき，KSをスカンチャクパに嫁にやる代わりに，彼らの娘をパンパの長男の嫁にすることで話がついた。このとき，パンパの長男は7歳で，スカンチャクパの娘は8-9歳であった。このため，スカンチャクパの持参したリントを全部受け取らず，半分を返した。この婚約が成立し，略奪婚までの間には，3年間くらい間を置いた。この間に，他の家からもKSを嫁にもらいたいという申し込みがあったという。これに対しては，KSの妹なら嫁にやってもよいがと答えたが，相手も承知せず，話は終わりとなったが，この交渉決裂の背景には，その家は畑も少なく，スカンチャクパに比べて見劣りがすることがあったのである。このように，娘の結婚は，相手の家の経済状況などを考慮した親の考えだけで決まることが多いのであった。

略奪婚の当日、KSには、ダクチェンパのおじの家に、ご馳走を食べに行こうと母親が娘に言い、出かけただけであるという。ただ、婚約が成立してから、スカンチャクパの人が、パンパの家を訪れたときにはKSが冗談で、この家の嫁になるのだと話していたので、彼女はうすうす知っていただろうという。ダクチェンパの家には、トレパのアマ（母親）が仲介役として来ており、叔父とこのアマの2人によってスカンチャクパの家に連れて行かれたのであったという。略奪婚のときには、どちらの両親も関わらないのであり、娘は普段着のままで連れ去られるのである。ただし、KSの場合には、ペーラが一緒に持たされたという。

　上記の例は、略奪婚とは言え、両親によって取り決められたものである。一方で、正真正銘の「略奪」が行われる例もある。カラツェでは、両親が全く知らずに、略奪婚が成立した事例を知らないといわれるが、次のように失敗に終わった略奪婚があった。ベダパの娘COが、両親が何も知らずに隣村の男に略奪されかけたという事例である。COがレーにいる時、女友達に誘われ、彼女の部屋を訪れた時、隣村の男に連れ去られそうになったという。彼女は、逃げて隠れたが捕まり、そのままジープでその男の村の家に連れて行かれ、男と2人で、部屋に閉じ込められたのである。その後、隣村からの使者がベダパの叔父であるラマ（僧侶）のところを訪れ、娘との結婚が成立したことを伝えたのである。その直後、レーにいるアビ（祖母）からCOが行方不明になったという手紙を受け取り、ベダパのラマは親の知らないうちに略奪されたことを知ったという。隣村から2度目の使者が来た時、ベダパ側は何も知らない旨を知らせたのであり、このためこの略奪は不成功に終わり、COは解放されたのであった。

　この事例は、略奪婚の不成功が両親の承諾しなかったことにあることを示している。文字通りの略奪婚は、女性が妊娠することによって成功する例もよくあるというが、略奪婚といえども、娘側の両親の承認がなければ結婚が成立しないことを示している。このことをもっともよく示しているのが、次の事例である。

　父親が知らないうちに略奪されるのであるが、最終的には連れ戻されることもなく、結婚が成立した有名な話である。カラツェのゴバをしていた男性は仏教徒であったが、自分の嫁いだ姉妹をとおして、レーのキリスト教徒の家から娘を嫁に欲しいという申し込みを受ける。しかし、相手は名家ではあったがキリスト教徒であったため、固く断った。当時、ラダック地方のタシダール（地方長官）をしていた人が、交渉役としてサスポール村のゴバらを連れて、この父親のところに話をつけに来るが、それでも断った。結局、タシダールは娘の母親に400ルピーを渡し、娘を父に内緒で連れだすようにと頼む。母親は、娘にはレーのドスモチェ祭[7]を見に

7 　レーで、新年の前に行われる祭りで、木を十字に組んで糸をかけ渡した大きなドス（mdos）をその年のすべての災いを祓うために焼く儀礼。

写真 2-7 レーのドスモチェ祭でのチャムの1場面。1年の穢れを祓うために大きなドスが造られ，焼かれることで有名な祭りであるが，レー城にある僧院の広場では，チャム（仮面舞踏）が行われる（1984年1月29日）

連れて行ってもらえと言って，結婚のことは内緒で彼女を家から連れ出す。父親は後で，娘がレーに行ったことを知って，ひどく怒り，母親を叱った。娘はレーについてから初めて，結婚ということを知り，その後父親も承諾したということで，結婚が成立したのである。

ところで，上述のKSの略奪婚の事例は，婚約が娘や息子のごく幼いときに決められることを物語っている。また，婚約の交渉のときには，娘交換婚というさらなる遠謀がめぐらされることもあることを示している。この事例が示すように，娘交換婚は両家の関係を一層強化するという役割を果たすものといえるが，その後，一方が離婚するということも起きている。このような場合，次のような村人の語り草になるほど，ややこしい関係が生じてしまうのである。

カラツェのD家とバスゴのT家との間の娘交換婚で，D家の娘とバスゴの息子との結婚の方のみが破棄された事例である。この場合，両家は，もう一方の結婚をとおした姻戚関係は継続する。この関係によって，D家の離婚した娘は，D家の息子の娘（SD）のアネにあたり，彼女のもとの夫であるバスゴのT家の息子はSDのアジャンにあたることになる。結婚式の時，花嫁と一緒に花嫁のアジャンとアネとが付き添って花婿の家に行き，数日間そこに滞在して花嫁の後見役をするというのが，ラダッキの結婚式の慣習となっている。このため，SDの結婚式のとき，離婚した2人はアネ，アジャンに相当するため，一緒に花嫁について花婿の家に出かけたのであった。先方の家で，お互いに並んで座りながら，背を向けていたという。

娘交換婚の片方がうまくいかないとこのようなことが起こるが，両家はたいてい何もないようにふるまうという。

　ラダッキの結婚についてのことわざの中に，「最初に会った友が，一番良い」というものがある。友は妻のメタファーとなっており，「結婚後，死別や離別して新たに妻を探そうとしても，最初の妻と同じようにはいかない。離婚経験のある夫には良い女性はやってこなく，最初の妻が一番良い」という意味をあらわすものであるという。これは，離婚を考えがちな男性像が浮かんでくる中で，男性からの離婚を戒めることわざということもでき，ラダックでは，離婚があまり珍しくないということもできる。

　実際，離婚は簡単で，夫側，妻側の友人，親類のみを招き，「もう一緒に住めない」と宣言することで，離婚が成立し，これにはいかなる儀礼も伴わないという。しかし，もし妻が夫と一緒にいたくない場合には，夫が要求すれば女性は彼にいくらかのお金を払わなければならなく，親族が交渉してこの金額を決めるという。一方，夫が妻と一緒にいたくない場合には，妻はお金を要求することができ，夫は彼女にいくらかのお金を支払う。いずれの場合にも，妻側の家が，結婚のとき夫側からもらったもの，つまり，リントを返せば，妻は結婚の際に持参したものを実家に持って帰ることができる。花嫁が持参した道具すべてを記した目録は2部作ることになっており，一部は妻の実家に，一部は夫の家に保管されている。離婚のときには，この目録を取り出し，皆の前で再び読み上げられ，持ち帰る道具が確認されることになっている。

　しかし，現実には，離婚交渉はなかなか大変なものであるという。たとえば，妻に子供がいる場合，子供たちは夫とともに残る。したがって，道具の中には，夫方に残されるものもでてくる。たいてい，ペーラが紛争の種になる。もし娘がいる場合，ペーラは娘とともに，夫側に残されることが多い。たとえ，妻が夫の死後実家に戻るとしても，持参財を取り戻すことは難しいといわれる。離婚交渉がこじれそうな場合には，妻の父，夫の父，あるいはゴバ，メンバー，長老たちによって，調停がなされるという。

　略奪婚の事例で紹介した，KSは結婚後2ヶ月間夫の家にいただけで，実家に帰ってしまっている。KSが結婚した時，夫はまだ16歳で若すぎ，2人は家の中の1室を与えられたが，夫は夜中にいつも逃げ出してしまうのであるという。夫婦関係はないままに過ぎ，KSは実家に戻ったのである。夫の言い分は「彼女は自分には年をとりすぎている」ということであり，妻の言い分は「彼は子供すぎる」であった。

　このため，調査当時離婚交渉が進行中であったが，この場合には，娘側が不利であるといわれていた。しかも，スカンチャクパ側が離婚を望んでいないと一言いえば，夫側が断然有利となり，夫側は娘の実家に多額の要求をすることができるので

ある。さらに，娘側は，離婚に当たっての解消金を夫に払わない限り，彼女の持参財（ペーラ，鍋類など）を取り戻すことができないのだという。娘側が持参財を取り戻すことができないことは，KS の再婚も難しくなることを意味するのである。

ラダッキのことわざに，「男を離縁するのに馬を，女を離縁するのに牛を」と離婚の戒めといえるものがある。婿が離縁されるときには，嫁側は婿の家に馬を渡さなければならず，嫁を離縁するときには，嫁の家に牛を渡さなくてはならないという意味である。ここには，交易活動になくてはならない馬が男性，ミルクからバター，チーズを生み出す牛が女性の象徴となっていることが読み取れるが，いずれも高価な家畜であり，離婚にはお金がかかることを比喩したものということもできる。財産の交換を前提とする結婚は，どこの世界でも離婚交渉がときには難航するといえるが，ラダックにおいても，離婚は村の中だけで解決することができず，ラダック仏教徒協会が調停する揉め事の1つともなっている。

結婚式

結婚式は，どの社会でも「大人」への通過儀礼として，大きな意味をもつものである。ラダックにおいても，例外ではなく，両親の思惑によって取り決められた結婚は，共同体の行事として結婚式を行い，村人を招待することによって公式に承認され，新郎新婦は共同体の新たな一員として村中の人に祝福されることとなっている。このため，結婚式は，花嫁の家における祝宴に始まり，花婿の家ですべてが終わるまで，3日間以上続く，盛大な儀式であり，パスプン・メンバーが手伝いに駆け付けるだけではなく，村役も祝宴の準備に奔走するものとなっている。

また，ラダックでは，女性は結婚によって，自分の生家のパスプンのメンバーから夫のパスプンのメンバーへとメンバーシップを変えることが慣習となっている。このため，女性は同じパスプンの男性と結婚すれば，自分のパスプンの許しを請う必要はないが，そうでない場合には，他のパスプンに移るための許しを請う必要があるとされている。婿入りの場合，彼はパスプンを変えなければならないので，自分のパスプンに許しを請うことになる。このように，結婚に伴う花嫁のパスプンの転換は，結婚式の儀礼的意味を特徴づける1つとなっている。

ラダックの結婚式は，このように村人全員の参加を前提とする通過儀礼であったのである。このため，結婚式は，すべての生計活動が休止期となる冬の行事でもあった。ラダックでの調査中に，結婚式を参与観察する機会を2回もつことができた。1回目は1984年の1月であり，花婿側の祝宴に出席したのであるが，2回目は1990年の8月のことで，出席したのは，花嫁側の祝宴であった。1983-1984年当時は，結婚式を冬に行い，村人全員が参加するという慣習がまだ生きていた時代であったのに対し，1990年には結婚式が夏にも行われるようになっていたのである。

写真 2-8　花婿側から花嫁を迎えに，深夜に出発するタシスパ役の青年。吉兆を象徴する矢を持つ（1984 年）

　夏に実施することについて，1990 年の事例の花嫁の親族は次のように語っていた。「昔は，結婚式を冬にすることになっていた。しかし，冬に結婚式をすると，お客をもてなすのに，ストーブを沢山焚かなくてはならなかったり，交通の便が悪かったりで，非常な出費になる。チャンも沢山用意しなければならない。このためだんだん夏の結婚式が行われるようになってきた」。1990 年の事例は，結婚式の簡素化という現象がこのような形で進行していることを示しているのである。しかし，結婚式の様式には，基本的に大きな違いがなかった。この 2 つの事例から，ラダックの結婚式の様子を眺めてみることにする。

　結婚式の第 1 日目は，花婿の家では，主に「花嫁迎え」の準備がなされる日となる。近い親族，パスプン・メンバー，タシスパ（bkra shis pa）[8]と呼ばれる「花嫁迎え」の先導役を頼まれた人，ニョオーパ（gnyo' bo pa）と呼ばれるタシスパと一緒に花嫁を迎えに行き，証人役を果たす村の若者たちが集まる。タシスパは親族である必要はなく，結婚式の歌を熟知し，村人のなかで両親が健在であるめでたい家から選ば

8　ナディッパ（gna' khrid pa）とも呼ばれる。

れる。彼は花嫁を迎えに行く一行の先導役となり，花嫁の家では，結婚の歌を花嫁側と掛け合いで歌うことになっている。タシスパはゴレス（mgo ras）と呼ばれる白い布，吉兆の矢（mda' dar）を持参することになっており，花婿の家でこれらが用意される。

ゴレスが白い布であるのは，「めでたいこと」の徴であるが，これは「花嫁が花婿のものである」ことを象徴するものであり，白い布を花嫁の頭にかけることは，彼女を花嫁として正真正銘受け入れたことを表すものとなっているという。鏡（me long），ヒツジあるいはヤギのバルディ（bar rdi）と呼ばれる関節の骨を結び付けられた矢は，カタックで覆われ，オオムギの粒を入れたカップにまっすぐにつき立てられる。矢には，吉兆を保つ，保持するという意味があり，これをもつ人はめでたい存在となるのである。

こうして，日が暮れてから，花婿のアジャンと呼ばれる母方のオジ，タシスパ，ニョオーパ，パスプン・メンバーらからなる人たちが，花嫁を迎えに出発するのである。ニョーパは1984年の事例では4人であったが，1990年の事例では7人であった。花嫁が連れて来られるまで，花婿と他の親族は家で待つことになる。1984年の事例では，一行が花嫁を連れて戻ったのは，翌朝の4時頃であった。

また，花婿側では，ユリメンバ（yul'i mem bha「村役」）[9]は，結婚式の祝宴の準備のために，テント，ラダック式の背の低い長机，皿，椀，大小の調理用鍋，グラス，大麦粉，バター，茶などを，家々から集める手配をする。(1) チャンをうまく客に給仕できるように，手配するチャンマ（chang ma「オオムギの酒・人」），(2) パスプン・メンバーが担うのであるが，バター，茶，ツァンパ（rtsam pa「オオムギの炒粉」，チベット語）など，食料についてのすべてのことを仕切るナンマ（nang ma），(3) 料理をするソルポン（sol pon），(4) 14人の青年がこの役を受け持ったのであるが，食事を客に給仕するディンポン（dings pong），(5) ランプを用意するゲーポン（gee pong）というように，村人はそれぞれ役を受け持つことになっている。

一方，花嫁の家では，花嫁を送り出すために，近い親族が集まり，祝宴の席が設けられる。これは家の格によっても異なり，格式の高い家では花嫁側でも盛大に客を招待する。1990年の事例は，ラダックの旧貴族の家柄であったため，ストック旧王家，マトゥ旧王家からも客が招待されており，客の座る席は厳格に序列化されていた。

花嫁側では，この日には，ラマによって必ず儀礼がおこなわれる。その1つはパスラーに許しを請う儀礼で，花嫁は，生家では自分自身のラーにメンバーを外れる許しを請う。他の1つは，ヤンクー（g.yang 'gugs「吉兆・集める」）という儀礼である。

9　メンバ（mem bha）は，英語からの借用語である。

写真 2-9 女性招待者へのバター茶のもてなし。カップを常にバター茶で一杯にするように給仕するのがラダッキのもてなしの作法（1990 年）

　花嫁は親族から贈られた衣服，台所用品，靴などを，持参財として花婿の家に運ぶが，これらの品々と一緒に，生家の財宝が持ち去られないように行われるものである。この儀礼では，ナムシェス（rnam sras「財宝神」）の経を読んで，この神を招来し，財宝を守ってくれるようにと頼む。儀礼の所作は，チベット仏教の宗派によって異なるが，基本的な内容は同じものとなっている。ヤンを招くために，カタックを結びつけた矢を，その人の頭にかざして回しながら，「ヤンクー，ヤンクー」と叫ぶ。
　花婿の使者は，花嫁の家に到着すると，チャン，バター茶，料理，踊りで，ひとしきりもてなされた後，花嫁が隠されている場所（台所）に向かう。タシスパがここで，結婚の歌を花嫁側と掛け合いで歌い，花嫁に結婚を承諾するように説得する。最後に，花婿のアジャンが花嫁のペーラにゴレスをかける。こうして，花嫁の父親が最初に，花嫁に「さあ，花婿のところに行こう」という。花嫁が泣き続けるなかを，親族たちが 1 人ずつ花嫁にカタックと贈り物を渡しながら，慰めの言葉をかける。
　花嫁の生家での祝宴は夜通し続き，1990 年の事例でも，花嫁が家を発ったのは明け方となっていた。花嫁の一行は，花婿の家に到着すると，その家に入る前に，

写真 2-10 花嫁の家で迎えられるタシスパ役の男性。居並ぶ花嫁の親族を前にして，祝いの踊りを披露する（1990年）

門の前で祓いの儀式ギャクタック（bgegs bskrad「悪霊・祓う」）を行わなければならないという。花嫁らの一行と一緒に悪霊が付き従ってくるので，まず，悪霊を祓って初めて彼らを家に迎え入れることができると考えられている。この儀礼では，怒りの守護尊トワ・ギャルポ（khro bo'i rgyal po）が招来され，悪霊たちに3つのストルマ（gtor ma「供え物」），3つのバターランプを供えるのである。悪霊はこれらの供物に満足して，家の中に入らないといわれる。また，花嫁の一行は，使用済みの茶葉，チャンを作った残りかす，塩，ツァンパ，コムギ粉，エンドウ粉など，使い古した食糧を入れた土製壺を花婿の家の前で割る。これは村人の風習であり，仏教の伝統によるものではないという。

　花婿の家では，花嫁の到着に合わせ，ラマはヤンクーの読経を行い，「ヤンクー，ヤンクー，ヤンクーをしよう」と叫びながら，花嫁とともに花婿の家に富がもたらされることを祈る。花嫁は花婿の家に入るとともに，ゴレスをとり，花嫁は花婿と対面する。そして，その家のラトーの前に行き，自分がそのパスプン・メンバーとなることを誓い，その後，花婿と花嫁は別室に下がる。こうして，初日が終わるの

写真 2-11　台所に隠れる花嫁を捜し出したタシスパ。花嫁を迎える歌を，花嫁側と掛け合いで歌い，泣き続ける花嫁と彼女の家族を説得して，ここから連れ出すことがタシスパの重要な役目となる（1990 年）

写真 2-12　花嫁が花婿の家に入る直前の儀礼で，悪霊たちに供えられるストルマ（オオムギを練って作った供物）とバターランプ（1984 年）

写真 2-13 花婿側の祝宴で，村人1人1人に挨拶する花嫁。お辞儀しながら，両腕に巻いた貝殻製の腕輪をならすのが花嫁の挨拶の作法となる（1984 年）

である。

　結婚式における花嫁によるラーへの許しは，とても大切なことと考えられており，自分のラーに許しを請わなければ，病に罹るともいわれる。実際，ある男性は，彼の母親が嫁に来るとき，自分の両親のラトーに許しを請わなかったので，悪いことが起こったと話していた。この時，父親がラマに相談したら，彼女が自分のラトーに許しを請わなかったからだとその原因を告げたのであったという。

　2日目は，花婿の家で，村人を招待した祝宴が開かれる。観察事例では，祝宴はタシスパが右手に矢をもち，ニョーパ役の4人の若者を連れて登場するところで開始された。ベダの音楽が奏でられ，この5人が輪になって踊りを踊り，この踊りが終わるとともに，タシスパの役が終了となる。その後，ベダの音楽に合わせ，花婿の親族，パスプン・メンバー，タシスパやニョーパの役を務めた人たち，他の手伝いの人など，出席している村人が代わる代わる自由に祝いの踊りを披露する。踊りが続く中，チャン，バター茶，肉料理が出されていく。

　肉料理も終わり，チャンが出され，祝宴も終わりに近づく頃，花嫁が登場する。シュクパがたかれ，花嫁は，彼女のアネ（父の姉妹）に連れられて，村人の間を「ジュジュ」（両腕の貝の腕輪を鳴らし，ジュジュという言葉をかけるあいさつ）を繰り返しながら，まわる。このように，結婚式において花嫁がすべての人々にお辞儀をしなければならないことを，ラダックのことわざで「花嫁は，犬や猫にお辞儀を」と譬えられている。

写真 2-14 花婿側の祝宴の席上で，読み上げられる花嫁の持参財目録（1984 年）

写真 2-15 村人 1 人 1 人から掛けてもらった，祝福のカタで包まれた花嫁と花婿（1984 年）

　花婿もまた，介添え役の男性（パスプンは異なる）とともに，村人の間をまわる。こうして，ズギック（zu gyig[10]）といわれる，花嫁の持参財の目録の読み上げの場面となる。1 つずつ品物が読み上げられるたびに，村人は「ジュジュ」と応える。
　花婿，花嫁，花婿の両親（1984 年の事例では，父が亡くなっていたため，花婿の兄，母となっていた），介添え役らに，村人が 1 人ずつカタックと祝儀をあげる。ほぼ村人全員が

10　サブー村では，持参財目録のことをこのように呼ぶと聞きこんだ。しかし，Jäschke の辞書では，目録に対して tho という語彙を当てている（Jäschke 1998 [1881]：236）。

カタックをあげ終わると、音楽が再開され、花嫁、花婿、花婿の介添え役、花婿の母、父親役の花婿の兄、花婿の姉、花婿の友達が1列となって、客の間を踊りながらまわる。こうして、2日目の祝宴のプログラムはほぼ終了となるのであるが、1984年の事例では、夜半まで、宴席が続いたのであった。

3日目以降は、花婿・花嫁は、村の親族の家々をまわって接待を受けるということが続く。花婿、花嫁とパスプン・メンバーは、7-10日後に、花嫁の家を訪問し、もてなされることになっている。これで、花嫁の親族 (bo mo' i gnyen) となる。その後は、花嫁とは呼ばれず、嫁 (na ma) と呼ばれるようになる。

1世代1婚姻を原則としてきた、ラダックの伝統的婚姻形態では、新郎新婦はカンパの次の継承者を意味する。以上のように、村中の行事として実施されてきた結婚式は、個人の通過儀礼であると当時に、花婿の属する村という共同体全体によって、祝福され、承認を受ける儀礼なのである。

3. 仏教徒にみる日常的宗教行為

ラダック地方の仏教徒の村では、必ず村の中にゴンパまたはお堂がある。また、僧院の中には、リゾン・ゴンパ (写真1-10) のように、人里離れた山中に建てられたものもあるが、多くの僧院は村人の居住区近くに立地しており、ラダッキの村はどれかの僧院に属している。

たとえば、ディグン・カーギュ派の例でみると、ラマユル・ゴンパ、フィアン・ゴンパ、シェルクル・ゴンパの3大僧院があり、それぞれの僧院は檀家となる村々をもつ。必ずしも村のすべてのカンパが同じ僧院に属するとは限らない。下手ラダック地方のワンラ村、フォトクサール村、カラツェ村、ター村、スキンディアン村では、すべてのカンパはラマユル・ゴンパに属する一方、ティンモスガン村では、カンパの50%はラマユル・ゴンパに、残りのカンパはゲルック派のリキル・ゴンパに属することになっている。ヌルラ村では、70%がラマユル・ゴンパ、30%がリキル・ゴンパということになっている。

これに対して、ヌブラ地区のケマ村、キュンル村、ディガール村では村民の80%、上手ラダック地方のフィアン村、シャン村、シャラ村ではほぼ全員、タル村、ウムラ村では50%近くがフィアン・ゴンパに属している。その他にサブー村、チュショット村にもフィアン・ゴンパに属するカンパがある。サクティ村からインダス川上流域チュシュル村までのチャンタン地方のすべての村はシェルクル・ゴンパに属するのである。

一方、スピトゥック村、サンカル村、リキル村、ティクセ村は、それぞれゲルッ

写真 2-16 マトゥ・ゴンパで年に1回,盛大に行われる祭りでチャム(仮面舞踏)を楽しむ村人(1984年の冬)

ク派の僧院を抱え,村人すべてがゲルック派に属している。ラダック王の居城があったストック村では,ゲルック派とドゥクパ・カーギュ派のヘミス・ゴンパとに半々に分かれて属している。サブー村にはゲルック派で,スピトゥック・ゴンパの分院に相当するサブー・ゴンパがあり,村人のほとんどはゲルック派に属するが,アユ地区の2-3軒がフィアン・ゴンパに属している。

　第6章で取り上げるように,ラダックの人々は仏教上の仏や神々のみならず,土着の神々,悪霊など多様な霊的存在を信じている。このため,人々の日々の生活において,チベット仏教上の儀礼のみならず,土着の信仰上のものも含めて宗教的行為は欠かせないものとなっている。ラダックで行われる宗教儀礼には,個人として実施されるものだけではなく,すでに述べたパスプンとして実施されるもの,村全体にかかわる集団儀礼として実施されるもの,そして僧院ごとに実施されるものがある。僧院が行う宗教儀礼については,ここでは取り上げないが,年1回実施される仮面舞踏(チャム'cham)による宗教劇を伴う僧院の祭りは,単に宗教的な意味だけではなく,楽しみの場ともなっている。

　個人として行う宗教的行為は,(1)毎日あるいは毎月行われるもの,(2)チベット暦に従って,季節的に行われるもの,(3)誕生,結婚,葬式といった人の一生の通過儀礼として行われるもの,(4)随時に,特別な事情に応じて行われるもの,(5)農耕活動に関連して行われるものに分けることができる。農耕活動に関連するものには,共同体として行われるものもある。また,毎年1回行われる村のラー(yul lha)への祈りの儀式は共同体としての重要な儀礼となっている。

　誕生,結婚,葬儀といった通過儀礼を始め,多くの儀礼は仏教の経典に則って実

写真 2-17 マトゥ・ゴンパの祭りに登場する，ラーに憑依され高い屋根の上を駆け回る僧侶（1984 年）

施される。ラダックの人々が強く信じる霊的な観念に応じて，さまざまな儀礼が随時行われるが，このような儀礼は第 2 部で取り上げるラダックにおけるシャマニズムの実践と強く結びついている。人々の日常的宗教行為の中心は，心身を清めること，穢れを浄化することにあり，こうすることによって，個人あるいは家族に良いことがもたらされると考えられている。このため，日々の浄化儀礼を行うことは，家長となる男性の務めとなっている。たとえば，仏教徒の家では，家長は毎朝，起きるとともに，シュクパを焚いて，最初に仏間，そして，台所，さらにその他の部屋を清めること（サンス bsangs）が日課となっている。こうすることによって，その日 1 日の無事を願うのである。

　また，定期的に僧侶を呼んで，読経するといった祈りの儀式を行うことも重要な行事となっている。月例の祈りの儀式としてラップサンスを，チベット暦で毎月，1 日，3 日，15 日などの吉日のどれかに，チョカン（仏間），仏間がなければあるいは台所で行うという。この場合には，ラマを 1 人呼び，家族数人が一緒に参加しながら，1-2 時間かけて浄化儀礼の経典を読んでもらうという。ストルマは作らないが，水 4 カップ，ツァンパ 1 カップ，茶 1 カップ，チャン 1 カップのお供え（チョド mchod），神への火として 2-3 個のバターランプのお供え（チョメ mchod me「お供え・火」）を用意し，セルキェム（gser skyems）という仏への供え物の祈りを行う。

　また，毎月 1 回，ソルカ（gsol kha）と呼ばれる儀礼も行われる。どの日に行うかは，カンパごとに異なるが，僧侶が家を訪れて読経をする。たとえば，カラツェ村ではダクチェンパとスタラカウンは毎月 8 日に，スカンチャクパとシェラパは 9 日に，サビパとカチェンパは 10 日に，ソナムペルパは 14 日に，スヌンパは 15 日に，

写真 2-18　村人の家の呼ばれて，チュトル（ストルマと水の献供）の儀礼を行うラマ（1989 年）

　ゴンパとダクショスパは 29 日にソルカをすることが決まっているという。ダクショスパはさらに，15 日にはラップサンスの浄化儀礼とダラー（dgra lha「敵・神」，軍神）の読経を行うという。
　さらに，各家で 1 年に 1 回，ツァンツル（tsan thul）とよばれる儀礼が行われる。ラマがいつ実施するのかをきめるというが，ラマが参加する場合もあるが，その家の人を中心に村人だけで経典，つまり，カンギュル（bka' 'gyur「大蔵経の仏説部」）を読むのであるという。夜に行うもので，やってきた人たちに，まず，パパ，モクモク（コムギ料理⑧），トゥクパ，バター茶，チャンを給仕する。たとえば，サブー村では，1984 年 1 月 18 日の夕方から，翌朝 6 時ごろまで，ポーゼイの家で，行われたものに参加したことがある。村出身のラマ 1 人，村人 3 人で行われた。このときには，いろいろ異なる物語を読経することになるが，夜に徘徊するシンデ（srin 'dre「死霊」）たちも，ラマの読むこれらの話を聞くと，天国に行く道を見つけることができるのであると考えられている。
　一方，チベット暦にもとづいて季節的に行われる農耕活動と結びつくものには次のものがあった。たとえば，サガチョチェス（sa ga bcho byes「サガ月（に）・行う」）と呼ばれる儀礼で，農作業の開始に先立って，畑で行われるものである。サブー村ではチベット暦 3 月 2 日に行われ，村長，村役らが顔にコラック（オオムギ粉を練ったもの）を塗り，壺のなかにオオムギ，コムギの粒を入れて，畑に行き，畑の隅でこれらを投げるというものである。ベダが奏でる太鼓の音楽に伴われ，畑の隅では，「チキョンガ・ツァンマ・パンステ（chi khyon nga tshang ma 'phang ste「持ってきたものをすべて投げるぞ」）と叫び合いながら，最後に顔のコラックを少しずつ丸めて，投げるのである。

写真 2-19 シェー村のシュップラーにおいて、ルーの祠に向かう正装した村人の行進（1988 年）

写真 2-20 シェー村のシュップラーの際に、村のラーに憑依された村人によって、託宣の儀式が行われるルー（龍神）の祠（1988 年）

写真 2-21　カラツェ村のシュップラーで，大黒柱にくくりつけられたオオムギの初穂 (1990 年)

畑の神，土地神に，農作業の開始にあたって供物を捧げ，畑を開墾して騒がせることの許しを請うたのである。

　また，オオムギの収穫に当たっては，シュップラー (shub lha) と呼ぶ，一種の初穂儀礼が行われる。シェー村での収穫前に村全体で行われるシェイ・シュップラーは，ラダックでも有名な祭となっている。これは，チベット暦 7 月に行われ，チョッドパ (mchod pa「ツァンパで作る供え物」) が作られ，ゴンパでは 1 日中読経の儀式が行われる。その年の収穫が豊作となることを祈るものであり，これが終わらないと，シェー村ではどんな穀物も収穫できないことになっている。2 日目には，シェーの村のラーであるドルジェ・チェンモ (rdo rje chen mo) が村人に憑依し，村の中の古木のもとで，祓いの儀礼をする。ラーは，この古木の根元にルー (klu「龍神」) を見るのであり，ここで，ラーは踊り，託宣をすることになっている。このように，ラーが出て，豊作を占うというシュップラーもある。

　カラツェ村では，最初のオオムギを刈った後に，この初穂は大黒柱に括りつけられ，各家でシュップラーがおこなわれる。この日は，朝からダムダム (タイコ) の音が村中に響き，各家をモン (楽師) が訪れていることが分かるのであるという。家の人は，チャン，タキ (チャパティ，コムギ料理①)，オオムギ粉を用意し，これをバターで清めた後，タップラー (thab lha「かまど・ラー」) に供える。家の人がシュクパを焚き，煙が出ると同時に，モンはタイコをたたく。このとき，家の主人がかまどに対して，タキをちぎって投げるふりをし，酒を花につけて降りそそぐ (酒を降りそそぐのには，必ずしも花を使う必要はない)。残りのタキはかまどにおいておく。これが終わった後，モンはオオムギ粉を 4 皿分，タキ 10 枚をもらい，自分でカップを持参し，出され

たバター茶を飲み, 次の家に向かうのである。

ただし, カラツェには, かつて,「大きいシュップラー」と「小さいシュップラー」があったという。大きいほうは, チベット暦7月に行われ, 小さいほうは, 収穫の始まるときに行われた。小さいシュップラーでは特に何もなかったが, 大きいシュップラーでは, ダクショスパの家の前に村人は正装して集まり, チャンをふるまわれた。その後お互いの家を訪問し合い, これが7日間つづいたという。このとき, 若者は, 好きあっている者同士で, リンゴを投げ合ったりしたものであるという。また, 踊りもあり, 踊り手の若い男性・女性は, 親類にチャンを飲みに招待された。このあと, モンの人たちに, 1瓶のチャンをもっていったものである。シュップラーのときには, 男性の踊りと女性の踊りとが互いに競い合い, 最後の日には, 男女で一緒に踊った。このように初穂儀礼は, 仏教儀礼であると同時に, 村の祭りとして楽しまれてきたのであった。ただし, Francke (923: 43-47) は, シュップラーは, 古代チベットの宗教に由来するものであると述べる。

第10章で取り上げるように, 病い, 悪霊によるさわり, 旅・商売の祈願, 子供の病気など, 村人1人1人の特別な事情に応じて, さまざまな儀礼がシャマンに指示され, 実施されている。

第3章

農耕と牧畜からなる生態

　寒冷で，非常に乾燥したラダック地方の自然は，ラダッキの人々の生計基盤であるオオムギ，コムギを主体する農耕とヤク，ウシ，ゾー・ゾモ(ヤクとウシの種間雑種)，ヤギ・ヒツジの牧畜形態を特徴づけるものとなっている。作物が生育する夏季に，降水量が非常に少ない代わりに，河川に豊富な雪解け水が存在するというこの地方の自然環境は，灌漑水路を構築することで農耕を可能としてきた。
　ラダックを初めて訪れた時，雨がほとんど降らない土地での農耕にとても驚かされたことを覚えている。畑はよくみると，傾斜地をうまく利用し，小区画ごとの段々畑となるように作られており，しかもこのテラス状耕地はしっかりと構築された石垣によって支えられ，畑と畑との間には水路が上手くめぐらされていたのである。石垣と灌漑水路の構築という土木技術により，農耕が可能となっていることに感心させられたのである。
　一方，夏の間には，村の中でほとんど見かけることのなかった家畜が，収穫が終わるとともに，村中いたるところで見かけるようになったことに驚かされたこともよく覚えている。スリナガルからレーへの車中で目にした，高地草原地帯に点在していたテントが夏の間の牧畜キャンプであったことが，後で分かったのであった。ラダックの多くの村では，牧畜は，家畜が夏の間山の牧草地で自然の草で飼育・管理され，すべての作物の収穫後に村に連れ戻されるという移牧形式によって営まれていた。そして，収穫も終わった秋の終わりは，冬の間の家畜のための牧草の確保に忙しい時期となっていたのである。
　作物の生育期間における作物と家畜との隔離，大型家畜の畜力の農作業への利用，家畜の糞の肥料としての利用，冬期間の家畜の飼育に必要となる牧草の採集，脱穀

写真 3-1 乾燥し，雨の少ないラダックでは，壁材として日干し煉瓦を用いて家造りが行われる（1989 年）

後に残った麦の茎葉の飼料としての利用など，ムギ作農耕と牧畜とが 1 年の生計活動の中で見事に連携していたのである。ラダックの人々の生態は，高標高で，乾燥した，地味も肥沃とはいえない自然に最大限適応しながら完成させられたものであるという実感をもったのである。しかも，日干し煉瓦を利用した家屋，家畜小屋を組み込んだ寒さに対処した家屋の構造，木材資源の不足を補うための村内でのポプラの植栽，家畜の糞の燃料としての利用など，自給自足を前提とする人々の暮らしには，日常生活のレベルにおいても寒冷・乾燥という環境条件に対処した工夫が随所で見られのである。

　農耕活動は，主食となるオオムギ・コムギの栽培ばかりではなく，野菜・香辛料の栽培，果樹栽培など多種多様な作物の栽培から成り立っている。また，牧畜についても，大型家畜と小型家畜というように，多種類の家畜飼育・管理によって成り立つ。ここでは，人々の暮らしを支える基盤となってきた他種多様な農耕・牧畜活動を，環境に適応した生態という点から描いてみることにしたい。

　ここで取り上げる人々の生態は，農耕と牧畜をめぐる家族内分業，あるいは家畜管理をめぐる村内，村落間の協力関係，村内での水利権の調整などによってはじめて可能となるものである。ただし，人々の生態は，単に自然環境への対処のみで維持されるわけではなく，その維持を可能とする背景には，第 1 章でふれた王国時代以来の村における統治システム，第 2 章で述べた伝統的社会システム，さらには，社会的コンフリクトを緩和できうる，第 10 章で扱うような宗教的，倫理的・道徳的側面，つまり，僧侶やシャマンが関与する場面などの有機的な連繋が存在することを付記しておきたい。

写真 3-2 収穫時期を迎えたサブー村。広い丘陵地が拡がり，王国時代にはカロン（大臣）を輩出してきた村の1つである（1990年）

1. ムギ類を主とする灌漑農耕

　4月頃から9月までの短い夏の期間は農作業に追われる季節であり，畑地の開墾はたいてい雪解け時期の早春に開始される。上手ラダック地方のサブー村では4月後半となるが，標高が3,000mに位置する下手ラダック地方のカラツェ村では，気候が幾分暖かいため，1ヶ月早い3月後半に，畑作業が始まり出す。

　ラダックの農民の家では，夏の間は，家畜と一緒に暮らす山の放牧地であるドクサ（'brog sa）と，畑のある村とに分かれ，農耕と牧畜を異なる生活空間に分離させた生活を営むことが多い。カラツェ村では，ドクサでの生活は牧畜に特化するのではなく，たいてい山の放牧地にも畑をもち，息子夫婦がドクサに子どもと一緒に住まい，両親は村に住んだものであるという。

　また，暖かいカラツェでは，ドクサ，村の畑のどちらでも二毛作が行われている。村の畑では，オオムギの収穫後には，セイヨウカラシナ（*Brassica juncea* (L.) Czern. et Coss）やソバが植えられ，ドクサにある畑でも，ソバ，家畜の飼料としてエンドウ，ニュングマ（nyung ma, カブ類）が植えられる。ドクサの畑の方が，村の畑よりもオオムギの育ちが良いといわれ，ドクサの畑は重視されていた。より標高の低いバルティスタン地方では，裏作として，アワ（*Setalia italica* Beauv.）やキビ（*Panicum miliaceum* L.）が植えられていたが，カラツェの村では，アワは育てることができないといわれていた。

　カラツェの例にみるように，ラダックにおいて，標高の違いによって農耕活動の

写真 3-3 インダス川の川幅が狭まった谷間に立地するカラツェ村。インダス川沿いの細長い河岸段丘地が耕地となる（1989年）

開始時期，栽培作物の種類や品種には変異がある。しかし，農耕技術，方法といった点では大きな差はなく，どこでも同じ方法がとられているといっても過言ではない。ここでは，下手ラダック地方のカラツェ村を事例に，灌漑を利用するオオムギ・コムギを主体とする農耕の特徴をまとめることにしたい。

耕地の管理（畑の開墾から整地）

では，どのように耕作が行われるのであろうか。今日では，インド政府が奨励するため化学肥料も使われるようになっているが，伝統的には，家畜の糞などを堆肥として利用し，やせた土壌を補ってきた。たとえば，ラダックの伝統的家屋では，1階部分はヤギ・ヒツジ，ウシ，ゾー・ゾモなどの家畜を夜間囲っておくタンラ (rta ra「馬・囲み」/rta gras「馬・つなぐ」) となっており，この部屋には冬の間に家畜の糞が厚く貯まることになっている。これが良い肥料となるのである。

春になると，まず畑に給水し，土を軟らかくすることが最初の仕事となる。冬の間に家畜部屋に貯まった厩肥が畑に運ばれ，土と混ぜあわされ，肥料として畑に撒

写真3-4 2頭のゾー（ヤクとウシとの雑種の雄）に犂を引かせて開墾する。性格がおとなしく、力の強いゾーは農作業の助っ人として欠かせない（1989年）

かれる。こうして、15-20日間放置した後に、畑を耕起するという。サブー村では、大抵、5月12日（5月17-18日頃のこともある）頃に、ゾーに犂を引かせて畑を耕すのが始まるという。

　観察することは出来なかったが、畑を開墾する前にはサダック（sa bdags「土・主」、土地神）、ジンラー（zhing lha「畑・ラー」）、泉の近くに住むルーを宥めるために、第2章で取り上げた「サガチョチェス」の儀礼を行うという。サダックやジンラーは土をひっくり返されることに驚き、人に怒りを向けることがあると信じられている。また、ルーも冬の間は地下に潜っているが、チベット暦1月頃の初春には、地中から出てくるので、人々が水辺を歩き回って驚かすことや、ルーにとってふさわしくないことをすると、簡単に怒りを人々に向けると考えられている。このため、開墾に先立って、供物を供え、彼らに許しを請うこの儀礼が必要なのであるという。

　次は、畑の整地ということになるが、これは次のような手順で行われる。まず、犂を使っての耕起・開墾、すなわちジンモワ（zhing rmo ba「畑を・開墾する」）あるいはトンタンワ（thong tang ba「犂を・あたえる」）である。2頭のゾーに犂を引かせて耕す。これはショル（gshol[1]「割る、砕く」）という作業であり、犂を支える人はトンパ（thong pa「犂・人」）と呼ばれ、ゾーを引っ張る人はゾティトカン（mdzo 'khrid mkhan「ゾー・導く・人」）と呼ばれる。また、犂をかけられなかった場所は、ポロツェマルスコワ（po

---

1　イェシュケの辞書では、開ける、割るという意味の語彙は gshog となっている（Jäschke 1998 [1881]: 566）。

写真 3-5 畑地をバッドを使って，丁寧に平らに整地する女性（1989 年）

ro tse'i mal rko ba「ポロツェ[2]（の）・場・掘る」」と呼ばれ，先のとがったトクツェ（tog tse「鶴橋」）で耕される。この作業にはゾーを引っ張る人，犂を持つ人の最低 2 人が一般に必要とされる。

　第 2 の工程は整地作業で，トップシュルギャプラ（tog spul brgyab la「鍬・打つ・こと」）である。これは女性が通常行う作業で，男性は行わない。犂で耕した後，鍬を使って残った堅い土の固まりをほぐす作業である。次に，バッドプルワ（rbad 'phul ba「バッドという道具を・押すこと」）と呼ばれる作業となる。バッドというのは，テニスコートの整地に使うものと同じ様な形態の長い柄のついた整地用の道具であり，これを使って畑の土を平らにならす作業であり，この作業は通常男性が行うが，時には女性も行う。第 1 と第 2 の工程は連続して行われることが多く，開墾作業はゾーの貸借も含めて，隣人間での共同作業で行われる。

　耕地区画を平らにならした後，これを区切りながら，水路を作る。1 区画の中をいくつかに区切る大きい水路はナン（rnang[3]）と呼ばれるのに対し，その中に区切られた小さい水路はショ（sho[4]）と呼ばれる。大きな畑の場合，ナンはゾーに犂を引か

2　収穫のところで述べるが，刈り取った麦を，根の土を落とすために，地面に四角い区画が作れるように並べるが，このように並べることを「ポロツェを作る」という。
3　この語彙は，イェシュケの辞書の辞書には見当たらず，辞書では水路に対し，wa という語彙が当てられている（Jäschke 1998 [1881]: 470）。
4　この語彙は，イェシュケの辞書の辞書には見当たらない。sho というのは水路というよりは，畑の中の小区画を作るための境界線のようなものであり，各区画を平らな，区画全体に均等に水が行き渡るようにするために設ける区画区分を指す用語でもある。

写真 3-6 整地した畑地で、パンカを使って水路作りをする女性（1989年）

写真 3-7 小区画に細かく区切られた1枚の畑地。各区画の水口には給水をふさぐための石が配置されている（1989年）

せて作られる。ショはナンを作ってから数日後に引かれるが、ムギ類の場合には、播種後に作られることが多い。この溝を作る作業は、たいてい女性がパンカ（pang-ka）という道具を使って行う。パンカは、木の板に鍬のように柄をつけたもので、バッドと同じように整地用の道具でもある。

播　種

大きな区画が作られると、播種となる。カラツェの人々は、オオムギにしても、

コムギにしても，播種の時期は，チベット暦の2月，太陽暦でいえば3-4月頃であるといい，伝統的チベット暦をもとに播種の時期を決めている。オオムギは播種後3ヶ月ぐらいで収穫時期を迎えるといい，7月下旬にはオオムギの収穫時期となっており，収穫後の畑では，裏作が行われている。オオムギに比べ，コムギの場合には収穫までさらに1ヶ月の期間を要するという。5月に播種をするサブー村では，8月末から9月が収穫時期となっており，裏作を行うことはできない。

男性あるいは女性のどちらでも良いが，播種は，種をもって歩きながら，周囲に蒔き散らすという散播形式のやり方をとる。その後で，男性（女性）が木製の鍬で種を蒔いた後に土を被せる。その後，各区画に小さい水路が作られ，播種して7日後には，男性，女性が参加して畝を作り始める。播種後の最初の給水 (chu gtang) が行われるのは，たいてい，耕起して1ヶ月後となる。

畑の広さは，1 カル (khal) の種子で十分な畑は1カルの畑と呼ばれるように，1カルの土地，2カルの土地，7カルの土地と，撒く種子の量によって計られる。最小の計量単位はテ (bre) で，どの家でもこの量に相当する計量カップをもっている。20テが1カルとなっている。また，ボ (bo) と呼ばれるテより大きい計量単位を使う場合もあり，1ボは2-3 kg（たいてい2 kg）で，4ボが1カルということになっている。1カルの種子の量は，8-12 kgということになる。

収穫量は畑の土の質によると考えられており，収量の良い場合にはとくに「良い畑」として村人から称賛されたという。サブー村で，収穫量の大きい畑と知られるマルタの家の畑では，100 kgの種子に対し，600-700 kgの収穫，つまり6-7倍の収量を産出していた。19世紀中ごろのカニンガムの報告によると，昔からサブー村はラダックの中で最も土地が肥えている村として知られてきたが，そこでも撒いた種子の10倍以上の収穫はなく，やせた土地では5-6倍の収穫しか見込めなく，平均的な土地では8倍の収穫であったという (Cunningham 1854: 224)。

春の開墾から播種が終わるまでの時期は，秋の収穫時期と同様，1年で最も忙しい時期であり，隣人同士の労働交換によって作業が進められていく。この春の忙しさを譬えたことわざがラダックにはいくつかある。たとえば，「育つ春に育たなければ，秋の収穫時期に何を収穫するのか」といい，春には一生懸命働くようにと諭すものや，「粘土で人を作るとき」という，日本の「猫の手を借りる」と同じように，粘土でさえも人を作って手伝わせたいという譬えもある。また，「秋の真夜中に食べ物が必要ないように，夏の真昼には昼寝は必要ない」と，夏の間は昼寝などする間もないほど働くようにと諫められるのである。

畑への給水・雑草刈り

播種が終わると，収穫までの間の主な作業は，畑への給水という水の管理ととき

どきの雑草刈りということになり，女性がこれらの作業の担い手となる。収穫までの期間，8-9日に1回の割で畑が給水される。また，少女らが雑草取り (rtsa puches) をときおり行う。背負い籠 (tse po) に雑草を入れて持ち帰り，これを家畜に与える。

どの村でも，給水の順番は毎年村の集会で決められることになっている。畑の広さによって，給水できる日数が決められており，各家は割り当てられた日のみ，畑への給水が可能となる。どの村にも，チュルポン (chu dpon「水役人」) という役職があり，割当日以外の畑の給水が監視されている。降雨がほとんど期待できない乾燥した気候のラダックでは，畑への給水は作物の生育を左右する重要な作業であり，水争いは村の中でよく起きるもめ事の1つとなっていた。

給水日には，どの家も，すべての区画に十分に水を行き渡らせるために，たいていまだ夜が明けきらない朝早くから灌漑水路の自分の畑への取水口を開けに行く。畑の区画ごとに，取水口を開け，区画全体に水を行き渡らせると，その取水口を閉じ，次の区画に移るというように，高い土地にある区画から低い区画へと順番に給水するのである。水の管理 (給水) を含め，播種が済んだ後の畑仕事はすべて女性の仕事であるのに対し，男性が担う農作業は，畑地の耕起，収穫，ムギなどの収穫物を脱穀場まで運ぶことだけであり，播種が済めば，男性は収穫まで農作業には関わらないのが一般的となっている。このような農作業における性による分業は，第1章で述べたように，伝統的に男性の交易活動を保証するものとなってきたのである。

ムギ類の収穫と穂の乾燥

収穫は地域によって多少のずれがあるが，また忙しい時期の到来となる。下手ラダック地方のカラツェ村の例のように，7月末には刈り取りが始まる地域もあるが，上手ラダック地方では8月の末ごろから始まる。第2章で述べたように，オオムギの収穫を本格的に始める前に，シュップラーという初穂儀礼が各家で行われる。

畑で刈り取った麦は，一旦，畑地で，ポロツェ (po ro tse) の型を作り，寝かしておく。しばらく後に，これを脱穀場に運び，穂を乾燥させるため束ね，穂を上にこれを幾つかまとめて円錐型の形にし，さらに乾燥させる。この円錐型にまとめたものはツォクス (tshogs) と呼ばれている。十分に乾燥させてから，脱穀となる。たいてい，ムギを刈り取ってから，脱穀場での脱穀を行うまでに，15-20日かけて乾燥させるという。

収穫から脱穀までの手順は次のように行われる。まず，収穫の直前には，刈り取り作業 (実際には，カラツェでは抜き取り作業といった方が良い) をやりやすくするために，畑に最後の給水をする。麦の刈り取り方には2つの方法がある。ラクガス (lag rnga byes「手で・収穫する」)，つまり，手で引き抜く方法，およびゾルガス (zor rnga byes「鎌で・収穫する」)，つまり，鎌で刈る方法である。片手で1回に抜いた量をチャクパガ

ン（chag pa gang）またはラクパガン（lag pa gang）と呼び，この2-3回分を集めたものをパンコッド（pang kod）と呼ぶ。これは，ポロツェを作るときの1まとまりとなる。

　第2の工程は，ポロツェを作る段階となる。つまり，刈り取ったムギの穂束を並べた四角い区画を作ることである。ムギの穂が並べられる場所は，次のように，呼び名によって3つに区別されている。

　　①ショクパ（gshog pa「羽根」）：呼び名の意味の通り，両側に羽を拡げるような形で，左右に広がる形で並べられたムギの束。
　　②ツィマ（rtsibs ma「肋骨」）：呼び名は，肋骨，線，傘の骨という意味であり，中央に縦に順番に並べられたムギの束。
　　③カズムセ（kha sdum se「口・閉じる」）：文字通り，あたかも口を閉じるように，最後の列に横にして並べられたムギの束。

　第3の工程は，トゥンブ（dum bu「小片」）と呼ばれる作業である。これは，ポロツェを作るときに取り残したムギの束を拾う作業である。これを拾い集め，ポロツェに加える。そして，第4のサプクパ（sa sprug pa「土・振り落とす」）の工程となる。ムギの土を落とす作業である。ポロツェを作ったときには，根を上に，穂が下になるように並べる。根が乾いたら（1-2日後），この根に着いた土を棒でたたいて落とす作業となる。ある男性は，この作業について，次の点を注意しなければならないと語っていた。

　　ポロツェを作るときに，根を上にして，穂を隠すように並べる。これは，畑でムギの束を乾燥させている間に，穂が乾燥しすぎないようにするためである。畑で，ポロツェを作ってムギを干す意味は，根の方を乾燥させて，泥を落とすことにある。穂が乾燥しすぎると，ユルタック（g.yul 'thag, g.yul kha「脱穀場」）まで運ぶ途中で，穂が落ちてしまうためである。穂の乾燥はユルタックで行うのである。ポロツェを作るとき，必ずしも〈羽〉の部分を作る必要がない。羽は列を区別しやすいために作っている。

穂の乾燥には，細心の注意が払われていることが分かる。

　カラツェでは，裏作を行うため，たいてい，オオムギの収穫後すぐに，畑の開墾が行われる。裏作を行わない場合には，翌春まで畑は放置される。ただし，コムギの収穫は遅いため，そのあとに作物を作ることはできない。したがって，この場合には，収穫が終わった直後に耕し，土をひっくり返して，中の土に空気を触れさせるという。こうして，翌年まで放置される。

　一方，乾燥が完了しそうな時期を見計らって，ユルタックと呼ばれる脱穀場の準備が行われる。これも脱穀までに必ず必要なもので，第5工程ということができる。

写真 3-8　オオムギの収穫光景 (1989 年)

写真 3-9　刈り取ったオオムギは，まず，ポロツェの形に並べられ，畑で乾かされる (1989 年)

脱穀場となる円形の土地を整地 (rko byes) する。きれいに草を取り除き，そこに水を張り，布をそこに敷き，土地を湿らす (sbang byes)。湿らせた後，この土地を叩いて固め (nan byes)，平にする (rbang phul byes)。台所の天上に貯まった煤 (tung pa) を集め，これを平にした脱穀場に撒き，さらに踏み固める。煤を撒くのは，泥がムギに着かないようにするためであるという。脱穀場の地面をならした後，最後に円の中心に柱を立てる。

これが済むと，第6工程，つまり，ムギの穂束を脱穀場に運ぶ作業が始まる。大人1人が1回に脱穀場に背負って運ぶムギの量をクル[5] (khur/khur ru) と呼んでいるが，これは1人の男性が担ぐことのできる平均量を表し，ムギの量を量る単位ともなっている。干し草やムギの穂束を運ぶための特別の縄はクリ (khug ri/khur thag) と呼ばれ，ヤクの毛で編んだものである。縄には2つの丸い小さな木枠が2ヶ所で結びつけられているが，これは薪，干し草など，いろいろなものの運搬になくてはならない結束具となっている。

脱穀作業と風選

円形のユルタックのなかに，大抵6-7クルのムギが運び込まれる。運び込んだ後，ツォクスの形に並べ直し，天日で乾燥させる。十分に乾燥すると，クーユ (kho g.yus/g. yul byed pa「脱穀作業」) となる。

脱穀作業が行われるとき，ゾー，牝ウシ，馬，ロバなどの家畜を6-7頭1列に繋いで一方の端を中心の柱に結びつける。ロープにはヤクの毛で作ったタクパ (thag pa) を使う。こうして，男性はかけ声をあげながら，家畜を柱の周りを廻らせムギを踏ませる。約1時間で，家畜による脱穀は完了となる。

次は，風選すなわちオンチョチェス (ongs byo byes「オンを作る」) の作業となる。家畜を脱穀場から連れ出した後，まず，踏みつけられたムギを集めて，たいてい2つの山に分ける。それぞれの山に対して，2-3人の男性と女性によって，ムギの穀粒と茎とを選別する風選作業が共同で行われる。踏みつぶされた茎を上方に飛ばすと，風の力によって，重い穀粒は下に落ちるのに対し，軽い茎の部分は遠くに飛ぶのを利用して選別するやり方である。このとき，風が吹かないとうまく行うことができない。作業する人たちは，たいてい風を誘う歌を歌い，口笛を吹きながらこの作業を行う。うまくムギの粒が下に落ちないときには，もう一度「脱穀」作業を繰り返す。すべての選別が終わると，オンモル (ong mol) と呼ばれる木の枝で作った箒で，脱穀されたムギの粒ははき集められ，円錐形の小山であるオン (ongs「できたもの」) が

---

[5] 1クルは，クリと呼ばれる縄でまとめ，1人が背負うことのできる量を表し，脱穀場で1山をつくる量に相当する。人間背丈半分ぐらいの高さに刈り取ったムギの茎と穂の20-25kgに相当する。

第 3 章 農耕と牧畜からなる生態

写真 3-10 畑地で根を乾かされたムギは，1クルの束にまとめられ，脱穀場へと運ばれる。男性の担いでいるのが1クルのオオムギの束である（1989 年）

写真 3-11 脱穀場に運ばれたオオムギは，穂を上にしてツォクスの形に並べられ，さらに乾燥させられる（1989 年）

写真 3-12 大型家畜を使っての脱穀作業。ここでは，5頭のゾモをユルタックの中を何度も巡回させて，オオムギを踏ませている（1989年）

写真 3-13 家畜に十分踏ませた後，オオムギを放り上げ，風の力を使って，ムギ粒を選り分ける風選作業。風が吹かないと作業がはかどらない。男性，女性が一緒になって共同で行う（1989年）

作られる。

　小山を前にして，オンチョチァス（ongs byo byes）の祈り，脱穀できたムギ粒への感謝の祈りが捧げられる。観察事例では，次のように行なわれた。小山の上には，卍（g.yung drung ユンドゥン）の徴がつけられ，その上に，ムギを運ぶのに使った縄，あるいはザンバラー（'zam baa la「財宝神」）の像を置き，チャンをオオムギの穂につけて，ムギ粒の上に撒き，次いでオオムギの粉を撒きながら，次のような祈りを唱え

写真 3-14 風選作業が終わり，集められたムギ粒を前にしてのオンチョチェスの祈り。オオムギの束を担ぐ縄をムギ粒の山の上に置き，風選作業が無事終了したことを感謝する（1989 年）

る。チャンを入れた壺は必ずバターの一片をつけて，清められる。

> 仏陀，法，僧の三宝に対し，私はお供えします。どうぞお納め下さい。この村に住まう，ラー，ルー，ジダック（zhing bdag「畑・主」），あなた達すべてにお供えします。どうぞお納め下さい。私たちに幸運がもたらされますように。私たちの家がうまくいき，幸せで，繁栄しまうように。私たちの祖母である，ダクナク・チョモ（drag nag chomo[6]）にお供えしますので，お納め下さい。

祈りを唱え終わると，作業を行った人々にチャンが振る舞われる。最後に，家長がムギの粒にプープー（pu pu）を行ったあと，男性，女性，子供たちによって，ムギは穀粒袋に詰め込まれ，家屋内の貯蔵庫に保管される。残った切り藁はプックマ（phug ma）と呼ばれるが，これも家に運ばれ，後述するように，冬期間の大切な家畜の飼料として用いられる。

　秋の収穫時期も，春と同様に 1 年の農作業の中で忙しい時期である。しかし，春の忙しさの裏には，食料不足が控えているのに対し，秋は満腹の秋とみなされている。春は農作業が忙しい季節である一方，1 年で一番食料が不足する時期でもある。収穫の秋は食べ物の豊富な季節として，ことわざに登場するのに対し，春は食糧不足の季節とみなされる。たとえば，「春の日は日ごと長くなり，母のパンは日ごと

6　カラツェ村のユッラー（yul lha）「村のラー」の名前である。

写真3-15 風選作業が完了し，作業を手伝ってくれた隣人たちにチャンを振る舞う。ひとときの楽しい時間となる（1989年）

小さくなる」と春の季節が例えられるのに対し，「秋にはロバさえもオオムギを食べる」，つまり貧しい人でさえ満足させられると譬えられる。

2003年にラダックを再訪した時には，脱穀作業が機械化されるようになっていた。もちろん，脱穀機を各家が所有していることではないが，お金を払って誰かが所有する脱穀機を使っていたのである。しかし，このような機械化は，脱穀作業がもはや共同作業として行われる必要がなくなったことを意味していた。また，機械で脱穀される場合には，取り出されたムギの茎は，機械の刃で寸断された形態となるため，家畜の飼料としては硬く，家畜が飲み込んだ後，腹を傷つけてしまうのだという。昔のように，家畜が踏んで脱穀した場合には，ムギの茎はとても柔らかく，家畜にはとても良い飼料となっていたという。農作業の機械化という便利さの蔭で，農耕と牧畜との調和がとれた連携から成り立っていた伝統的生態がこのような点からも変容するのをみることができる。

2. 作物の種類と品種

ラダックで栽培される作物は，主食として利用されるオオムギとコムギ，これらを補足するソバあるいはエンドウなどのマメ類はたいていの村で栽培されている。もちろん，標高が4,000m近くの村では，オオムギのみが栽培可能であり，エンドウは結実しなく，牧草として栽培されるのみである。

一方，例えば，カラツェのように，気候がより温暖な村では，主食以外にニュ

ンスカル (nyungs dkar) と呼ばれるセイヨウカラシナ (*Brassica juncea* (L.) Czern. Dt Coss) が食用油をとるために栽培され，香辛料，副菜用に各種の野菜が栽培されるようになっている。たとえば，古くから利用されてきたニュンマ (nyung ma カブ *Brassica rapa* L.) を始め，ツォン (btson タマネギ)，クシュタム (ku shu kram コールラビ *Brassica oleacea* L. var. *gongylodes* L.)，ゴビ (go bi キャベツ)，プルゴビ (pul go bi カリフラワー)，さらには，最近になって植えるようになったラープック (la phuk ダイコン)，トマタール (kra ma krar トマト)，アル (a lu ジャガイモ)，サーラクトゥルマン (sa lag tur sman ニンジン) など29種類もの野菜が栽培されていた。

　ここでは，とくにカラツェ村を事例として，主食として利用されてきた作物を取りあげ，その品種について述べることにする。村人はそれぞれの作物について多様な品種を栽培し，生産量の確保・増大を図るとともに，第4章で述べるように，調理方法を工夫し，食生活を豊かにしてきたのである。

オオムギ (nas)

　オオムギ (*Hordeum vulgare* L.) はナス (nas) と一般に呼ばれている。ラダックには，「人の縦糸，オオムギの横糸」ということわざがあり，これは，オオムギが作物の中で第1の食べ物と考えられてきたことを物語っている。

　オオムギは，イェシュケがラダックに滞在した19世紀には，生育期間によって大きく3種類に分けられ，約60日で熟するといわれる生育の早い「早生」品種であるヤンマ (yang ma)，生育期間が長いが，最良といわれる六条オオムギ (*Hordeum vulgare* L. subsp. *vulgare*) のセルモ (ser mo)，その中間のチェナス (che nas) という種類があったことが知られている (Jäschke 1998 [1881] : 304, 506, 577)。実際，カラツェで，オオムギは，長くても3ヶ月位で収穫できるという人もいるが，播種後，60日で収穫が可能となるという人もおり，村では早生種が栽培されていることを示している。夏が短いラダック地方では，コムギに比べて生育期間が短くて済むオオムギは，貴重な作物であるということができる。カラツェでは，オオムギの種類は，どれもチベット暦の2月に種を撒きはじめ，6月には収穫となるという。

　オオムギには，ヤンカル (yang dkar「ヤンマ (早生)・白」)，ヤンゴン (yang sgon「ヤンマ (早生)・青」)，ヤンナク (yang nag「ヤンマ (早生)・黒」)，トックズル (drug zur「六・筋」)，ウルツァンパ (ur rtsang pa)，ドルマ ('grol ma) などの種類があるという。伝統的な種類は，ヤンカル，ヤンナク，ヤンゴンであるが，これらはオオムギの旱の色は同じで，穂が5層 (条) である。トックズルは，穂が6層であるといい，六条オオムギということができるが，これも伝統的な品種であり，ムルベック (Mulbeck) とワカ (Waka) 地区で主に栽培されると語る。

　ヤンカルの粒は白いのに対し，ヤンナクの粒は黒っぽい。味の点では両者に差が

ないが，最近では，人々はヤンナクを植えるのを好むようになっているという。また，ヤンカルはヤンナクよりも少し早く結実するため，混植はできず，それぞれ別の畑に育てなければならない。このため，1軒の家で，同じ年にこの2品種を栽培するということはなく，年ごとに1品種を植えるのが一般的であるという。

また，ウルツァンパという品種は，ムルベックとワカ地区でみられるが，カラツェ村ではみられないという。この品種については，つぎのような物語が残っていた。

> 1人の僧侶がウルツァンパの7粒の種を菜園（庭）撒いた。どの粒も大きな穂をつけた。1つは子どもがとってシュップ（srups/shrus）とした。つまり，穂がまだ完全に熟す前に，生の状態で食べることで，子どもたちは甘いため未熟のものをよく食べたものだ。その僧侶は，残りの6つの穂から穀粒を集めた。翌年，僧侶は，これをもっと広い畑に蒔いた。こうして，この品種は増えていき，この地域全体に広がっていった。僧侶は，この品種をチベットのウ・ツァン（dbus rtsang「中央チベットのラサ地方」）から持ち帰ったのである。僧侶は最初，この種をムルベックで蒔いた。僧侶の生まれた家の名前は，ソナム・トゥンドゥップである。この種を最初に撒いた人の家の名は，カラサパである。穂の1つをとった子どもの名は，ニマ・ソナムである。これは約30年前のことである。彼らがこの種を持ち込んだ。こうして，このオオムギの名前は「ウ・ツァンのもの」となった。

一方，ドルマという種類は，政府の農業局の人によって，新しく持ち込まれたものであった。これはソワ（so ba）と呼ばれるものと同じ種類であり，生産量が大きい種類であるという。しかし，この種類は皮ムギであるため，皮を取り去るのが非常に難しく，茎はちょうど干し草のようであるという。政府はこの表皮を取り除くのに機械を使うが，村人はこの種子を畑にまくとき，表皮を取り除いてから撒いたものだという。そうすれば，表皮のない種子ができたが，何世代も経つと，堅い表皮をもった品種がまた，出てくるようになったという。ここには，カラツェの人々が生産量を増やすためにドルマ品種を導入したが，そのために苦労してきた様子が読み取れる。

ソワはナスと同じ種類であるというが，果皮がついたままの皮ムギ品種である。イェシュケの辞書に，「厚い皮のあるオオムギで，飼料として使われる」とあり（Jäschke 1998 [1881]: 578），古くから存在した品種であることが分かる。カラツェでは，ソワを植えていないが，ワンラ，ラマユル，ボッドカルブなどの村では今でも栽培しているという。これはジンシャック[7]（zhing sregs）と呼ばれる，護摩を焚く除魔儀

---

7 パンパ家のおじいさんは，「ジンシャク」儀礼には約27種類のものを焼くのであるといい，次の例をあげていた。コムギ，オオムギ，ソワ，ソバ，カラシナなどの作物，リンゴ，アンズ，クルミなどの果実，白砂糖，黒砂糖，はちみつ，さらにミロバラン，カルダモン，ソウズク，

礼では必須なものとなっている。

　ソワは儀礼上必要な種類であり，昔からこれを栽培していた村もあった。しかし，カラツェでは，昔でさえソワを植えることはなく，後になってから植えるようになったものであった。このため，カラツェの人々も，占いにより，ジンシャック儀礼を行わなければならないときなどには，よそから手に入れたものであるという。最近では，カラツェに駐屯地をもつ，インド・チベット国境警備隊（I.T.B.F., Indian-Tibetan Border Force）がソワを馬の飼料として栽培しているので，必要なときには彼らから手に入れるようになったという。

　ソワの穂は，裸ムギタイプのナスより堅いが，この草の形は他のナスと全く違わなく，穂のスパイクは，4-5条タイプであるという。また，ドルマの第1代は，他の裸ムギタイプのナスとちょうど同じようであるが，数世代経つとソワそのものとなる。10年前，政府はこの種子を村人に配給したので，ドルマについては，まだ栽培している人がいるという。いずれにしても，皮ムギタイプのオオムギは，粉にするときに，皮を完全に取り去るのが難しく，カラツェの人々は，この種類をあまり好まないと話していた。たとえば，ラダックには，「スガンラス村のエンドウを探していたら，スピトゥック村のソワを無くす」ということわざがある。高価なものを探していて，低価なものを無くすという意味から，何かあまり良くないものでも持っていれば，良いものを追い求めるなという譬えとなるが，ここでは，エンドウが高価であるのに対して，ソワが低価と対比させられている。ラダックでは，ソワに対し高い評価が与えられていないことが読み取れる。

　以上述べたように，オオムギは，生育期間，種皮の裸性，皮性によって区別がなされている。皮性のオオムギの収量が多いという特性があっても，村人からはあまり好まれていないことが分かる。また，カラツェで聞き込むことのできた主要な品種がヤンマであったことは，夏の短いラダックにおいて，生育期間の短い品種が好まれることを示しているということができる。一方，ラマユル・ゴンパをいだくラマユル村では，仏教儀礼を行う時に欠かすことのできない作物が栽培され続けていることを伺うことができる。

コムギ（gros）

　コムギ（*Triticum* spp.）の一般名は，トォ（gros）である。オオムギと同様に，チベット暦の2月に種を撒くという。そして，オオムギの収穫後の8月ごろに収穫となる。2種類の品種があるという。トォリル（gros ril「コムギ・丸い」）とトォチェン（gros chen「コムギ・大きい」）で，トォリル（gro ril）はトォカル（gros dkar「コムギ・白い」）とも呼ば

カルダモン，ニクズク，サフランなど9種類の医薬が含まれていた。

れる。

　トォチェンは穂のスパイクが長い種類である。この種類の種子の中には，コムギの粒が入っていないものがある。つまり，実の熟さない穂がよく混じり，これは食用にもならず，この品種はトォリルより生産量が低いものとされている。しかし，これを製粉した粉は，とてもすぐれており，とくに，この粉はチャパティをつくるのに良いといわれている。こねた粉は，粘性があり，よく伸びるといわれる。

　トォリルは，穂が短いスパイクをもつのに対し，トォチェンの穂のスパイクは長い。後者の品種は昔からのものであるが，トォリルは約30年前に持ち込まれたものであるという。どのように村に持ち込まれたのかはよく知られていないが，今でもトォチェンを栽培しているだけの家もあれば，この両方を同じ年に作っている家もある。

マメ類（sran ma）とソバ（bra bo）

　マメ類はシャンマ（sran ma）とよばれる。マメ類の主な種類は7種類である。シャンマは，エンドウ（*Pisum sativum* L.）に対する呼び名でもあり，これには，①ヤンシャン（yang sran「早生・マメ」），②シャンドリル（sran gril「マメ・（不明）」），③シャンマカンブ（sran ma khang bu「マメ・本家」）の品種がある。その他に，④ナクシャン（nag sran「黒い・マメ」）と呼ばれるソラマメ（*Vicia faba* L.），⑤カーラス（ka ras）と呼ばれるガラスマメ（*Lathyrus sativus* L.），⑥スケルゼ（sker ze）と呼ばれるレンズマメ（*Lens esculenta* Moench.），⑦ラズマ（las ma）と呼ばれるインゲンマメがあった。ヤンシャンはシャンツァ（sran rtswa「マメ・野菜」）としても植えられるという。このうち，⑦は野菜として利用するのみであるが，他のマメは野菜としても，粉としても利用するという。

　カラツェでは，ヤンシャンは，ドクサで植えるのみである。これを村で植えると，暑さのために虫がつきすぎるからであるという。ナクシャンは，村で植える種類であるが，熟すまでに時間がかかる。カーラスも熟すまでに時間がかかる種類である。ナクシャンとカーラスは堆肥を漉きこんでいない畑に植えるという。

　スケルゼも，熟すまでに時間がかかり，この種類はカラツェでは植えていない。これはドムカル，ダルマ村でのみ植えられており，かれらはこのスケルゼのマメをカラツェで，オオムギと交換するという。この品種は，必ずコムギと一緒に植えるという。というのも，これだけを植えると，茎が倒れてしまうのであり，茎が倒れてしまわないために，コムギを少し混ぜて植えるのである。収穫するときには，スケルゼとコムギを一緒に収穫し，脱穀するので，両方の粒が一緒に混じってしまう。しかし，この混じったものを鶏に与えると，鶏はコムギの粒だけを食べるため，スケルゼを取り出すことができるのであるという。ここには，マメを手に入れるための工夫のあとを見ることができる。

ナクシャンとカーラスは昔からあるマメの品種である。いずれも，熟すまでに時間がかかる品種である。今では，カーラスを植えなくなった。というのも，このマメはティスパ（mkhris pa「胆汁」）の病いに良くないということが，新しい知識として流布するようになったからであり，15年前ごろから，村の人々はカーラスを栽培するのをやめるようになったという。
　一方，ヤンシャンという種類は昔からあるものではない。これは，ムルベック，ワンラ，ドムカル，ゴマなどの村から持ち込まれたものである。この品種は，これらの村とツグ（rtsi gu）呼ばれるアンズの果実の仁，シュカン（rkang）と呼ばれるクルミの種子，あるいはお金と交換して手に入れたという。マメは，黒く，丸くて，小さい。また，シャンマカンブ（グリーンピース）という品種は，政府の農業局によって，数年前に持ち込まれ，栽培されるようになったものである。
　最近ではソラマメを栽培する家は少なくなったというが，これを育てるには肥料があまりいらなく，むしろ肥料をやりすぎると，育たないという。この村人の説明は，ソラマメが肥沃な土壌が限られているラダック地方にあって，オオムギ・コムギを補う貴重な作物として栽培されてきたことを物語っているといえる。
　主食となるムギ類を補ってきたもう1つの重要な作物にソバがある。ソバはダオ（bra bo）と呼ばれるが，これにはギャムダス（rgya bra「中国・ソバ」）と呼ばれるいわゆるソバ（*Fagopyrum esculentum* Moench.）とドォディル（bra ril「ソバ・丸い」）あるいはナクダ（nag bra「黒い・ソバ」）と呼ばれるダッタンソバ（*Fagopyrum tataricum* (L.) Gaertn.）の2種類がある。ソバは，村の畑とドクサの畑のいずれにおいても，オオムギを収穫した後の裏作として栽培されている。ただし，1年ごとにこの2つの品種を交替させて栽培するという。
　また，これら主要穀物となる作物については次のような話が，ダクショスパのおじいさんから教わり，年寄りから若い人へと世代を越えて伝承されてきたと語る村人がいた。

> はじめ，オオムギ，コムギ，コメ，エンドウ，ハダカムギ，スケルゼ種のマメ，ダオ（ソバ）の7種類の穀粒がハトの胃から出てきた。そして，これらをちょうど，ウルツァンパの種のように，畑に蒔くと，育ち始めた。次の時には，もっと広い畑に撒くと，それはもっと増えた。
> 　鳥を捕まえた狩人が，馬のしっぽの毛で作った罠を仕掛けると，ハトがかかった。ハトの胃を割いてみると，この7種の穀粒が入っていた。この狩人の名前は，チャワ・スタンジンといい，彼はインドから来た人であった。

この伝承が示すように，カラツェ地方においては，7種の作物が一緒になってこの地に伝わり，伝統的作物として栽培するようになったこと，しかも作物の起源がイ

ンド方面であると考えられてきたのである。ただし，コメは栽培されていない。

3. 食材を彩る果樹栽培

　たいていのラダックの村には，リンゴの木を見かけるが，下手ラダック地方になるとリンゴだけではなく，各種の果樹が盛んに栽培されるようになる。たとえば，カラツェ村では，アンズ，リンゴ，ナシ，ブドウ，クルミ，クワなどの果樹栽培は，村の農耕を特色づけているが，なかでもアンズの栽培がとても盛んであり，1世帯で30本以上の木を所有している。乾燥させたアンズの果実はこの村の古くからの重要な交易品であり，いまでも貴重な換金源となっている。カラツェ村を事例に，ラダックにおける主要な果樹の栽培について取り上げる。

アンズ (chu li)
　アンズ (*Prunus armeniaca* L.) は，とくに木を指す場合には，チュリゴル (chu li gor) と呼ぶというが，すべての種類を包括する総称名としては，一般にはその果実をも示すチュリ (chu li) が使われる。アンズはあらゆる部位がくまなく利用されており，重宝な木として知られている。アンズの果実の中の核は，ラルス (lag rus) と呼ばれ，さらに，核の中の仁はツグと呼ばれる。アンズの果実は，果肉を食用とし，仁からは食用油を採る。アンズの仁は，杏仁という，咳止め，喘息の漢方薬となるが，青酸配糖体 (アミグダリン) を含むことでも知られるものである (堀田他 2002: 858; 難波 1980: 275)。ラダックでは，決まった品種のみ，仁が生食されている。
　アンズの木は，古くなって実のつきが悪くならない限り，伐採されることはない。しかし，その材はとても火持ちがよく，良い薪となると誰もが話していた。仁を取った後の種子の殻も，燃料として重宝されていた。アンズの利用法の中で最も重要なものが，第4章のラダックの食文化でも取り上げるが，干しアンズ (chu li skam bo) への加工である。アンズは天日で乾燥されて，冬の間の貴重な食材となるのである。
　カラツェ村では，アンズの木の植栽，接ぎ木と管理は重要な生業の1つということができ，常に絶えることなく，次のように植栽と管理が心がけられている。まず，アンズの種子を，長期的計画のもとで，ヤギやヒツジから安全な特別な場所に植えることから始まる。種子が発芽してから，約6年間はその場所で育てる。幼樹の間は，特に山羊や羊の食害に遭いやすいので，幹を空き缶などで覆うようにする。6年後になってやっと，畑の脇に植えてある他のアンズの木に接ぎ木することができる。たとえば，ある家では，1つのアンズの木に5種類の異なるアンズの苗木を1年お

きに次々に接ぎ木したという。ある年に接ぎ木すると，翌年は実を結ばない。しかし，その翌年には，再び実を結ぶようになるので，常時このような作業が必要なのであると語っていた。アンズの木は接ぎ木によって維持・管理され，常に気が配られていたのである。

　男性と女性の2人のインフォーマントから聞き込むことのできたアンズの品種は次の8種類であった。⑤は男性のみが，⑧は女性のみから聞きこんだものであるが，これら以外は，2人が共通してあげてくれた品種である。

①ラクツェ・カルポ (lag tse dkar po「(不明)・白い」)
　甘い種類。昔からカラツェにあった伝統的な品種で，ハルマンについで良い品種である。仁が白く，黄色がかった果実がなる。葉は緑―黄色の明るい色をしている。

②ツグ・ガルモ (rtsi gu ngar mo「仁・甘い」)
　甘い種類。カラツェにふつうにある伝統的な品種。黄色の果実。

③チュリ・カンテ (chu li kan te「アンズ・苦い」) またはツグ・カンテ (rtsi gu khan te「仁・苦い」)
　苦い種類で，伝統的な品種。植えられている数が最も多い。ツグ・ガルモと全く同じような果実をもつが，仁が苦い。

④ヤルケン (yar ken「ヤルカンド」)
　甘い種類。果実はすべて赤い。花は小さく，赤みがかっている。カラツェではまれにしか見ないが，ヤルカンドから持ち込まれた伝統的な品種である。

⑤コバン (ko ban: カラツェでの名称)，別名ドォクポパ (grog po pa: サスポール，レー地区での呼び名)
　この品種は実が大きい。種子は苦いものと甘いものがある。果実の形はラクツェ・カルポとちょうど同じである。ただし，ラクツェ・カルポの仁は白く，果実がより甘い点で異なる。この品種の中で，実が大きい方がとくにコバンと呼ばれる。ドックポパの方は，仁が甘く，黒っぽい色をしている。この品種は，カラツェではダンブチェンパの家にある。

⑥ハルマン (hal man) またはパティン (pha ting)
　甘い種類。果実は赤と黄色である。黄色の方が多い。葉は濃い緑色である。もっとも良い種類とみなされている。この品種は，かつてはカラツェになく，インダス川のさらに下流域にあるダハヌ地方から30年ほど前に持ち込まれたものである。

⑦シャカンデ (sha khan de)
　甘い種類。果実が丸い形ではなく，アーモンドのような形で，赤い。カラ

ツェに昔からある伝統的な品種である。この果実の味はよい。仁は甘いものも，苦いものもある。
⑧ボンティ（bong thi, bong dri）
甘くも苦くもない。カラツェで見つけられる。黄色がかかった，丸い果実をもつ。

　これらの品種についての説明の際には，女性のインフォーマントは，まず，甘い種類か苦い種類かを説明し，次に果実の色，形へと説明が移っていった。アンズは，仁が甘いか，苦いかによって，まず，チュリ・カンテとチュリ・ガルモ（chu li ngar mo「アンズ・甘い」）に区別されるのだと説明してくれた。一方，男性のインフォーマントは，まず，伝統的な品種であるか，新しく持ち込まれたものかを説明し，次に良い品種であるかどうか，果実の味，次に述べるような品種にまつわる物語を語り，果実の味，種子の色と味で区別できると話してくれたのである。アンズを乾燥加工するうえで，「甘い」「苦い」の識別はとても大切なことであり，加工の担い手となる女性はこの点により関心を払いながら説明してくれたことが分かる。上記の①-⑧の品種の中で，③以外は甘い種類であるが，栽培本数が多いのは③の苦い種類となっている。
　ハルマン品種はアンズの中で最良のものであるといわれ，この品種は，接ぎ木用の枝が，ヌブラ地方のシガール地区や下手ラダック地方のダハヌ地区から持ち込まれたことが知られており，次のような話が伝承されていた。

　　シガール地区には，まず，ハルマンと呼ばれる1本の木があった。この木には誰も登ることができなかった。このため，村人はこの木の枝を，ヒュルド（hyug rdo）（ヒツジ飼いの牧夫が持ち，ヒツジやヤギの方向を変えて戻ってこさせるために使う道具で，石を布で包み，長いひもを結びつけ，ひもの先端にはカギをつけたもの）を使って取った。そして，この枝を持ち帰り，この土地のアンズの木に接ぎ木した。この木が品種ハルマンのはじまりである。

ハルマン種は，1950年代にカラツェに持ち込まれたものである。持ち込まれた経路は，ヌブラ地方のシガール，ダハヌ地方，スキルブッチャン村，ドムカル村，そしてタクマチック村をとおってカラツェに持ち込まれたという。このように，品種によってはその来歴が詳しく知られている。
　タクマチック村には，カラツェで栽培されている9品種に加えて，さらにスーカ（su kha）とガンワ（gang ba）の2品種のアンズが育てられていることが知られていた。村人はどの村にどんな品種が育てられているのかとても良く知っているのであった。
　ラクツェ・カルポとハルマンは，どちらも味が良く，その味は他の品種とはっき

写真 3-16 秋のカラツェ村では，どの家でも場所を見つけてアンズの実が天日干しにされる（1989 年）

り区別することができるといわれている。このように，アンズは果実の味，種子の表皮の色，種子の味などではっきり区別されているのである。特に，「甘い」「苦い」の区別は，第 4 章で述べるように，干しアンズに加工する際に重要となる。苦い種類は，必ず果肉から核を取り去ってから乾燥させられる。

　村人の中には，ヤルケンの種類は自分の家にはないが，上記の①，②，④，⑥，⑦，⑧，⑨の品種はすべて自分の家で栽培しているアンズの種類であるといい，30 本以上のアンズの木を所有するという人もいた。ドクサがある場合には，そこにもアンズの木を植えていることが一般的となっている。毎年，アンズの実のなる夏の終わりには，どの家の屋上にも，アンズが干されているのである。アンズ栽培は昔からカラツェ村の重要な産業となってきたのであり，村人は良い品種を求めて，積極的に各地から新しい品種を持ち込んできたことが分かる。

リンゴ（ku shu）

　リンゴ（*Malus pumila* Mill.）は，クシュ（ku shu）と呼ばれる。リンゴは，アンズのように交易品としての需要性は高くはないが，冬の間の食材として人々に重宝されてきたものの 1 つである。カラツェ村の 2 軒の家で植えられているリンゴの品種を聞き込んだのみであったが（アンズの品種を聞きこんだインフォーマントと同じ男女 2 人から聞きこむ），リンゴには以下の 11 の伝統的品種が知られていた。カシミール地方から流通するようになった別品種のリンゴは，カチュリ・クシュ（kha cul 'i ku shu「カシミール・の・リンゴ」）と呼ばれ，村では 2 軒の家が植えているだけであった。

①アンバル・クシュ（am bar ku shu）

これは昔からある種類である。実が大きく，色は赤い。甘いが，あまり良い味ではない。

②ター・クシュ（khra ku shu）

まるで花のようである。赤と白の混じった色の実である。味は甘く，リンゴの中で一番おいしい。実はアンバルほど大きくはない。昔から植えられている種類である。人々は一般に，この種類のリンゴをよく植える。

③スキュルモ・クシュ（skyur mo ku shu「酸っぱい・リンゴ」）

酸っぱい味のリンゴである。実の大きさは小さい。色は白っぽい。これも昔から植えてきた種類である。これは早生品種であるヤンマ・クシュの1つであり，酸味があり，熟すまでに時間がかかる。

④シン・クシュ（shing ku shu「木・リンゴ」）

藁の中に貯蔵しておくと，冬中食べることができる。丸い形をしているが，てっぺんは平らである。実の大きさはアンバルと同じくらいである。色は，ところどころ白っぽかったり，赤かったりする。これも昔からある種類である。甘い味である。

⑤シャカル・クシュ（sha kar ku shu），別名カラ・クシュ（ka ra ku shu「砂糖・リンゴ」）

甘い味である。別名で「砂糖リンゴ」と呼ばれるくらいである。

⑥モンゴル（mong gol「フダンソウ」）

これは冬まで蓄えておくことができる。実の大きさはアンバルと同じ位である。正月の時，いろんな種類の果物を墓に持って行くが，そのとき持っていく種類のリンゴである。あまり甘くないし，味もそんなに良くはない。また，アンバルほど赤い色をしていない。これは昔からある種類である。

⑦ボン・クシュ（bong ku shu）

果実が大きく，甘い味である。

⑧ガヨン（rnga yon）

実のなる枝は，まっすぐ伸びず，曲っていることが特徴的である。

⑨コグマル（khog dmar「内部・赤い」）

果肉が赤く，花や葉も赤っぽい種類である。

⑩ヤンマ・クシュ（yang ma ku shu「早生・リンゴ」）

早生品種であり，これには2種類あり，もう1つはスキュルモ・クシュである。リンゴの色は緑である。これは甘くも酸っぱくもないが，スキュルモ・クシュに比べ熟すまでの時間が短い。

⑪クシュ・マルポ（ku shu mar po「赤い・リンゴ」）

リンゴの色が非常に赤いが，大きさはアンズのように小さい。甘い味である。昔から植えられてきた。

　これらの品種の中，2軒で共通して植えられていたのは，アンバル，ター・クシュ，スキュルモ・クシュ，シン・クシュの4品種であった。男性の家では9品種のリンゴを植えており，女性の方では7品種のリンゴの木があった。女性の家では，村の中ではター・クシュとアンバルの2品種がそれぞれ1本ずつあり，残りの5品種はドクサ（山の牧場）に1本ずつ植えているという。リンゴは1品種ごとに1本ずつ所有する様子がうかがわれるとともに，アンズに比べて家ごとに植えている品種が異なる傾向がある。

　リンゴもたいてい挿し木によっていろいろな品種を育てるが，リンゴの栽培は，土台となるリンゴの木を育てることから始まる。まず若枝（スメータ sme-ta）を特別な場所に植えて育て，それが大きくなった時，実際にリンゴの木を育てる場所に移植する。そして，その次の年に，枝を払い，ター・クシュなどの育てたいと思う良い品種の枝をこれに挿し木するのであるという。土台にするのは，たいてい味が良くないといわれるアンバル・クシュの木である。

　リンゴの熟す時期は，品種により異なり，最初に熟すのは早生品種のヤンマ・クシュ，スキュルモ・クシュである。次はアンバル・クシュとシャカル・クシュである。そして終わりごろはボン・クシュとシン・クシュであり，これらはナシやクルミと同じころに熟すと語っていた。

その他の果樹

　ナシ（*Pyrus communis* L. セイヨウナシ）は，ニョティ（nyoti）と呼ばれ，2品種がある。いずれも同じ頃に熟すが，熟す時期は，品種によるのではなく，1本1本の木により，早かったり遅かったりするという。1つは，ホースル・ニョティ（ho sur nyo ti「ヒョウタン・ナシ」）と呼ばれる伝統的な品種である。実の形がヒョウタンに似ているため，この名がつけられている。ヒョウタンはこの村で栽培していないが，かつて，ダハヌ地方の人々は容器を作るために，ヒョウタンを植えていたという。昔はヒョウタンをチャンを入れるのに使っていたのだという。もう1つの品種は，ただニョティと呼ばれるものである。ただし，実際には，1種類が植えられているのみであった。標高の低いバルティスタンの村では，ナシが植えられているのをよく目にしたが，カラツェでは，もともとあまり植えられていなかったという。

　クルミ（*Juglans regia* L. ペルシャグルミ）はシュタルガ（star ga）と呼ばれる。第1章で紹介したカラツェ村の起源伝承が示すように，カラツェ村はもともとクルミの生い茂っていた場所であったと考えられている。村の中には，実際，クルミの大木が

随所に生えていた。クルミには2品種がある。1つは，ザンシュタル（zang star）で，核を取り出すのが簡単で，殻を割りやすい種類である。もう1つは，ガンシュタル（ngan star）で，殻は非常に固く，石を使わなければ割れない種類である。

ガンシュタルの品種は村の中に2本あるのみで，他のクルミの木はすべてザンシュタル品種であり，今は，新たに植栽するのはザンシュタル品種のみである。父が昔植えたクルミの木がまだあり，とても大きく育っていると語る村人もいた。

ブドウ（*Vitis* spp.）も昔から植えており，ルグン（rgun）と呼ばれる。ルグン・ナク（rgun nag「ブドウ・黒」）とルグン・カル（rgun dkar「ブドウ・白」）の2品種がある。バルティスタン地方では，ブドウの栽培が盛んであったが，カラツェではあまり多くは植えられていなかった。

クワ（*Morus alba* L.）も昔から栽培されてきたといい，オセ（'o se）と呼ばれる。①オセ・ナクポ（'o se nag po「クワ・黒」），②オセ・カルポ（'o se dkar po「クワ・白」），③シャドゥ・オセ（sha ha dud 'o se「(不明)・クワ」）の3品種がある。3番目の品種は，いつの頃か分からない昔であるが，ヌブラ地方のシガール村から持ち込まれたものである。これは接ぎ木で増やされ，カルギルではふつうにみられる品種となっているという。

クワの実をウールの布でこすると種を取り出すことができ，これを撒くと簡単に芽生えるという。クワの実は食用とされる。シガール村では，村人はクワの実をヒツジの革袋あるいは胃で作った袋にいれて，チャンタン地区に運び，バターやウールと交換したのであるという。シガール村の人たちはクワの実を乾燥させて利用するが，シャドゥ・オセはとくに，乾燥させると良い味となる品種であるという。

カラツェ村では，オセ・カルポもオセ・マルポも乾燥させることなかったという。クワについてはこんな話が残っている。

> ラダックのアムチがシガールに出かけたとき，シガールの王の妻が子供を産んだ。出産のとき，子宮も一緒に出てきてしまった。王はアムチにこれを治してくれるように頼んだ。アムチは妻を治療した。後で，王はアムチに次のように尋ねた。「あなたは，どこで仕事をしたいのか」。これに対し，アムチは次のように返答した。「私は，ただ少しの土地と，そこに植えるためのクワの木が欲しいだけである。そうすればすべての鳥がこの実を食べることができる」。これを聞いて，王は，アムチの望み通りにした。

実際，シガール村には，クワの木が1列になって植わっているのを父親が見たと，この話を語ってくれた村人が話していた。シガール村はラダックの名高いクワの産地ということが分かる。クルミとクワの落葉した葉は，オオムギを炒るときに薪の代わりの燃料にでき，また，ヒツジやウシの飼料ともなるという。

以上のように，樹木が少ないカラツェ地方の自然環境のもとで，果樹は食材とし

て重宝されてきたばかりではなく，葉が家畜の飼料として利用され，幹は老木になれば伐採して建材，あるいは燃料として利用するなど，多角的に活用されてきたのである。ラダッキの伝統的生活には，人間のみではなく家畜も含めて農作物から果樹に至るまで無駄なく活用するという生活戦略が貫かれていたことが読みとれる。

4. 伝統的牧畜

　では，ラダックにおけるもう1つの重要な生計活動である牧畜はどのように営まれてきたのであろうか。村の立地する標高が高くなるほど，牧畜への依存が高くなる。たとえば，耕作可能な土地が標高 3,952-4,260m に位置するといわれるチャンタン地方では，栽培される主作物は，オオムギ，エンドウとなり，その他に野菜が少し栽培されるのみである (Kachroo 1977: 18)。

　ラダックには，「良い親戚からお菓子が，悪い畑からも1抱えの荷がやってくる」ということわざがある。1抱えの荷というのは，畑から運ばれるオオムギの1抱えを意味し，畑は多くの富をもたらすという譬えとなっている。一方，「財産は家畜ではない，皮は家畜にある」ということわざがあり，家畜は財産にならず，家畜は皮になるだけだと，家畜の数を自慢するのを戒めることわざがある。これらのことわざは，ラダックの人々には，経済的基盤について農耕を主，牧畜を従とするという考えが伝統的にあったことことを示している。

　牧畜は，家畜の放牧，搾乳と乳の加工・処理という活動が毎日繰り返されることを特色とし，この意味で，春の開墾，秋の収穫というように，季節によって活動の質と量を異にする農耕とは対照的な生業である。しかも，家畜は農耕活動の生産物となる栽培作物を飼料にする動物でもある。このように生業として農耕と対立的な関係にある牧畜は，ラダックにおいてうまく農耕と共存させられてきたのである。ここでは，農耕を主，牧畜を従としてきた上手ラダック地方と下手ラダック地方の2つの村を事例として，ラダックにおける牧畜経営の在り方を述べてみることにする。

　いずれの村も，村で飼育している主要な家畜の種類は，ウシ，牡のヤクと牝ウシとの交配によって生まれた繁殖可能な牝と繁殖能力をもたない牡，ヤクといった大型家畜，ヒツジ・ヤギの小型家畜である。家畜は一般にチュックス (phyugs) と呼ばれ，搾乳できる牝ウシはバラン (ba lang)，種ウシはラント (glang to)，牡のヤクと牝ウシとの交配種は牝をゾモ (mdzo mo)，牡をゾー (mdzo)，牡ヤクをヤク (g.yag)，牝ヤクをディモ ('bri mo)，ヒツジはルーク (lugs)，ヤギはラマ (ra ma) と呼ばれる。

移牧形式による家畜管理 —— 上手ラダック地方の例

1984年当時，たとえば，ラダック近郊のサブー村での牧畜経営をみると，次のように行われていた。まず，ヒツジ，ヤギ，ゾモを所有しない家はなく，裕福な家では，牝ウシ17頭，ゾモ5頭，ゾー3頭，ヤギ60-75頭，ヒツジ12頭が所有され，鶏も7-8羽飼育されていた。中程度の家では，牝ウシ3-4頭，ゾー2頭，ゾモ1頭，ヒツジ3-4頭，ヤギ7-8頭の家畜を所有している。貧しい家では1頭の牝ウシを飼うことができるだけであるという。サブー村全体では，大型家畜はゾモが300頭，ゾーが200頭，牝ウシが400-500頭位に及んでいた。3-4軒の家が1組となって，ヌブラ地方からヤクを繁殖用に共同で購入し，交配させるという。

裕福な家では，毎年1-3頭の牝ウシ，7-8頭のヤギをレーに売ることができたという。また，サブー村は，村の上手にあるプー地区から歩いて4時間のところにあるディガール峠を越えた，ヌブラ川沿いにあるディガール村と特別な関係をもち，サブーの村人のなかには，その年生まれたゾモやゾーをこのディガールの村人に売る人もいた。6-7歳のゾーであれば，3,120ルピーで売れたという。

ディガール村は，高標高に位置し，寒冷な土地であり，村人がヤク，ディモ，ヒツジ・ヤギすべてについて，サブー村の人たちよりたくさん飼育している，牧畜の方が盛んな村となっている。村人は，大型家畜であれば購入後18-19年間飼育して，サブー村にそれを屠殺用として売りに来るのであるという。ティガール村の人々にとって，このようにして肉用に売ることが現金を手に入れる1つの方法となっている。ディガール村の人々は，毎年11月には，ヤク（年老いたヤク），バター，ヒツジ・ヤギを売りにサブー村にやってくる。サブー村の人々は，コムギとの交換あるいは現金によってこれらを購入するのである。ディガール村では，オオムギの栽培が可能であるにすぎず，コムギをサブー村との交易によって手に入れてきたのであるという。

チベット暦6月1日-9月30日の夏の間，家畜はオオムギ・コムギの栽培が行われる村から離れた牧場で管理されていた。村人は，プー地区にある夏の牧場はドク（brog）と呼ぶのに対し，さらに高地の牧場はドクサと呼んで区別している。サブー村の各地区には，村から15-17km先の高地に，それぞれ決まった夏の牧場がある。夏の牧場では1ヶ所に留まって生活するという。

夏の牧場には，石と泥で作られた簡単な小さな家がある。各家から，女性1人と牧夫1人が夏の牧場で家畜の世話をする。それぞれ自分たちの家畜のみの世話をするが，もし自分のウシやゾモがミルクをあまり出さないときには，他の人に自分の家畜の世話を委託することもある。また，もし誰も，夏の牧場に行くことができない場合には，夏の間でも家畜を村で世話をするということもあり得るという。牧場では，2-3家族が一緒に1つの家に住む。朝に搾乳し，家畜を放牧に連れ出す。夜，

写真 3-17 村の中で草を食べるゾー（1983 年）

戻ってきたら再び搾乳する。牧場では，冬のために家畜の糞を集めることも日課の1つであるという。

　牧場でヒツジとヤギ，ゾモ・牝ウシは別々に管理されるが，牝ウシとゾモの場合には，牧夫が必要でない。牝ウシとゾモは子供を家で保護しているので，夕方になると自然に家に戻ってくる。子供のいない牝ウシやゾモは牧場に放っておかれる。彼らは家には帰ってこないが，オオカミより強く，見守る必要がない。一方，ヒツジとヤギの場合には，放牧に際し，牧夫1人が見守る必要があるという。また，高地の牧場では，ゾーは牧夫が世話をする必要がない家畜である。ヤクもまた夏の間山地で自由に放牧される。ディモはサブー村では飼育されておらず，村の近くでは標高の高いヌブラ地方のディガールで見られるのみとなっている。獣医は毎夏，月に2-3回牧場を見回りに来るという。

　10-11月には，家畜は村に連れてこられるが，飼料は与えられず，家畜は耕地で刈り残った草を食べて過ごすのであるという。ただし，ゾーは秋の10月になれば，自分で山から村まで戻ってくる。ゾーは，自分の家を良く知っており，山が寒くなると，自分で戻ってくるのである。12-4月には，干し草が主な家畜の飼料となるので，このために干し草を夏の間に集め，家の屋上に貯えておくという。冬の間，15-16頭のヒツジに対し，朝には3-4kgの干し草，夜にも3-4kgの干し草を与えなければならない。毎日，家畜に9-10時に家で餌を与えたあと，外に連れ出すが，午後2-3時には自分で家に戻ってくるのである。

　村人にとって，冬の間に家畜に与えるのに十分な草を用意することは不可欠な活動であり，冬の干し草を確保するために，牧草の種を耕地に蒔いて，育てること

も行われていた。種を3-4月初めに蒔き、9月のコムギなどの収穫後に、牧草を刈り取るのである。この牧草は、1年目は10-20cmにしか成長しなく、2年目で30-40cm、3年目になってやっと60cmぐらいに成長する。こうなってから、毎年刈り取ることができるようになるのであるという。男性が草刈りをし、女性は刈った草を束ね、夕方に、50-60束ずつにして、家に運ぶ。牧草はツァ・スカム（rtswa skam「草・干した」）と呼ばれるが、それを撚って縛った1束はチュンポ（chun po）と呼ばれる。チュンポを50-60束をまとめたものは、オオムギの場合と同様に、クルと呼ばれる。これは牧草の場合にも、計量の単位となっており、刈ったばかりの生の草であれば1クルは50-60kg分となり、干し草であれば、25-27kg分となるが、これを担いで村まで運んだものであるという。家に運んだ牧草は、生の草であれば、屋根に置いてさらに乾燥させたのである。ヒツジあるいはヤギ1頭に対し、1冬に4-5クルの干し草が必要である。もし、雪が多かったりすると、もっとたくさんの牧草が必要になるという。

また、ムギの脱穀後に残る砕かれた切り藁（プックマ）は、脱穀が終わったあと、袋に入れて家に持ち運ばれるが、これも牝ウシ、ゾモの飼料として用いられた。チュンポにはビタミンがたくさんあるが、プックマにはビタミンが何も入っていないので、牝ウシやゾモにこれを餌として与えるときには、プックマとチュンポを混ぜて与えるという。ゾモ、牝ウシ1頭に対し、冬の間の飼料として、50-60袋分の飼料が必要であり、4-5ヶ月間1頭のゾモや牝ウシを養うのに、30袋のプクマと3-5クルのチュンポが必要となるという。ただし、ゾーの場合には、もっと大量の干し草が必要となる。

この村の人は、カラツェ村の人とは違って、ナイフ（ゾラ、zor ba）を使ってムギを刈る。このとき、あとで家畜が食べられるように、根茎は地中に残しておくのだという。これも冬の間の家畜の餌の確保の1つとなっている。もし草が不足するようなことがあると、人々はレーに出かけ、草を購入するという。1984年当時、100kg（約4クル）のチュンポが200ルピーであったのに対し、100kgのプックマは110ルピーであった。中には、家畜を市場に売りに行く人もいる。1971-1973年には、水不足と牧草不足がひどかったが、このときには、政府はスリナガルから牧草を運び、村人に安い価格で与えてくれたと語る。

ゾモのバターは、1kgに対しレーの市場では80ルピーの値がついていた。ゾモは、夏には1日に3-4リットルのミルクを取ることができるが、冬には1日に半リットルのミルクしかとれないという。1夏（5-6ヶ月間）にゾモ1頭から9-10kgのバターがとれたものである。ヒツジは肉と羊毛を取るために飼うが、ヤギはミルクを利用するために飼っている。ヒツジの乳は子ヒツジに飲ませるだけの量しか出ないが、ヤギは夏の間1日に300-400ccのミルクを取ることができ、これをバター

やチーズに加工する。15-6頭のヤギを飼っていれば，1夏に10-20kgのバターを生産できる。ヤギのバターは1kg16-20ルピーの値がつくという。

　以上のことは，1頭のゾモから1夏に約800ルピーの収入を得ることが可能であったことを示している。しかし，牧草をバザールで購入して冬の間の飼料に充てようとすると，ゾモ1頭に対し，チュンポとプックマとを合わせて200kg，つまり，お金に換算すると，約310ルピー必要となることが分かる。牧草を自分たちで調達しない限り，とても採算が合わないということもできる。村人が秋に牧草刈りにとても忙しくする背景には，このような事情があることがよく分かる。このような家畜維持の困難さは，また，家畜を財産とは見ないラダッキの家畜観の背景となっていることを伺わせてくれる。

移牧形式による家畜管理 ── 下手ラダック地方の例

　下手ラダック地方のカラツェ村では，牧畜よりも農耕，果樹栽培にウェートがおかれる。ヤク，ゾー，ゾモ，ウシ，ヤギ，ヒツジ，馬，ロバなどの家畜が飼育されるが，ゾーを2頭，ゾモ1頭，牝子ウシ3頭，ヤギ7頭，ヒツジ15頭，馬とロバ4頭と平均的所有頭数はサブー村に比べて少ない。実際，ある家では，ヤクやディモは所有しなく，ゾーが2頭，ゾモが1頭，牝ウシが3頭（ただし，まだ大人になっていない），ロバ（bong bu）が2頭，馬（rta）が2頭（1頭は大人，1頭は若馬），ヤギが7頭，ヒツジが15頭であった。ロバは，ヤギ・ヒツジの小屋タンラ（rta ra）から厩肥を畑まで運ぶなど運搬用に使われる。馬は山の牧場などから燃料用薪，牧草を運ぶのに使うが，時には，トレッキングのハイカーたちに雇われることもあるという。このように，下手ラダック地方の村では牧畜への依存が低くなっているが，男性は自由な時間があれば，たいてい家畜の世話をする。ドクサに行けば，男はヤギ・ヒツジの群を放牧のため山に連れていき，搾乳もするという。

　搾乳できるゾモ1頭で，最低限必要なミルクや乳製品を確保し，ゾーは畑の開墾，麦の脱穀などのための使役獣として，ヒツジとヤギは肉およびウールの確保のため，馬やロバは運搬用として飼うというのが平均的であった。

　「何頭のゾーやゾモを持つかは，所有する土地の広さに関係する。大きな土地を持っていれば，2頭のゾーを所有するだろう。しかし，あまり土地が広くなければ，1頭のゾーを飼うだけとなる。ゾーを1頭も所有しない家族もある。というのは，冬期にはゾーの餌として，たくさんの草が必要であり，その草を確保するためには広い土地が必要である」という。

　村の家には搾乳できる家畜を1頭残し，残りのウシ，ゾモ，ヤギ，ヒツジなどの家畜は，夏の間，山の放牧場であるドクサで飼育されるが，大抵，数家族の家畜がまとめて共同で管理される。また，村には交配用の「村のヤク」がなく，交配用に

ヤクを個人的に所有している家が何軒かあるだけである。村は政府から支給されたジャージー種の牡ウシを交配用に所有しており、有料で交配用種ウシとして提供しているという。また、親類でない家のヤクとの交配を行なう場合には、仔を出産した後に、その家に酒を、ベトチャン（be to chang「仔牛・酒」）として与えなければならない慣習となっている。ベト（be to）というのは、1歳までの仔を雄雌に関係なく呼ぶ名称である。また、牝ウシあるいはゾモの所有者は、ヤクや牡ウシに飲ませるために、1〜2kgグラムのカラシ油を与えなければならないという。ゾモは9ヶ月の妊娠期間の後、仔を出産する。

大型家畜の交配管理と個体識別

　大型家畜の交配の仕方には、いろいろなケースがあり、その結果生まれた仔の呼び名は異なる。もっとも基本的な交配は、①牝ウシ×牡ヤクの場合であり、この場合には、1年後の牝をゾー、牝をゾモと呼ぶ。次に、②ゾモ×牡ウシの交配であり、この場合、牡をストル（ltor）、牝をストルマ（ltor ma）と呼ぶ。ストルは畑仕事には使うことができなく、ロバのように使えるだけであるという。

　③ゾモ×ヤクの場合、牡をガル（ga ru）、牝をガルモ（gar mo）と呼ぶが、ガルはゾーと全く同じように使役に使えるという。しかし、ゾーやガルなどを2頭以上1軒の家で飼うことはないという。④ガルモ×ヤクの場合、牡をロク（glog）、牝をロクモ（glog mo）と呼ぶ。ゾモ、ガルモ、ロクモは全く同じように乳を出す。⑤ロクモ×ヤクの場合、牡をギル（gir）、牝をギルモ（gir mo）と呼び、ギルはゾーと同じように使われる。⑥ギルモ×ヤクの場合、牡をフサン（rtsang）、牝をフサンモ（rtsang mo）と呼び、フサンはゾーと同じように使われる。⑦フサンモ×ヤクの場合、牡はヤク、牝はディモと、この代で先祖帰りとなることが知られている。

　大型家畜は、色、角の形、大きさをもとに個体識別できるので、焼き印をつける必要がないという。ゾモ、牝ウシ、ヤクとで、少しずつ、色や形態のカテゴリーが異なるが、次のような基準で識別されていた。

　ゾモの個体識別は、体色、角の形、大きさをもとに行われる。ゾモの体色（mdog ドク）は、次のように区別されている。ナクポ（nag po「黒」）、カンポ（kham po「明るい茶」）、タースック（khra sug「白と黒の斑（2色）・（不明）」）、ゴリ（sngo li「灰一青色・（不明）」）の4色である。角の形には、リヨン（ru yo[8]「角・曲がった」）、リチョロンポ（ru co rom bo「角・厚い」）、リナョタセ（ru co phra mo「角・薄い」）の区別がある。大きさでは、チェンモ（chen mo「大きい」）、ツンツェ（chung tse「小さい」）を語尾につけて区別される。ゾモは、このような区別をもとに次のように、名づけられている。例えば、ゾモ・

---

[8] yoはyoyo（曲った）の省略と考えられる。

ナクポ・リヨン・チェンモ (dzo mo nag po ri yon chen mo) は「黒い色の，曲がった角を持つ，大きなゾモ」を指す名称となるのである。

一方，ウシ（牝ウシ）も，体色と角の形状によって次のように区別される。体色には，セルポ (ser po「黄色」)，ナクポ，ターオ (khra bo「2色の（斑のある，黒斑，白斑）」)，ゴリに区別される。また，ウシの角は小さいため，角の大きさによっては区別されず，むしろ形状で区別され，ルククッ (ru kug「角・鈎状」)，ルンジョン (run jong「角・真っ直ぐの曲がっていない」) の区別がある。

ヤク（あるいはディモ）の名付けをみると，黒い体に白い尾のヤクに対してガマ・カルポ (rnga ma dkar po「尾・白い」)，黒い尾のヤクに対してガマ・ナクポ (rnga ma nag po「尾・黒い」)，体も尾も黒いヤクに対してナクポ，体も尾も明るい茶のヤクに対してゴリ，斑のヤクにたいしてターオといった名前が付けられる。ヤクは，体色，尾の色が区別の指標になっていることが分かる。ヤクは毛が密生し，尻尾も毛が厚く短いのに対し，ゾモは尻尾が薄く，長く，両者は明瞭に区別できるという。

搾乳上の戦略

一般に家畜は，夏の間はたくさんミルクを出し，良いバターも生み出してくれると考えられている。たとえば，1頭のゾモは，夏の間には，1日3-4リットルのミルクを出すが，冬には1日0.5リットルのミルクを出すのみとなるという。1頭のゾモは，平均して夏の間（5-6ヶ月間）に9-10kgのバターを生産する。1984年当時，ゾモのバターはレーのバザールでは，1kg80ルピーの値段で売れるといわれていた。インド製のバターが1kg36ルピーであったので，良い収入源となっていたということが分かる。

昔は，在来種のウシが飼育されていたが，今では移入種の家畜であるジャージー種[9]を飼育することが多くなっている。この乳ウシでは，夏には1頭が1日に8-12リットルのミルクを生み出すという。ゾモはストルモより沢山のミルクを出し，また，牝ウシよりも乳脂肪分の高いミルクを出す。このためゾモが好まれるが，ゾモの産んだ仔は牝ウシの産んだ仔より長くは生きず，若いうちに死ぬ。このため，各家はゾモを産み出すために，1頭の牝ウシを同時に飼ってなければならないのであるという。もしゾモが仔を産まなかったら，ヤクと一緒に山に放し飼いにする。狼もゾモを襲わなく，危険なことはないが，この場合，交配の時期を決めることができず，ヤクと自然交配することになる。

ゾモは4-5歳で仔を産む。搾乳できるゾモとそうでないゾモとの名前の上での区別はない。良いゾモであれば，次に妊娠するまで，ミルクを出し続ける。しかし，

---

9 乳牛の1種。イギリスのジャージー島原産，乳脂率が高く，バター製造に適する。改良種のニュージャージー種が普及している。

中には，7-8ヶ月しかミルクを出さないものもいる。ゾモは仔を出産してから1年後には，再び交配させることができる。

　カルツイ（dkar spri「白い・クリーム」）と呼ばれる初乳は，半分を生まれた仔に与えるが，残りの半分を家族で消費する。生まれた仔に初乳の半分を与えないと，仔は空腹で死んでしまうが，産まれた仔に初乳を全部与えると，仔はうまく消化できないのであるという。ラダッキは，初乳からトゥムス（khrums）を作る。2日間いわゆる初乳が搾れるが，これを温めると，火を通した卵のようになる。これに塩，マサラ（香辛料）を味付けのために加えたものである。これはコムギ粉料理のタキシャモ（ta gi srab mo「タキ・薄い」）（いわゆるチャパティで，第4章の食事文化で取り上げている）に添えて食卓に出される。カルツイはミルクとしての利用はない。ヤギ・ヒツジの初乳もまた，カルツイと呼ばれ，調理して食べられるが，初乳の半分はゾモの場合と同様に，それらの仔に与えられる。

　ゾモは4つの乳房を持つ。3つの乳房から搾ったミルクは人が利用し，残り1つの乳房は仔用にする。母ゾモは大変賢く，搾乳されても仔のためにミルクを少し隠しておくという。

　朝と夕方の搾乳後，母ゾモと仔をしばらく一緒にさせた後，また離す。搾乳量を増やすために，誕生後15-20日経つと，仔に柔らかい草を与え始めるが，この後も仔に母親の乳房を吸わせる。そうしないと，母親はミルクを出さない。母ゾモがミルクを完全に出さなくなるまで，仔に母の乳房を吸わせつづけるという。このため，もし仔が死んだりすると，その皮をはぎ，中に干し草を詰めて，張りぼて（ベーソプ be sob）を作り，搾乳中に，この張りぼてを母ゾモに見せる。そうすることによって，母親は仔がいるときと同じようにミルクを出してくれるのだという。ミルクの量は，月日が経つにつれ減少する。野生の牧草が終わる9月の終わりまでは，母ゾモは沢山のミルクを出す。しかし，干し草だけが与えられるようになると，ミルクの量は減ってしまう。

小型家畜の管理：ヒツジとヤギの場合

　カラツェのギャムツォパの家では，7頭のヒツジと15頭のヤギを飼っていた。この家ではヤギをより多く飼っていたが，ヤギの方が育てやすいからであると語る。ヒツジの方は，山に連れていくのも大変であると語る。夏の間，いずれも山の牧場で飼う。どちらも出産後，約7ヶ月間ミルクを出す。ヤギは，出産してから1年後に妊娠できるだけであるが，ヒツジは1年に2回仔を産むことができる。また，これらの小型家畜は仔を失っても，ミルクを出し続けるので，仔の毛皮で張りぼてを作る必要はない。ゾモ，牝ウシ，ヤギ，ヒツジのミルクをすべて一緒にして，バターを作ることもある。ゾモや牝ウシのバターは黄色っぽい。ディモのバターも黄色だ

写真 3-18 ヤギの搾乳をする女性。朝・夕の搾乳が欠かせない家畜管理
（1989 年）

が，ヤギ・ヒツジのバターは白っぽく，すぐ区別がつく。

仔が 3 歳になったら，ヒツジとヤギは出産可能になる。ヤギの妊娠期間は 5 ヶ月，ヒツジの場合は 4 ヶ月である。ギャムツォパの家長は，これらの小型家畜には，次のような成長段階による名称があると語ってくれた。ヤギは生まれてから 1 年までをリグ（ri gu），1 年後の雄をツィップブ（rtsid bu），1 年後の雌をモチッ（mo rtsid）と呼ぶ。ヒツジの場合には，生まれてから 1 年までをルグ（lu-gu），1 年後の雄をポラックス（pho lags），1 年後の雌をマモ（ma mo）と呼んで区別する。

山の牧場では，4 家族が一緒に家畜の世話をするという。1 軒から 1 人が出て山で家畜と住んでいる。順番にこれらの群の放牧を担っている。放牧中は一緒に群を作るが，夕方帰ってくると，それぞれの家に自然に戻るものである。ドクサを持たない家では，自分のヤギとヒツジを夏の間ラマユル村に連れていく。その場合，これらに色を塗って，印を付けておくのだという。10 月の終わりに，これらを連れ戻すが，ゾーやゾモの場合には，雪が降るまで，ドクサで飼うという。

すべての収穫が終わったら，朝にヤギ・ヒツジを山に連れていき，夕方村に連れ戻すという飼い方になる。夜は，家の中に入れる。家の 1 階は家畜小屋となっている。これらを夜間家の中に入れておくと，家中が家畜の体温で暖かくなるという。

家畜のその他の利用

家畜は，ミルクや肉以外に，ラダッキの生活を潤すさまざまな原材料を提供してくれる。その 1 つが毛である。ヤクの毛は縒られ，水平式織機を使って，マットや袋，テントの生地を作るのに利用される。羊毛は，毎年刈り取られたあと，梳かれ，

紡がれ，縒られたあと，立て織機を使って布に織られる。羊毛の布は，冬の衣服の材料として欠かせないものとなっている。

また，家畜の皮はなめされ，冬の衣服，靴，肩当てなどに加工される。とくに標高の高い村では，ヒツジの毛皮の衣服は防寒服として欠かすことができないものである。ヤクの皮１枚から10足の夏用の靴を作ることが出来るという。冬用の靴はブーツ式であり，１年に最低１人あたり1-2足必要であったというが，ヤクの皮１枚から冬用の靴は5-6足作ることができた。

冬には，女性は手の空いた時間に糸を紡ぐのが日課となっているのに対し，男性は皮をなめし，靴を作るのが日課となっていた。ただし，ヤク，ディモ，ゾモなどの毛を紡ぐのは男性の仕事となっていた。また，布を織るのは男性の専門的職業となっており，織機を抱えた男性が村々を廻り，布織りを請け負っていたのである。

季節に応じた家畜管理
既に述べたように，収穫時期の秋は，冬の飼料として牧草を山の牧場から採集する時期でもある。カラツェ村でも，インダス川対岸の急峻な崖の上に，自然の牧草地があり，男性たちは連れ立って，牧草採集に出かけていた。このように，遠くまで牧草採集に出かけるようなときには，仲間との共同作業となることがある。牧草をどれだけ確保できるかはとても重要な問題であり，その量によって冬の間に何頭の家畜を飼育出来るかが決まってくるのである。このため，本格的な冬の到来前は，家畜を屠殺する時期ともなる。

実際，ラダックでは，ローサルの前は，年老いたヤクやディモを屠殺する時期でもある。年取ったヤギやヒツジを屠殺する人もいる。家族の数が多ければ，このとき，2-3頭のヤギやヒツジを屠殺する。また，2家族に対して，ヤク１頭の割合で屠殺することもある。干し肉をとくに作る必要はなく，肉は自然に寒さで凍り，家畜を晩秋に屠殺して冬に備えるのも年中行事となっている。

次章で述べるように，家畜の生態に合わせて，ラダッキの食生活が展開している。家畜がミルクを多く産出する夏季には乳製品を主に利用する食生活を送り，家畜がミルクを出さなくなる寒い冬には晩秋に屠殺した家畜の肉を利用する食生活を送るという自然のリズムがある。しかもそれはチベット医学の健康観のうえでも理想的な季節的リズムとされている。ラダックにおける牧畜経営の季節変動，つまり，夏の間は最大限の搾乳と乳製品生産をし，秋には冬を越すのが難しそうな個体を屠殺し，冬には搾乳を最小限に抑え，個体の維持をはかるという牧畜経営の戦略は，人々の食生活の季節性を規定しながらも，気候条件に合った理想的な食生活を提供するものとされているのである。

また，ラダッキの生業は，農耕にしろ牧畜にしろ，村内の労働交換，時には村を

写真 3-19　手が空けば梳いた羊毛を糸に縒るのが，女性の日課ともなっていた（1984年）。2003年にはこのような光景は見られなくなっていた

写真 3-20　ヤクの毛を紡ぐ男性。ヤクやウシの皮のなめし，ヤクの毛の紡ぎは男性の仕事となっている（1989年）

越えた協力ネットワークを前提として成立してきた。ラダックのことわざに「朝の食事と1日の奴隷」というものがある。朝食をごちそうになることは、その日1日の仕事を手伝わされるという意味で、よその家に出かけて、朝食を食べたあと、畑仕事を手伝ってくれと頼まれたら断ることができないという意味をあらわす。ここにも、厳しい労働交換の慣習の存在を読み取ることができる。しかし、このような生業活動における共同性、ネットワークは常に順調にいくとは限らない。「悪い牛だと不平を言いながら、乳を搾る」というように、誰かを利用するときには、決して不平を言ってはならないと戒めることわざがある。つまり、共同性は時には、容易に葛藤を生み出すものであり、ここに、霊の憑依という信仰が介在することとなり、第9章以降で述べるように、シャマンが必要とされる精神世界があるのである。

第 4 章

伝統的食文化

　第3章で述べたように、ラダッキの生態は、オオムギ・コムギを主体とする農耕、ヤク・ウシなどの大型家畜、ヒツジ・ヤギなどの小型家畜の飼育による牧畜という自給自足の生計によって支えられてきた。このことは、彼らの食生活がオオムギ・コムギを主食としながら、乳製品・肉の利用を基本としてきたことを示す。しかも、高標高であるという環境は、夏には日中が暑く乾燥する一方で、冬は夜間には－20℃になるという寒さをもたらし、人々の暮らしは夏と冬とが著しい対照をなすものとなっている。このような環境条件の季節変化は、人々の生業活動の季節的変化をもたらし、人々の伝統的食生活にも大きく反映されてきたといってよい。
　本章では、カラツェ村の食生活を主な事例とするが、オオムギ、コムギ、ソバ、マメ類、肉や乳製品などの伝統的食材をラダックの人々がいかに活用してきたのか、その工夫を眺めてみることにしたい。また、彼らの伝統的食生活の背景にある、夏と冬という大きな季節変化に呼応しながら、第7、8章で述べるアムチの医学における身体観、健康観とも連携する、健康維持のための食物観を示すことにしたい。

1. 主要栽培植物の加工・調理

　ラダックの人々の主食は、粒食ではなく、粉食が中心となる点に、大きな特色がある。オオムギの料理を始め、コムギ、ソバ、マメなどいずれも、穀粒を製粉してから調理することが基本となっている。オオムギはコムギに比べて料理のバラエティが少ないといえるが、それぞれ食材に合わせた工夫を凝らすことによって、食

生活にバラエティを生み出すこととなっている。ラダッキの主食となる食材はいかに加工，調理され，食生活を彩ってきたのかをみてみよう。

食の中心を占めるオオムギ

コメも流通するようになり，インド式のカレーが食卓を飾ることもまれではない。しかし，ラダッキの主食料理の特徴は粉の利用にあるということができ，最も代表的料理といえるオオムギの料理をはじめ，コムギ，ソバ，マメなどいずれも穀粒を粉に挽いてから調理されるのが基本となっている。なかでも，オオムギは，日本人にとってのコメのように，ラダックの人々にとって第1の食物と考えられている。

たとえば，このことを言い当てた，「ギャルツァンはオオムギを食べない」という格言がある。ラダックでは，「オオムギの粉がない」と，人に言うことはとても恥ずかしいことだと考えられている。この格言そのものの意味は，オオムギの粉がない家の人たちは，オオムギを食べないと言って，ないことを隠すというものである。これは，ラダックの交易大商人であったギャルツァンがチャンタンに出かけて，持っていったオオムギの粉を使い果たしてしまった時に，チャンタンの人たちに「ギャルツァンはオオムギを食べない」と言うようにと，召使に伝え，オオムギの粉が無くなったことを隠したという故事からきたものである。

また，収穫の秋には，貧しい人でさえ満腹になることができるのに対し，農耕活動が開始される春は，秋に得た収穫物が残り少なくなる。家畜も夏の間はたくさんのミルクを搾ることができるが，冬の間はほんの少ししかミルクを搾れない。夏の間に作った乳製品や，秋に家畜を屠殺して貯えた肉も，冬の間に使い果たして春には残り少なくなるというように，春は食糧不足の季節となる。年間の食糧供給という点からみると，大きな季節変異のなかで，人々の暮らしが支えられている。

オオムギの粉は，このような食をめぐる季節変異の中で，第1の食物としてその家の経済状況を表す指標とみなされてきたのである。食料の季節変異を想定しながら食の確保を図ることが，各家の生態戦略なのであり，第5章の村内での紛争解決において取り上げるように，オオムギの粉の貸借はときには，村の中での葛藤を増幅させることともなるのである。

オオムギを基本とする簡便な料理

オオムギの穀粒は良く洗って，砂，ゴミなどを取り除く。オオムギの製粉でもっとも一般的なものは，天日で半乾きにさせたあと，大きな平鍋タガ (sla nga) で炒ってから，製粉するというものである。どの村にも，大型の石臼を水力で回す水車小屋ランタック (rang 'thag) が，流れの速い小川のわきにいくつも設置され，オオムギをはじめ，穀類の製粉化が行われてきた。ただし，2003年ラダックを訪れた時には，

写真4-1 粉に引く前に，平鍋で炒られるオオムギ（1989年）

写真4-2 村内の流れの速い川の脇に建てられた，石造りの水車小屋（1989年）

 製粉の機械化が進み，人々はランタックで挽いたオオムギの炒り粉の味の良さを思い出し，懐かしんでいたのである。
 製粉されたオオムギの炒り粉はスガンフェ（rngan phye）と呼ばれる。たいてい，1度に1袋分の穀粒をランタックで挽き，粉を袋や缶に入れて保管する。また，オオムギの製粉は，天日に完全に干し，炒る作業を省く場合もあるが，このようにして製粉された粉は後述するトゥクタル（thug thal）という料理法に用いられるのみであるという。
 また，炒ったオオムギの粒は，ヨス（yos）と呼ばれる。これは，そのままアンズ

の仁やクルミの種子と一緒に混ぜて，間食のように食べられるものとなる。コムギの粒を炒ったものもヨスと呼ばれ，同様な食べられ方をする。

単調に見えるオオムギを使った料理にも，混ぜ合わせるものを変えるなどの，工夫がある。オオムギを基本とする粉料理は簡便さに特徴があるといえるが，主な料理法には，次の7通りがある。

①パパ（pa pa）

スガンフェを沸騰した湯に入れ，塩を少し加え，練ったものである。この料理は，スガンフェのみで作るものがもっともごちそうとされるが，これとマメ類の粉を混ぜたもの，ソバ粉を混ぜたもの，あるいはソバ粉だけのものなど使用される粉の材料によって，4通りある。これはラダックにおけるもっとも伝統的な食物であり，結婚式，葬式などに必ず作られる。葬式の時に作られるパパをとくにザン（zan）と呼んで区別する村もある。

②マルザン（mar zan）

パパよりオオムギの粉を少な目にして，柔らかくこねたものを丸く形を整え，溶かしたバター（アンズ油の場合もある）を中心につけた窪みにかけたものである。出産後，歯痛の時や体が弱っているときに食べられるものだという。出産祝いに出かけるときには，マルザンとチャンを持参するのが慣例となっている。

③コラック（kho lag）

スガンフェにバター茶を加え，硬めに練ったもので，日常の最も一般的食物である。これにヤクなどの干し肉を砕いたもの，タマネギやトウガラシなどを混ぜたものは，冬の典型的な朝食となるが，これも同じ名前の料理となる。

④チャスール（ja srul）

スガンフェを多めのバター茶でゆるく混ぜたもの。朝食や軽い食事代わりとなる。

⑤フェマル（phye mar）

スガンフェにバター，砂糖を入れてバター茶で混ぜたもの。コラックと同じように作られるのであるが，バター，砂糖を入れる点で，客が訪れたとき，まず差し出されるもてなしの食物となっている。

⑥スガントゥク（rngan thug）

スガンフェのスープである。干しチーズや肉を少し入れたスープに，スガンフェを少し混ぜたもの。ふつうの食事とは考えられていなく，病人用の食物である。

写真 4-3　水車小屋に，水力をうまく利用できるように設置された石臼（中央下）。オオムギ，コムギ，エンドウなどを，逆さ円錐形の容器に入れて，下に落とし，この石臼で粉に挽かれる（1989 年）

写真 4-4　オオムギの粉を湯で練って，パパをつくる女性（1989 年）

⑦ トゥクタル (thug thal)

オオムギを天日で完全に干してから，製粉された粉を指す名称である。トゥクタルは単にスープにとろみをつけるために，用いられるもので，1品の料理となるものではない。カラツェ村では，オオムギ粉からはトゥクタルを作らず，コムギ粉で作られていた。

上記のコラック，チャスール，フェマルという調理法の特徴は，バター茶を混ぜ合わせるだけで，特別な加熱も必要なく，食すことができるという簡便さにある。つまり，後述するように，ソバ，マメ類の粉と混ぜ合わせることもあるが，オオムギの炒り粉，バター，茶葉をもっていれば，どこでもお湯を沸かしてバター茶を作り，食事ができるのである。しかも，これらの料理は，1人1人が自分で作りながら食べる料理となっている。オオムギの粉を基本とする調理法のなかでも，これらは交易などの長期間の旅にとても適したものとなっている。

また，ラダックには，「ボール状の卵1つに，パパが2つ」という格言がある。これは，ボール状の卵がオオムギをバター茶で練って作るコラックの比喩となり，コラック1人分を作るオオムギの粉で，パパを2人分作ることができるという意味を表すものである。つまり，パパを作って食べた方がオオムギの粉を節約できるという格言となっている。第3章で述べたように，ラダックの人々の年間の生業サイクルは春に食糧不足をもたらしやすいことを示している。このような春には，オオムギの粉を節約できるパパの料理は，生活戦略上大きな意味をもつ調理法ともなることが分かる。

大麦の不足を補ってきたソバ・マメ類の料理

ソバにはいわゆるソバとダッタンソバの2種類があり，カラツェ村ではオオムギの収穫後の畑で栽培されている。ダッタンソバは，大麦などの他の粉と混ぜて利用しても，良い味となり，冬場の「パパ」料理のために確保しているのである。一方，ソバの方は，それだけの場合には良い味であるが，他の粉と混ぜての利用は良い味とならないものであるという。

ソバは収穫したあと，棒でたたいて種子を取り出し，風選作業によって，種子を選り分ける。石とゴミを取り除くために水路で洗ったあと，天日で完全に乾燥させ，水車小屋で粉に挽く。ソバ粉はダフェ (bra phe) と呼ばれ，「パパ」料理にオオムギの代わりに使われるとともに，後述するコムギを使った「テンテン」料理 (コムギ料理④)，「スキュー」料理 (コムギ料理⑨)，「トゥクパ」料理 (コムギ料理⑪, ⑫, ⑭, ⑮) にコムギ粉の代わりに使われる。ソバ粉独自の料理としては「タプ」(pra pu) 料理がある。これは，まず，ソバ粉で生地を作る。この生地を細かく切り分け，沸騰した

湯に入れて，茹で，湯は捨てる。クルミ，アンズの仁をつぶし，細かい粉状にし，タマネギ，香辛料を混ぜものを，茹でたソバにかけて出来上がりである。

　マメ類の中には，レンズマメ（スケルゼ）のようにインド式豆カレーとして，主食ではない「おかず」として利用される場合もある。しかし，マメ類は，次の種類のように，粉に挽いて主食として利用されるものがあり，これらは伝統的にオオムギを補う食材として利用されてきたものである。ソラマメ，エンドウ，ガラスマメなどである。

　また，エンドウ，ガラスマメ，ソラマメなどのマメ類は，オオムギと同じように，まずマメを炒ってヨスにしてから，水車小屋で粉に挽く。これらの粉は，たいてい，スガンフェ，ソバ粉などと混ぜ合わせ，パパに料理される。オオムギ，コムギ，ソバ，ソラマメ，エンドウ，ガラスマメは，穀類としてまとめられ，トゥ・ナス（gro nas「コムギ・オオムギ」）と総称される。

欠かすことのできないオオムギの酒チャン

　オオムギを発酵させて作った酒がチャンである。これは，単に日常的な楽しみというだけではなく，収穫や播種などの農作業の共同作業の時，結婚式などの祝いの時には，必ず振る舞われ，儀礼的な意味ももつ欠かせない飲み物となっている。

　チャン造りは，まず，オオムギの穀粒を煮ることから始まる。水の量は少な目で，粒が十分にふくらんできたときに水がない程度の量の水に入れて，沸騰させる。沸騰後，そのまま湯につけておき，柔らかくする。茹でてさましたオオムギ粒はゴザ[1]（chali）の上に広げられ，イースト（phabs）を細かく砕いて灰を少し混ぜたものを混ぜ合わされた後，これが冷えないように布袋の中に入られる。

　イーストは，ヌブラ地方の人々が，レーのバザールに売りに来るので，購入して手に入れるという。夏に作るときには1ユニットのチャンを作るとすると，必要なオオムギの粒の量に対し2粒使うが，冬の場合には4-5粒のイーストを使うというように，夏と冬とでは発酵の進み具合が異なる。オオムギが1カル（1カルは，約36リットルの容量）で，1ユニットのチャンとなる。

　布袋には，清潔で，厚い生地のものを使う。この袋を切り藁プックマの中に入れて，温度を冷やさないように4-5日間寝かしておく。プックマの中に保管することで温かさが保たれることになっている。しばらくすると，発酵している匂いがするようになるが，このように発酵状態になったものをザマ（za ma）と呼ぶ。

　次に，これを土製の大きな瓶に入れ，部屋の中でさらに2-3日間寝かせる。瓶の口はきつく閉め，蓋をすることが肝心であるという。寒いときであれば，瓶を干

1　ヤク，ヤギ，ヒツジなどの家畜の毛で編んだゴザ。

写真4-5 主婦の腕の見せ所となるチャン作り。まず，オオムギを茹でる（1989年）

写真4-6 チャン（酒）作り。茹でた後のオオムギにイーストを混ぜる。これを布袋に入れて，暖かい場所に安置して十分に発酵させると，ザマ（もろみ）ができる（1989年）

し草の中に入れることもある。オオムギ粒が4ボ（bo）[2]で，土製の壺1個分の量となり，これからビール瓶20本分の酒がとれる。

---

[2] ボというのは，穀粒を計る計量単位で，木製の円筒カップ型のマス（外径18.3cm，内径15cm，高さ16cm，約3リットル）で測るもので，1ボのオオムギは約2kgとなる。4ボのオオムギに対し，3パップス（phabs）の酵母を使う。1パップスを単位としてバザールで売られている。酵母はチャンを作るときにのみ使う。

寝かしたあと，水を加え，初めて取り出した酒をマチュ(ma chu)と呼ぶが，これはとてもきつい酒である。2回目の水を加えて，取り出した酒はニスパ(gnyis pa「2番目」)と呼ばれ，3回目のものは，スンパ(gsum pa「2番目」)と呼ばれる。3回水を入れて漉してから，これら全部を混ぜあわせたものを，チャンとして給仕する。

多彩なパスタからなるコムギ料理

コムギの場合，混じっている石を取り除くが，水洗いはしないで，水車小屋で，製粉する。コムギの粒を炒ってヨスを作ることもするが，ほとんどは粉に挽かれて利用される。コムギ粉はバクフェ(bag phye)と呼ばれる。コムギ料理には，コムギ粉に水を加えて練った生地であるバクザン(bag zan)を成形してから焼く，いわゆるパン料理と，生地を成形して煮る・蒸すなどによって加工する，いわゆるパスタ料理がある。木地の型の作り方などで細かく呼び名が異なっている。村人は次の17通りのコムギ料理を列挙してくれた。オオムギに比べ，コムギには多彩な料理のレパートリーがあることが分かる。

まず，コムギ粉の生地を焼いた各種のパン料理は，タキ(ta gi)と総称される。しかし，タキは，一般に，タキショモ(ta gi srab mo「パン・薄い」)である次の料理を指すものとして用いられる。パン料理のバリエーションとして，生地を成形してから油で揚げる菓子類を含めることができる。

① タキショモあるいはタキ
いわゆるチャパティ(無発酵の丸く薄く延ばして焼いたもの)である。1枚分のコムギ粉の生地(これをメンゼ(men dze)と呼ぶ)を手にとり，両手でフットボール型にした後，掌をあわせて少しずつ平らに延ばして，ちょうど良い円形の大きさにする。これをフライパン(タオ ta ba/ta o)の上で焼く。

② タルタック(thal bsreg「灰・混ぜる」)
コムギ粉の生地を熾き灰の中に入れて焼く，大型のパン。祝祭のときに作られる。

③ タキトゥクモ(ta gi thug mo)
ターラ(dar ba「バターミルク」)を少し加えた水でコムギ粉を練ったパン生地を1晩寝かせる。翌朝，この硬い生地を大きな固まりに分け，少し平たい円盤状に伸ばす。この両面をフライパンで焼いた後，オーブンに入れて完全に焼き上げたパンである。何か行事などで，誰かの家を訪問しなければならないときには，必ずこれを持っていったものであるという。

④ テンテン(ten ten)
コムギ粉に冷たい水を加え，かき混ぜる。粉には塩，香料(クミンの種)を加

えておく。やわらかい生地に仕上げたあと，フライパンで片面ずつ焼きあげる。

⑤マルクル（mar khur）

コムギ粉に，塩少々，ソーダ少々，ターラと水を加えて生地を作る。生地を小さいサイズのタキ（③）のように作り，油で揚げる。これはローサル（正月）の時には必ず作る，一種の菓子料理であるが，ふだんの生活で作ることもある。

⑥カプツェ（kab tse）

ローサルの時の伝統的な菓子料理である。マルクルと同じ方法で生地を作り，タキのような形に成形した生地に棒で，絵を描いてから，油で揚げる点で異なる。

⑦クラ（khur ba）

ローサルのときに必ず作る伝統的菓子料理である。マルクルと同じ方法で生地を作る。生地は棒状にしてから，2本で撚り合わせたあと，油で揚げる。

パスタ料理といえるものには，次のものがある。

⑧モクモク（mog mog）

いわゆるギョウザである。肉を刻んでミンチ状にし，タマネギや塩，トウガラシ，コショウ，干しショウガ，タマリンド，マサラなどの香辛料を混ぜ合わせる。コムギ粉の生地を小分けにして，肉を包む円形の皮を作り，先に混ぜ合わせた肉をこれで包む。これを茹で，茹でたあとのスープと一緒に食べる。家庭での御馳走である。

⑨スキュー（skyu）

コムギ粉の生地を親指の先ぐらいの小さな椀型に作る。タマネギを油で炒めた後，ジャガイモなどの野菜を炒め，香辛料（干しショウガ，タマリンド，トウガラシ，コショウ，塩，マサラなど）を加えてから，水を加えて煮る。沸騰させた水に椀形に形作った生地を加える。この場合には，水は少な目とする。

⑩チュウタキ（chu'i ta gi）

スキューよりスープ分を多くした料理。

⑪ティムトゥク（grims thug）

コムギ粉の生地を麺状にして，作ったスープ麺である。湯に入れ，野菜，乾燥チーズ，香辛料，肉などと一緒に煮て，スープと一緒に食べる。スキューとほぼ同じ調理法となる。

⑫タキツプセトゥクパ（ta gi gtub ste thug pa）あるいはバク・トゥク（bag thug）

まず，コムギ粉の生地をタキ状の薄い円形にする。これを細かく指でちぎっ

写真4-7 練ったコムギ粉の生地を成形したあと，油で揚げて，マルクルを作る女性（1989年）

写真4-8 スキュー料理を作るために，コムギ粉の生地で形を作る女性（1989年）

て，スープ煮にしたもの。⑪，⑭とともに，これらのコムギ粉の生地を整形し，スープ煮にしたものは，いずれも一般にトゥクパ（thug pa）と呼ばれるものである。

⑬パルツァマルクー（bag tsa mar khu）

コムギ粉で生地を作り，これを太い麺状にする。これを指でちぎり，沸騰した湯に入れて，茹でる。湯は捨てる。これを砂糖，バター，乾燥チーズをつぶしたものと混ぜ合わせ，食べる。チベット暦の1月には，16日間の断

写真 4-9 コムギ粉の生地を器用に伸ばして、トゥクパのための麺を作る女性（1989年）

食行を行う（たいていは2日間）が、この断食の期間には、1日食事を摂ったら、その翌日は断食をするというように1日交替で断食行を続ける。断食行が明けたときにはこの料理を作る。また、肉や卵を好まない人は、この料理を通常にも作る。

⑭バルブル（bal 'brul）あるいはバルトゥク（bal thug）

硬めの生地を細かく切り、スープ煮（thug pa）にしたもの。

⑮シュルトゥク（srul thug）

水に野菜を入れて沸騰させ、コムギ粉をこれに加えて、長い柄のしゃもじ（rtsibs skya ティップスキャ）でかき混ぜたもの。

⑯スキュルチュックス（skyur bcugs）

一般に、冬に作られる料理である。コムギ粉の生地をターラ、ソーダを加えて練ってつくるものである。夜に生地を円形に作っておき、1晩寝かせる。翌日にこれをオーブンで焼く。タキトゥクモと同様の一種のパンであるが、ソーダを加えて、発酵が容易に進むようにさせている点で区別される。

⑰ トヨス（gro yos「コムギ・ヨス」）
　コムギの粒を水で洗い，フライパンで炒ったもの。オオムギのヨスと同じように，アンズの仁，クルミの核などと混ぜて食べる。

アンズの多様な利用

　干しアンズは主要な交易品であり，レーのバザール（市場）でも主要な商品として，必ず店頭に並んでいる。アンズは日常の食事としてばかりではなく，ハレの食事としても欠かせない素材を提供してきた。
　アンズの実は果肉が利用されるだけではなく，核の仁から食用油をとって利用される。ハルマン品種などの甘くておいしい品種の場合，果実をそのまま乾燥させて干しアンズを作り，干しアンズはそのまま供され，食べられる。そのまま乾燥されたハルマン品種の干しアンズは，最高級のもてなし品として，食卓に他の乾燥果実とともに供されるが，この場合，仁も核から出して食べるのが礼儀ともなっていた。ラダック調査の初期には，ラダックの人々がハルマン種の干しアンズを食べた後，器用に核から仁を取り出して食べるのを，驚きながら見入ったことを覚えている。
　その他の品種の場合，核を取り除いて天日干しにされる。そして，核の固い殻を割って仁を取り出し，油を採るのである。干しアンズの方は甘く煮て，お客のもてなし用のデザートとしても調理され，利用されていた。
　アンズは，仁の味によって甘い種類と苦い種類に分けられるが，アンズの「甘い」「苦い」の区別はその後の加工，料理の上でも重要な区別であり，注意深く見分けられていた。実際，アンズの仁から採った油はツィグマル（rtsi gu mar）と呼ばれるが，油を採ったアンズが「甘い」ものか，「苦い」ものかということはとくに注意しなければならないという。というのも，アンズ油の中でもとくにツィグカンテマル（rtsi gu kante mar「アンズ・苦い（ものの）・油」）は，料理に使う前に，必ず沸騰させなければならない。そうしないと，頭痛，めまいがおきたりするからであるという。アンズの仁に含まれる青酸配糖体の作用に注意が払われていた。ただし，甘い種類のアンズの場合には，そういうことが起きず，とくに沸騰させる必要はないという。
　アンズの油は，食用としてばかりではなく，仏間の灯明用のオイルとしても用いられる。また。カラツェ村では，アンズ油は結婚式の「パパ」の料理に，バターの代わりに使われる欠かせないものとなっている。結婚式の時には，アンズ油は匙に入れて，介添え役の人にオオムギ粉で作った「パパ」料理と必ず一緒に出されるのであるという。

料理に欠かせない脇役となる香辛料

　黒コショウ，赤トウガラシ，ターメリック，マサラ，ショウガなどのスパイスは，

店で購入されるものであるが，たいていの家で料理に用いられている。また，カルダモンも，時には，インド式の紅茶に入れるのに使われる。塩は，製塩された粉塩と岩塩が購入されて利用される。食事や茶を作る時には岩塩が用いられ，粉塩は料理の味が薄いときに，味を足すのに使うのみであるという。

　食用油として，アンズ以外の植物油も利用されている。1つは，ニュンスカル（nyungs dkar）と呼ばれるカラシナからとった油である。カラシナは，2ヶ月間で収穫できるといい，オオムギを収穫した後の畑で裏作として栽培されている。ただし，カラシナ油は1年間使う量には足らないので，足りない分は店で買っているという。もう1つは，シュカンマル（rkang mar「クルミ・油」）と呼ばれるクルミの種子からとった油である。この油の場合には，沸騰させるは必要ない。クルミ油は，バターの代わりに客にフェマルと一緒に差し出されるもので，もてなし用に使われる。カラツェ村では，とくにローサルの時には，大匙1杯分のこの油を，パパ（オオムギ料理①），スキュルチュックス（コムギ料理⑯），カプツェ（コムギ料理⑥），肉などの料理と一緒に，パスプン・メンバーに供することになっているという。

　また，野生のタマネギであるスコツェ（sko tse 未同定）は，天日で干して，タマネギ代用として用いられてきた。これを油で炒めてからティム・トゥク（コムギ料理⑪）によく入れるという。ニンニク（スゴクパ sgog pa）は菜園で栽培され，とくに冬季に大変熱い食べ物として利用される。冬には，咳をする老人に，これを少量つぶして，アンズ油に混ぜたものを，コラック（オオムギ料理③）と一緒に与えると良いと言われている。

2. 動物性食品の利用 ―― 乳製品と肉類

　多くの牧畜社会と同様に，ラダックの人々の生活において，家畜は肉を提供するだけではなく，乳製品を提供するものとして大きな意味をもってきた。搾乳からヨーグルト，バター，チーズという乳製品への加工は，毎日欠かすことのできない作業であり，人々の食生活には，乳製品は欠かせないものとなっている。また，秋に屠殺して得られた肉は，寒さの厳しい冬場に欠かせない食料となるのである。ラダックの人々の食生活を彩るもう一方の食材である動物性食品の利用を眺めてみることにする。

ヨーグルトからバター，乾燥チーズへの加工

　では，ラダックにおいて，乳はどのように加工されるのであろうか。牧畜社会における乳加工法には，これまでの研究の中で，いくつかの系列に分かれることが知

写真 4-10 バターを作るために，数日分のヨーグルトを攪拌する男性。桶を大黒柱に固定させて，動かないようにしている（1990 年）

られてきた。たとえば，中尾（1972）は，世界中の乳加工法は大きく酸乳系列群，加熱濃縮系列群，クリーム分離系列群，凝固財使用系列群に区別できることを明らかにしている。また，平田（2002）は，中央アジアとその周辺地域における乳加工体系を加工法の組み合わせにより，5 タイプに類型化している。以下に述べるラダック地方にみられる乳加工法は，中尾の類型でいえば，酸乳系列群，平田の類型でいえば，広くヒマラヤ地域に共通する発酵乳系列群のみの B タイプということになる。

まず，搾乳したミルクは，すこし温め，これに残しておいたターラ（バターミルク）を少量加える。これを，容器に入れて，布に包み，半日から 1 日間放置する。そうすると，ジョォ（zho）と呼ばれるヨーグルトができる。ヨーグルトを土製あるいは木製の壺に入れ，2-3 日分貯めておく。

ヨーグルトの酸乳化がさらに進むことになるが，貯まったところで，次のチャーニング（攪拌）工程に移ることになる。ヨーグルトの貯まった壺を柱，たいていは台所にある大黒柱のそばに運び，壺の下には固定できるように，必ず藁性の敷物（ソッキル srogs skyir）を敷く。この壺に攪拌棒（シュマ sru ma）を入れ，この攪拌棒と柱との

写真 4-11　できあがったバター。女性が手にしているのは，1 回の攪拌でできる，平均的なバターの分量である（1990 年）

間をゆるく紐を渡して固定する。その上で，撹拌棒にジュンブラン（jun 'brang）と呼ばれる紐を5巻ほど廻して，この紐の両端をもって撹拌棒を回す。撹拌棒の下部には8枚の羽（ショックパ srog pa）がついており，これで泡立てをスムースに進めることになっている。半時間ほどチャーニングする（o ma srog byes）と，バター（マル mar）とバターミルクとに分離する。バターが出て来そうなところで，チャーニングをうまくやめる必要があるという。

　次は，チーズを作る工程となる。バターをとりだした後には，バターミルクが残る。これをなべに入れ，火にかけて温めると，原チーズ（ラボ la po）が浮き上がってくる。原チーズを取り出した後の水分，ホエーをチュルク（chu khu）と呼ぶ。このホエーはたいてい家畜に飲ませる。取り出したチーズを，強く手で押さえて水分をさらに絞りだした上で，細長い形に切り分ける。これを天日で乾燥させる。良く乾燥させて出来上がったものがチュルペ（phyur pe/chur phe）と呼ばれる乾燥チーズである。

　チーズには，オスィ（o sri）と呼ばれ，別の方法で作られるものもあるという。カラツェ村の1人の女性はこのチーズを作らないが，作り方は以下の通りであると教えてくれた。まず，ミルクを沸騰させ，これにターラとレモンの汁を加える。これ

写真 4-12 バター茶造りに欠かせないドンモ。この中に、バターと茶を入れ、十分に撹拌させると、バター茶ができあがる（1989年）

を放置し、ヨーグルトのように固まってきたら、これを布の上に置く。その上にさらに、重石を置き、水分が出てしまうようにする。こうして取り出した堅いものがオスィと呼ばれるチーズであるという。

バターは、ゾモ、ウシ、ディモ、ヤギ・ヒツジと家畜の種類に応じて区別されるが、家畜の頭数が多くない家では、所有する家畜のミルクを区別せず、すべて一緒にしてバターを作るという。

ところで、ラダックには、なすがままにという意味を表す、「固まるとヨーグルト、固まらないとバターミルク」ということわざがある。これは、乳製品の加工は、思い通りに行かない難しさがあることをうまく言い当てたものということもできる。ラダックでは、客のもてなしにヨーグルトを出すことがよくあるが、これはその家では乳製品の加工が順調に進んでいることを示すものであり、その家の主婦にとって誇らしさの象徴ともなるのである。

乳製品の利用法

バターはラダックの食文化に欠かせないものとなっている。ラダックの人々は，茶を次のようなこの地方独特の調理法で，バター茶（ジャ/ソルジャ ja/sol ja）にして飲む。つまり，磚茶[3]を塩，石灰を加えた水で煮立てたあと，この半量をドンモ（dong mo）と呼ばれる長い筒状の容器に入れて数回軽く混ぜた後，これにバターを加える。そしてギャロ（rgyal lo）と呼ばれる撹拌棒を使って十分に混ぜ合わせ，これに残りの茶を加え，さらにかき混ぜると，バター茶の出来上がりとなる。また，マルザン，コラック，フェマル，チャスールなど各種のオオムギ料理はバターを加えることによって味が一層際立つこととなっている。

一方，ヨーグルトは，ほとんどをバターへの加工に回すが，一部は毎日の生活の中で，利用される。朝は，前日の搾乳したミルクからヨーグルトがうまく出来上がるタイミングでもあり，ヨーグルトは，朝食時にそのまま，あるいは少し砂糖を加えて，食べられる。また，客が訪れたときに，良いヨーグルトがあれば，フェマルとともに，もてなしとして差し出される。

ラダックの食生活において，チュルペもまた，とても重要な食材である。これは，乳量が多い夏季に，大量に生産され,冬の間の大切な食料となっている。スガントゥク（オオムギ料理⑥），トゥクパ料理（コムギ料理⑪，⑫，⑭）などに加えて，食される。チュルペは，また，砕いてコラックに混ぜ，食されることもある。とくに，長期間の旅には，チュルペはヤクなどの干し肉とともに携行され，道中の貴重なタンパク源となる。生チーズであるオシは細かく切り分け，油で揚げて，食べるという。

肉類の利用

肉類は主に，冬の食料と考えられている。冬の前には，すでに述べたように，それぞれの家で大型家畜あるいは小型家畜を屠り，冬の食料として貯蔵する。秋は寒さも厳しくなる時期であり，たいてい，肉はそのまま凍らせることが多い。家畜を屠った後には，その家畜のためにゴンパに出かけ灯明を供えたものであるという。また，僧侶に，屠られた家畜が来世では人間に生まれ変わることができるように経を唱えてもらうこともある。

屠られた家畜は，肉（シャ sha）だけではなく，内臓もほとんど食べる。肉は，たとえば，ヤギやヒツジの場合，あばら骨（ツイマ rtsibs ma），後肢（カンペ rkang pa），頭部（ゴ mgo），尻尾（ンガマ rnga ma），腰（スピ dpyi）などの部分に区別される。

また，ヒツジの臀部（スグ sug gu）は，とくに，脂肪があり，味が良いといわれ，病人，産婦には，この肉をスープ煮にして与えるという。出産後の2ヶ月間ぐらいは，産

---

3 茶を蒸してから，磚（中国の煉瓦）のように圧搾したもの。

婦には干しエンドウ，干しチーズ，スグ，肉などの入ったトゥクパを与えると良いとされる。このため，たいてい，出産後にはヒツジを 1 頭屠ることになっている。家畜の腸は，オオムギ粉と血を混ぜたものを詰めた腸詰め（ギュマ rgyu ma），脂肪を詰めた腸詰め（ツィルカム tshil kham「脂肪・(不明)」）に加工される。

3. 日常的な食事と特別な料理

　これまで述べてきた食材，料理法はどのように日々の生活の中に登場するのであろうか。どの社会でも同じであるといえるが，ラダックの人々の料理をみても，日常的な家庭の料理，客をもてなすための料理，特別な「ハレ」の料理，儀礼的な意味をもつ料理というように，文脈に応じて選ばれる料理が区別されている。儀式や「ハレ」の食事には，オオムギ料理は欠かせないものとなっている。ただし，日常的な食事には，インド式のご飯とカレーという組み合わせも取り入れられるようになり，オオムギの粉を練っただけのコラックを食べる機会は減っていく傾向がみられるようになっている。

日常食と特別食の区別

　バター茶はラダッキにとって欠くことができない。たとえば，一家の主婦は朝まだ暗いうちに起き，まず，塩を入れたお湯で磚茶を煮立て，バター茶を作ることから彼女の 1 日が始まる。バター茶を飲み，搾乳から乳の処理など朝の一仕事が終わったころ朝食となる。朝食を終えると，畑へと出かけていき，そこでの 2 時間ぐらいの一仕事が終わると，家に戻り，昼食となるのである。夕食は，午後の畑作業から戻り，夕方の搾乳が終わってから準備が始まるのであり，夏の時期であれば，夜の 9 時ごろとなる。このように農作業，家畜の世話の合間をぬって 1 日の食事時間が決められている。

　日常食は，夏と冬とで，少しずつ異なる。夏季の朝食では，コラック（オオムギ料理③）あるいはタキ（コムギ料理①）にバター茶の組合せとなることが一般的で，ときに，ヨーグルトが加えられる。これに対し，寒い冬季には，かまどを暖房を兼ねて使うことも多くなり，朝には，タキの代わりに，発酵させたタキトゥクモ（コムギ料理③）を食べることが多くなる。

　夏の昼食は，作り置きしたタキ，バター茶，ヨーグルト，あるいは，バター茶とコラックで済ますことも多いが，たまには野菜入りのティムトゥク（コムギ料理⑪）が作られる。冬季には，昼食にも，肉や乾燥チーズなどを入れたティムトゥク，チュウタギ（コムギ料理⑩）がよく作られ，時にバター茶とコラックとなる。

一方、夕食をみると、夏には、野菜入りのトゥクパやスキュー、あるいはパパと麺が主体のトゥクパ、野菜やマメ類のカレー煮とご飯が登場するのに対し、冬には、肉や乾燥チーズ入りのトゥクパやカレー煮が食卓に上る。夕食には、ご飯とカレー煮の組み合わせが食卓に上る傾向が次第に強くなっている。

訪問客があると、ミルクティとビスケット、干しアンズなどが出され、バター茶、コラックが供される。客によっては、コラックではなく、良質のバター、砂糖を混ぜたフェマルが勧められる。さらには、バター茶、ヨーグルトが出され、ご飯とマメのカレー、野菜サラダが供されることもある。

客をもてなす場合、あるいは日常的ではあるが特別な状況にあっては、次のように特別な食材が選ばれる。たとえば、エンドウ、コムギ、オオムギを混ぜた粉をシャンフェ (sran phe) と呼ぶが、この混合粉で作ったフェマルはたいてい客のもてなしに使われる。また、トスフェ (gsos phe) と呼ばれる混合粉も、客のもてなし用のファマルとして利用されるが、これは次のように作られるものである。まず、コムギの粒を沸騰する湯に入れ、茹でる。これを天日で十分干す。これに、干しリンゴの砕いたものをまぜ、水車小屋で粉に挽いたものが、トスフェである。

一方、病人や老人にも、特別な食材が選ばれた。一般には、ツァップス (rtsabs) と呼ばれるものが病人に与えられる。これは、咳を和らげてくれる、滋養があるといわれる粉である。まず、コムギを洗い、これを籠に入れ、籠を湿った布で覆い、芽がでるまで放置する。芽がでた後、籠から取り出し、発芽部分をこすって取り去る。ただし、芽はムギ粒と一緒に残しておき、天日で干してから、水車小屋で粉に挽いたものである。

普通のコムギ粉 1kg に対し、50g のツァップスを混ぜ、これでタキ（コムギ料理①）を作る。こうして作ったタキは柔らかく、甘さがあり、老人に良いという。ただし、ツァップスの量をもっと増やすと、混ぜ合わせた生地は柔らかくなりすぎ、タキを作ることはできないのだという。

このように、粉の調合を工夫することで、料理が特別に意味づけされ、区別されている。製粉までの手の掛け方、労力の掛け方に「もてなし」の心、「いたわり」の心が反映されている。

儀礼的意味をもつ食事

穢れを祓うという儀礼的な意味をもつ食事として、マルザンを挙げることができる。1989 年 8 月 31 日のフィールドノートをみると、アマ・ザングモが朝からこれを次のように調理していたことが記される。まず、水の中に塩を入れて煮立たせる（3リットルの水に塩を半握りほど加えた）。煮立ったところにオオムギの粉を少し加える。これがぶくぶく煮立った頃、オオムギの粉を少しずつ加えながら、シャモジでこね

写真 4-13　オオムギの炒り粉で作られる，お供えのツォクス（中央の平皿に載っているもの）。各種の儀礼で欠かせない（1983 年）

ていく。まだ，柔らかい状態で，オオムギの粉を加えるのを止める。そのあと，十分粉が混ざるように，火にかけたままさらにこねる。鉢の周囲に，ゾモのバターの溶かしたものをザンがくっつかないように塗り，ザンをこれに入れ，形を整える。鉢に入れたザンの中心にくぼみをつけ，ここに溶かしたバターをいれるとマルザンのできあがりとなる。出来上がるとすぐに，アマ・ザングモは，マルザンとタキを持ってかまどの浄化儀礼がおこなわれる産婦の家を訪問したのであった。

　マルザンは，4節で後述するように，出産後に食べる料理と考えられているが，出産後の「かまどの浄化儀礼」（タップ・サンス thab bsangs「かまど・清める」）が行なわれるにあたって，初めて産婦を訪問するときに持参する食べ物ともなっている。上記の例は，かまどの浄化儀礼の際に，産婦を訪問した実例である。このとき，訪問先の家では，アマ・ザングモが持参したマルザンを家の主人は，少しとってかまどに投げ入れ，さらに1枚のタキのうえにマルザンを少しのせ，かまどの上に捧げた。そのあと，産婦はタキとマルザンを食べ，彼女の家の人々もこれを食べたのであった。これに対し，産婦の家は，アマ・ザングモに対して返礼として，バター茶とアラック（チャンの蒸留酒）でもてなしたのである。

　マルザンは，また，葬儀において死者の体を担ぐ人に，死者を出した家のパスフン・メンバーにより与えられることになっている。この人はその後，13日間出歩くことができないとされるが，マルザンはその人を強くするために与えられるのであるという。

　マルザンは当人の体を強くするという語りがみられるが，これらの事例は，その背後に，出産の穢れ，死者の穢れなど，穢れを祓う力をもつ特別な儀礼食となって

いることを示しているということができる。オオムギ料理がラダッキの文化の根本に位置する重要な食として，象徴的な意味を担っていることが分かる。

一方，オオムギ粉では，儀礼の際にツォクスと呼ばれる，円錐形の仏へのお供えが作られ，ヨス（炒ったオオムギの粒）も一緒に供えられる。儀礼終了後には，これらはお下がりとして参加者に配られ，福を象徴する食物となっている。たいてい，ツォクスはアンズ油，砂糖，黒砂糖をオオムギ粉に混ぜ合わせて作られるが，チベット暦の15日の祈祷儀礼で供えるものとなっている。この日，祈祷を行う家は，ヨス，アンズの仁，クルミ，角砂糖を混ぜたものを，ツォクスと一緒に，ツォクス・ザス (tshogs bzas「ツォクス・食べる」) といって，他の村人に与えることが慣例であるという。

さらに，ヨスは，誰かに贈り物をするとき，アンズの仁，クルミと一緒にして与えられることもある。ヨスは一種の「恵みを分け与える」といった意味を象徴的に担う食ともなっている。

4. 伝統的慣習と特別料理 —— 事例から

ラダックの伝統的慣習において，出産は葬儀と同じように，「穢れ」(ディプ grib) の観念と強く結びつき，産婦には厳しい食をめぐる規制がかけられている。結婚もまた，第2章で述べたように，ヤンクー（吉兆を集める）儀礼，ギャクタック（悪霊祓い）儀礼，パスプンへの許しの儀礼などが必須とされるが，結婚式はラダックにおいて最も晴れがましい機会として盛大な祝宴が開かれるものとなっている。ここでは，出産と結婚という，ラダックにおける対照的な通過儀礼を例として，ラダックにおける「食」の位置づけを考えてみることにしたい。

出産をめぐる慣習と産婦に課せられる食事

出産をめぐる食慣習は，1980年代はまだ強く維持されていた。1989年に聞き込むことの出来た産後の慣習と産婦の食生活の一端を紹介してみよう。

まず，出産後の15日間は，産婦の家から食事を摂ったりできない家族があるという。子供を出産した家を訪問することのできるのが何日目かは，その家のラー，つまり，パスラーによって決まっているのだという。パスラーによっては，子供を出産した家を訪問することに制限を設けていないこともあるという。

また，子供の出産後には，産婦はナベ，スプーン，その他の道具を自分専用のものを使い，他の家族のものは，これらの道具に触れることができないという。子供を出産したとき，夫は産室に入ってこないことが多い。出産はある種のディプであり，産室はツィトゥ (tshi du「不浄」) であると考えられている。このため，父親が子

供を出産した部屋に入ると，彼自身も汚れると考えられ，夫は出産した妻に近づいてはいけないとされる．夫は仕事で他の村や，他の家に出かけなければならず，妻に近づくと，他の村や家に自由に出かけられなくなるからである．このため，たいてい夫は出産した妻と別れて暮らす．出産する部屋は，夏であれば，窓があり空気がきれいな部屋であり，冬であれば，狭くて暖かい部屋が選ばれる．

15日間の別離の間，夫の母は出産した嫁の食事を作ってくれ，生みの母親も1日に1回は食事を作って持ってきてくれるものだという．このときの食べ物は，マルザンであるが，肉の入ったトゥクパも一般によく食べる．肉は必ず去勢したヒツジの肉となる．

赤子はヒツジの首の所から採った特別のウールで作っ籠に入れられ，仔ヒツジの毛皮で覆われる．母親と赤子は出歩くことを許されず，15日間はベッドに横になって暮らす．赤子の目は決して外の空気に触れさせてはならないとされ，産室の外に連れだしてもいけないとされる．

赤子は，生まれるとすぐ産湯に浸かり，コムギ粉の生地で体を拭くのだという．カラツェでは，このときの生地はアンズ油を混ぜて作るものだという．この生地で，赤子の体，指の間，顔と，きれいに拭いてやるのである．赤子の籠には，野生ヒツジ (ri dags) の糞を砕いて作った粉（ビルbil）を底に敷く．赤ん坊の用便で汚れ，湿ったときには，この粉を取り替えるのである．このビルは必ず，火の中で温めた石をこの粉の中に入れて温めてから，赤ん坊を籠の中に戻すというように，赤子には細心の注意が払われる．また，赤子の帽子は，仔ヒツジの毛皮で作ることになっている．ヒツジは赤子の守り神の役を象徴的に担うのである．

赤子は，全身を布で覆われ，訪問客の目に触れないようにされる．写真を撮ることさえ，邪視，ゴンスキャル（第6章で詳述する生霊を表わす）等の災いから守るため忌避されている．こうして，15日間見守られ，15日目に（30日目になることもある）儀礼が行われる．この儀礼がタップサンスと呼ばれるもので，かまどのラーの浄化儀礼である．この儀礼が終わると初めて，産婦はかまどに近づくことができることになっている．つまり，料理を開始することができるのである．家族の人数が少ないような場合には，15日後には家の仕事を開始することもある．15日過ぎれば，母親は赤子とともに，再び他の家族構成員と一緒の生活に戻ることができることになっていた．

ただし，15日目に台所に出てきて，親類や村人の祝福を受けたが，彼らに「なぜ，出てきたのか．30日後に出てくるべきだった」といわれることもあったというように，15日後は半分浄化された状態であり，30日後に完全に浄化されるのであると考えられている．出産後の1ヶ月間は，お寺や，村のラーのラトー（たとえば，カラツェ村ではダクナク・チョモが村のラーである）に出かけることはできないとされ，30日後に

なって初めて、産婦は完全に浄化され、日常生活に戻ることができるのである。
　赤子に何かおきると、まず僧侶を呼び、その原因を占ってもらい、彼の占いに従って、何らかの儀式を執り行うことが一般的となっている。たとえば、ある女性は、3番目の息子を出産したとき、彼は1年間病気の状態であったという。アムチは、カプ・ツァッド (gap tshad「隠れた・熱」)[4] という病いであると診断し、息子と同じ年令の野生ヒツジの肉を与えるように勧めた。また、ゾモのヨーグルトをタキショモ (チャパティ) と一緒に与えるようにと言い、これらの食べ物を息子に与えると、息子は元気になったと語っていた。
　このとき、この母親は、別のアムチにも診断してもらっており、彼はルン (rlung「体液風」) の病いであると診断し、息子に半熟卵を与えるようにと勧めたと語っていた。半熟卵を息子に与えたとき、1人の尼さんがそれを子供に与えてはいけないといい、彼の病気はルンの病いではなく、ティスパ (mkhris pa「胆汁」) の病いであるとさえ言ったのであった。このアムチは、また、僧侶に儀式を執り行って貰うようにと忠告したので、僧侶を頼み、ストルマを作ってもらい、『子供の悪霊ための儀式』の経典を読み、さらにさいころの占いを行ってもらったという。
　以上の話から、オオムギの料理マルザン、ヒツジの肉入りトゥクパが産後の特別な料理とみなされていること、赤子はヒツジによって象徴的に見守られることになっていることが分かる。また、アンズ油を混ぜたコムギの練り粉が生まれたての赤子の体を拭くのに用いられていたように、アンズ油に特別な役割を読みとることができる。さらに、ここには、第2部で詳しく述べるが、ラダックの人々が病いに対して、何人もの人に相談し、いろいろな手段を講じている様子が見て取れる。人々は、あらゆる可能性を考え、対処する様子が読み取れる。しかも、病いに対し、何らかの食事の指示がなされており、第5節で述べるように、健康維持と食物とが密接に結びつくと考えられていることを窺うことができる。

結婚式にみる伝統料理
　前述のように、ラダックの結婚式は、伝統的にはいわば農閑期にあたる冬期間に行われていたが、近年では、それ以外の季節に行われることも一般的となっている。結婚式は、まず、花婿側の使者が花嫁の家に出迎えに行き、次いで、花嫁は使者の一行とともに花婿の家に向かうという形式で行われる。花婿の使者は夜遅く迎えに来ることになっており、花嫁の親族にさんざん「取りなされた」後、深夜あるいは翌日の明け方に、花嫁を花婿の家に連れて行くのである。このため、結婚式の祝宴

---

[4] インフォマントとなったアムチは、この病いについて、「これはは何かが熱を隠しているような病いであり、「熱さ」は体の内部にあり、表面は「冷たい」症状を示す」と説明してくれた。Jäschke (1998 [1881]: 67) は、「消耗性で、肺病性の熱の病い」という訳を与えている。

写真 4-14 祝い事に欠かせないチャン。結婚式における，男性の招待客へのチャンのもてなし（1984 年）

は，花嫁の家では花嫁側の親族を招待して開かれ，花婿の家では，花婿側の親族を招待して行われるというように，花嫁側と花婿側とで別個に行われてきた。

1983 年の調査時には，花嫁が花婿の家に向かった後，花婿側では数日間親族，隣人たちを招待した祝宴が行われていた。その後，次第に，祝宴は簡略化されてきたというが，1990 年当時にも，花嫁側，花婿側でそれぞれ祝宴が開かれていた。結婚式の祝宴は，どの社会でも同じといえるが，ラダックにおける典型的なもてなしの場である。1990 年 8 月 23 日にシェー村で行われた花嫁側の祝宴の事例から，ラダックの「ハレ」のもてなしの食事のあり方を紹介してみることにする。

招待客には，女性と男性それぞれ別の部屋が用意される。身分，年齢などによって座る席が暗黙の中に決められており，年長者，身分の高いものが入り口から遠い正面に設けられた上席に座る。招待客が集まり始めるとともに，結婚式のために雇われた楽師ベダの音楽が奏でられる。

初めはお茶の時間であり，客には，まずミルク・ティと菓子が出され，次いで伝統的バター茶が出された。ただし，男性客に対してはチャンが出される。テーブルにはリンゴを盛った鉢が置かれ，干しアンズ，カシューナッツ，干しブドウ，クルミを詰めた袋が配られる。生のアンズも出され，次の料理が出されるまでの間，客たちはバター茶を給仕されながら，話を弾ませていた。ラダックのバター茶の給仕マナーは，カップを常に満杯の状態に置くという点にあり，給仕役の女性は常に客のカップに目を配り，茶が減っていれば給仕するというものである。

お茶の時間が終わると，肉入りのトゥクパが出された。これが終わると，ナン（発酵させて焼いた薄いインド式の平焼きパン）と付け合わせのソース代わりの煮物が出され，

次が最後の主菜となっていた。主菜は飯, ミートボール煮, 煮肉, 煮野菜, およびトマト, キウリ, タマネギのサラダであった。主菜の後は, デザートとして, ラダック式プディングが出された。

祝宴は午後 8 時頃から始まったのであるが, 音楽が奏でられ, 料理と料理との間には, 招待客が踊りを踊るなど祝いの余興が加わりながら, 祝宴が続いた。ナンが出されたころ, 花婿側の使者が到着していた。花婿側が到着すると, 花嫁側, 花婿側が交替で掛け合いながら踊りが踊られた。一方, 仏間では, 僧侶が読経を続けていた。主菜が出されたのは翌日の午前 3 時頃であった。この時間になってやっと, 花嫁は花嫁衣装を付けるために別室に向かったのである。花嫁は花嫁衣装を身につけ始めるとともに, 涙を浮かべ, 悲しそうな表情となる。

主菜を食べ終わった花婿の使者は, 花嫁を迎えに別室に出向き, 花嫁の親族側との花嫁を渡すまいとする問答を続けた後, すすり泣き続ける花嫁を部屋から連れだす。花嫁は, 泣きながら使者とともに, 仏間での別れの儀礼, かまどのある台所, 女性親族の控える部屋をまわり, 親族から祝福を受けた後, 花婿の家へと旅立つ。花嫁が生家を発ったのは, 翌朝の 4 時半であり, 結婚式は一晩中かけて行われていたのである。花婿側では, その日の午後 8 時頃から祝宴が開かれたという。

結婚式のもてなしの料理では, お茶の時間に, ヨーグルトが出されることもある。肉は欠かせないものになっており, しかも, 結婚式のために家畜を屠ったことを意味する, 塊肉の煮物を出すことが重要となっている。米がラダックに流通するようになってからは, 米がナンやチャパティに代わって主菜に合わせるパンの位置を占めるようになっている。1983 年に参与観察することのできた, バルティスタンのスカルドで行われた結婚式では, ラダックと同じオオムギ料理マルザンが欠かせない料理として登場していた。スカルドの例は, カラツェの結婚式におけるパパの料理の例とともに, オオムギ料理が, 儀礼の場における料理として, かつて, 広く西チベット地方において結婚式に欠かせない料理であったことを暗示させる。しかし, ここで取り上げた事例が示すように, ラダックにおいて, 祝宴の料理にはもはやオオムギは素材として登場しなくなっているという, ラダッキの食生活の変化をみることができる。

5. ラダックにおける食物観

「熱い」と「冷たい」

ラダックの人々の食事をみると, 冬にはかまどを使った煮る料理の頻度が, 夏より増える傾向にあるといえるが, オオムギ, コムギの料理法という点では基本的な

違いはないということもできる。しかし，夏と冬とで食材という点では明確に異なるものが利用されていた。夏には，野菜類が主食を補う副菜として利用されるのに対し，冬の食事には，肉類，乾燥チーズが野菜に代わってよく登場する。冬季には，ジャガイモ，ニンジンなどの保存可能な一部の野菜を除き，野菜類の利用がもともと難しかったのに対し，自然に凍った肉類，乾燥チーズは冬季間の保存が可能な食材であったといえよう。また，寒さの厳しいラダックの冬には，肉を摂取することが寒さを防ぐうえでとても大切であるといえる。

　第7章で述べるように，ラダックにおいて，病気治療を担うアムチ (am chi) の医学においては，身体の健康な状態は，身体を構成する要素である体液が平衡状態であるときとされる。そして，病いは体液の不均衡な状態によって生ずるのであり，その治療は，異種療法的に，増加したものを減少させることを基本としている。このような考え方は，食べ物の熱い・冷たいという分類とその利用法にも反映されており，暑い夏にはスィルモな (bsil mo「冷たい」) 食べ物をとり，寒い冬にはツァンテな (tshan te「熱い」) 食べ物をとるのが良いとされるのである。

　スィルモとツァンテの区別には，人によって一致しないこともあったが，以下の食材についてはほぼ区別が一致していた。たとえば，コショウ，ショウガ，ヤクやヒツジの肉および乳・バター，オオムギの炒り粉，チャン，黒砂糖，干しアンズなどは，「熱い」とされるのに対して，ヤギやウシの肉および乳・バター，ゾモの乳・バター，コムギ粉，米，トウガラシ，クミン，白砂糖，アンズの実などは「冷たい」と考えられていた。

　また，村人は，食べ物の「熱い」「冷たい」について，次のように語っていた。「熱い食べ物は一般に冬の食べ物であるのに対し，冷たい食べ物は夏の食べ物である。冬に冷たい食べ物をたくさん摂ると，風邪やめまいをおこしやすく，なかなか眠れなくなる」。また，「冬には，冷たい食べ物を摂らないように気をつけている。風邪を引きやすいからである。しかし，夏には食事のことをあまり気のかけていない。自分の健康には，パパとトゥクパが一番良い」と語る人もいる。パパ，トゥクパはラダッキの最も一般的料理であることを伺うことができるとともに，日常的食事において，とくに，冬には摂取の仕方に注意を払っていることが分かる。

　一方，「熱い」「冷たい」の区別は特に，子供の食べ物について気をつけなければいけないと語る女性もいた。夏に熱い食べ物をたくさん摂ると，子供はたくさん食べられなくなったり，吐いたりする。また，子供にカラシナ油を使ったエンドウのカレー料理を食べさせるのは良くなく，温めたミルクではなくヨーグルトを与えた方が良いという。卵や温めたミルクは，エンドウのカレー料理とともにツァンテな食べ物であり，ティスパの病いを引き起こすのであり，夏には，特に子供の場合には，避けるべきものであると話していた。

さらに，村人は，「子供にチュルク（ホエー）を与えると，パトカン（bad kan「粘液」）の病いにかかるが，子供にはティスパの病いが発症することはない。ティスパの病いは，大人のみが罹る病いである」と語る。大人にはティスパの病い，子供にはパトカンの病いという認識が人々の間に一般に存在することがうかがわれる。第7章で詳述するように，アムチの医学においてティスパの病いは，「熱い」病いであるのに対し，パトカンの病いは「冷たい」病いと考えられているのであり，アムチの医学に則った健康意識が食べ物のツァンテとスィルモの区別と摂取法の背景にあることが分かる。
　このような食べ物の性質をうまく言い当てたことわざがラダックにある。たとえば，「秋にはターラをイヌに与えるな」といわれる。秋にはイヌにさえ，ターラを与えるなという意味で，これは，秋にターラを摂るのは健康に良くないということを言い当てたものである。実際，村の女性は，ターラを，ヨーグルトともにスィルモな食べ物と考えており，冬にはこれらを子どもに与えないと語っていたのである。
　このような考え方を背景にして，ラダックの人々は，とくに冬には欠かせないツァンテな料理として，トゥクパのなかのチャントゥク（chan thug）をあげる。コムギ粉，エンドウの粉を混ぜたものは，とくにチャン（chan）と呼ばれるが，この粉で生地を作ってトゥクパ料理にしたものである。チャンは，まず，石製の臼でエンドウを搗いて皮をはがして粉にしてコムギ粉に混ぜる。次いで，アンズの仁を石臼で搗いて粉状にし，これをチャンに混ぜる。こうして作った生地を，適当な大きさにし，沸騰したお湯の中で，甘い味がでるまで茹でてから，食べるものである。冬の料理としては，さらに肉が加えられるのである。
　マルザンもまたツァンテな料理であり，冬に欠かせないだけでなく，体の弱い人に良い料理であるという。ソバ粉料理のタプは熱い食べ物とされ，一般に冬に作られ，アンズの仁やクルミと一緒に食べられる。

「穢れた」と「清らか」

　ところで，コショウは，大変「熱い」が，消化には良いものとされ，ショウガもまた「熱い」食べ物とされる。ニンニクも「熱い」食べ物であり，これらは冬に摂ると良いと考えられている。しかし，同じように「熱い」とされるこれら3種の香辛料の中で，ニンニクは，ラダックでは伝統的には利用してこなかったといわれる。ニンニクは，性欲を刺激するもので，「穢れた」食べ物と考えられてきたのであり，とくに僧侶には良くない食べ物とみなされてきたという。ラダックにおいて，食物を「穢れた」（ディプチャン grib can），あるいは「不浄な」と捉える観念があることが分かる。
　実際，ラダックには，「ニンニクをたくさん食べても少ししか食べなくても，ニ

ニンニクの臭いは沁み渡る」ということわざがある。このことわざは，ニンニクが罪のメタファーとなっており，「悪いことはどんな小さなことでもすぐ知られてしまうものなので，どんな小さな悪いこともしてはいけない」という意味をもつ。ここでは，ニンニクに対する悪いイメージが喚起されることになっている。「熱い」という分類は，ニンニクの例が示すように，性的行動の隠喩ともなる。そして，このように性と結びつく食材には，「悪い」「穢れた」とみなす食物観を伺うことができる。村人のなかには，鶏肉と魚について，これはとても「熱い」食べ物であり，若い男女にはよくないと，性的な意味をほのめかしながら語るものもいた。

　反対に，「清らか」(gtsang ma ツァンマ），「浄化する」(grib sel byes ディプ・セルチェス）という象徴的な意味をもつものがある。既述したオオムギ料理のマルザンには，「浄化」あるいは「清浄さ」の意味が込められているといえよう。

　また，バターは，単に食料源であるばかりではなく，僧院の灯明の油ともなっている。また，第2章で述べた婚約の取り決めの際に持参するチャンの壺の口には，必ず一片のバターが付けられ，チャンの「清らかさ」「浄化」が表わされる。第3章で述べた脱穀・風選の終了後に飲むチャンの壺口にもバターが付けられる。さらに，第2章で述べたように，パスプンのラトーを取り替えるときには，ラトーに納める矢にもバターが必ずつけられた。バターをつけることは吉事あるいは清浄さの象徴となっていた。

　上記のバターに対する象徴的，儀礼的プラスの評価は，ラダックの格言なかにも反映されている。たとえば，「バターの代わりに水を注ぐ人」ということわざは，バターが良いこと，水は悪いことのメタファーとなり，「良いことの代わりに悪いことをする」という意味となる。また，「バターの中に髪の毛，髪の毛の中にバター」という格言の中では，バターは，悪いものメタファーとなる髪の毛に対し，良いもののメタファーとなっている。これは，良いものの中に悪いものが混じるという意味となり，長い間，何の間違いもなく仕事をしている人が，初めて何か間違いを1つすることを言い当てた表現となる。さらには，「水の代わりに溶けたバター」ということわざのように，「贈物のお返しに送られたものよりも高価なものを返す」あるいは「良い役人が悪い役人の後に赴任すること」を表現するものとなるのである。

　以上，ここで取り上げた例は，ラダックにおいては，食物には健康観と結びついた意味づけがなされるばかりでなく，宗教的，象徴的意味づけがなされていることを示す。このうちの「熱い」「冷たい」という意味づけは，もちろん食材の成分がもたらす民族薬物学的認識が基盤となっているということができる。と同時に，ここには，乳製品が沢山生産される夏には，乳製品の利用が良いとされ，肉類が貯蔵さ

れる冬には，肉類の利用が良いとされるという．食慣習とラダッキの生態との連繋を読みとることが出来る．

　一方，「穢れた」「清らか」という象徴的，宗教的対比の中で，正の「清らか」な価値づけをされる食べ物は，伝統的オオムギ料理であり，乳製品の中でも重要なバターであった．オオムギとバターは，ラダックにおける農耕と牧畜のシンボルとなるものである．ラダック食文化はオオムギ栽培と家畜飼育という2つの生計を基盤とするという特質がこれらの食材の象徴的意味づけによって表出されたものとなっている．

　最後に，ラダッキの伝統的食文化は，次のような特徴があるとまとめることができよう．厳しい自然環境のもと，農耕・牧畜により生計を維持してきたラダックの人々は，長い歴史的過程の中で安全で，健康な「食文化」を作り上げてきた．しかも，彼らは単調な味となりがちな粉類を，いくつかの種類を混合することによって味の変化をつけ，「もてなし」用とするなど，食卓にバラエティを生み出し，伝統的食文化を作り上げてきたのである．

　さらに，ラダックの人々における「熱い」/「冷たい」あるいは「穢れた」/「清らか」という対照化を伴う食物観は，アムチの医学の病気観を背景とした健康維持の戦略，あるいは社会内の秩序を維持するため宗教的戦略であると同時に，農耕・牧畜という生業のサイクルと寒さの厳しい冬の生活を乗り越える1つの戦略であるということができる．ここには，「食」をとおした宗教と生態との連繋が垣間見られるのである．

第 5 章

インド独立後の現代化と
政治的・宗教的・文化的葛藤

　インド・パキスタンの分離独立によって，インドが国民国家としての道を歩み出すとともに，ラダック地方においても，土地制度改革，学校教育の導入，インフラの整備など，地域開発が進められ，人々の暮らしは現代化への道を歩みだした。道路の整備とともに，1974年にはラダック地方の外国人観光客への限定的開放がなされ，その後，消費文化の流入，観光客の急増と観光地化が進展し，伝統的な農耕・牧畜生活はさまざまな意味で影響を受けてきた。1983年から1990年にかけて数回にわたり実施した現地調査当時には，外国人のトレッキングを主体とした観光客が訪れており，目に余る観光客の行動をラダッキからうわさ話としては聞いたりしていたものの，観光客の影響はまだまだ目立ってはいなかった。しかし，2003年に訪れたラダックは，大きな変貌を遂げており，ラダッキの生活はグローバル経済の真っ直中に投げ出されているように感じられるほどであった。

　この土地に暮らすラダッキは，チベット仏教を信奉する人々として関心を集め，観光地化が進んできた経緯がある。しかし，第1章で述べたように，ラダック管区レー支区には，仏教徒を多数派としながら，シーア・ムスリム，スンニ・ムスリム，モラビア教会派キリスト教徒が住む一方，カルギル支区のカルギル地方にはムスリムが多数派をなし，ザンスカル地方には仏教徒が多数派をなす。ラダックは，人々のなかに仏教徒，ムスリム，キリスト教徒がいるように，宗教的多様性の世界でもあり，これらの宗教は共存してきた歴史をもつ。しかし，ラダックは，インド・パキスタンの分離独立以降，ジャム・カシミール州政府によるムスリム偏重政策が危惧され，仏教徒ラダッキはラダックの連邦直轄領の地位 (Union Territory Status) やラダックに対する指定部族の地位 (Scheduled Tribe Status) を要求する激しい政治運動を

写真 5-1 レーの町の移り変わり (1)。バザールから見上げると，レーの城を望むことができる (1983 年)

写真 5-2 レーの町の移り変わり (2)。1983 年当時とあまり変わらないバザールの光景 (1989 年)

写真 5-3 レーの町の移り変わり (3)。3 階建ての建物も増え，レーの城が隠れるようになったバザールの光景。車の利用が増加している (2003 年)

しばしば起こしてきた一面をもつ。

　ここでは，現代のラダックにおける宗教的対立，1970 年代中頃からの外国人への開放と観光化，地域開発という現代化の過程，その背後に展開した政治運動，NGO 活動などを取り上げ，グローバル化の中でのラダック地方が抱える問題点を考えてみることにしたい。

1. インド独立後の社会制度改革

身分制の廃止・土地制度改革

　インド独立後の民主化により，王，貴族，平民といった身分制度は廃止されたが，ガラ，モン，ベダといったカーストへの差別は残っていた。また，ジャム・カシミール州においても，土地制度改革が行われたことが知られている。1950 年には，大土地所有禁止令が公布され，1953 年，1978 年にさらに制限が加えられたという (Erdmann 1983: 159)。

　実際，ラダッキのインフォーマントは，独立後，貴族の所有していた土地は，最大 182 耕地の所有が認められるだけとなったと語っていた。さらに，続けて，「いわゆる小作人 (シャスパ shas pa) 制度は廃止され，小作人は 10 年間畑を耕作し続けれ

ば，その土地を自分の土地であると宣言することが出来るようになったのである。ただし，僧院所有の土地については，小作人の廃止は適用されず，永代借地となっていた。耕地への作物の植え付けは政府への登録が義務づけられ，5年間畑地の耕作を続けなければ，耕地の所有権がなくなった」と語る。

　土地制度改革について，「ジャム・カシミール州の法律として，1972年までにずっと継続して土地を耕してきた小作人は，その土地を自分のものにできるというのができた。これは，カシミールのムスリムが大部分小作人で，土地をもたなかったのに対する優遇措置として誕生した法律である」と解釈する人もいた。いずれにしても，僧院の土地は温存されたのに対し，貴族たちの土地をめぐり不在地主の解消が図られたのである。たとえば，カラツェ村のかつて貴族であったダクショスパの当主は，カラツェ村以外にかつて所有していた土地は今ではすべて失ったと語っていた。

一妻多夫婚の禁止

　インド独立後の社会制度改革の中で，もう1つの重要な点は，第2章で取り上げたラダッキの伝統的社会システムの改革であり，一妻多夫婚の禁止と，それに伴う長子相続制度の廃止が法的に整備されたのである。ラダック地方における一妻多夫婚の禁止は，すでに独立以前のジャム・カシミール藩王国期に始められ，1939年にジャム・カシミール憲法が制定され[1]，1941年に「一妻多夫婚禁止条例1941」(The Polyandrous Marriage Prohibition Act 1941) が公布されたのである (Mann 1978: 27; Erdmann 1983: 158)。しかし，インド政府が1954年10月9日に，重婚の禁止が明記されている「特別結婚条例1954」(The Special Marriage Act 1954) を成立させ，この法律が1955年1月1日から施行されていることは[2]，ラダックにおいて一妻多夫婚の不法性をますます浸透させていくことにもなったといえる。

行政・教育システムの整備

　インドの独立によって，ジャム・カシミール州という行政システムに組み込まれたのであるが，これにより，ラダック地方 (Ladakh District ラダック管区) の行政機関の長として，州政府の任命による副行政長官 (Deputy Commissioner) が置かれるようになったのである。1983-1984年当時，副行政長官に全権が委ねられ，そのもとに公共土木局，家畜管理局などの部局が置かれ，ラダック地方の行政が担われていた。また，21歳以上の男女に選挙権が与えられ，ラダック管区からは，レ支区，カルギル支区からそれぞれ1人が，ジャム・カシミール州議会議員として選挙で選出されるとともに，インド政府の国会議員として両支区あわせて1名が選出されてい

1　http://www.kashmir-information.com/LegalDocs/65.html 2008/07/13
2　http://www.sudhirlaw.com/SMA54.htm 2008/07/13

た。

　一方，インドの独立後，ゴバ(村長)と村役がジャム・カシミール州政府によって任命される役職となっている。1983年当時，サブー村では，政府の村役は伝統的な村役とは別個に2名任命されていた。しかし，村の慣習的世話役として，伝統的村役が2名，青年村役が4名任命されていた。彼らは，村の中で何かもめごとが起きた時には，集まって，話し合ったり，結婚式の際には，村人接待のために，机，鍋など様々な道具を手配し，村人の葬儀の際には，火葬のための薪を調達したり，さらには，チベット暦1月15日の法要など，寺で行われる村全体の宗教行事の際にはその準備を担うことになっていた。

　また，それまで教育は主に僧院で担われてきたのに対し，独立後には学校教育の普及が図られていった。1983年当時，レー近郊のサブー村には，1-5年生までの小学校が2校，1-8年生までの中学校が1校開校されていた。また，子供たちに工芸などを1-3年間教える社会センターも設立されていた。当時，ラダック管区全体では，高等第2学校(High Secondary School)が1校，9-10年生までの高校が15校，中学校が34校，小学校が146校開校されていたが，他にミッションスクールなどが18校開校されていた。

村内の紛争解決とラダック仏教徒協会

　裁判員制度もしだいに整えられ，村内で解決できないときには，法廷に訴えるということが可能となっている。しかし，実際には，まずは，村が所属する僧院のリンポチェに訴えて，仲介してもらうことが多く，さらには，レーにあるラダック仏教徒協会が紛争に介入することも起きるようになっている。たとえば，カラツェ村で1989-1990年にかけて起きた，村を揺るがす大きな紛争は，村と僧院，さらには村とラダック仏教徒協会という新たな関係の成立を物語る事例となっている。少し詳しく，この事例の進行を見てみよう。

　この紛争は，もともと，アチョーノ(兄-弟)の関係にある，当時村長(ゴバ)であったR家とM家の2つの家の間でのオオムギの貸し借りに端を発するものである。オオムギを借りたR家は，その後，別の不快な事情も生じたことも加わり，M家に借りを返さないままとなっていた。こうして，R家の爺さんが亡くなった時，カラツェの寺の僧侶でもあるMが葬儀を行うことを拒否したことから，問題がこじれていったのである。R家はラマユル・ゴンパの僧院長のトクダン・リンポチェに訴え出たため，最後には，リンポチェがラマユル・ゴンパの僧侶2人をR家に派遣し，R家の爺さんの葬式を実施することができた。しかし，R家はその後，カラツェの僧侶が，妻帯，酒を飲む，たばこを吸うなど，僧侶の道に反していることを，ラダック仏教徒協会に訴えたため，問題はさらに大きくなったのである。

仏教徒協会はこの訴えが正しいことを調べたうえで，リンポチェらを含めて最終的な判断がなされるまで，カラツェ村の僧侶による儀礼の実施を禁止するという決定を伝えてきたのであった。しかし，この時期はちょうどカラツェ村の人々が秋の儀礼を実施する大切な時期でもあり，彼らは仏教徒協会の決定を無視して，村の僧侶による儀礼を実施したのである。カラツェ村の内部では，穏健派である長老たちと，急進的な意見を出す若者世代との意見の対立が表面化し，若者たちに押し切られる形で，カラツェ村はラダック仏教徒協会の勧告を無視し，対立する戦略をとったのであった。

　仏教徒協会との対立の中で，カラツェ村の僧侶はトクダン・リンポチェを侮辱する発言さえも行ったため，リンポチェの逆鱗に触れ，「あくまで仏教徒協会の命令に従わないのであれば，ラダック中の人々をカラツェに送り，カラツェの人々を村から追い出させてしまう」とリンポチェに宣言させてしまったのである。こうして，周辺の村々からもカラツェの村が仏教徒協会の決定にあくまでも従わないのであれば，自分たちの村はカラツェ村と社会的に縁を切るつもりである旨の手紙が届くほどになったのである。

　最終的に，ラダック仏教徒協会はカラツェ村が協会の指示を無視し，改善策を取らなかったことに対し，罰金を科すとともに，カラツェの僧侶たちは妻や子供と離れて，ゴンパに居住を移すべきであるという通告を送りつけてきたのである。村として23,000ルピーの罰金，リンポチェを侮辱した僧侶に2,000ルピー，他の僧侶に100ルピー，村役1名に1,000ルピーの罰金が科せられたという。

　この紛争中に，村人は集会を開いて，村長と村役を解任して，新しい村長と村役を選出している。ラダック仏教徒協会の方針にあくまで対抗する戦略を取ろうとしたのであるが，ラダックの仏教徒社会の中で孤立しそうになり，結局，命令に従ったことが分かる。その後，ラマユル・ゴンパからゴンパを預かる僧侶として，新たに僧侶が派遣され，カラツェ在住の僧侶はこの指示のもとに動かざるを得なくなった。

　この事例は，1980年代末に，紛争解決の母体として，ジャム・カシミール州政府に頼るのではなく，ラダック仏教徒協会，村の所属する大僧院の力を借りていたことを示している。しかも，この事例は，ラダック仏教徒協会の決定に従わないことは，ラダック仏教徒村落社会からの追放をも生み出しかねないというように，ラダック仏教徒協会が仏教徒社会に大きな影響力をもっていることを示すものとなっている。実際，インド独立後，仏教徒の地位の改善のために政治運動を積極的に展開してきたラダック仏教徒協会が，第4節でも取り上げるように，1989年以降とくに活動を盛んにし，土地問題，結婚，離婚など仏教徒間の紛争を解決する運動を展開してきたこととも無関係ではない。

以上，ラダックをめぐる政治状況は，インドの独立による社会制度の民主化，ムスリムが政治的主導権を握るジャム・カシミール州への編入というように，大きく変化したのである。これとともに，次節で述べるように，戦略的な地域開発は社会的資本・施設，いわゆるインフラの整備を促したのであり，ラダック地方の観光化を進めてきた一方，第3，4節で取り上げるように，それまでの仏教徒とムスリムとの宗教的共存は，ときには両者の宗教的・政治的対立を引き起こすようになったのである。

2. 政府による地域開発，観光化，そして経済格差の拡大

インフラの整備と観光地化

　以上のように，インドとパキスタンの分離独立後は，ジャム・カシミール州政府により，社会の民主化が進められてきた。また，各村における飲料水供給・灌漑施設の整備，医療施設の充実などのインフラの整備も進められてきた。さらに，中央アジア，チベットの国境が閉鎖され，かつて盛んであったこれらの地域との交易活動が途絶されたが，これを補うように，ラダッキの男性にはインド・チベット国境警備隊への雇用により現金収入獲得への道が開かれ，自給自足経済から貨幣・商品経済への移行が進められた。

　電力の供給開始，ラジオ局の開設，さらにはテレビ受信用設備の設置，レー－スリナガル間の道路の整備といった地域開発の進展は，1974年の外国人観光客への限定的開放も重なり，ますます商品経済の流通を発展させてきた。さらに観光客の急増は，ラダッキに外の世界からの影響を直に受けるようにさせてきた。このような変化は，ラダッキと外側の世界との接触を進展させたばかりではなく，ムスリム・カシミーリのラダックへの流入をもたらしてきたのである。

　たとえば，1975年当時約2,000人の観光客が1978年には約1万人に増えている（Day 1989: 538）。ラダックの人口そのものも1961年の人口に対し，1991年には約2倍に増加している（表5-1）。人口動態がレー市人口の急増を示しているように，観光ガイドをはじめとして，何らかの観光業に携わる人々が村落部からレーの町へ移住するなど，レーを中心として人口流入が急激に進んでいるのである。1989年後半にレー－マナリー間の道路が開通され，実質的に道路整備が完了した1991年以降は，さらなる観光客の増大がもたらされてきたのである。

　観光客増加の最初のピークは1980-1981年にあり，その後1988年頃まで停滞し，1989-1992年には一時減少するが，1993年に以前のレベルに戻り，15,000人ほどとなる（Jina, 1994: 86-87）。こうした観光客の増加にあわせて，とくにレーを中

心としてゲストハウスやホテルが出現し，増加の一途をたどることとなる（表5-2）。2002年にはラダック地方全体で73軒のホテル，109軒のゲストハウスが観光協会に登録されている[3]。さらに，ホテル建設の補助，地方バスの増発なども進められてきた。

観光地化による変化

ところで，独立後，農業の発展のために化学肥料や駆虫剤使用の奨励，新しい作物の導入，そして，野菜や換金作物を軍隊やレーの市場に売ることが奨励されてきた。観光客の急増は消費文化の流入を一層助長するとともに，換金作物の栽培，それに伴う化学肥料や害虫駆除剤の使用などをますます促してきたといえる。このことは，自給的農耕からの転換，飲料水の汚染など新たな問題がレーを中心として起きる要因ともなってきた。ただし，土地利用形態をみると（表5-3），耕地面積がわずかに増加し，非農耕利用も同程度に増加したにすぎないことがわかる。

van Beek（1996: 187）は，土地利用の変化については換金作物などの栽培面積が増加している点に大きな変化があり，さらに，スリナガルから運ばれてくる物資が急増していることを指摘している（van Beek 1996: 191）。たとえば，1980年から1994年にかけてコメ，砂糖，灯油の流入が3倍近くに急増するばかりではなく，コムギ粉そのものもスリナガルからの流入が約3倍に増えていることを指摘している。

一方，観光地化をめぐる社会の変化は，ラダックでの生活の隅々まで貨幣経済を浸透させることをもたらしてきた。たとえば，観光客が到来する夏の間，村の若者たちは，ガイド，ポーター，料理人，馬の世話係などとして，トレッキング客のために働くために，レーに集まってくる。このことは，村の生活における農作業のための労働力が不足することを意味し，村における伝統的な労働の相互扶助ネットワークの衰退を招くようにもなっている。さらには，核家族化，家族の構成員の出稼ぎや遠方の学校に通学することなども，収穫期における労働力不足をもたらし，労働交換を現金で肩代わりさせる，ネパールなどからの日雇い労働者に頼るという状況も出現している。近代的農業技術の導入は，自給自足の生計から現金収入源を積極的に求める生活へという生計戦略の転換をラダッキに可能にさせ，伝統的な農耕・牧畜形態の変質をもたらしている。

また，現金収入源の確保は，教育水準の向上を可能にしたといえるが，その反面，高等教育を受けた人が仕事を全く見つけられないという状況もある。このような経済状況を解決するものとして，ますます観光が重要な位置を占めるようになっているといえるが，一方で高学歴ラダッキの受け皿の確保は，ラダックの将来的発展を

3　http://www.jktourism.org/cities/ladakh/stay/tariff.htm, 02/06/23

表5-1 ラダックの人口動態

調査年	1961	1971	1981	1991
ラダック	88,000	105,291	132,966	163,000
レー支区	45,387	51,891	68,380	93,000
レー市	3,720	5,519	8,718	12,000

出典：van Beek（1996: 185）; Kachroo et al.（1977: 7）；ジャム・カシミール州の公式ウェブサイト（http://jammukashimir.nic.in/profile/leh.htm, 02/06/26）。
注：インド政府による人口調査は1981年以来行われていなく，1991年の人口はvan Beekによる推定とジャム・カシミール州の公式ウェブサイトに基づく。

表5-2 ラダックにおける観光業の動態

	旅行代理店	ゲストハウス*	ホテル*	宿泊可能人数	タクシー
1989	8	41	22	1,700	70
1992	—	65	45	2,600	275**
1994	50	—	—	—	—
2002		109	73	3,654	

出典：van Beek（1996: 339）; Website: http://www.jktourism.org/cities/ladakh/stay/tariff.htm, 02/06/23.
注：＊1989年，1992年のゲストハウス，ホテルの総数は，カルギル地区も含めての数であるが，2002年はレー支区のみの数である。
　　＊＊タクシーの総数は1993年の数字である。

表5-3 ラダックにおける土地利用の変遷（実数の単位はha）

		1979–80	1982–83	1986–87
1.	調査対象総面積	43,465	44,917	44,449
2.	耕地利用不可な土地	26,366	27,303	26,940
	非農耕利用（％）	1,541（3.5％）	1,739（3.8％）	1,971（4.4％）
	不毛の土地	24,825	25,564	24,969
3.	耕地可能未開拓地	7,136	7,165	7,114
	雑木林	2,787	2,845	2,864
	耕地可能未開拓地	4,349	4,320	4,250
4.	休耕地	501	562	455
	以前の休耕地	91	115	135
	現在の休耕地	410	447	320
5.	耕地（％）	9,462（21.8％）	9,887（22.0％）	9,940（22.3％）
6.	利用総面積	11,003（25.3％）	11,526（25.6％）	11,911（26.7％）

出典：Statistical Handbooks, District Leh 1987–1988; Bhasin, M. K（1992: 16–17）; Bhasin, V.（1999: 32）

考える上での重要な課題ともなっている。第8節で後述するように，NGO活動は，取り立てて産業のないラダックにおいて，高学歴の若者の働き口の受け皿ともなっているのである。

　観光化は，ラダッキの伝統文化と宗教に多くの点で影響を与えてきたことがよく指摘される（Jina 1994: 172-176）。実際，目につく変化として，ラダッキの女性が伝統的衣装を身につけることがほとんどなくなっていったことに気づかされる。初めてラダックを訪れた1983年当時には，既婚女性は，ほとんどが伝統的衣服ゴンチャ（gon chas）[4]を着用していた。女性は手の空いたときには，常に羊毛から糸を縒っていた。これをさらに紡いで，機織り屋に布に織ってもらい，これをもとにゴンチャを仕立てていたのである。このように仕立てたとくに厚手の冬用のゴンチャは，寒さの厳しい冬に欠かすことのできない衣服であった。しかし，2003年には，手織りの布はバザールでほとんどみられなくなり，インドの工場で製品化された布で仕立てた衣服を着用する人がほとんどとなっていた。しかも，伝統的なゴンチャを着用する人はとても少なく，インド式のいわゆる「シャロワーズ・カミーズ」あるいはチベット式の衣服を着用するばかりではなく，若者たちは西洋風の上着とブラウス，Tシャツを着用するものが多くなっていた。

　また，ラダッキは，伝統的に息子，娘を僧院に送るという慣行があったが，この慣行も少しずつ廃れている。両親は子供たちに近代的な教育を受けさせることに一層熱心になってきている。かつて，モラビア教会が経営する学校が，良い教育を受けさせることで評判が立っていたのみであるが，2003年には，僧院が経営する私立学校がいくつか開校しており，ラダッキは子供たちを政府の学校に入れるよりも私立学校に入れることに心を砕いていたのである。

　さらに，Jina（1994: 175）は，伝統的な行政システムが観光化によって大きく影響されてきたことを指摘している。村の村長ともいえる「ゴバ」という役職には，伝統的にはとても大きな権限が委ねられ，村人全員が参加する全体集会によって選ばれたゴバによって村が統率されてきた。かつて，ゴバは5-10年の任期をもつ役職であったが，今では1年任期となり，誰もがゴバになれるようになっているのである。実際，カラツェ村では，すでに述べたように，1989年には，村内の紛争の際に集会を開いて，村人はいとも簡単にゴバを入れ替えるようになっていた。

　地域開発と観光化をとおした現代化は，一方では，ラダッキの間における経済的格差の拡大をもたらすこととなってきた。とくに，仏教徒とムスリムとの間の経済的格差が意識されるようになり，仏教徒による暴力的抗議運動が起きるようになっていったのである。1980年12月には，レーとカラツェで初めて暴動が起

4　羊毛を紡いで織って，仕立てた手製の長衣。

写真 5-4 伝統服ゴンチャを着用して活動するラダック女性同盟の年配の女性たち（2003 年）

き，インド政府は，この後には，次のような約束を取り交わすまでとなった。つまり，①スタクナ水力発電所建設計画の一層の進展，②レー－マナリー間道路の開通，③スリナガル－レー間道路の改良，④国立学校の建設，⑤チベット語とウルドゥ語教師の任命，⑥伝統医学の普及，⑦州政府雇用者のための先任権リストの保持，⑧小規模工業の促進，⑨ホテル建設の補助，⑩地方バスの増発，⑪灌漑水路の建設，⑫ラダック語と文化の促進などを約束することとなったのである (van Beek 1996: 241-242)。しかし，後述するように，1989 年の夏に再び仏教徒とムスリムの大きな暴力的衝突が起き，レー市内には戒厳令が敷かれ，終結まで数ヶ月を要したのである。

3. 宗教的共存から宗教的対立の顕在化へ

村における仏教徒とムスリムの共存

ラダック地方は 1979 年以来，行政上早くにイスラム化されムスリムが多数派をなすカルギル支区（仏教徒が多数派をなすザンスカルを含む）と，仏教徒が多数派をなす，いわゆる狭義のラダック地域をさすレー支区に小区分されている (Srinivas 1998: 25)。1981 年の政府の人口調査結果を見ると，当時のラダック地方における仏教徒，イスラム教徒，キリスト教徒の人口は，表 5-4 に示したようになる (Khan 1985: 26-23)。レー支区をみると，仏教徒が 12,182 世帯，55,514 人 (81.2%) と多数派を占め，ムスリムが 2,243 世帯，10,475 人 (15.3%)，キリスト教徒（モラビア教会派）が 24

世帯，156 人（0.2%）であった。レー市内に限ってみると，仏教徒が 1,186 世帯，4,488 人，ムスリムが 748 世帯，2,985 人，キリスト教徒が 14 世帯，87 人となっていた。1981 年当時には，レー支区全体では人口の約 15% を占めるムスリムが住んでおり，レー市内に限ると，ムスリムは世帯では 34.6%，人口でも 34.2% を占めていた。

また，Pinault（1999: 290）によると，1997 年にレー市内には，シーア・ムスリムが 120 世帯，スンニ・ムスリムが 300 世帯以上であるのに対し，仏教徒は 1,000 世帯以上住んでいたという。レー市内に限ってみると，ムスリム世帯数には 1981 年当時と大きな変動がないことが分かる。モラビア教会派信徒についても 1993 年には 165 人と（Sriniva 1998: 21），急激な人口増加を示していない。

レー支区の中には，バルティやカシミーリのムスリムも含まれているため，ラダッキの中のムスリムの人口比率を正確に算定することは難しい。しかし，van Beek がまとめた表をみると（van Beek 1996: 252-253），1989 年に，ボト（Bot/Boto）として指定部族の地位を獲得したチベット語系の集団（ラダッキとザンカルパが含まれる）のなかにムスリムが 12.8%（87,757 人中 11,265 人）を占めていることが分かる（表 5-5）。このことから，最大に見積もって，ラダッキの十数パーセントがムスリム化していると推定できる。仏教徒ラダッキのムスリム化が少しずつ広がっていることが伺われる。

仏教徒ラダッキのムスリム化は，レー市内というムスリムとの接触が多い地区ばかりではなく，伝統的なラダッキ仏教徒村落共同体においても，認められるようになっている。たとえば，1984 年に住み込み調査を実施したレー近郊のサブー村でも，ムスリム世帯を確認している。サブー村は，M 地区，S 地区，P 地区，Y 地区，A 地区の 5 集落区分から成り立ち，総世帯数は 132 世帯であった。このうちイスラムに改宗した世帯が 15 世帯，キリスト教に改宗したものが 1 世帯で，残り 116 世帯はチベット仏教徒であった（表 5-6）。

第 2 章で述べたように，ラダッキの間には，家の神として祀るパスラーを共通とすることで形成されるパスプンと呼ばれる集団がある。毎年，正月の時期には，パスラーの居場所となっているラトーを取り替えて新しくするが，このときすべてのパスプン・メンバーがやってきて参加する。また，葬儀の際には，家族に代わってパスプン・メンバーがこれを取り仕切る。パスプン組織は共通のラーへの儀礼，葬儀，出産などの儀礼において重要な役割を果たすばかりではなく，社会的には疑似親類組織ともいえる役割を果たすものとなっている。イスラム，キリスト教に改宗するということは，村の生活において重要な社会的，儀礼的役割を果たすパスプン集団からの離脱をも意味するのである。

また，サブー村における各世帯の婚姻相手をみると，仏教徒世帯では 234 例の縁組みを確認でき（表 5-7），ムスリム世帯については 41 例の縁組みを確認できた（表 5-8）。仏教徒世帯では，同地区ムスリム世帯との婚姻例が 1 例，他村キリスト教徒，

表 5-4　1981 年の地域ごとにみた宗教別の世帯数と人口

		合計		仏教徒		ムスリム		キリスト教徒		ヒンドゥー教徒		シーク教徒	
		世帯	人口	世帯	人口	世帯	人口	世帯	人口	世帯	人口	世帯	人口
カルギル支区	カルギル地域	9,431	57,675	715	4,945	8,468	51,011	7	81	224	1,489	17	149
	ザンスカル地域	1,833	8,317	1,770	7,917	59	396			3	3	1	1
	合計	11,264	65,992	2,485	12,862	8,527	51,407	7	81	227	1,492	18	150
カルギル市		735	3,527	35	82	627	3,199			64	207	9	39
レー支区		14,800	68,380	12,182	55,514	2,243	10,475	24	156	322	2,046	28	184
レー市		2,162	8,718	1,186	4,488	748	2,985	14	87	191	1,058	23	100
合計		28,961	146,617	15,888	72,946	12,145	68,066	45	324	804	4,803	78	473

出典：Khan, A. H. 1985. Census of India 1981, Series-8: Jammu and Kashmir, Paper 1 of 1985, Household Population by Religion of Head of Household upto Tehsil and town level. Srinagar: Jammu and Kashmir Government, pp. 26-33.

表 5-5　1989 年の Scheduled Tribes by Religion 指定部族ごとの宗教的背景（van Beek 1996: 253）

	バルティ	ベダ	ボト	ドォクパ／ダルド	チャンパ	ガラ	モン	プーリックパ
仏教徒	0	319	76,493	2,000	3,511	827	873	0
ムスリム	10,272	0	11,265	24,386	0	0	0	54,017
合計	10,272	319	87,757	26,386	3,511	827	873	54,027

表 5-6　サブー村各地区の宗教別世帯数

	仏教徒	ムスリム	キリスト教徒	合計
M 地区	19	5	0	24
S 地区	32	0	1	33
P 地区	27	6	0	33
Y 地区	17	3	0	20
A 地区	21	1	0	22
合計	116	15	1	132

表 5-7　サブー村仏教徒世帯の婚姻相手

	仏教徒世帯数	確認婚姻例	同地区仏教徒世帯	同地区ムスリム世帯	同村仏教徒世帯	村内婚率（%）	他村仏教徒世帯	他村異教徒世帯
M 地区	19	47	2	0	13	31.9	32	0
S 地区	32	67	11	0	16	40.3	40	0
P 地区	27	47	7	1	8	34.0	31	0
Y 地区	17	43	2	0	16	41.9	24	1
A 地区	21	30	2	0	4	20.0	23	1
計	116	234	24	1	57	35.0	150	2

表 5-8　サブー村ムスリム世帯の婚姻相手

	ムスリム世帯数	確認婚姻例	同地区ムスリム世帯	同地区仏教徒世帯	同村ムスリム世帯	村内婚率（%）	他村ムスリム世帯	他村仏教徒世帯
M 地区	5	16	0	0	1	6.2	14	1
S 地区	0	0	0	0	0	0	0	0
P 地区	6	15	2	1	0	20.0	9	3
Y 地区	3	8	0	0	2	25.0	6	0
A 地区	1	2	0	0	2	100.0	0	0
計	15	41	2	1	5	19.5	29	4

ヒンドゥー教徒との婚姻例がそれぞれ1例みられたが，他の例は仏教徒世帯との婚姻例であった。しかも，同地区内および同村内を合わせた村内婚率は平均すると35％と高い数値を示していた。一方，サブー村のムスリム世帯で確認できた婚姻例は41例であったが，村外のムスリムとの婚姻が29例，村内のムスリムとの婚姻が7例，村外の仏教徒との婚姻が4例で，村内内婚率は19.5％と仏教徒世帯に比べて低くなっていた。ムスリムに改宗することで，結婚相手を村外に求めなければならない割合が高くなっているということができる。しかも，ムスリムと仏教徒との婚姻例は，すべて仏教徒の妻を迎える例であり，迎えられた妻は結婚後ムスリムに改宗していた。

1983年当時，サブー村の生活において仏教徒とムスリムとの間に表だった対立はなく，平和共存していた。しかし，ムスリム世帯は，慣習的儀礼の実施，婚姻をとおした社会関係などの点で，村落内社会生活の境界からはみだす存在となりつつあったといえる。ラダッキ仏教徒は，ムスリムの隣人に対し，「彼らはモンという大工仕事を専門とする特別なカーストに属するので，たやすくイスラムに改宗するのだ」，「農作業における労働交換の慣行からもはみ出してしまう」，「ムスリムでは，一妻多夫婚は認められないので，彼らの家族はどんどん数が増えていく」，「仏教徒の娘と結婚して，イスラムに改宗させる」などといった，不満を投げかけていた。

この村での事例は，イスラムへの改宗は，村落共同体内の特定のカーストに属する人々から始まっていること，社会的慣行に風穴を空ける契機となることを示していた。1983年当時は，まだ，村のレベルではイスラムに改宗する人は少なかったといえるが，村落共同体における仏教徒とムスリムとの関係は，宗教的対立へと発展しうる火種を抱え始めていたのである。

宗教的対立の顕在化と政治運動

インドの独立を契機とした民主化や土地制度改革，ムスリム・カシミール州政府への組み込みといった政治体制の変化は，ラダッキ間の宗教的対立を顕在化させ，進展させてきたということもできる。たとえば，ドグラ体制下の1934年に，ラダック仏教徒協会が創設されているが（正式に登録されたのは1937年），当時，仏教徒とムスリム間の対立は行動に表れるほど敵対的ではなかったといわれる（Srinivas 1998: 22）。しかし，1947年のインド・パキスタンの分離独立によって，カシミールがインドに帰属したことにより，ラダックはスリナガルのムスリム政府の統制下，つまり異教徒による政治的支配のもとに初めておかれることになった。このような政治状況の変化のなかで，仏教徒の土地であるラダックが政治的・経済的に周縁化され，「ラダッキである」ことが仏教徒あるいはイスラム教徒というアイデンティティに置き換えられていったといわれる（van Beek 1996: 122-123, 157）。

写真 5-5　レー市内，ゴンパ・ソマ内にあるラダック仏教徒協会（2003 年）

　さらには，「ラダッキであること＝仏教徒である」といった意識さえ生み出され，仏教徒とムスリムとの対立の図式が再生産されてきたことが，ラダックにおける政治状況の変遷から窺うことができる。実際，ラダック仏教徒協会が発行するパンフレット *Why Union Territory for Ladakh?*（Ladakh Buddhist Association 2000）にもはっきり示されるように，ラダッキ仏教徒は，ラダックを代表する組織としてラダック仏教徒協会を位置づけ，地域自治を求める政治運動を展開してきたのである。

　たとえば，彼らは，インドの独立直後の 1949 年以来，ラダックのジャム・カシミール州からの分離と連邦政府直轄地（Union Territory）の地位を求める主張を掲げてきた（Samphel 2000: 4-5）のであり，スピトゥック僧院長であり，ラダック・ゲルック派の最高位活仏であるクショック・バクラ（Kushok Bakula）師も，早くからラダック，少なくともレー支区が仏教徒の文化領域であるという民族主義的主張を展開してきた（Samphel 2000: 3; Srinivas 1998: 24; van Beek 1996: 223-227）。また，1964 年のクショック・バクラ師主導による連邦政府による行政の要求，1974 年のラマ・ロブザン師らによる連邦直轄地と指定部族の地位を求める運動，1982 年の当時国会議員であった P. ナムギャル氏に主導された地域自治を求める運動（Samphel 2000: 5-6）が起こされてきた。

　van Beek（1996: 211-251）も詳しく分析しているが，ラダッキ仏教徒はしばしばラダック（とくにレー支区）のカシミール州政府からの分離あるいは特別な地位を要求する運動を起こしてきたのである。しかも，1969 年に「ラダッキの指定部族地位」の最初の要求を行って以来，しばしば運動が起こされてきたが，1980 年 12 月には

レーとカラツェでの政府建物の焼き討ちというように、時には暴力的示威行動が起きていた (Srinivas 1998: 24-26)。

　ラダッキ仏教徒によるこのような政治運動の背景となる仏教徒とムスリムの間の対立的関係は、インド独立後のカシミールのムスリム政府による支配という政治的・社会的環境の変化のなかでの、ラダッキ仏教徒側の「差別されている」という意識によって次第に育まれてきたということができる。カシミール州政府のラダッキ仏教徒に対する差別への仏教徒たちの不満が爆発した近年最後の大きな運動が、1989年の暴力的衝突である。宗教的対立の根源は独立後の政府による地域開発の進展の中での不満とも無関係ではない。

4. 1989年の暴力的衝突の展開

　1989年7月7日、仏教徒とムスリムの最初の衝突がレーで起きる。それ以来、外出禁止令が出される一方、ラダック仏教徒たちは、州政府首相打倒とラダックのジャム・カシミール州からの自主独立のスローガンを掲げて、デモ行進するなど、抗議行動が続けられていった。フィールド・ノートからこの時の経過をたどってみよう。

　レーのバザールには警官の姿が目立つようになり、夜間8時以降の外出禁止令が出され、7月17日には、レーのバザールのムスリム商店もストライキで閉店する。7月18-19日も店を閉めている商店が目立つとともに、バザールでは武装警官が警戒する。

　7月20日に、バザールは再び全面的ストライキに入る。村の商店もストライキで、閉店する。すべて州政府に対する抗議であるという。この日、11時には外出禁止令が出され、役所も閉鎖され、ラダッキはレーのバザールに踏み入れることができなくなる。140Law（夜間外出禁止令）によりデモ行進も禁止されていたが、サンカル地区の村人10数名が朝、州政府首相打倒のスローガンを掲げて、デモ行進し、警官に全員逮捕され、警察に連行された。この直後に再び外出禁止令が出された。今回の政治運動は、ラダックのジャム・カシミール州からの自主独立を要求するものであるという。

　7月21日は、ゴンパ地区の人々のデモ行進の日であるが、朝から外出禁止令が出されている。レーのバザールは外国人観光客のみが歩いているだけであった。7月22日も終日外出禁止令が出されるが、23日には解除された。

　7月23日には、下手ラダック地方のK村に移動したのであったが、村でも政治運動の展開がみられた。8月6日の午前中に、ゴンパ（寺）に村中の男性が集まり、

集会が開かれた。そして、翌日のストライキについて話し合われたが、当日、夕方にも寺で集会がもたれたのであった。8月7日は、ラダック中の商店がストライキに入ったことが分かる。前日中に、K村に住んでいるムスリムの家族はレーあるいはカルギルに避難していった。K村の近くのT村では、ムスリム・ラダッキの教師が襲撃される事件も数日前に起きていた。この日はK村でも、村人は終日村を通る街道でデモ行進を行い、「カシミール政府はラダックから出ていけ」と叫んでいた。レー市内では、午後には外出禁止令が出されたが、レー－K村間の一部の道路が置き石で通行不能にされたという。沢山のトラックが軍隊に警備されながら、K村を通り過ぎ、レーに向かっていた。

　レー市内では、8月8日にも終日外出禁止令が出され、8月9日にも終日外出禁止令が出たままとなる。K村では、8月8日の夜には、ムスリムであるカシミーリのトラックに対する投石騒ぎが起きたため、街道には軍隊が出動し、8月9日にはK村のバザールに外出禁止令が出された。その後しばらくは、平穏な日々が過ぎるが、8月23日、K村の各家から1人ずつ出て、バザールでのデモ行進のために、村人はレーに出かけていく。当時、ラダックでは、毎日、村ごとに順番でレーのバザールでデモ行進を行うことが続いていた。8月24日はK村の当番となっていたのである。

　こうした抗議行動が続く中、8月27日には、レーでデモ隊と警官が衝突し、死者4名、負傷者数名が出た。これにより、レー市内には午後1時30分以降、再び外出禁止令が出されたのである。レーの外出禁止令は翌日の8月28日にも終日出された。ラダック仏教徒協会長（ラダック王の娘婿）と数名のメンバーがレー市内の仏教徒協会のあるゴンパ・ソマで逮捕され、この村までバスで護送されることが伝えられた。村人はこのニュースを知り、直ちに彼らをもてなすために、駆けつけるが、彼らは午後2時には、カルギルに向かって出発する。カルギル、あるいはスリナガルの監獄に留置されるということであった。

　28日のラジオのニュースは、27日の衝突で亡くなったのはレー市内の人、サブー村の人、チャンタンの人であったと死亡者の名前を発表していた。また、空港に行く人には政府がバスを用意すること、タクシーは走っていないことをラジオは伝えていたが、ラダック仏教徒協会長ら数名が逮捕されたことは伝えられず、伏せられていた。

　8月31日には、ラジオのニュースで、バスゴ村の街道で、レーに向かうすべてのトラックが封鎖されたと伝える。近辺の村人は、ラダック仏教徒協会長ら数名の釈放を要求しているとラジオが伝える。9月6日には、9月7日には近隣の村々からK村に人々が集合して、デモ行進をおこなうという知らせが村中の仏教徒の家に伝えられた。1戸から1人の参加が義務づけられていた。レーでも同様のデモ行

表5-9　1989年のラダック（及びカシミール州）における指定部族（Scheduled Tribes）

	バルティ	ベダ	ボト	ドォクパ/ダルド	チャンパ	ガラ	モン	プーリックパ
カルギル支区	2,507	1	13,427	7,343	3	311	18	53,781
レー支区	6,323	317	61,727	1,419	3,507	516	668	124
小計	8,873	318	75,154	8,762	3,510	827	686	53,905
ジャム・カシミール州合計	10,272	319	87,757	26,386	3,511	827	873	54,027

出典：van Beek (1996: 252)

進が実施されるということであったが，ラジオのニュースでは当日戒厳令が敷かれるということであった。村では，警察にデモ行進について密告した人がいたということが話題となった。9月7日には，レーでは外出禁止令が出される中，バザールすべてがストライキとなり，K村においても近隣の村々から人々が集まり，デモ行進をした。デモ行進は投石行動も起こらず，平穏な中に終わったのである。

9月11日には，レーの外出禁止令が夜間のみとなり，約2ヶ月間に及ぶ運動は少しずつ収束に向かっていったのである。

5. 指定部族地位の獲得とラダック自治山麓開発評議会の成立

　このような1989年7月からの数ヶ月にわたる抗議行動の末，1989年10月7日，インド大統領は，次の法令を交付した。つまり，「憲法（ジャム・カシミール）指定部族法令1989」(Constitution (Jammu and Kashmir) Scheduled Tribes Order) という，ラダックにおける8集団を指定部族とする法令である (van Beek 1996: 251-252)。この法令で指定部族として認定されたのは，① Balti（バルティ），② Beda（ベダ，楽師カースト），③ Bot/Boto（ボト，チベット語方言を話す人々，いわゆるラダッキ），④ Brokpa/Drokpa/Dard/Shin（ドォクパ/ダルド），⑤ Changpa（チャンパ，チャンタン地方の人々），⑥ Garra（ガラ，鍛冶屋カースト），⑦ Mon（モン，楽師・大工カースト），⑧ Purigpa（プーリックパ，プーリック地方の人々）の部族，部族共同体，および部族共同体の中の特定集団となっている。1989年におけるこれら指定部族に属する人々の数は表5-9に示されるようになる。

　この法令で注意しなければならないのは，第1に行政区分上のラダック管区(Ladakh District)（カルギル支区 Kargil Tehsil とレー支区 Leh Tehsil を含む）の人々を，地域ごとに部族あるいは部族共同体に区分していること，第2に部族共同体のなかの特定

カースト集団であるベダ，ガラ，モンに対して独立した指定部族として特別な地位を付与すること，第3にラダッキという部族名が存在しない点である。レー支区 (Leh Tehsil) の下手ラダック地方，上手ラダック地方と呼ばれてきた地域に住んできた人々（いわゆるラダッキ）は，ベダ，モン，ガラ，およびチベット語を話す人々を意味するボトに区別されたのである。しかも，指定部族ボトには，カルギル支区ザンスカル地方に住む人々であるザンカルパも含められている。一方，カシミールや中央アジアの交易商人とラダッキ女性との婚姻関係によって形成され，交易集団として知られてきたアルゴンと呼ばれる集団は指定部族から外されている。いずれにしても，この法令によって，ラダック管区は多様な民族集団が共存する地域であることが表明されることともなったのである

　この指定部族の地位に関する法令の交付は，インド政府がカシミール州政府とラダックとの分離という政治的亀裂を生み出すよりも，ラダック管区内の宗教的，社会的背景の異なる多様な集団それぞれを対等な立場から優遇するための法的整備という，差別に対する不満を解消させる方策で政治的決着を図ろうとしたことを示している。一方，ラダック仏教徒協会は，1989年の一連の抗議運動のなかでラダック管区全体のカシミールからの自治独立，あるいは連邦直轄地の地位の獲得を求めてきたのであり，この意味では，指定部族の地位の獲得は，彼らにとっては部分的勝利に留まるものであったといえる。

　この運動は，最終的には，1995年5月に，「ラダック自治山麓開発評議会条例1995」(Ladakh Autonomous Hill District Development Council Act, 1995) がインド大統領によって署名され，1996年3月にはラダック自治山麓開発評議会 (Ladakh Autonomous Hill Development Council) 執行のための評議会規則が制定されるという成果を得たのである。これにより，開発など地域計画に関して，計画，実行，地域の中枢ポストへの任命権などがインド政府およびジャム・カシミール州政府からラダックのローカルな評議会へ委譲された。この評議会の議員が選挙により選出され，1995年9月の第1回議会で議長と執行評議員4名が選ばれたが，この5名のうち2名は後述する「ラダックエコロジー開発グループ」(LEDeG) のメンバーであった (van Beek website; 1996: 357)。こうして，完全ではないが，ラダックにおける政治的自治体制—地方自治—が整備され，宗教的共存への第一歩が踏み出されたのである。

6. 解消されない仏教徒の不満

　ラダック自治山麓開発評議会の成立によって，ラダッキ仏教徒の不満が全く解消されたわけではなかった。2000年に発行されたラダック仏教徒協会のパンフレッ

トにおいても，ラダッキ仏教徒が強いられている差別として，社会的事業，教育の現場における不平等な実態が取り上げられ，連邦政府直轄地の地位を求める主張がなおも展開されていた (Ladakh Buddhist Association 2000; http://www.kashmirsentinel.com/aug2002/8.html, 2008/04/02)。

ラダック仏教徒協会は，まず，州政府行政機関における差別を指摘している。たとえば，州政府によってインド政府の行政機関の幹部に任命されたラダッキは，これまでに4名いるが，この中の3名はムスリムで，仏教徒は1名に過ぎなかった。また，15年ぶりに行われた1997-1998年の州政府公益事業委員会 (State Public Service Commission) による KAS/KAP[5] 採用試験 (examination for recruitment to KAS/KPS) の筆記試験合格者は，ムスリムでは3名すべて，キリスト教徒では1名すべてが採用とされていた。これに対して，仏教徒では，筆記試験合格とされた23名のうち1名だけが採用されたにすぎなかったのである。

また，教育の現場では，1997-1998年と1998-1999年には，ラダッキに割り当てられた工学部への進学は8名であったが，7名はムスリムに割り当てられ，仏教徒には1名が割り当てられただけであったという。また，レーの州立学校における教育設備充実が軽視されており，レーの州立高等学校生の10年生統一試験合格率が1998，1999年にはひどく減少する結果をもたらしていると指摘されている。

さらに，深刻な問題として，仏教徒のムスリムへの改宗など宗教上の不利益が取り上げられている。彼らの主張によれば，1992-1999年にレー支区では28人の少女が仏教徒からムスリムに改宗させられたという。また，カルギル支区の仏教徒が多数派である12の村では，72人の少年少女がイスラムに改宗させられている。ムスリムが大多数であるカルギルの町では，僧院の修復もままならないだけではなく，カルギルでは，仏教徒の埋葬を行うこともできなく，仏教徒の住む地区まで運ばなければならない。さらに，1989-1999年の間に，レーの町の仏教徒居住地域のまわりに，カルギル支区からムスリムが沢山移住し，6つの新しいモスクが建設されるまでとなっているなどがあげられていた。

一方，ラダック仏教徒協会の青年部[6]の代表は，ラダック仏教徒協会の抱える問題について，次のように代弁していた。

> 第1の大きな問題は，ラダックにおける仏教徒の比率が下がっていることである。かつては70-80％を占めていた仏教徒の割合が今では50％程度と，ムスリムと同率になりつつある。ムスリムには産児制限の考えが全くなく，複数の妻さえ認められており，人口は増加傾向にある。これに対し，仏教徒の間では産児制限の考えも普及

5　J & K Administrative and J & K Police Service に相当する。
6　1988年の春，ラダッキの活動家たちが集まって，青年部が結成された (van Beek 1996: 302)。

しているだけではなく，僧侶，尼僧になるものが今でも多い。20-30 年後には，仏教徒が少数派になってしまうのではないかととても恐れている。第 2 の問題は，改宗という問題である。ムスリムの男性はとても巧妙に仏教徒の女性を誘惑し，妻に迎えて改宗させている。もちろん，正式に妻となる場合であれば問題にできないが，そうではないケースも多く，私たちはそのような問題が起きないように監視している。ラダック仏教徒協会は，仏教徒ラダッキの福祉厚生のため，ラダッキの経済的政治的発展のために活動をしているのである。ただし，村の中の小さなもめ事の調整役も担っている。政府の法廷に訴え出ることはお金と時間がかかってしまうので，協会は調停役を受け持っている。(PD 2003.09.23)

　これらの主張が示すように，ラダック仏教徒協会は，社会的・政治的差別が解消されないこと，仏教徒からムスリムへの改宗が続くことなどを重大かつ深刻な問題とみなし，ラダッキの将来を憂慮している。こうして，彼らは，今もなお，連邦直轄地の地位を求める運動を継続するとともに，汚職の横行といった政治的腐敗を厳しく監視するのである。実際，2003 年 9 月 28 日にも，レーの商店に対し，半日のゼネストが呼びかけられていた。

7．宗教の共存に向けての試み

　このような宗教的対立を孕む現状の中で，仏教徒とムスリムの共存への取り組みもなされてきた。たとえば，仏教徒青年部の代表は，シーア・ムスリム協会の幹部，スンニ・ムスリム協会の幹部とラダック仏教徒協会の幹部が話し合いの場を作り出すことができたといい，彼はそれが可能となった経緯を次のように語っていた。

> 1989 年の暴力的衝突の後，仏教徒とムスリムは話し合い，お互いに合意形成に務めてきた。ラダックのムスリムの中には，アルゴンたちのように，自分たちをカシミーリと位置づけようとしてきた者もいる。しかし彼らとて，カシミーリからはラダッキとしか認められなく，仏教徒ラダッキとの協調の道を選択するようになっている。また，1989 年の衝突後，ラダックの人々は指定部族の地位を獲得し，自治山麓開発評議会を組織する権利を得た。このことは，ラダッキ・ムスリムが仏教徒と同等の権利を享受し，仏教徒と一緒になってこの協議会を維持する権利を持つことも意味する。このため，ムスリムも仏教徒との協調した政治運動路線を取るようになってきた。ただし，連邦直轄地の地位の要求については，ムスリムは黙認するのみである (PD 2003.09.23)

　この語りが示すように，ラダックにおける指定部族の地位を 8 部族に分割して与え

写真5-6 宗派を越えたセミナーの開催光景。ラダックの宗教指導者が一同に会した（2003年）

るというインド政府による政治的判断は，ラダックにおける宗教的対立の解消に一定の役割を果たしていることが分かる。

一方，祭りの創設，セミナーの開催など，宗教的対立を解消させようという取り組みが行われている。レー近郊のインダス川岸で，ガンジス川，プラマプトラ川の水をインダス川に混ぜて祈るシンドゥ・ダルシャン（Sindhu Darshan）祭りが1997年から実施されている。インダス川は，ヒンドゥー教徒，仏教徒にとって同じように大切な河であり，国民の統一・調和の強化を象徴する祈念碑として，この行事が実施されるようになったといわれる（Jina 1999: 119）。

また，2003年には，実際に参加することができたのであるが，「宗派を越えたセミナー2003」（Inter-Faith Seminar 2003: Role of Religion, Peaceful Co-Existence）が開催された。このゼミナーの中心テーマは，「宗教の役割と平和的共存」であり，この年の主催者はレーのスンニ・ムスリムによって設立された社会福祉団体であるAnjuman Moin-ul Islam Leh Ladakhであった。発表者は12人であったが，主なメンバーは，主催者代表をはじめ，ラダックの各宗教界の代表者である。大乗仏教徒を代表してチョクラムサにあるマハボディ瞑想センター長，レーのバザールにあるスンニ派のモスクのイマーム，シーア・ムスリムの社会福祉団体であるAnjuman Imamiya Leh Ladakhの代表，レーのシーア派のモスクのイマーム，レーのモラビア教会牧師，ラダックのディグン・カーギュ派の宗主であるトクダン・リンポチェ，チョクラムサにある国立仏教学研究所の仏教学者ツルティム・ギャツォ氏，イスラム学者M.

K. ナヴィ氏が意見を述べた。

また，元カシミール州政府下院議員で，現在ラダック仏教徒協会代表ツェリン・サムペル氏，元ラダック仏教徒協会代表で，現在名誉ラダック自治山麓開発協議会議長であるツプテン・ツェワン氏，ジャム・カシミール州科学・技術大臣リグジン・ジョラ氏など，ラダックにおける一連の政治運動を主導してきた政界の代表者も意見を述べていた。

ここで述べられた意見は，次のような点にまとめることができる。たとえば，冒頭の主催者代表が述べていたことであるが，宗教は愛，理解，平和の精神そのものであり，宗教がなければ，理解し合えないといい，仏陀の言葉にしろ，キリストの言葉にしろ，「他の人に自分がいやなことをするな」というのがあり，マホメットの言葉にも「隣人を愛せよ」というのがあるように，世界中の宗教には共通性があるというものである。また，ラダックは，インドの中でも宗教の平和的共存のモデル地区といえる地域であり，新しいモスクの再建の際にも，レーの仏教徒は好意的に援助してくれたといった事例をあげ，ラダックで宗教が共存してきた歴史を強調し，宗教的共存の再考を促そうとするものである。平和的共存のためには，対話のセミナーを繰り返し開くことが大切であるというのも，主要な意見となっていた。さらに，宗教は本来，個々人の心の安寧のためにあり，宗教の名の下に争うことは，宗教に対する冒涜であるという意見を述べる人もいた。

一方，「昔は，ムスリムであろうと，仏教徒であろうと心に平和（平穏）があったが，現在は緊張が強すぎ，皆お金を儲けるのに心を奪われている。しかし，ムスリムであろうと，仏教徒であろうと，心の平和を忘れてはならない」と，現在の功利主義的傾向を戒めるイマームの発言もみられた。その反面，仏教徒側からは，「自分の宗教に敬意を払うとともに，他の宗教に対しても敬意を払う必要がある。しかし，ムスリムの中には，ラダック仏教徒協会とラダック・ムスリム協会との間で，仏教徒からムスリムへの改宗をさせないという取り決めを結んでいるにもかかわらず，貧しい仏教徒の女性をイスラムに改宗させている」という実情が指摘され，ムスリム側に注意を喚起するという場面もみられた。ムスリム側からこれに対しては，このようなことは結婚を契機とするものであり，必ずしも強制的なものではないと反論がなされながらも，結婚による改宗を止めるという提案が了承されていた。さらに，子供の教育が重要であり，宗教的対立をなくすには宗教を越えた普遍的教育を実践する学校をレーに設立する必要性があるという意見も提示された。

このセミナーにおけるそれぞれの発表は，何か答えを出すというものではなかった。しかし，多くの発表者が，「このようなセミナーを繰り返し開催することが大切である」と述べ，次回はラダック仏教徒協会がこのセミナーを開催するという発表で，会が締めくくられた。ラダックの各宗教界の指導者は，一堂に会し，顔を突

写真 5-7 レーのバザールの中心にある，1989 年の暴動での破壊後再建されたモスク（2003 年）

き合わして，意見を交換することの重要性を認識していたということができる。ラダックにおいては，異なる宗教の指導者が対話を通じて宗教的対立を乗り越える努力をしているのである。

8. 盛んになる NGO 活動

2003 年にレーを再訪したとき，さまざまな NGO が活動していることに驚いたことを覚えている。ラダックに関する案内書 *Reach Ladakh* (Tundup 2001: 45-48) には，NGO 支援団体として，11 団体が紹介されている。このうち 7 団体は 1990 年代に設立されたものであるが，これらの中の 3 団体は入域開放後の 1970-1980 年代はじめに，ラダックへの外国人観光客の殺到やさまざまな消費文化の流入に危機感を抱いた西洋人によって活動が展開されていったものであった。

ごく初期から援助活動し，その後のラダックのあり方にも大きな影響を与えた 1 人が，スウェーデン人の H. Norberg-Hodge である。彼女は，1978 年にすでに，ラダック独自の価値観と人間的な小規模経済にもとづく地域開発とラダック伝統文化の保持をめざす，反開発の「ラダック計画」に着手している (Norberg-Hodge 2000)。「ラダック計画」は，1983 年には，ラダッキによる NGO「ラダックエコロジー開発グループ」(LEDeG) の設立へと結実している。しかも，このグループの指導的なメンバー

は，後に「ラダック自治山麓開発評議会」初代議長や執行評議員としてラダックの政治を主導していったのである。

太陽エネルギー利用による部屋の暖房，料理，温水化，作物の乾燥，温室栽培などの村々への普及活動にラダッキ自身が参加するようになっていったのである。彼らの開発をめぐるアイデアや計画がすべてうまく運んだとはいえないが，現在でも活用されているものも多くあり，ラダッキの生活環境の改善には大きな力を発揮してきた。現在では「ラダック計画」はNGO「エコロジーと文化の国際学会」（ISEC）として，ラダックだけではなく地球規模での活動を展開する組織となっている。

また，「レー栄養計画」(Leh Nutrition Project) は，イギリスのSave the Children Fund（「子供救済基金」）のイニシアティブのもと，1978年以来，とくに辺鄙な村々において乳児や子供の高死亡率を減少させるための活動を行ってきた。彼らは，また，1985年にはレーで，「チベット医学セミナー」(The Save the Children 1986) を開き，アムチの医学の再活性化と標準化に向けた取り組みを行い，専門医療の村々への普及などの活動を地方政府の仕事を補う形で進めていた。現在では，主な活動は，村における水の確保，子供の発育，健康，教育，自然保護などの問題に移っているという (Tundup 2001: 45)。

1980年代後半には，ラダックの将来に関心のある青年たちが設立したNGOである「ラダック学生教育・文化運動」(Student Educational Cultural Movement of Ladakh, SECMOL) が登場している。これは，現代教育を受け，焦点も定まらず，文化的にも混乱しているという若い世代の抱える問題を憂えた，ラダックに戻ってきた大学生たちによって1988年に設立されたものである (Tundup 2001: 45)。1989年に仏教徒とムスリムとの暴力的衝突が起きており，1988年当時は，ラダッキ仏教徒が最もラダックの将来に危機意識を持っていた頃といえる。結成当時から主導してきた代表のソナム・ワンチュク氏の語る，以下のSECMOL設立の背景は，ラダッキ大学生たちの民族的危機意識によって，この組織が結成されたことを示している。

> ラダックはインド国内の他の地域に開放されてから，「開発」をめぐるさまざまな観念がラダックに洪水のように流入してきた。そうなると，我々ラダッキは，ラダックを遅れた原始的な土地だとみなすようになった。西洋のものは何でも優れ，西洋のものではないものは遅れたものと思うようになった。自分たちがとてもとても小さく，悪いもののように思えてしまっていた。
>
> そして，最悪であったのは，学校教育であった。学校で学ぶテキストはラダックに関係のあるものは何もない。学校教育はラダックと関係のない言葉で行われた。先生もラダックと全く関係のない人であった。このような学校教育のもとで，若者はそのうちに自分自身をいやになっていった。私たちは，次第に学校教育システムに

写真 5-8　レー市内にある NGO ラダックエコロジー開発グループの本部（2003 年）

写真 5-9　SECMOL 代表の S.Wangchuk 氏が推進するぺー村の学校教育モデル校（2003 年）

問題があるのではと，思うようになった。とくに，学校を途中で止める子供たちがあまりにも多すぎることがとても気がかりであった。子供たちがカシミール出身だったり，デリー出身だったら良いのにと願い，なぜラダック出身なのだろうと，自分自身を憎むようになってしまうと，民族は自己破壊することになる。

私たちは，教育を2つの視点から捉えた。第1は，生徒たちは試験に合格し，成功しなければならないということ。第2は，もし生徒たちがうまくいかなかったら，劣等感をもつようになり，自分の存在そのものを自己破壊してしまうだろう。だから，そうならないためには，教育システムを変えることであると考えたことである。当初は，生徒たちが試験に失敗しないように助けていた。しかし，そうする内に，生徒たちがとても賢く，どこの子供にも負けないくらい賢いことに気づいた。原因は，言語にあり，教育の内容にあることに気づいたのである。

　こうして，1988年までに何かを組織しなければいけないと思うようになり，1988年にこの組織を設立したのである。この組織の目的は1つには教育の問題であり，もう1つは，人々に自分たちの文化を尊敬させるようにすることであった。青年たちが昔の歌や踊りに敬意を払い，文化や歴史，僧院や城などについて理解するということである。

　教育システムを変えることを政府の学校でしなければならないと考えた。そうでなければ，ラダッキすべてにこの問題を理解させることが出来ないと考えたからである。これは反民族的，反国家的運動ではない。だから，最初1つの村をモデルとして選び，学校教育を変えることにした。こうして，その村の23校で教育システムを変えてみた。次には，村を変え，人々を変えていったのである。このようにして，運動を続けてきた。

　一方，1990年代にはいると，僻地の村に住む貧しい生徒の援助，政府との協力による初等教育の見直しといった教育の問題から，スポーツ，演劇芸術の発展，エイズなどの感染疾患の予防と農村地帯の開発，環境と健康の問題など，新たな関心や現代的課題に呼応してNGOやNPOが設立されていったのである(Tundup 2001: 46-47)。こうしたNGOの事務局では，大学を卒業した有能なラダッキが働いていた。観光産業以外にめぼしい産業のないラダックにおいて，NGO/NPOは若い有能な青年たちの働く受け皿となっているのである。

9. 開発をめぐる意見の対立

　近年のますます隆盛する観光地化は，中心地レーと地方の村との経済格差を大きくするだけではなく，レーへの仕事を求めての人の集中化，新しい経済エリートの誕生などをもたらすこととなっている。このことは，政治・経済の中枢にエコロジー派の委員が入り込む一方，観光地化により誕生した新しい経済エリートも進出することを意味する。後者の人々は，より一層の商業的かつ観光の発展を望み，レーへの飛行機便の増発，道路の改良などを要求するというように，ラダック地方

の開発をめぐりエコロジー派との意見の対立も生じるようになっている。さらには，高等教育を受けた青年たちの間で，持続的発展ではなく「仕事」のある発展，伝統的文化よりも健康的な，大都市のような環境と文化を求める動きが活発化するというように，「教育」という意味での地域開発は人々に伝統文化の枠では収まりきらない新たな価値観を生み出すことにもなっている。

　「観光」を主要な経済基盤とせざるを得ないラダックの現状は，地域住民すべてに還元できうる「地域開発」という意味ではまだまだ多くの問題を抱えている現状といえる。ラダックは，このような問題を抱えながら，グローバル化の激流の中に歩み出しているのである。

第2部　ラダックにおける病いと治療

第 6 章

村人にとっての病い

　第1部では，ラダックの人々の歴史と暮らしについて述べてきたが，人々の暮らしを支える健康はどのように維持されてきたのであろうか。ラダックの人々にとって，身体の不調である病いは，単に，病理学的現象であるばかりでなく，さまざまな超自然的存在，精霊の関与，あるいは暦学的原因などに因るものと見なされてきた。多元的な病因論を背景にして，病気の治療は伝統的には多様な職能者によって担われてきた伝統がある。

　まず，第7, 8章で詳述するように，薬草や薬物の処方によって治療を行うアムチ (am chi) と呼ばれる医師がいる。アムチの医学はチベット医学の伝統に則るものであり，その資格は，ギュ・シ (rgyud bzhi『四部医典』) という4巻からなるチベット医学の教典に精通することによって初めて得られることになっている。

　この地方にチベット医学が伝播した時期をはっきりと示す記録はほとんどない。しかし，第1章で述べたように，古くにはカシミールを中心とするインド仏教との結びつきが強かったラダック地方は，13世紀頃になると，中央チベットからチベット仏教の経典が持ち込まれ，14世紀には中央チベットへの学僧の派遣が始められたといわれる。ラダックの歴史は，13世紀以降チベットとの宗教的結びつきが急速に深まっていったことを示している。チベット医学はこのようなチベット仏教の浸透に並行して，この地方全域に広まっていったといえる。

　また，病いの治療は，第9–11章のテーマとなっているラダックにおけるシャマニズムとも深く結びつく。女性であればラモ (lha mo「地方神ラー・女性」)，男性であればラバ (lha ba「ラー・男性」) と呼ばれるシャマンは，超自然的な力を借りて，つま

りラー[1]と呼ばれる地方神に憑依された状態で、病いの治療を行っている。さらに、病気の原因を仏教的占い儀礼であるモ (mo) によって占う僧侶、占星術によって占うツィスパ (rtsis pa「占星術・(する) 人」)、そして仏教の教義に則り除魔儀礼を行うことのできるオンポ[2] (on po) などによっても、病いの治療が担われてきた。

一方、イギリスの植民地時代、植民地政府によってレーに病院が運営されてはいたが、薬剤師が配属されていただけであったという。また、インドの独立後しばらくの間、近代西洋医学を学んだ医師が駐在することはなく、1950年代中ごろ (1954-1955年) に初めて、州政府の病院に近代西洋医学の医師がこの地方に派遣された。1961年には、ラダッキで初めての近代西洋医学の資格を持った医師が病院に勤務するようになっている。1950年代中ごろから、ラダックの人々は近代西洋医学に基づく治療の恩恵を受けるようになったのであり、西洋医学に則った医療は、州政府の努力のもとに次第に拡充されてきた。各地区の中心的な村における診療所や薬局の設立、カルギル市区での病院の設立、1981年にはレーに新たに近代的設備の整った総合病院の設立がなされた。

実際、集中的調査を行った1980年代当時、ラダックの人々は地区ごとの診療所や薬局を利用する一方、ときにはレーやカルギルの病院での治療を受けに出かけるというように、近代的医療の恩恵を受けられるようになっていた。その一方で、アムチ、シャマンによる伝統的な治療、あるいは占星術師による占い、オンポによる儀礼など、病いの治療は多元的に行われるのが一般的な現状でもあった。

このように、ラダックにおいて、人々の健康は病気治療手段の多元的な選択によって維持される現状があるが、その背景には、人々の疾病観、つまり、病いと信仰という問題がある。ここでは、人々が「病い」を如何に捉えているのかという問題を取り上げてみたい。

---

1 チベット仏教においては、輪廻の六道のうちの1つである天に住む神がみである。仏法に帰依することになった地方の神々であり、輪廻から抜け出すことはできないものとみなされている。ラダックの人々にとって、ラーの観念は、村のラー、畑のラーなど日常生活において重要なものとなっている。

2 Jäschke (1998 [1881]: 389) は、dbon po の項目の中で、西チベットでは on po、中央チベットでは om po とも書くと注記し、「占星術に秀でたラマで、例えば、人が亡くなったときに、そのための儀礼を行い、生き残った人々から災いをそらすために尽くすラマである (西チベット)」という訳を与えている。

1. 病いと村人の信仰

病いとは

　では，ラダックの一般の人々は，病いをどのようにみているのであろうか。村人に対して行ったインタビューの中からこのことについて考えてみよう。

　アムチの医学においては，病いを表わす語彙として一般にナッド (nad) が使われる。一般の人々の間では，病いの状態はこの語彙よりもむしろ，もともと痛みを表すズクモ (zug mo) あるいはズルモ (zur mo) という語彙によって表わされることが多い。たとえば，何らかの病気の状態にあることを「zug mo yong nga rag ga」(痛み (病い) がやってきている) というように話す。病いは「痛み」という語彙によって，しかも「やってくる」と表現されるのである。

　このような言葉の用法は，ラダックの人々にとって病いの状態が外から内なる身体へと何かが作用した結果と考えられていることを示している。この点で，日本語とは対象的である。日本語では，一般的に「病気になる」というように，自然に無から有が生じる意味をもつ，自発，自然展開の意を表す語である (荒木，1985: 31)「なる」が用いられる。ラダックの人々にとって，「病い」は自然展開の結果として生じるのではなく，何か他からの作用の結果として起きるものという観念があるということができる。

　では，実際に，村人は自分の患った病いについてどのように考えているのであろうか。ある老人 (当時 87 歳) は，病いについて次のような話を語ってくれた。病名が言及された箇所に下線が引いてある。

　　私はデュンパ ('brum pa「天然痘」) にかかったことがある。40 年前くらいのことだ。その時，医者，アムチは誰もこの病いを治しに来てくれなかった。自分の家族で私だけがこれを患った。息子は羊を殺して肉を用意してくれた。母親が自分の枕元に湯と粥をもってきてくれた。それを食べていただけであったが，それで治った。勿論，この病いになったはじめの頃に，僧侶がやってきて，トゥス (khrus「洗い」) という浄化儀礼をしてくれた。聖水を頭に注ぎ，清めてくれたのだ。また，家族のものはシュクパの葉を燃やした鉢をいつも私の前にもってきて，清めてくれた。

　　また，ポプラの木を伐採していて，倒した木が足にあたって骨を折ったことがある。その時，村には，ラバがいなかったので，アムチを呼びに行った。アムチは骨折した箇所に木片をあてがい，固定してくれ，タル・スマン (thal sman「灰化薬」) を処方してくれた。アムチがどんな手当をしてくれてもそれだけでは不十分である。足を

折ったのは丁度，毎年僧侶に頼んでいるスキュリム[3]（sku rim）という儀礼の時期であったので，これを行ってもらう時に，自分の折れた足のことも祈ってもらった。1ヶ月後，やっと杖をついて歩けるようになった。

これまで他にこれといって重い病いにかかったことはない。ときどき<u>スニンカ</u>（snying ka「心臓」）と呼ばれる病い[4]や頭痛にかかったりするが，この時にはアムチに薬をもらうと同時に，僧侶にズングドゥス（gzungs 'dus『陀羅尼集』）という名の経典を唱えてもらう。<u>パトカン</u>を患うこともあるが，この時にはバターを摂るのを控え，痛みがひどいときにはアムチに薬をもらう。パトカンは大人だけがかかり，<u>ルン</u>の病いについてはよく知らない。

ルーは，柳の大木，刺のある大きな木などの根元に住んでいる。こういうルーの住んでいそうな木を伐るときには必ずマントラをその前に唱えなければいけない。そうしないとルーの怒りを買い，あとで，腫れものや吹き出ものができる。<u>腫れもの</u>はルーの障りであり，必ずストルマを作って捧げなければならない。

また，ツァン（btsan「山野の魔」）[5]は，馬に乗ってうろつき回っており，とても恐ろしく，赤い色をしている。これに出会ったりすると，<u>人は風邪を引いたり，体中に痛み</u>を感じたりする。こういう場合には，アムチと僧侶の両方にお願いしなければいけない。僧侶がまず，占いの指示通りに馬・ロバなどの動物を模ったストルマを作って捧げる宗教儀礼を行わなければいけない。その後で，アムチの薬を飲むのである。

<u>ザー・ナッド</u>（gza' nad「凶曜・病」，麻痺）にかかった人を沢山知っている。これは，暦学上の凶曜によって起こるといわれる。すぐ死ぬ人もいれば，助かりその後半身付随の状態となって生きる人もいる。この病気にかかると，直ちに僧侶を呼んで，水で洗い清めるトゥスの儀礼を行う。この儀礼は患者を少しは守ってくれる。アムチはこの病いに対してどうすることもできなく，僧侶によるトゥスの儀礼をするだけで，助かる人は助かる。

上記の老人の話の中で言及された病いは8種類であった。この中で，何らかの宗教的な処置が全く言及されなかったのは，パトカンとルンという，第7章で述べるアムチの医学において中枢を占める病いの中の2種類のみである。他の病いの場合には，宗教儀礼の実施が必要となることが述べられている。また，ルーやツァンという超自然的存在が原因となりうる病いについても知っていた。さらに，骨折とい

3　特定の宗教儀礼を示す名称ではなく，神々に対する仏教儀礼を示す一般名である。
4　これは，鳩尾に鋭い痛みを伴う病いであり，ラダックではこの病いがよく話題となる。
5　張恰孫（2004 [1993]：2197）は，妖怪，妖精という訳を与えている。大きな岩や大木のもとにいたりすると考えられており，山野に徘徊する魔ということができる。ここでは，ラダック語の発音に沿ったツァンとする。

う怪我に対しても，まずラバに診てもらいに出かけようとし，アムチの手当だけでは不十分で，僧侶による宗教儀礼を実施していた。

また，別の男性(71歳)は，自分や家族の病歴について次のように語っていた。

> 娘が12歳の時，不浄の病いといわれるディプテン (grib brten「穢れ・もつ」)を患った。別の村の高僧のところに出かけ，占ってもらった。僧侶は，これは重病であり，ギャック (bgegs「厄，災難」)によるものであり，2-3日のうちに死ぬであろうと告げた。当時，娘をアムチのところに連れていく暇がなく，突然の病いとなった娘は数日中に亡くなってしまった。厄には，年厄，月厄，日厄があり，年厄については，人々はみな注意するようにしている。娘はその時年厄であった。
>
> 自分は13年前頃，1ヶ月ほど病いの状態が続いたことがある。ひどい病いではなく，体が弱っていただけなので，西洋医やアムチに診てもらっただけで，僧侶には占いや儀礼を頼んだりしなかった。この頃，パトルン (pad rlung) の病いにもなった。これは，疲れた後に冷たい水を飲むと患うといい，頭痛がしたり，唇に吹き出物ができたりするものである。しかし，この時もアムチに診てもらい，薬をもらっただけである。他に患った病いらしいものは風邪くらいである。チャンを飲んだときには，たまにティスパを吐くときがある。ティスパやパトカンの病いになったことはないし，ルンの病いについてもよく知らない。
>
> 家族のものに腫れものができたりするとルーやサダックが原因かも知れないと考え，僧侶を呼んで，ルー・ストル (ルーのためのストルマ) の儀礼を行った。腫れものの場合には，病因ははっきりしているのでわざわざ僧侶に占いを頼んだりはしない。また，僧侶の占いによってツァンが病因であると告げられた場合には，土を捏ねて円錐型のツォクスを作り，これを赤く塗って屋根の上に置いた。ツァンにはこういうものを作って捧げる。

この例でも，パトルンの病いなど，アムチの医学上の病いに関しては，宗教儀礼に頼ることはしていない。しかし，ルー，サダック，ツァンという超自然的存在が病因となることが信じられており，このようなときには，宗教的儀礼を行う必要があることを良く知っていた。

また，調査期間中にこんなエピソードにも出会った。村の診療所で薬剤師として働く若い母親の子供がある時高熱を出した。早速，彼女は診療所の医師(西洋医)から薬を処方してもらい，子供に飲ませた。ところが，次の日になっても子供の熱が下がらなかった。そこで，彼女は子供には何かの霊が作用しているのではないかと心配になり，村の占い師に占ってもらったのである。占いによると，子供の病いは彼女の出身地の村のある女性の生霊が作用するためであるということになった。彼女は子供とともにさっそく村の家に帰り，僧侶に除魔儀礼をしてもらったのであった。数日して，彼女は子供とともに戻り，子供はすっかり良くなったと語っていた。

他人に災いをもたらす生霊という観念がラダックの人々の間で広範にしかも強く信じられており，薬剤師という近代西洋科学を学んだこの若い母親の場合においても，このような超自然的病因の存在が信じられていたことが分かる。このように，ラダックの人々は病いに対し，常に超自然的要因を念頭に置いて対処しているのであった。次節で，このような病いや災いをもたらすとされる超自然的存在について，もう少し詳しくみてみよう。

多様な霊の観念と病い

ラダックの人々は，多様な超自然的存在（霊）の観念を信じ，病いには超自然的要因が認められている。つまり，人々は人間に危害や災い，障りをもたらす各種の超自然的存在を信じ，日常的にもこれら諸霊に配慮している。チベット仏教の経典には，人々に常に災いをもたらそうとする仏教の敵対者となる360種類のドゥッド（bdud「魔」）[6] が記されていると，大変な世界に住んでいると言わんばかりにラダッキは語る。さらに，障害，厄介なこと，不吉な禍のみならず，瞑想中あるいは何か良い行いをしている最中に何か悪いことが頭に浮かんできたりすることも，ドゥッドのせいと考えられていると説明する僧侶もいる。いずれにしても，ドゥッドは，何らかの姿をもつ，特別な霊のみではなく，「諸悪の根源」ともいえる観念ということができるが，人々は，日常生活において多様なドゥッドの観念を配慮し，これらによる障りの有無に関心を払っているのである。

また，ダムシ（dam sri「怨鬼」）[7] という表現もあった。悪霊かもしれないが，何か面倒なことが起きた場合，人は「これはダムシである」といい，「魔」に相当するものということができる。たいてい，宗教上の約束を破ったりして，病気，言い争い，喧嘩など面倒なことが起きた場合に，「ダムシである」といわれ，破戒による災いということもできる。また，男性と女性の間，兄弟と父との間など家族内での争いが起きたりした時には，たいてい「ダムシである」といわれる。

ドゥッドの中には，いつも人に対し危害を加えようとするとして恐れられるものも多いが，人の行為によってときには病いをもたらすと考えられているものもある。実際，これらの中には，仏教の護法尊となったものがある。たとえば，ギャルポ（鬼王）[8] は，パドマサンバヴァに調伏されて仏教の護法尊となったとされ，人々を助け，

---

6 ドゥッドについて，榊（1981 [1925]：222）は，ジクテンパラー（'jig rten pa'i lha）の項目の中で，「魔」という訳を与えており，これに準じた。

7 ゴールドシュタインは，「ダルマ（仏法）を傷つける鬼」という訳を与えている（Goldstein 2001：527）。また，張怡孫（2004 [1993]：1249）は，怨鬼，魔鬼という訳を与えており，ここでは，怨鬼という訳を採用した。

8 「王」という意味があるが，地方神の名前としては，鬼王という意味をもつといえる。

タンカに描かれ、僧院の守護神となるものである。しかし、パドマサンバヴァに出会わなかったギャルポは、人々を苦しめることがあり、とくに、人を狂気にさせるなど精神上の障害を引き起こすことがあると信じられており、第7章で述べるように、人の脈を乱させる原因ともなる。

一方、経典に登場するドゥッドという観念よりも、人間に災い、特に病気をもたらすといわれるデェー('dre「鬼」)、あるいはドン (gdon「悪霊」) と呼ばれる8種類のデェー ('dre brgyad「鬼・8」) の方が、人々の日常生活の中で恐れられ、気がかりのもととなっていた。このような病因となる超自然的存在について、次のような話を語ってくれた人もいた。

> 病いの原因には、ラー、ルー、ツァン、ギャルポ、マモ (ma mo「鬼女」)、テウラン (the'u rang「独脚鬼」) などの8種類のデェーがある。これらのデェーと良い関係を保てば、我々は平和に暮らすことができる。しかし、我々がデェーを傷つければ、デェーも我々に災いをもたらす。これらのデェーによる災いや病いには、デェーの種類に合わせ、教典を唱え、特別なストルマを作って投げなければならない。これは大抵僧侶に頼んで行ってもらう。
>
> また、熱の病い、天然痘、下痢など、これらの重い病気にはそれぞれナッドダック (nad bdag「病い・主」) があるが、風邪にもこれがある。ナッドダックは小さい子供の姿をしており、時には人に憑依することもある。憑依して、「自分はナッドダックである。今2-3人でやってきており、ここにはもう少し留まるつもりである」などと語った話を聞いたことがある。また、浮腫を患った人が薬を飲んでも治らないことがあり、その時には、2人のナッドダックが「自分がこの患者を取る、お前をヤギの髭を燃やして追い出してやる」などと言い争っていたという話がある。ヤギの髭などを燃やすことが薬よりも効果があるということで、自分達はこういうものを常に用意している。このように、病いにはナッドダックがある。

8種類のデェーの名前は、誰にでも一致するという訳ではなかった。しかし、既にみてきたように、ルー、サダック、ツァンは、誰もが例に挙げることのできる種類となっている。また、粗略に扱えない地方神であるラーは、時には人に憑依し、病いの状態をもたらすことも人々に良く知られている。さらに、デェーの観念には、生霊、死霊という観念もあり、これらは人々の関心も高く、憑依することで恐れられている。これらについては、後の節で詳述することにしたい。そのほかに、ニャン (gnyan)、マモあるいはスマンモ (sman mo)、テウランなどが例にあげられていたのである。

ルー、サダックは、人々が大切に接すれば福をもたらすが、人々が危害を加えれば病気などの災いをもたらすと信じられている。たとえば、もしルーが住ん

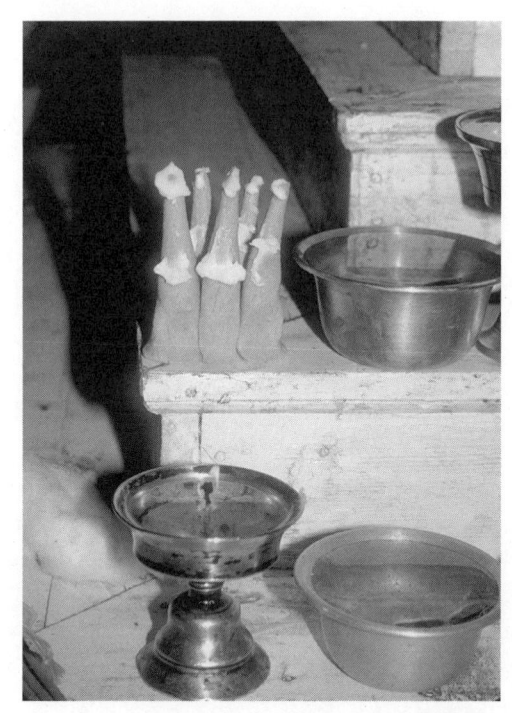

写真 6-1 カラツェ村の寺で，仏教儀礼のために準備された5つのストルマ（中央上）。儀礼の対象となる仏・神ごとにストルマの形が異なる（1990年）

いる場所は，たいてい水がそこから湧き出してくる泉である。ただし，ルーの中には，木，石に住むものもいる。ルーは，人々が雨を呼んでくれるようにお願いすると，聞き届けてくれることがあるが，人々がルーに何か悪いことをすると，ルーは人々に腫れもの，ハンセン病さえも引き起こすという。一方，それまで何もない場所に，畑を作る，家を造るなど，その土地を掘り起こすときには，人は知らないうちにサダックを傷つけることがあるという。そうすると，サダックはルーと同じように，その人に腫れもの，おできなどの皮膚病を引き起こすのである。

　ニャンは，ルーやサダックのように，人々を助けることはしないが，これらと同じような病いを引き起こす，同じ種類の霊的な存在である。彼らが何かするときは，人を傷つけるときである。何もしなければ，人には何も起こらない。ルー，サダック，ニャンの災いが皮膚疾患となってあらわれるということは村人の共通の知識となっており，これらに対しては，同じような対向儀礼がおこなわれる。

　一方，ラーは，仏法に帰依することになった地方の神々であり，チベット仏教において輪廻の六道のうちの1つである天に住む神がみでもある。輪廻から抜け出す

ことができず，悟りの境地に達しえないものとみなされている。ラダックの人々では，ラーに対し，経典を読んで浄化儀礼（ラップサンス）を行うことが日常的な宗教行為ともなっている。浄化儀礼の経典の中には，60種類以上のラーが記されるものがある（煎本 1989）。ユッラー（yul lha「村・ラー」）を始め，ジンラー（zhing lha「耕地・ラー」），タップラー，キムラー（khyim lha「家・ラー」），ダラー（dgra lha「敵・ラー」）と呼ばれる各種の敵神，スタラー（rta lha「馬・ラー」），さらにはチュウラザンパチェドペラー（chu la zampa byed pa'i lha「川に橋を架ける・ラー」）などがある。また，人は，右肩にポラー（pho lha「男性・ラー」，父のラー），左肩にはモラー（mo lha「女性・ラー」，母のラー）を持ち，それぞれ生まれによるスキェスラー（skyes lha「天賦・ラー」）がいるといわれる。これらのラーは日常生活において敬意を表すべき対象として重要な意味をもっていた。

　また，既述したように，人々に恐れられる超自然的存在がある。ツァンは，山野に徘徊する魔で，迷信的妖怪ともいえるものである。これについては，経典の中にもどんな病を引き起こすのか記されていない。しかし，人々は，頭痛などの突然の病いの状態の際には，どれか占い書が参照されて，ツァンに出会ったためとされることがあると語る。

　スマンモは女性の霊で，これも人々の話題になるものである。この霊の障りを受けるのは男性である。後述の事例で示すように，たとえば，男性が遠く村から離れた原野で寝泊まりしなければならないような時，捕らわれることがあるという。スマンモは，1人でいる男性のところにやってきて，彼を自分と一緒に連れて行ってしまう。そうすると，その男性は自分1人で，村に帰ってくる力がなく，何年もスマンモと暮らすことになるのである。時々，村に戻ってくる場合もあるが，中には死ぬまでスマンモと一緒に暮らす例もあるという。

　障りや災いがどのデェーによるものなのかがはっきりしないときには，シャマンや僧侶の占いによって，何であるのかが明らかにされることが多い。そして，時には家の壁にドスを掛けることや，赤絵を描くことが指示される。ラダックの人々は，このようなさまざまな霊とともに生き，常に超自然的存在を病因や災いの原因として憂えるのである。

伝承にみる悪霊像

　ラダックの人々には，超自然的存在をめぐって，遭遇した話を始めさまざまな伝承が語り伝えられている。たとえば，カラツェ村の老人は，ツァンについて次のような話を語ってくれた。

　　ツァンは，正面からみればちょうど人間と同じようであるが，その後ろ姿をみると，

体の中のすべての器官が透けて見える。人間はこれを見ることができる。ツァンについてはこんな話がある。

ある1人の狩人が銃をかつぎ1匹の犬をつれ，高い山の氷河の割れ目に落ち込んだ。そこは竜の住む家であり，そこで彼と犬とは竜の肉の一部をなめながら空腹をしのいでいた。ある日，大雨が降りそうな天気となったため，彼と犬は竜の尻尾にしがみついた。すると，竜は割れ目から飛び立ち，その拍子に彼と犬は竜に投げ飛ばされてツァンの国に迷い込んだ。

ツァンの家で，狩人はその家にあった食べ物を欲しいだけ食べた。彼が食べていても，ツァンには人間の姿が見えない。夜になると子供のツァンが泣きつづけていた。子供は大抵超視能力がある。子供が泣き続けるので，両親はツァンの僧侶を呼びにやった。少年の僧侶がやってきて，教典を唱えた。すると，狩人は少し体が震えるのを感じた。しかし，震えを感じるだけでそれ以上何もなかった。

翌日，子供の様子が少しも良くなっていないので，両親はツァンの僧侶自身を呼びにやった。僧侶がやってきて様子を見るなり，彼は人型の像をまず作り，次に，犬の像，そして銃の像を作った。僧侶はこれらを作ってから，狩人の前で燃やし，目を閉じて瞑想し，彼は「パッド」と叫んだ。すると，狩人は送り返されたのであった。彼は気がつくと自分の家の前にいた。このように，我々が身代わりの供えものや像を投げると，すべてのデェーや死霊は送り返されるのである。ルーも自分の村をもち，ラーにも自分の村があり，そこに帰るのである。

この話は，ラダックの人々がツァンだけではなく，ルーやラーなどの神々や悪鬼たちが遠い彼方の国で暮らすと考えていることを物語っている。しかも，この話は，ツァンの国においても僧侶が特別な力をもっており，彼は異なる世界からの訪問者を送り返すための儀礼を行うことができると語っている。ここには，人間の世界において僧侶の行う除魔儀礼も同じような原理に則ることが暗示されているのである。

また，スマンモについては，昔には，スマンモに出会ったという話がよくあったという。今では，すべては消えていき，出会うこともなくなったというが，次のような遭遇伝承が残る。最初の事例は，カラツェ村のスキャンチャク家の1人の牧夫がニェモ地区（上手ラダック地方の村）のスマンモに捉えられたという話である。

> 牧夫が村人に捉えられたとき，彼はそれまで10-15日間行方不明であった。スマンモが彼を捕まえ，アイベックス[9](skyin)に乗って彼をストック村の山まで連れて行ったのだと，その男は語っていた。
>
> スマンモは2-3人一緒で，夫をもたない姉妹であった。彼女たちは彼を夫にできると考えたのであった。彼女たちの食べ物はラダッキのものとは違っていた。ツァ

---

9 Tibetan ibex, *Capra sakeen* (Das 1981: 101)

写真 6-2 ツァンが出没するといわれる，サブー村の巨石。赤い顔料が塗られている（1990 年）

写真 6-3 家の外壁に掛けられた魔除け用のドス。たいてい，シャマン，オンポらの占いによって，どのドスを掲げるべきかが決められる（1988 年）

写真 6-4 家の外壁に描かれる魔除けの赤絵。たいてい，オンポ，シャマンらの指示による（1989 年）

ンパ（オオムギの粉）用の粉は白い石を引いたものであり，おかずは血と肉であった。バターの代わりに，彼女たちはアイベックスの血を使っていた。彼女たちは，アイベックスを殺し，この肉を食べ，また飼育して子供の数を増やしていた。ちょうどラダッキがヤギやヒツジを飼うように。アイベックスを集めては，一緒に歩いた。男がニェモで座っていたとき，スマンモが自分を捕まえ，ストックの山まで連れて行ったのであった。男は，彼女たちに話しかけすらしなかった。無論床をともにする勇気さえなかった。

彼女らは人間のような体ではなかった。顔の形も違っていた。男はスマンモによってアイベックスに乗せられたとき，気を失っていた。彼女たちは男を夫としようと考えていたのであった。何日も男は捕らえられていたが，恐ろしくて，何もできなかった。食べ物も喉を通らず，だんだん弱っていった。日に日に弱っていった。「彼は何もできない」と言いながら，彼女たちは男を戻してくれた。

男は 15 日後に，自分の村に戻ってくることができた。戻ってきたときには，まるで死にそうであった。一握りのツァンパも手に入れることができず，チャン，バター茶，これらすべてを手に入れることができなかった。もし男が彼女たちと一夜をともにしていたら，彼女たちは彼を自分のところにおいたままにしただろう。おそらく何年も，何世代もそうなったままであったろう。

この話を語ってくれた村人は，スマンモとアイベックスについては，次のような話も聞いたことがあると話を続けた。

ワンラ村で，1 人の狩人がアイベックスを殺した。この男は，「私たちは，何も見つ

けることはできなかった」と言いながら，これを殺した。男はアイベックスを殺したあと，これを洞窟まで運んだ。

　すると，女が，「私のアイベックスは見つけられない。アイベックスの1つの角は曲がっていた」と言いながら，泣いているのを，男は聞きつけた。彼女たちが「私のアイベックスが見つからない」と言うときは，それを見つけられないことであった。そのアイベックスは，彼女たちがストック村からカラシナを背に積ませて運ばせてきたものであった。

　男は，アイベックスを運び，洞窟の入り口の前に置いた。男がたき火を焚いて，洞窟に座っていたとき，彼がただ1人居ただけであった。ストック村からカラシナを積んで運ばせたアイベックスを見失った。どこにも見つけられない。驚いたことに，女がこう言いながら泣いていたのであった。

　女は，驚きながら，おそらくこれに違いないと思いながら，毛皮の間を眺め始めた。すると，毛皮の間にカラシナを見つけた。男は素早くアイベックスの皮を剥ぎ，前足の肉を取りだし，大きなたき火を焚き，前足を火の中に入れ，焼いた。

　女は中に入ってきた。そして，たき火の側に座った。肉はとても熱く焼かれていた。彼女は彼を見つめることができなく，顔を横に向け，座った。彼がしていたことを彼女は見つめることができなかった。

　肉からは溶けた脂が滴っていた。男がその肉で女性のほおを叩くと，彼女は痛さで後ろに飛び上がった。沢山の女性の泣く声がごろごろと聞こえてきた。彼女らは逃げ出していった。外には沢山のスマンモがいた。この狩人を攻撃するために女は中に入ってきたのであった。しかし，彼女はこの男を攻撃することができなかった。男は強いルンスタ（rlung rta「風・馬」経文を書いた旗）をもっていたのだ。男がこの女の顔を叩いたとき，外から沢山の泣き声が聞こえてきたという。良い運勢（スパルカ spar kha），良い「風の馬」があったのだ。だから，女は彼を襲うことができなかった。

　ここに取り上げた2つの伝承は，スマンモが，高山にすむアイベックスをラダックの人々の家畜のように飼育し，食料とし，また荷駄獣として暮らすと考えられていることを示す。また，狩猟などで山中に出かける男性はスマンモの標的となり易いと考えられていることも表わす。この伝承は，原野は人々にとって魑魅魍魎の暮らす世界と考えられていることを示し，このような場所を通過するときの危険を防ぐためには，ルンスタを携行するようにという教訓話ともなっている。

憑依する死霊と生霊

　デーのなかで，人々の関心が高いものの中には，人に憑依する霊がある。霊の憑依（憑霊）による病いはよく人々の話題となる事例である。特に，憑霊の病いの治療は，第9章，第10章で述べるラダックのシャマニズムの実践と関係が深い。ラダッ

クにおける憑霊現象にはいくつかのバリエーションがあるが，後述するように，憑霊の病いを経験した人の中にはラモ（女性）あるいはラバ（男性）と呼ばれる治療者であるシャマンへの道を歩む者が少なくない。

　人間に憑依する超自然的存在は，一般に，ラーあるいはデーの中の生霊と死霊であると考えられている。災いをもたらす人間の生霊は，ソンデ（gson 'dre「生きる・鬼」）と呼ばれ，亡くなった人の霊である死霊は，シンデ（shi 'dre「死・鬼」）と呼ばれている。死霊は，男性と女性とに区別されないが，生霊は，上手ラダック地方では，女性であればティモ（dri mo「悪霊・女性」），男性であればティホ（dri pho「悪霊・男性」）と呼ばれ，経典，仏典の中にもこのように記される。下手ラダック地方では，生霊は，一般にゴンスキャル（'gong rkyal「悪霊・袋」）と呼ばれるが，女性のゴンスキャルの場合にはゴンモ（'gong mo「悪霊・女性」），男性の場合にはゴンポ（'gong pho「悪霊・男性」）と区別して呼ばれることもある。シンデやソンデによる憑依は儀礼によって治療すべき「病い」であるとみなされるのに対し，ラーの憑依は宗教的職能者ラモ，ラバとなるために必須の条件と考えられている。

　シンデは，死者が死後何かに生まれ変わることができなかった場合に，やって来るといわれる。シンデは人間に憑依するばかりでなく，子どもが授からないこと，いつまで経っても金持ちにならないこと，沢山のミルクを手にいれることができないこと，収穫が少ないこと，よい酒ができないことなど，村の中での社会生活上望ましいと考えられる状態に障りをもたらすと信じられている。従って，家族の中における不幸，心配事はシンデに因るものではないかと疑われることもある。そして，このようなときには僧侶や占い師に原因を占ってもらい，シンデの仕業であると判明した場合にはそれを祓うための儀礼を行うことになる。

　シンデに憑依された人は，狂人のようになるといわれ，自分の体を激しく叩いたり，高い木の上から飛び降りたり，川の中に飛び込んだり，首を吊ろうとしたりするといわれる。指，頭，脈などがこわばった感じとなり，体に痛みを感じ，あくびを繰り返したりするという。また，シンデは「自分は，○○という死霊である」などと，容易に素性を明かすと言われている。通常，シンデはラーの憑依を妨げようと最初に憑依することが多いといわれ，シンデに取りつかれ易い人はその憑依を祓ってもらった後，ラーの憑依を経験することがあるという。

　一方，ティモ，ティホ，あるいはゴンモ，ゴンポという語彙が示すように，生霊となる霊には，原則として男性の場合と女性の場合がある。しかし，男性の霊は，一般に生霊とはならないといわれ，1980年代には，男性の生霊が憑依した実際の事例は知らないという人が多かった。霊による憑依状態が起きた時，乗り移った女性の霊がティモと呼ばれるのであるが，下手ラダック地方では，ゴンスキャルという呼び名は，生霊となった霊そのものをさすばかりではなく，他人に乗り移ってし

まう霊を持つ当人をさす言葉ともなっている。

　また，ラダックには，生霊の家筋（ルギュ rgyud）という考え方があり，このような性質は，母-娘の関係をとおして世代を超えて，継承されると考えられていた。このため，かつては，息子の結婚に際して，相手の女性がゴンスキャルの家筋であるかないかが考慮されたといわれていた。誰もが，ゴンスキャルを嫌い，ゴンスキャルとうわさされる家の息子には娘を結婚させたがらないし，誰もその家の娘を嫁にもらおうとはしなかったという。カラツェ村には，かつて，ゴンスキャルの家筋が3-4軒あったことが知られており，これらの家筋は，お互いに通婚していたという。

　ゴンスキャルもまた他人に憑依するばかりではなく，家畜の病い，牝ウシやゾモなどがミルクを出さなくなる，木の上から落ちるなどの事故，子供が熱もないのにぐずり，泣いてばかりいる，子供の病いが薬を飲んでもなかなか治らないなど，様々な不幸や災いをもたらすと恐れられる。村人の中には「ドンというのはゴンスキャルのことだ。他のドンのことはよく知らない」と話す人が多いように，生霊は，超自然的存在の中で最も頻繁に村人の話題となるものとなっていた。

　他の女性へのゴンスキャルの憑依は，女性の霊が2つに分かれ，本人が気付かないうちにもう一方の霊が他の女性に乗り移ることによって起きるといわれる。この憑依は，死霊による憑依とは，次の点で区別できるという。まず，通常夕方起こり，頻繁にあくびを繰り返し，薄気味悪い笑いをすることである。また，体の震え，顔色が変わること，その状態が長く続くこと，またリンポチェ（rin po che「貴いもの」，活仏）など高位の僧の授けたチンラブス（byin rlabs「福力，祝福物」）を与えると吐き出してしまうこと，憑依した霊が何であるのかを自らなかなか語り出さないことなどの様相を呈することからも，人はそれであると知ることができるという。

　また，乗り移られた女性は，ひどく泣くようになったり，高い崖から飛び降りると叫んだり，また，時には乗り移った女性そのものの様相を帯びて語り始める。たとえば，「私は〇〇を殺したい」などと，霊のもち主によく似た口調でしゃべり始めるという。自分で語りださないような場合には，憑依された人の中指を強く糸で縛ったり，その人に綿を燃やした煙を嗅がせたりすると，憑依霊は憑依した人の口を借りて，「自分は誰それである」，「何故取りついたのか」，「何が欲しいのか」などと，語り出す。ゴンスキャルは自分の名前をはっきりと明かすことはほとんどないが，語った内容を総合すれば誰であるのかを特定できるのであるという。

　ゴンスキャルは，一般に，「おまえは私よりきれいだから取りついたのである」，「おまえの子供が良い子だから」，「おまえは金持ちなのに，私は貧乏であるから」，「おまえは学校にいって勉強しているのに，私は毎日家の仕事をして学校にも行けない」，ときには「何故おまえは自分の弟と離婚したのか」などと語るという。このため，村人は，ゴンスキャルは，2人の女性の間での強い嫉妬心や怒りが原因となっ

て一方が他方に憑依するものであり，嫉妬心が強い女性が生霊となると考えられている。ゴンスキャルは願望や怒りが強すぎて，他の人に災いをもたらそうとする，心の良くない人間のことであるともされる。

このように，ラダックにおいて，生霊や死霊のいずれも，病いを引き起こすばかりではない。人々の家族生活のなかでの様々な不幸，災いの原因とも考えられているのである。つまり，ここには人間が経験するさまざまな不幸を人間由来の霊の観念に帰するという，ラダッキの災因論が表わされている。

ゴンスキャルをめぐる村人の伝承

では，どのような関係性の中で，ゴンスキャルの憑依が起きるのであろうか。以下にゴンスキャルをめぐる村人の語りをいくつか紹介してみることにしよう。

最初の事例は，娘がゴンスキャルの憑依を経験したという母親の話である。これが起きたのは，インタビューの8年前ぐらいに起きたことであり，ちょうど娘がスキルブッチャン村へ嫁ごうとする前のことで，結婚後も続いたということであった。次のように，母親は，この結末を話してくれた。

> まず，娘は突然，長い息をするようになった。どうしたのかと娘に尋ねると，彼女は，何かが体の中に入ってきたようだと言った。彼女が気を失うと，憑依霊が話し始めた。彼女の中指を強く握ると，彼女は泣き始め，「そんなことをしないで，私は去っていきます」と言った。
>
> ゴンスキャルはとても賢く，決して自分の名前を明かさないし，顔を隠し，しくしく泣くのである。ゴンスキャルの影を誰かがたたくと，ゴンスキャルは泣き始め，自分の名前を告げる。
>
> 私は，誰がゴンスキャルなのか知ることができた。ゴンスキャルはスキンディアン村から来ていたが，今はもう亡くなった女性で，私の娘よりも年上であった。私の娘は，以前にゴンスキャルの弟と結婚したが，彼は娘を離縁していた。ゴンスキャルは，「なぜあなたは私の弟と離婚したのか。私はお前を河の中に投げ込むだろう」と言ったのである。
>
> そこで，私はサブー村のラモや，コクショ村のラモのところに娘を連れて行った。ラモたちは，お守りを授けてくれた。また，ワンラ村からオンポも呼んだ。オンポはゴンスキャルを娘の体に憑依させ，再びやって来ないようにと約束させた。ゴンスキャルはオンポと約束したのである。
>
> オンポはカブゴ (bka' bsgo) という儀礼の経典を読み，仏像を娘の頭に載せた。オンポは常に瞑想を行っているので，ゴンスキャルに約束をさせることができる。このときのオンポは，スムダ村から来ており，とても良いオンポであった。
>
> その後，娘は良くなった。オンポがゴンスキャルに，もう憑依しないことを約束

させたので、その後、娘に憑依することはなくなった。2年前（このことがあってから5年後）には、娘は全く良くなった。

　ゴンスキャルは、娘のどんな状態のときにもやって来ていた。ゴンスキャルは突然やって来た。わたしは、スキンディアンの嫁ぎ先がゴンスキャルの家筋であったかどうかは、実際には知らない。娘は、夫の家族が彼女をひどい扱いをするので、離婚したがっていたのである。娘の結婚の仲介役をしたのは、ゴンスキャルとなった女性自身であった。

　私たちは、娘の離婚にあたって、村役であった男性に交渉役を頼んだ。娘は彼とともに、スキンディアン村に行き、離婚交渉をした。離婚のときには、結婚のときに交換した贈り物を互いに返し合った。離婚の1年後に、ゴンスキャルがやってくるようになったのである。そして、離婚の4年後ということになるが、娘はスキルブッチャン村に再婚したのである。再婚後まだ、子供に恵まれない。

　この事例では、娘がゴンスキャルの憑依を経験したのは、離婚後から再婚が行われようとする時期であったことが分かる。離婚をめぐる娘と婚家との葛藤がゴンスキャルの憑依という出来事に大きく関与しているということが推測できる。つまり、娘が十分に正当な理由もなく婚家に戻りたくなくて、離婚交渉を進めることになると、娘の両親は、娘の夫の家族に対し、受け取ったリントの2倍分を返さなければならなくなる。一方、娘が夫の姉のゴンスキャルに取りつかれたことは、娘にとって、離婚を正当化できる理由ともなるのであり、次の再婚交渉を有利に進めうるものとなる。このようなラダックにおける社会的交渉のあり方が背景にあるといえよう。

　一方、カラツェ村の男性は、次のように、ゴンスキャルの憑依が統御可能であると語っていた。

　2つの家に、それぞれ娘がいたとすると、この2家の間で、欲望、無知、怒りのためにゴンスキャルの憑依が起きることがある。ラダックには、ゴンスキャルのいない村はない。現在でも、こういうことが起きている。

　今はもう年を取っているが、ラマユル村のゴンスキャルの家筋からカラツェ村の家に嫁いできた娘がいた。彼女自身、「私はゴンスキャルの家の出身である。しかし、私は神にゴンスキャルにはならないと誓った」と言っていた。だから、私も、彼女が他の女性に憑依したことを見たことはなかった。もし、女性が欲望、怒りがなく、知識もたくさん持っていれば、決してゴンスキャルにはならない。

　ゴンスキャルは若い時には、他人に憑依しやすい。しかし、大ラマや、大オンポから貰ったお守りをつけていれば、ゴンスキャルを止めることができる。また、ゴンスキャルの家筋に、仮に3姉妹がいたとすると、彼女たちは皆ゴンスキャルの血を受け継ぐが、欲望や怒りが強くなければ、他人に憑依することはない。

　ゴンスキャルを祓うために、ジンシャクという護摩儀礼がよく行われる。カラツェ

のラバが，タル村でこの儀礼を行った時，次のようなことが起きたという。つまり，ラバがジンシャクの儀礼を行うと，ゴンスキャルは自分の家で倒れたということである。誰かが，ゴンスキャルの女性になぜ倒れたのかと尋ねると，彼女は，ラバが儀礼を行っている家から，大きな火がやってくるのを見て，倒れたのであると答えた。

この事例が示すように，ゴンスキャルの憑依は統御可能であり，他人に憑依するかどうかは本人次第であるという考え方も認められる。また，ラダックでは，ゴンスキャルに憑依された人に行う護摩儀礼が，実際に，遠く離れた所にいるゴンスキャル自身に効果があると信じられているのである。

この項で紹介した2つの事例は，ゴンスキャルの憑依という現象が，人々の間の社会的葛藤を背景に発生していることを示すということができる。しかも，ラダックの村の生活において，家と家との経済的格差は，家同士，村人同士のねたみ，嫉妬などを容易に引き起こしてきたといえ，ゴンスキャルの観念は村の中に渦巻く葛藤を一旦表出させ，無力化させる機能をもつものということもできる。

一方，ゴンスキャルについては，彼らが毎晩集まって宴会をするという話も伝わっている。カラツェ村には，村から程遠くないところに，ラダック中のゴンスキャルが毎夜集まるといわれる場所がある。次の伝承は，この場所に関するものである。

　　パツァタンという名前の土地があり，そこには，ティア村，ティンモスガン村，カラツェ村など，ラダック中のゴンスキャルが集まってくる，ゴンドゥスサ（gong 'dugs sa「ゴンスキャル・いる・土地」）と言われる場所があった。

　　ある家に母と嫁（義理の娘）がいた。母がゴンスキャルで，義理の娘はそうではなかった。毎晩，母は，マルドゥン（ma gdung「母（主）・梁」，大梁）に乗って，出かけていた。義理の娘はそのことを知っていた。彼女は母がしていることを盗み見していたのである。

　　ある晩，義理の娘も起き出して，母親が気づいていなかったので，母のマルドゥンのうしろに乗った。だから，母はこうつぶやいていた。「どうして，私の馬は今日はこんなにゆっくり歩いているのだろう。」

　　2人がパツァタンに着いたとき，義理の娘は，ゴンスキャルたちが集まっている場所からかなり離れたところで，マルドゥンから降りた。彼女は，そこから一部始終を見ていた。

　　そこには，大将のゴンスキャルがいた。彼女は母親に，「明日は，お前が肉を持ってくる番だ」と言った。母親は，「私は何の肉も手に入れてない。だから，明日は，肉として自分の息子を連れて来よう」と応えていた。

　　義理の娘は，これを聞いて恐れた。ゴンスキャルたちが自分たちの家に帰って行くとき，義理の娘は，母親のマルドゥンにまた一緒に乗った。

　　昔，男性はチュティという髪型をする伝統があった。そして，髪はたいてい妻が

写真 6-5　カラツェ村の近くのゴンスキャルが夜毎集まる場所であると，いわれる岩場（1989 年）

洗うことになっていた。夫の頭を木の枕（スガシン sngas shing「枕・木」）の上に載せて洗ったものであった。母親は，義理の娘に夫の頭を洗うように言いつけた。
　一般に，頭を洗ったあとの髪に油をつけていなければ，ゴンスキャルがその人を襲いやすいといわれていた。
　一方，母親は自分の息子に畑に行って，家畜を追い払ってきなさいと告げた。実は，これらの家畜はゴンスキャルであった。
　これを聞いて，彼の妻は夫の髪に油をつけたあと，夫にこう言った。「家畜にヒルドウを使って，石を投げなさい。そして，彼らには，決して近づかないように。そうしないと，彼らはあなたを殺すでしょう。」
　こうして，夫はヒルドウを使って石を投げ，家畜の何頭かを殺した。実際には，家畜ではなく，ゴンスキャルが死んだのであった。このように，ゴンスキャルは自分の家族でさえ，殺そうとするのである。
　翌日，母親と一緒に義理の娘は，そこに出かけた。ゴンスキャルである母はゾーの肉を持っていき，彼らは一緒にそれを食べた。
　ゴンスキャルの大将は，母親にカタックを差し出しながら，「今日は，あなたは私たちに良い肉を持って来た」と，言ったのである。

　カラツェでは，ゴンスキャルはその家のマルドゥン（大梁）に住み，マルドゥンを乗り物とするといわれる。このため，息子や娘，さらにはその家に嫁に来た人でさえゴンスキャルになるのを受け継ぐといわれていた。また，ゴンスキャルに取りつかれるのは既婚女性ばかりではなく，未婚女性も取りつかれるが，ゴンスキャルになるのは，結婚した女性のみで，未婚の女性はゴンスキャルにはならないといわれる。このようなゴンスキャルをめぐる人々の観念が存在するのはここに示した伝承

とも無関係ではないであろう。また，この伝承が示すように，ゴンスキャルは，毎晩，みなが集まって宴会を開き，肉を食べるものたちであるという観念も人々の間にある。真夜中に宴会を開いて，肉を食べるものたちというゴンスキャル像は，次の伝承にも良く表されている。

> ゴンスキャルが集まる場所，すべてのゴンスキャルが集まる，ゴンドゥスサという場所がある。1人のプーリックの人は，あるとき，一晩そこに止まらざるを得なくなった。旅人が山中で一晩の仮の宿をとらなければならないことをゴンラ（dgongs la「一夜（の）・山中」）と呼ぶ。
>
> 彼は恐れながら，そこに留まった。もうすっかり日が暮れてしまっていたので，彼はカラツェにも到着できなく，また，ラマユルにも戻ることができなかったのであった。仕方なく，彼は砂でできた岩の下で泊まった。そこに泊まっている間，とても恐ろしかったという。夜中に起きてみると，百もの，2百ものゴンスキャルがそこに集まっていた。ゴンスキャルがそこに集まってきて，しばらくすると，そこで宴会が行われようとした。
>
> 一皿の肉が，湯気が上がっている大きななべから一塊の肉が取り出されて，彼のもとにも届けられた。腸のような，大きな一塊の肉。すべての人がまさに食べんとしたとき，彼は枕からナイフを取り出そうとした。ナイフが取り出されようとしたとき，突然ゴンスキャルたちは，大きな声で泣き叫びだした。彼らがどこへ行ったのか，彼らがどこへ行かなかったのか，彼は知らなかった。彼らが消え去ってしまった朝には，そこに，ラダッキのパパ，ザンのような油まみれの石が見つかったという。
>
> 今でも，ティクタン村のそこに行くと，それをみることができる。

ゴンスキャルをめぐる人々の観念は，このような伝承によって補強されながら，ラダッキの日常生活の中で，生き続けてきたということが分かる。

2. 超自然的病因の判定

多様な宗教的職能者が関わる判定

ラダッキは，以上のように，病いの中には霊によってもたらされるものがあると考える。このため，病いの時にはどんな超自然的要因が関わっているのかを診断してもらい，それぞれの霊固有の祓いの儀礼を施す必要が生じる。村人は，このためアムチ以外に，ラモやラバと呼ばれるシャマン，オンポと呼ばれる占い師兼祓魔師，あるいは高僧などのところに出かけて占ってもらわなければならないのである。シャマンはラーの憑依による超自然的力によって占い，オンポや僧侶は普通モと呼ばれる占いを行なう。オンポはまた，病気には個々人のラス（las「カルマ」）に因るも

のと，食当たり，頭痛，胃痛など突然かかる普通の病気があるといい，病気になった年月，患者の年齢などをもとに占星術によっても占う。カルマによるものであることが判明した場合にも適切な仏教儀礼を行うことを指示し，ときには彼自身が必要な儀礼を執り行う。

村人の大抵の家には『15の子供の悪霊』，『8女神の占星術と原因，徴候，治療』，ズングドゥス（『陀羅尼集』）といった経典がある。このため，子供の病いの中には15種類のチスドン（byis gdon「子供の・悪霊」）によるものがあることは一般によく知られている。これが病いの原因である場合には，オンポが行うことのできる祓魔儀礼によってのみ治療できると信じられている。

また，『8女神の占星術と原因，徴候，治療』は8女神と天体の星に関係する占星術のテキストであり，それぞれの原因ごとに，徴候と治療の方法が記されている。たとえば，チベット暦の1日，9日，17日，25日の日に病いとなれば，これはルー，ツァン，あるいはデェーが病いの原因である。また，夫をなくした女性の作った食物を食べると病いがもたらされる。これらの時には，頭痛，肺や心臓の痛み，震え，頭がはっきりしないなどの徴候を示す。これらの病いは重病ではなく，これを治療するためには，スナムジョムス（rnam 'joms「金剛摧破」[10]）の経典などを読みながらトゥスの儀礼を行い，人型とヒツジ型のストルマを作り，北の方角に投げれば治癒するであろう。このように，テキストには，病因とチベット暦での曜日および魔鬼との関係，病因としての食物や衣服をめぐる穢れなどについて述べられている。

占いのためには『パルダンラモに従い未来を見通す力を取得する方法』（以下，『パルダンラモの占い書』と略す）といった占いのテキストが一般に流布し，利用されている。これは，サイコロの目の数で占うためのものであるが，家庭，福運，商売などさまざまの事象に関する占いについて述べられ，その1つとして病気についての占いが記されている。第3節で詳しく取りあげるが，たとえば，「さいころの目が3つとでた場合には，総じて，この占いは中の下程度である。占いに示された現象，または占いの根本的な意味は，永久的に悪く，日月の目から涙が出るというほど悪いので，先祖に寄り添ってきた守護神を供養し満足させ，僧団に供養・奉仕を行い。重要な仏塔，仏像，経典を供養するなど，善行を大いに積みなさい」と総論が述べられた上で，病気についての占いとして病気が長引くか，凶暴な悪霊のせいで突如激痛に襲われる恐れが大であるなどと，その結果が示される。

また，憑霊を経験した人は，憑依状態から何が自分に憑依しているのかを占って

---

10 頼富 (1982: 143) は，チベット語 rDo rje rnam 'joms に対し，「金剛摧破」という日本語訳を当てている。したがって，このテキストの中での rnam 'joms は，rDo rje rnam 'joms の省略形であるので，これに対して「金剛摧破」の訳を当てた。張怡孫 (2004 [1993] : 1440) にも，rDo rje rnam 'joms に対して金剛摧破の訳が当てられている。

もらい，それに応じた処置をとらなければならない。憑霊の患者は，高位の僧であるリンポチェあるいはラモ，ラバに何が憑依しているのかを占ってもらうのが一般的である。そして，リンポチェなどの高位の僧侶によってラーの憑依を確認して貰うことはラモやラバへの第一歩となっている。

　リンポチェは患者の憑依の状態の観察，真言（マントラ）を唱えることによって当人に何が起こるのかを観察すること，またモといった占いを行うことによって，何が憑依しているのか，それはデェーなのかラーなのかをしらべるのであるという。憑霊がデェーによるものである場合には，再びデェーが憑依しないように，憑霊の病いを治療するための儀礼を執り行なわなければならない。ラーである場合，特に良いラーであり，それが憑依すること，つまり当人がラモ，ラバとなることが村人の幸福のために良いと考えられる場合にはシャーマンになるように勧めるのであるという。

　憑依状態を静めるために，トゥスという聖水で清める浄化儀礼を患者に施し，時にはカブゴという祓魔儀礼を施すという。患者によってはトゥスやカブゴによって憑霊がすっかり治癒することもあるが，ときには，リンポチェの施す儀礼が効果を表さず，何度も期間をおいて憑依を繰り返すこともあるという。

『15の子供の悪霊』が語る病因論

　このテキストには，子供を驚かし，何らかの危害を加える悪霊（ドン）として，15種類があげられている。それぞれについて，どのような危害が加えられるのか，それはどんな形をしているのか，捕らえられた場合には，どのようにすべきかなどが記されている。

　たとえば，ジャンパポ（'jam pa po）は，牛の形をしており，これに捕まると，子供の目が悪くなり，リダックギャル（ri dwags rgyal「リダックス・王」）は，リダックスと呼ばれる動物の形をしているという。リダックスは，角のある野生の草食動物を示す名称で，アイベックスや野生のヒツジなどの野生の草食動物を指し，これに捕まると，子供は吐くようになるという。スキェムチェッド（skyem byed）は，小さい子供の格好をしており，これに捕らわれると，目に変化が現れるとともに，ふるえが起きる。ジェチェッド（brjed byed）は，キツネの格好をしており，これに捕らえられると，子供は転げ回り，大騒ぎするようになり，口から泡を吹くようになる。

　クツルチャン（khu tshur can）であれば，鳥の格好をしており，これに捕まると子供は手を開かない。マモ（ma mo）は山の形をしており，これに捕まると，子供はぴちゃぴちゃと騒がしくなめるようになる。ザミカ（zha mi ka）は，馬の形をしており，これに捕まると乳を吸わなくなる。ドッパチャン（'dod pa can）は，金剛杵の形をしており，この場合には子供はベッドに横になっているときにも泣き出す。ナムドゥ

(nam gru) はイヌの形をしており，子供を自分の歯で舌を吸うようにさせる。スルポ (sru po「豚・もの」) は，ブタの形をしており，この場合には，子供は泣き叫び，騒がしくなる。

マガチェッド (ma dga' byed) は，猫の形をしており，子供の体つきをおかしくさせるという。チャ (bya「鳥」) は鳥の形をしており，これに捕まると，子供から悪臭が漂うようになる。ニャバラクチャン (gnya' ba'i lag can) は，鶏のような形をしており，この場合には子供の喉がふさがる。ジンルギャン (bzhin brgyan) は，フクロウの形をしており，この場合には子供は伝染性の病いに罹り，下痢をする。最後のミクチャクバ (mig 'phyang ba) は，コウモリの形をしており，これに捕らえられると，咳がひどく熱にうなされる。

そして，産婦は赤子がこれらの悪霊の危害に出会わないように，仏法僧に帰依し，毎月8日と14日には，仏塔に献供するようにと説かれる。また，清潔に心がけ，部屋には香を焚き，5色の糸を寝室に張り，カラシナの種を頭上に置きなさいなどという忠告が加えられ，赤子を守るために唱えるべきマントラが記される。

赤子に危害を加える悪霊の多くは，ウシ，ウマ，イヌ，ニワトリなどの身近な飼育動物から，シカ，キツネ，コウモリ，フクロウなどの野生動物というように，動物の形を取ると考えられていることが分かる。また，重大な病いの場合もあるが，大抵は赤子の些細な癖のようなものであることが分かる。赤子の成長過程でよくみられるこれらの性癖は，悪霊が原因であるとみなされ，仏法に帰依することにより，克服可能な症状と考えられているのである。

『8 女神の占星術と原因，徴候，治療』が語る病因論

これは，次節で取り上げる『パルダンラモの占い書』と同じように，病気を占うための経典であるが，このテキストでは，チベット暦の暦に基づいて占うという占星術の形式を取っている。

チベット暦の何日に病に罹れば，何々の障りであるとされ，そのための治療法が示される形となっている。まず，病いの原因は，暦日によって8通りに分けられ，それぞれについて，何が原因となり，どのような徴候を示し，それに対してどのような治療法を施せばよいのかが示される。

たとえば，第1の原因として，病いがチベット暦の2日，10日，18日，26日に生じた場合があげられる。これらの日は女神オドバルマ (lha mo od 'bar ma) の日であり，ドンが原因であるとすると，ルー，ツァン，デェボ (gre bo[11]「鬼・男」) が原因となる。また，穢れた手，たとえば，夫が亡くなった女性から食べ物をもらう，ある

---

11 『蔵漢大辞典』には，凶死男鬼という訳が当てられている（張 2004 [1993]: 407）。

いは，かまどの上に水を注いだことなども病いを引き起こすことになる。病いの徴候は，頭痛，肺や心臓の痛み，震え，あるいは心がうつろなどとなる。これに対処するには，ツァンのためのドス (btsan mdos) の献供，ラーへの祈願 (lha gsol)，トゥスの儀礼などを行い，人型とヒツジ型のストルマを作り，これらを北の方角で投げれば，病いが治癒すると記される。

また，1週間の月曜日から日曜日までの曜日ごとに，病いの原因について記される。たとえば，日曜日に病いが起きるときには，未亡人から食べ物をもらったか，穢れた食べ物をもらったためであるとされる。あるいは，五臓が死霊によって傷つけられているのか，あなたのラーは喜んでいないのかもしれない。この病いは，頭痛，体内の発熱，吐き気，震えなどの徴候となって現れる。この場合には，ラーへの献香の儀礼（ラップサンス），護法尊への祈願，星辰に関する経典ザーユム (gza' yum) の読経などをするようにと記される。

さらに，1日のうちの時刻によって，つまり，1日は，明け方から日の出まで，午前中，午後の日中，夕方，日没から夜明けまでの5つの時間に区別され，5種類の病いの原因が占われることになっている。たとえば，明け方から日の出までの間に病いになったとすれば，だれか厄介な人に出会ったことになる。東の方向からは，白い着物を着た人の後から，あなたにギャルポが付いてきて傷つける。また，夢の中で，白いメンドリ，白いイヌをみるであろう。病いの徴候はどうかといえば，気分がすぐれず，じっとして居られず，外に出かけたくなるであろうし，胃と肝臓が痛むであろうと記される。このときの対処法として，ギャルポのお守りをつけること，ストルマを供えること，ラーのトゥス，ラーへの献香，ナクスムック (nag smug) 神へのお供えを行うべきと示唆される。

以上のように，この占い書においても，病いの徴候として，アムチの医学上の病名が告げられるばかりではなく，その原因のなかには，ラー，ニャン，ドゥド，ルー，ギャルポ，ツァンなどの超自然的存在が登場し，経典を唱え，ストルマを備えるなどの仏教儀礼を実施することが治療法として示唆されることになっている。さらに，その日にある方角で食べ物をとること，真夜中に供儀の場を通ること，あるいは，未亡人の衣服を身につけることや未亡人から食べ物をもらうなどは「穢れ」であり，病因となるという考え方も明示されている。

3.『パルダンラモの占い書』が語る病因論

占いの方法と回答の与え方

このテキストは，パルダンラモ (dpal ldan lha mo) と呼ばれる護法尊を観想し，これ

に帰依することによって得た力によって占うときに用いられるものである。サイコロを3個振って，出た目の数によって占うのであるが，パルダンラモへの帰依があるために，さいころを振って出る目の数に重い意味が読みとられることとなっている。

　サイコロが3つであるため，目の数には3から18のバリエーションがあり，それぞれの目の数にそって，占い結果の指針が述べられている。これは，病いだけに限定された占い書ではなく，さまざまな日常生活上の事項を占うもので，次の17通りの事項についての回答が用意されている。①総論的な部分であり，占いに示された現象，または根本的な占いの意味について，②家庭について，③家や居住地について，④福運について，⑤財産について，⑥用件（仕事など）について，⑦訴訟などの勝敗について，⑧病いについて，⑨生命について，⑩魔物の障害について，⑪医師が適当であるかどうかについて，⑫薬と治療法について，⑬家系について，⑭敵について，⑮来訪者について，⑯商売について，⑰旅の道中について，である。

　この占い書には，さまざまな経典の名前が頼るべき指針として登場する。たとえば，災難を避けるためには，ミカーダードゥップ（mi kha dgra sgrub「中傷による災いを避けるための経典」），ドゥックスカル（gdugs dkar「仏頂大白傘蓋経」），シェルスニング（sher snying「般若心経」）などを読誦するようにと，具体的に読経すべき経典名が記されている。また，福運を守るためには招運の儀式と毘沙門天を供養した儀式を行い，ザンバラノルドゥップ（dzam bha la'i nor sgrub「財神ザンバラの財産作り」）を読誦し，前世の悪業による報いを覆すためのストルマを施しなさいなどと，いう答えが返される。さらに，何かを達成するためにはドルマ（sgrol ma「ターラ礼讚経」）を読誦しなさい，デェモ（'dre mo「鬼・女」），ギャルポ，ツァンなどの災いには，ストルマを供え，ドンポギャンペド（sdong po brgyan pa'i mdo「樹木荘厳経」）などを読誦しなさいと記される。

　指示される経典名は，数えてみると64種類の経典名に及び，総登場回数は305回となっている（付表1）。10回以上登場する経典をみると，ドゥックスカルが35回，ドルマが25回，セルオッド（gser 'od「金光明経」）が17回，ギャストンパ（brgyad stong pa「八千頌般若経」）が11回，シェルスニングが10回，ダーシュガ（grwa lnga「五部陀羅尼」）が10回であった。これらは，さまざまな悩みを解決する上で指示される頻度が高い経典ということができ，ラダックの人々にとっても，とても重要な経典となっていると考えることができる。

　また，占い書には，あわせて27種類と多様な神々，魔物の名前が登場し，23種類の祓いの儀式が登場していた（付表2，3）。この中で，シュンマ（srung ma）と，神々の固有の名は言及されずに登場する守護神が42回言及されていた。ギャルポが18回，ツァンが10回，村のラーが10回言及されていた。ラダッキの霊の観念の中で，守護神が重要であることが分かると同時に，ギャルポ，ツァン，村のラーといった

ラダッキの話題によく上る霊的な存在は、このようなテキストの中でも注意すべき対象として登場することが分かる。一方、ラダックの人々において、最も関心のあった「生霊」は、この経典の中では大きなウエートを占めていなく、ソンデという名のもとで2回、ゴンポという名のもとで6回登場するのみである。

さらに、占い書には、33種類の「病名」が言及されていた(付表4)。これらの病名は人々が罹りやすく、しかも気がかりとなる重い病いということができる。多くの場合には何らかの儀礼的処置が指示されていたが、宗教的な処置の大半は経典を読経することにある。その他の儀礼的処置をみると、ストルマというオオムギを練って作ったお供えを神仏に捧げることが21回登場し、神仏に香を焚くことが10回、家畜など動物を放生することが8回、経文を印刷したルンスタを掲げることが6回登場していた(付表5)。

開示される病因と生活上の指針

占い書において、病いの原因はどのように捉えられているのであろうか。また、その対処について、どのように語られるのであろうか。病いの原因とその対処法について、具体例をみてみることにしよう。

サイコロの目が3と出た場合の答えには、寅年生まれと卯年生まれの者にはとても悪いという表現があり、病いには、その人の運勢が関係するという観念が存在することが分かる。ここでは、さらに、「凶暴な悪霊のせいで突如激痛に襲われる恐れが大である。特に熱病または神経性の病いに苦しむ恐れが強い」とされ、病いに罹らないためには、「大中小の般若経」と「文殊菩薩の称名経」などを読誦し、蘇生の儀式、動物の放生、衣類の寄進などを行うべきであると記される。突然の激痛といった身体的不調は悪霊と結びつき易いという観念のあることが分かるが、これに対処するには経典を読誦するばかりではなく、動物の放生、衣類の寄進といった宗教的善行も必要であると説かれるのである。

また、魔物の障害についての占いをみると、「守護神、デェモ、ギャルポ、ツァンなどの魔物が、東、西、南、北のあらゆる方角から到来した品物の後についてきて害をする」という表現がある。そして、これを防ぐために、「樹木荘厳経」、「清らかな金の小経蔵」の読誦、カーバルマ (kha 'bar ma「火を吹く女神」、餓鬼の女王) への供物、百個のストルマ、あるいは、ギャジ (brgya bzhi「百・四」、4種各100個の供物) を捧げ、「仏頂大白傘蓋経」を読誦すべしなどと示される。ここには、魔物のやってくる方角が示されるとともに、魔物が何かの品物についてくるという観念があることを伺うことができる。

生まれ年によって病いにかかり易いあるいは命が危ないという表現は、サイコロの目が6、7、9、10、11、12、16にと、8回(50%)も登場している。また、方角

が示唆され，悪いものがついてくるという答えは，他の目の数の回答でも認められ，8回登場している。たとえば，サイコロの目が5の項では，西の方から運ばれてくる物にギャルポやツァンがついてきて，害を及ぼすとある。サイコロの目が6の項では西方から魔物，7の項では東の方からギャルポ，ツァン，デェモ，11の項では西からギャルポ，生霊がついてくるとされ，12の項ではギャルポ，ドン，デェモ，ダムシが女性と近い関係にある者についてきて害をすると記される。サイコロの目が14の項では南からギャルポやデェモ，サイコロの目が16では遠方からギャルポ，ゴンポがついてくるとされるのである。

　一方，神々に悪臭（かまどの中で肉類が焼ける臭いなど）の穢れが及び人畜に害を及ぼす（せいころの目が4），かまどに異物が入って悪臭を放ったため，タップラー（かまどの神）が憤り，ルーやサダックが害を及ぼす（サイコロの目が5）というように，一種の穢れが問題にされることもある。また，供養の誓いが守られなかった恨みにより祟りをする（サイコロの目が8），地面を掘りおこし石を粉砕するなどのよりルーやニャンが怒る（サイコロの目が9），泉などを汚したためルーやサダックが怒る（サイコロの目が11），誓いを破った穢れが女神およびツァンが汚される（サイコロの目が14），泉などルーの住んでいる場所での不注意な振る舞いで，ルーやサダックが怒る（サイコロの目が16）というように，自然の神々への不敬な振る舞いが災いの原因として語られている。これらはラダックの人々の語りの中でもよく話題となっていたが，彼らにみる多様な霊の観念は占い書によりますます強化されることになっている。

テキストに描かれる生活上の指針

　『パルダンラモの占い書』には，病いを含め17項目にわたって，占いの回答が用意されており，ここには，ラダックの人々が日常生活において，何が関心事となっているのかが示されているといえよう。これらの病いを除く16項目の中で，特に興味深いのは，「敵について」「来訪者について」「商売について」「旅の道中について」といえる。長期にわたる遠距離間交易を生計の1つとしてきたラダックの人々にとって，交易の成否はとても重大なことであり，占いによってその成功をもたらすことができるように常に対処してきたことを伺うことができる。また，「敵について」の項目は，異郷の地での敵対的行為の存在を占うものでもあり，「来訪者について」の項目も，遠方からの情報をもたらしてくれる存在に関するものであり，これらも人々の交易活動と無関係ではない。

　たとえば，テキストの中のサイコロの目が3の項で，「おのれの馬や弓矢が敵の手に渡るであろう」という，敵についての占いの結果が示され，「軍神礼讃経」と「勝幡の先端荘厳経」を千回読誦し，薫香をくゆらせ，幸運祈願の旗（ルンスタ）を張り渡しなさいと指示される。来訪者については，「直ちに耳に入るか，遠方の来

訪者ならば，半月以内に来るかもしれない。さもなくば，非常に遅く，敵との争いの可能性がある」とされ，経典を読誦するようにと経典名が指示されている。また，商売についての占いをみると，「儲けが少ないので，延期した方が良い」とされ，道中の占いでは，「泥棒や追剥ぎに襲われる恐れ，落雷や雹による害など危険な目にあう恐れが高く，旅は延期した方が良い」という結果となっている。どうしても旅に出るというならば，守護神に茶やチャンの供物をして祈願し，経典を読誦することが勧められることになっている。

　一方，家系についての占いをみると，守護神を供養して経典を唱えれば，家系が栄えるであろうという表現の回答ばかりではなく，次のように，生まれてくる子供に言及したものが9例あった。たとえば，「……すれば，男子1人が生まれる可能性が高い」(サイコロの目が3)，「家系は短い。娘ばかりが生まれて，息子は生まれないであろう」(サイコロの目が4)，「盛大な祈祷により，大王のような男子が1人誕生するかもしれない」(サイコロの目が6)，「……すれば跡継ぎが生まれる可能性が強い」(サイコロの目が10，18)，「……すれば，子供がすぐに生まれて良い」(サイコロの目が11)，「……娘だけで息子は生まれないであろう」(サイコロの目が12)，「良い守護神が助けをなさるので，子供が直ちにできて良い」(サイコロの目が13)，「家計の泉が枯れているので，他の人と夫婦になったが良いであろう」(サイコロの目が16)である。これらの表現は，跡継ぎを得ることへの関心が高く，しかも，娘よりも息子の誕生が待望されきたことを示しているといえよう。

　さらに，「たとえ生まれても，ギャルポ(鬼神)やゴンボに盗み取られてしまうので，幼児にまとわりつく悪霊を祓う儀式を行うべきである」(サイコロの目が4)という表現もみられる。ここには，赤子，幼児は悪霊の害に遭いやすいという観念を読み取ることができる。実際，第1節で述べたように，幼児の病いの際には生霊の障りを恐れるのが一般的となっている。また，幼児がリンポチェなどの高僧から授けてもらった護符をお守り(sngags シュガ)として常に身につけるのを目にするのである。

　この占い書は，人々の日常生活の大きな指針となってきたのであり，彼らはこれらのテキストに描かれる世界観の中で生きているということができる。このことが，さまざまな霊による作用を日常的に恐れ，後述するような，シャーマンのもとに通うという現実を再生産しているといえよう。

4. 病いの多元的理解

　以上述べてきたように，ラダックの人々の間では，病い(身体的変調)は，単に病理学的な問題としてだけではなく，占星術に記されるような暦学的関与あるいは超

自然的存在の関与のもとで引き起こされるとも考えられてきた。次章で述べるように，アムチの医学は，病いを身体の3体液の平衡状態の乱れと捉え，食事，日常の生活態度・活動によって防ぐことが可能であるとする健康観を基盤とする。しかし，人々は，本章で述べてきたように，常に，易学的・超自然的関与をも想定しながら，病いに対処してきたのである。

このような多元的疾病観は，病いに関わる社会的職能者が多様に存在するという結果をもたらしてきた背景となっている。病いに際して村人が相談する相手として，第7，8章で取り上げるように伝統的なチベット医学体系に則って薬を処方してくれるアムチがいるだけでなく，現代では公的な医療機関が完備し，西洋医学の治療を受けられるようになっている。その一方で，その治療が期待するような即効性をもたらさないような場合，あるいは何か病いに対して不安なときには，何らかの超自然的関与を疑い，病いの原因が何であるのか，どのような超自然的力が関与しているのかを占う宗教的職能者の力が必要となるのである。

ところで，病いへの超自然的関与の中には，生霊の憑依という観念にみられるように，村という共同体の中での社会的関係が大きく影響する場合がみられる。第1部で取り上げたように，ラダックは，王国という政治体制のもと，厳格な社会的階層が維持されてきた社会である。また，ラダックは，農地の広さ，家畜の頭数，交易による富といった点で，一般の農民の間に経済的格差を生み出しやすい生態的特徴をもつ。社会的・経済的格差は，村人の間に嫉妬という社会的葛藤を生み出しやすく，生霊の憑依という病いを再生産してきたということもできる。さらに，生霊の憑依という観念とその対拠は，社会的葛藤を超自然的観念のもとでいったん顕在化させ，無化させる装置ということもできよう。

ラダックにおいて，このような超自然的な関与に対しては，患者の体を浄化するための経典を唱えてくれる僧侶，あるいは，第9，10章で取り上げるように，地方神ラーの超自然的力によって原因を占い，悪い異物を体内から除去し，治療してくれるラモ/ラバ（シャマン）の存在が必要となるのである。ここには，アムチ，僧侶，シャマンの連繋によって，伝統的に病いが対処されてきた実態を見ることができる。

付表1 『パルダンラモの占い書』に登場する経典名と登場回数

チベット語	日本語訳	回数
1) パルダンラモに祈るための陀羅尼		
'e dhar	陀羅尼「エダル」	1
bhyo	陀羅尼「ヂョウ」	1
2) 回答として指示される経典		
'bum	「十万頌般若経」(「大般若経」)	2
'jigs byed	「能怖金剛」/「閻魔の敵」	3
bka' thang bsdud pa	「要約蓮華遺経」/「簡略五部箴言」	2
bkra shis brtsegs pa	「吉祥累積経」/「吉祥経」	9
brgyad stong pa	「八千頌般若経」/「八千頌」	11
bsam lhun	「願望自然成就（如意自然成就）」	6
bskal bzang	「賢劫経」「法華経」	2
bu mang po so sor 'brang ma' i gzungs	「沢山の息子を持つ随求仏の陀羅尼」	1
dag pa gser gyi mdo thig	「清らかの金の小経蔵」	3
dan tshig rdo rje (dam tshig rdo rje' i bzlas pa)	「金剛誓詞」/「金剛誓詞の陀羅尼」	3
dgra lha dpang bstod	「軍神礼讃経」	8
dkon brtsegs	「十万諸仏称名経」	1
don yod zhags pa' i gzungs	「自在の投げ縄の心髄の陀羅尼」	4
dzam bha la' i nor sgrub	「財神ザンバラの財産作り」	1
gdugs dkar	「仏頂大白傘蓋経」	35
grwa lnga/grwa tog gser gsum	「五部陀羅尼」/「五部陀羅尼」「尖頂陀羅尼」「金光明経」の3つ	10
gser 'od gyang skyabs	「幸運守護の金光明経」	2
gser 'od	「金光明経」	17
gtsug tor rnam rgyal ma' i gzungs	「頂髻尊勝仏母の陀羅尼」	1
gza' yum	「ザユム」/「星辰に関する経典ザユム」	3
gzungs bsdus	「陀羅尼集」	9
kha mchu nag po zhi bar byed pa' i gzungs	「厄介な訴訟問題を解決する陀羅尼」	1
kha mchu nag po zhi bar byed pa' i mdo	「紛糾した訴訟問題を収拾する経」	1
klu 'bum	「龍全書」/「龍王経」	6
klu dang sa bdag gi gdon grol	「龍と地の神を災難から解放する経典」	1
klu id pang skong	「龍の礼讃経」	4
klu' i gdon grol	「龍から魔物の災いを取り除く経典」	2
lha mo bskang ba	「女神パルダンラモの供養」	2
lo gyon ma' i gzungs	「木の葉をまとう女神の陀羅尼」	1
mchu sde lnga	「五部チュ（訴訟に勝利する五部経）」	3
mdo sdud pa/mdo bsdus pa	「要約経典」	2
mi kha dgra sgrub	「中傷による災いを避けるための経典」	1
mtshan brjod	「文殊菩薩の称名経」	4
nor bu bzang po' i gzungs	「優れた宝珠の陀羅尼経」(「善財宝神（ザンバラ）の陀羅尼」)	1
nor lha gser 'od	「財神金光明経」	3
nor lug gi gzungs/nor gzungs/lug gzungs	「牛類と羊の厄除け陀羅尼」/「財産を守る陀羅尼」/「家畜を災いから守る陀羅尼」/「羊を守る陀羅尼」	8
nor rgyun ma' i gzungs	「財宝の女神の陀羅尼」	9
nyes pa kun sel	「すべての罪を滅する経典」	2

nyi khri	「二万頌(じゅ)般若心経」/「二万頌般若経」	3
pal chen	「華厳経」	4
phags ma 'od zer can ma' i gzungs	「女神聖具光の陀羅尼」	3
phyogs bcu' i mun sel	「十方の光明」/「十方の闇を照らす光明経」	6
rdor gcod	「金剛経」	2
rgyal mtshan rtse mo' i dpung rgyan	「勝幢の先端荘厳(陀羅尼)経」/「尖頂勝幢荘厳経」	7
rgyas 'bring bsdus gsum	「大中小の般若経」	9
rta gzungs	「馬の厄除け陀羅尼」	3
sa bdag gdon grol	「土地神の災いを追い払う儀式」	1
sdong po brgyan pa' i mdo	「樹木荘厳経」	5
sgrol ma	「ターラ礼讃経」	25
sgrol sher gdugs dkar	「ターラ礼讃経」,「般若心経」,「仏頂大白傘蓋経」の3経	
sher	「般若経」/「般若心経」	8
sher snying	「般若心経」	10
snang brgyad	「八相経」	5
so sor 'brang ma' i gzungs	「随求仏の陀羅尼」	3
tog	「尖頂荘厳経」	3
tog gzungs	「尖頂陀羅尼」	3
tshe dbang	「長寿の灌頂」/「賢劫経」	5
tshe gzungs	「長寿の陀羅尼」	6
tshe mdo	「長寿の経文」	3
tshig bdun gsol 'debs	「七音節の祈願文」	3
yangs pa' i grong kyher du' jug pa' i mdo	「広大な都市に入るための経典」	1
yig brgya	「百音節の陀羅尼」	1
総登場回数		305

付表2 『パルダンラモの占い書』に登場する祓いの対象となる魔物・神々 [27種類]

チベット語	日本語訳	回数
btsan	ツァン（荒ぶる神）	10
chos skyong	護法神	2
dam sri	怨鬼	1
dgra lha	軍神	1
gdon	ドン（悪霊）	2
gnyan	ニャン	6
gong po	ゴンボ	6
gre bo	テオ（凶死男鬼）	1
gson dre	生霊	2
gzhis bdag	産土の神	4
kha 'bar ma	餓鬼の女王	3
khym lha	家のラー	2
khyung khra	ガルーダ（神鳥斑）	3
khyung nag	神鳥黒いガルーダ	2
klu	龍神	11
ma mo	マモ	2
mo 'dre/'dre mo	女の鬼，鬼女	5
pe har	ペハル	1
pho lha	父のラー	2
rgyal	ギャルポ	18
rgyal chen	大王	
rnam lha	ナムラー（荒ぶる守護神）	1
sa bdags	地の神	6
seng gdong ma	獅子面女神	6
srung ma	シュンマ（守護神）	42
the' u rang	テウラン（独脚鬼）	3
yul lha	村のラー	10
総登場回数		152

付表3 『パルダンラモの占い書』に登場する祓いの儀式 [23種類]

チベット語	日本語訳	回数
bar chad lam sel	「災難除け」	3
glud rdzongs	「人形送り」/「形代送り」	6
rgyal mdos	「ギャポへの供物 (ドス)」	1
brgya bzhi	「四種各百個の供物」	12
cha gsun	「菩薩, 護法神, 六道の魔物にストルマを捧げる」（「三者へのストルマ供養」）	11
lan gtor	「前世の悪業による報いを覆すためのストルマ」	1
brul gtor	「物をほしがった罪を清めるストルマ」	1
klu gtor	「ルーのストルマ」	15
klu bsangs	「ルーの薫香供養」	3
ma la so sor 'brang ma	「随求仏母」/「女神随求仏」	3
kun rigs	「普明大日如来」	1
dus gsum sangs rgyas	「三世の仏陀」	4
ri khrus	「山の清め」/「山の洗い」	1
bar chad lam sel	「邪魔災難除け」/「障害除去」	2
rgyal ba 'i bka	「仏陀のみ教え」	2
rnam	「ナム」	1
rnam par snang mjad	「大日如来」	1
sme	「メ」	1
tshe	「無量寿仏」	9
rta rdo rje	「馬頭金剛」	3
sman lha	「薬師如来」	3
rnam thos sras	「毘沙門天」	9
phyag na rdo rje	「金剛手仏」	3
総登場回数		95

付表4 『パルダンラモの占い書』に登場する特別な病い [33種類]

チベット語	日本語訳	回数
'khrugs	落下／打ち身	3
bad kan	バトカン（消化器官の病気）	3
cham pa	感冒	2
chu nad	水腫	1
chu ser	血清異常	3
dmu chu	浮腫	1
gdon nad	悪霊による激痛／悪霊による病い	4
glo ba 'i nad	肺臓の病い	1
gnyan 'bur	腫れもの	3
grang nad	寒い病い	1
grib	穢れによる病い	1
gza 'nad	脳卒中	2
gzer	刺し込むような痛み	2
gzer thung	短期激痛	1
khrag nad	血液の病い	1
khrag skyugs	吐血	1
ma 'ju ba	消化不良	1
mchin nad	肝臓病	2
mkhal nad	腎臓の病い	1
pags dpyad	伝染性皮膚病	1
pho skran	胃の腫瘍	1
rims nad	悪性の伝染病	3
rlung nad	ルン（神経性の病気）	3
rma	外傷	1
shal	下痢	2
skyugs pa	嘔吐	2
smug po	合併症	1
smyon pa	精神障害	1
steng gdon	脳疾患	1
stod gzer	背中の激痛／激痛	3
thor ba	吹き出物	1
tsha ba nad	熱い病い	4
zas dug	食あたり	1
総登場回数		59

付表 5 『パルダンラモの占い書』に登場するその他の儀礼的処置 [13 種類]

チベット語	日本語訳	回数
'khrus	水で洗う	1
bsangs/lha bsangs	薫香供物／神への薫香供物	10
chu gtor	水のストルマ	1
dkar rtsi	仏塔を白く塗る	2
gser skyems	茶、チャンの供物	2
gtor ma	ストルマ	21
rlung rta	ルンスタを立てる	6
sbyin sregs	護摩	3
shi log rgyag yag	蘇生の儀式	5
skor ra	コルラ（右回りに五体投地で巡回）	1
tsa tsa	ツァツァを供える	3
tse thar/sku thar	放生	8
zhal 'debs	寄進	5

第7章

アムチの医学理論
病因論，診断法，薬物理論

　1950年代以降，西洋医学に基づく医療は，州政府の努力のもとに次第に拡充され，各地区の中心的な村には診療所や薬局が設けられ，カルギルにも病院が設立された。1981年にはレーに新たに近代的設備の整った総合病院が建てられている。一方，1976年には，インド中央政府により，レーにチベット医学研究所が設立されており，チベット医学の伝統の保存と発展が図られてきた。1980年代の調査を行っていた当時，村人はレーやカルギルに，病院での治療を受けるために出かける，あるいは地区ごとの診療所や薬局を利用するといったように，近代医療の恩恵を受けられるようになっていた。その一方で，アムチ（チベット医学の医師），シャマンなどによる伝統的な治療もまた一般的となっていた。1985年当時，アムチのほとんどは男性であり，女性は3名にすぎなかったが，ラダック全体で少なくとも66名のアムチが主要な村々で治療行為を行っていたのである (Save the Children 1986: 3-4)。

　ここでは，とくにチベット医学に基づくと一般にいわれるアムチによる治療に焦点を当て，かれらの医学理論とその実践を取り上げ，ラダッキの病気観，健康観を考えてみることにしたい。ただし，チベット医学書に描かれるチベット医学の理論そのものを対象とするのではなく，ラダック地方におけるチベット医学の実践的適用という意味でアムチが語る民族医学体系に明らかにすることにしたい。アムチの医学理論に関する情報は，主として，レー在住の1人のアムチに弟子入りするような形で教授してもらい，得たものである。

1. チベット医学の歴史的背景

　アムチの治療は薬物を利用する点で,村人にも他種の治療者と一線を画して位置づけられ,村人の病気治療の一翼を担っている。アムチはその技術を,親から子へという家系を通じて継承することが多いが,ときには個人的な徒弟修業によって技術を習得することもみられる。いずれの場合にも,アムチとしての修業にはチベット語を習得し,チベット語で書かれた医学書ギュ・シ(『四部医典』)に精通することが必要とされている。

　チベット医学の教典である『四部医典』の成立については諸説があり,この経典は中央チベットにおいて11世紀頃,ダパ・グンシェ (gra pa mngon shes) によってサムエ寺院の柱の中から取り出されたとも伝えられている (Rechung 1976: 20)。しかし,中央チベットでは,吐蕃王国時代に,ソンツェン・ガンポ王によってチベット文字としてサンスクリット語のデヴァナーガリ文字が採用されて以来,歴代の王によってインドのみならず中国,イランなど各地から医師を招き,それぞれの医学書をチベット語に翻訳する努力が続けられていたことが知られている (Rechung 1976: 15-18)。また,チベット大蔵経の中にはインド医学の根本テキストの1つである『八科精髄集』が収められており (西岡 1987: 391, 矢野 1988: xxii),10世紀後半にはリンチェンザンポが『八科精髄集』をチベット語に翻訳し,チベットにおける医学の発展に貢献したことが歴史的にも明らかになっている (Rechung 1976: 18; 西岡 1987: 392)。チベットに伝えられたすべての医学教説がユトク・グンポに継承され,彼により『四部医典』が著されたともされる (西岡 1987: 393)。

　これらのことから,『四部医典』に記されるチベット医学の体系は,インド医学を基本に,中国医学,イランの医学の影響を受けながら遅くとも11世紀頃中央チベットで確立したといえる。また,ダライ・ラマ第5世の時代 (1617-1682) には,摂政サンゲー・ギャムツォ (san rgyas rgya mtso, 1653-1705) によってチベット医学の学校と病院が設立され,以後,1959年までこの医学校から各地の大寺院に医師を派遣する制度が続いていたことが知られている (Rechung 1976: 21-25)。『四部医典』により成立したとされるチベット医学は,いずれにしても17世紀にはその注釈も整理,統一され,今日に至ったものである。

　ラダック地方にチベット医学が伝播した時期をはっきりと示す記録はほとんどない。しかし,10世紀後半から11世紀にかけて中央チベットで医学の普及にも貢献したといわれるリンチェンザンポは,西チベットのグゲ地方出身の僧侶であり,ラダック地方にチベット仏教を広めた足跡を数多く残した僧侶としても知られる (煎本 1986: 439)。このことから,ラダック地方には,古くからインド医学の理論が伝播

していたということも考えられる。

一方，第1章で述べたように，ラダック王国の歴史をみると，中央チベットとの政治的・宗教的関係が強化される中で，初期にカシミール経由で伝播したインド仏教にとってかわり，チベットで成立・発展したチベット仏教がこの地方に浸透したことが分かる。13世紀頃になると中央チベットからチベット仏教の経典が持ち込まれるようになり，14世紀には中央チベットへの学僧の派遣が行われ，また，青年を医学を学ばせるためにラサに派遣した王がいたことが知られている (Francke 1977 (1907): 93–94; 煎本 1986: 446; Gurmet 1987)。

13世紀以降，ラダック王国は中央チベットとの政治的，宗教的結びつきを急速に深めていったのであり，中央チベットがラダック地方にとって宗教の中心地となるとともに，医学の中心地としても大きな意味をもつようになっていったということができる。このような時代の流れの中で，『四部医典』がアムチにとっての必須のテキストとして普及したといえる。いずれにしても，現在のラダック地方では，アムチの医療はチベット医学の伝統に則るものであり，アムチとしての資格は，『四部医典』という四巻からなるチベット医学の教典に精通することによって初めて得られることになっている。レーの町では，主要な医学文献がSmanrtsis Sherig Spendzod Seriesとして発行されており (西岡 1987: 349–400; Rgya-mtsho, 1983)，『四部医典』やその注釈書がアムチの医学書として利用されている。

ところで，ラダック語で医師を表すアムチという言葉は，チベット語の語彙にはない。チベット語では，医師はメンパ (sman pa「薬（の）・人」) と呼ばれている。アムチという言葉は，「すべてのものに優る」というアムジェ (am rje; am rjay) という語彙の誤用であるともいわれる (Phunsog 1986: 8)。リンチェンザンポのもたらした新しい医術がその効力のすばらしさからアムジェと呼ばれ，それが次第にアムチという名前でラダック地方に浸透していった可能性も考えられている。また，チベット人の医師たちが行うメツァと呼ばれる焼金法や，放血法という外科的治療技術はラダック地方に起源するものであるともいわれる (Trogawa 1986: 6)。アムチの医学は，チベット医学と共通のルーツをもつものではあるが，歴史的にはラダック地方に成立し，その後チベット医学と相互交流しながら引き継がれてきたものともいえる。

2. アムチの病因論と治療の理念

病いとマクロコスモス

人間の体をはじめとし宇宙のあらゆる存在は，サ (sa「地」)，チュー (chu「水」)，メ (me「火」)，ルン (rlung「風」)，ナムカー (nam mkha'「空」) の5つの基本的属性，すなわ

ちチュンパ・シュガ（'byung pa lnga「元素・5」）より構成されていると考えられている。これは，仏教用語で五大と訳されているものである。

「火」を意味するメはまさしく「熱さ」と同義であり，その性質が「熱い」ことを文字どおり意味する。「水」を意味するチューは「湿り気」を意味し，「風」を意味するルンは「所在がとどまらずどこにでも漂うことのできる性質」，変貌自在の性質を意味する。「地」を意味するサは「固まるもの」を意味し，「空」を意味するナムカーは他の4元素のために一緒に働くものといわれる。

一方，人の体内には，ティスパ，ルン[1]，パトカンという，あらゆる病いの根源となるニェスパ・スム（nyes pa gsum「悪いもの・3」）あるいはナッド・ニェスパ（nad nyes pa「病い（の）・悪」）が存在すると考えられている。ニェスパの原義は「悪いもの」であるが，チベット医学上では病気のもとになる体内要素を表すものである。

レチュン（Rechung 1976: 44-46）は，『四部医典』の第2巻の英訳にあたって，身体のニェスパを principal humours（主要体液）と英訳し，サンスクリット語のドーシャ（dosha）に相当すると注記している。そして，3 humours の mkhris pa, rlung, bad kan それぞれについて，bile（胆汁），air（気），phlegm（粘液）という英訳を当てている。チベット医学の病因論の基本となるニェスパは，このように，英訳として「humour（体液）」を充てることが一般的である。mkhris pa と bad kan については，レチュンと同様に bile, phlegm という英訳が一般的で，rlung については wind という英訳があてられる場合もある（Dummer 1988; ダマー 1991; Finckh 1988）。

ニェスパに対応するインド医学上のドーシャに対する和訳をみると，「体液」（伊藤 1975: 75），「病素」（矢野 1988: 13），あるいは「病因要素」（稲村 1990: 43）というように，ギリシャ医学以来使われてきた「体液」という訳よりも，病因要素，病素という訳が与えられるようになっている。また，チベット医学上のニェスパ・スムは，『蔵漢大辞典』（張 2004 [1993]: 968）では「三因」と訳されている。しかし，アムチの説明は，3つのニェスパそれぞれが，身体内を脈管系にそって動く，流れるもののように捉えられていることを示していた。ニェスパに対し，病いの源という意味では，「病素」という訳がふさわしいといえるが，「流れるもの」として捉えられている点で，本書では，別項と同様に（山田 1997; 2002），英語訳でもよく使われてきた「体液」という訳を充てている。ティスパ，ルン，パトカンについても，それぞれ「胆汁」，「体液風」，「粘液」を，チベット語の和訳とする。ただし，本文中では，ラダック語の発音どおりの片仮名書きと，和訳とを併用する。

---

[1] ルン（rlung）は「風」という意味で，病いの根源の1つを示すと同時に，5元素あるいは易学上の5曜の1つを示す。ここではどちらの意味で用いているのかを明らかにする必要がある場合には，病いの根源となる3悪の1つとしてのルンを「体液風」，5元素の1つとしてのルンを「風」と便宜上区別して記述している。

第 7 章　アムチの医学理論 ●――237

　身体の不調な状態はナッドと呼ばれるが，これは 4 元素が平衡を欠き，このため「3 体液」が不均衡となった状態なのである。しかも，3 体液の平衡を欠いた状態はある体液の減少ではなく，増加によって生じ，これによって病いが発現すると考えられている。たとえば，ティスパは 4 元素のうち「火」と結びつき体内の血液中を，ルンは「風」と結びつき骨の中を，パトカンは「水」と結びつき胸，喉，肺を主な所在とするされる。これらの「火」，「風」，「水」の元素の増加がそれぞれティスパ，ルン，パトカンの増加をもたらし，病いを発現させるのである。ティスパの増加が，ティスパの病いを，ルンの増加がルンの病いを，パトカンの増加がパトカンの病いを引き起こすのである。ティスパの病いは西洋医学的には胆汁症の疾患 (第 8 章の表 8-1 の D12 を参照) に相当し，ルンの病いは中枢神経系の疾患 (第 8 章の表 8-1 の D5 を参照)，パトカンの病いは消化不良性の疾患 (第 8 章の表 8-1 の D6 を参照) に相当するといわれる。

　ところで，病いは大宇宙 (マクロコスモス) の動きにも関連すると考えられている。実際，アムチは，とくに重い病いのときには，必ず占星術書を参照するといい，さらに，中央チベットのラサにある医学校がメンティーカン (sman rtsis khang「医学・占星術 (の)・家」) と名付けられているように，チベット医学において医学と占星術は常に一体となって病いの治療にあたると語っていた。

　たとえば，惑星，12 宮といった星辰それぞれが特定の元素に結びつけられて捉えられる。その結果，占星術上，星辰と結びつく四季，時間，年月はそれぞれの元素の支配を受けることになるのである。また，アムチの胎生学で子供の肉体と骨は「土」からでき，血や体液は「水」から，身体の堅さ温かさは「火」から，息，皮膚などは「風」からできるといわれるように，身体もこれらの 4 元素で構成されると考えられている。したがって，人の身体の状態は，それぞれ出生時由来の元素の影響と同時に，季節の変化にともなう元素の変化の影響を受けるとされる。

　実際，ラダックの人々は，たいてい，子供が誕生すると，占星術師を訪ね，スキェスカル (skye skar「誕生・星」) といって，生まれ年の星辰を判定してもらい，紙に書きとめてもらっている。個人の出生時の占星術上の位置は，その後の状態にも影響すると人々は考えており，スキェスカルは大切に保管されている。そして，病いや何か悪いことが起きると，人は自分のスキェスカルを取り出し，占星術師に占ってもらうという。

　また，表 7-1 に示したように，「火」と結びつくティスパは気候の暑い土地において，「風」と関連するルンは乾いた，風が強く寒い高標高の土地において，「水」と結びつくパトカンは湿気の多い土地において増加されやすいと考えられている。ラダックでは季節は 4 分されており，ティスパはチベット暦 4-6 月の夏 (ヤル dbyar) の間に体内に蓄積され，その結果，チベット暦 7-9 月の秋 (ストン ston) にな

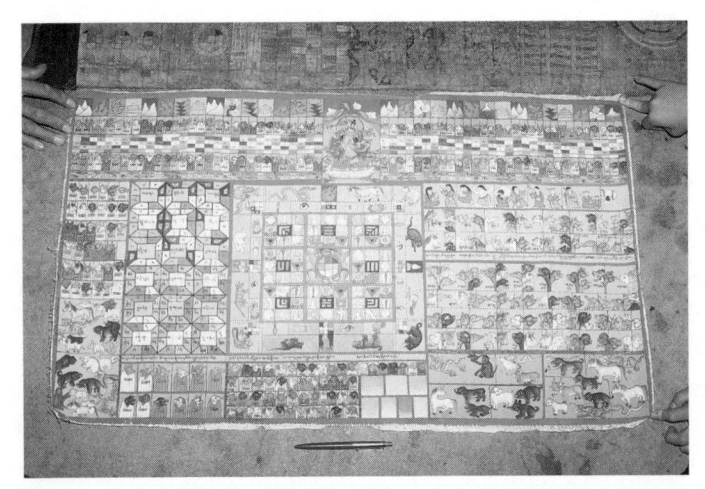

写真7-1　占星術師が，依頼者の運勢を占うときに参照するテキスト（1988年）

表7-1　3体液とマクロコスモス

	ティスパ (mkhris pa「胆汁」)	ルン (rlung「体液風」)	パトカン (bad kan「粘液」)
体内の所在	血液	骨	胸，喉，肺
4元素	火	風	水
精神	怒	欲	愚
気候	暑さ	乾燥，風，寒さ	湿気，寒さ
季節	夏	春	冬
時間	真夜中，真昼	明け方，夜	朝，夕方
人生	成人（17-49歳）	老人（50歳以上）	子供（0-16歳）

ると過剰なティスパのために人はこの病にかかりやすいという。逆にパトカンは10-12月の冬（ルグン dgun）に体内に蓄積されやすく，1-3月の春（スピット bpyid）になるとともにこの病いが発現するのであるという。ルンは春の間に体内に蓄積され，夏に発病しやすいという。

　1日のリズムでみれば，トーランス（tho rangs）と呼ばれる鶏が時を告げるまだ暗い夜明け前や，ゴンスモ（dgongs mo）と呼ばれる人々が眠りに就く頃に，ルンが活発となる。これに対し，真昼（ニィンゲン nyin gung）や真夜中（ツァンゲン mtsan gung）にはティスパが活発となる。スガト（snga dro）といわれる夜明け後の日が昇りきる前や，ショッド（srod）といわれる日没後から夜9時頃にはパトカンが活発になりやすいという。さらに，50歳以上の老年期にはルンの影響を受けやすいのに対し，16歳以下の幼・青年期にはパトカンの，17-49歳の成年期にはティスパの影響を受け

やすいといわれる。

　さらに，チベット仏教において人の善根を害する3毒の存在が説かれるが，アムチはこれらの3毒がまた3体液の平衡を乱す原因になると考える。トワ（khro wa 瞋恚―怒ること）はティスパの増加を，チャクスパ（chags pa 貪欲）はルンの増加を，ティムック（gti mug 愚痴）はパトカンの増加をもたらすのであるという。

　以上のように，アムチの医学理論においては，病いは単に人間の身体状態に局限された現象とは捉えられていない。3体液，4元素といった概念を媒介にして大宇宙（マクロコスモス）全体，さらに人間の精神活動とも有機的に関連する問題として捉えられているのである。

熱－冷二元論的病因論

　アムチの病因論は，3体液論に基づくばかりではなく，ツァワ（tsha ba「熱い」），タンワ（grang ba「冷たい」）という熱－冷二元論とも結びつく。一般に，身体の状態，食物，病いは「熱い」，「冷たい」の2つに分類できると考えられている。

　たとえば，激怒や働きすぎは身体の「熱い」状態であるのに対し，心労が続くこと，睡眠不足，空腹状態，体が冷えることは身体の「冷たい」状態とされる。第4章でも述べたように，食物は「熱い」「冷たい」に区別され，コショウ，ショウガ，魚，ヤクやヒツジの肉および乳・バター，オオムギの炒り粉，チャン（酒），黒砂糖，干しアンズなどは「熱い」食物とされるのに対し，ヤギやウシの肉および乳・バター，ゾモの乳・バター，コムギ粉，コメ，トウガラシ，クミン，白砂糖，アンズの実などは「冷たい」食物と考えられる。そして，高熱を伴うような熱病，ティスパの病いや血の病いが「熱い」とされるのに対し，関節炎，腫れ，ルンおよびパトカンによる病いは「冷たい」とされる。

　このような熱－冷二元論の病因論は，3体液をもとにした平衡モデルの病因論と次のように統合されている。身体の「熱い」状態や，「熱い」食物の取りすぎは身体を構成する4元素の中の「火」や，3体液中のティスパの過剰をもたらし，熱病やティスパの病いといった「熱い」病いを引き起こす。これに対し，身体の「冷たい」状態や，「冷たい」食物の取りすぎは「水」や「風」，パトカンやルンの過剰をもたらし，関節炎，腫れ，パトカンの病い，ルンの病いといった「冷たい」病いを発現させるのであるという。

治療理念

　アムチは，「健康法の第1は，熱－冷の調和の取れた食事を摂取することと，節度ある生活を送ることである」と語り，患者には体液性の病いの原因について，この熱－冷二元論にそって説明するのであった。たとえば，ティスパの病いに対しては，

辛い，熱い食物の過剰摂取，精を惜しまず働くこと，激怒することなどが病因となる。ルンの病いに対しては，冷たい食物を取りすぎること，空腹状態で働くこと，心労や睡眠不足が重なること，体を冷やすことなどが病因となる。パトカンの病いでは，苦く，甘い，しかも重い食物を取りすぎること，湿った場所で眠ること，体の湿った状態を続けること，満腹後すぐに眠ること，水浴び後に冷たい衣服を着ることなどが病因となるという。

　病いの治療において，病因は治療医にとっての医療上の問題である一方，患者にとっては「なぜ，病いになったのか」を納得する上での重要な問題となる。3体液論は，4元素，3体液という身体構成要素として抽出された概念を媒介にして展開される，より抽象度の高い病因論であるといえる。これに対し，熱-冷二元論は，「熱い」「冷たい」という人間の感覚に訴えることのできる概念をもとに展開される，いわば，より具体性をもった病因論であるともいえる。上記のように，アムチの治療行為においては，3体液病因論は熱-冷二元論の病因論と理論的に統合され，村人が実感し，納得できる形で病気の原因が説明され，治療法が指示されているということができよう。

　また，アムチが日常の生活態度や食事のあり方を病因として示すことは，病因を取り除くことが日常の生活態度によって可能であることを示すものでもある。つまり，病いの治療にあたってのアムチの忠告は，病いにならないための健康法でもある。実際，人々は，第4章で述べたように，日常の食生活において，たとえば，夏には冷たい食物をとり，冬には熱い食物をとるといったように心がけていたのであり，熱-冷二元論的な健康維持法は人々の間でもよく理解されていたのである。

　では，アムチの医学において，病いはどのように診断されるのであろうか。次節では，病いの診断法をみてみよう。

3. 病いの診断

問診・望診・触診（脈診）

　アムチは，病気の診断にあたって『四部医典』に記される3通りの方法を行うことが大切であり，これによって薬の処方を決めるのであると語る。第1に，病気の経過を患者に尋ねるティ・ワ (dri ba「聞くこと」)，つまり問診である。問診にあたっては次の点を常に注意していると語る。まず，病いになった原因を探る1つの手段として，摂取した食物，生活態度などについて尋ねることである。とくに，「熱い」食物あるいは「冷たい」食物の摂取について尋ねるという。次に，話し中に患者の眼を観察し，とくに黄変があるかどうかを観察することである。最後には，どうい

う食物が症状を良くし，どの食物が症状を悪くしたのかを尋ねることであるという。実際，第8章の事例8-5で取り上げているように，アムチは患者の脈を診ながら問診を行い，患者の身体を注意深く観察していた。

　第2の診断法は，尿や便，眼，舌，痰，嘔吐物などの検査によって患者の状態を調べるタ・ワ（lta ba「見ること」），つまり望診である。第3の方法は，患者の脈（ルツァ rtsa）の状態を調べるレク・パ（reg pa「触れること」），つまり触診（脈診）である。

　脈診は，アムチの両手の人差し指，中指，薬指の3本の指を使い，右手の3本の指は患者の左腕の脈に，左手の3本の指は患者の右腕の脈にあてることによって一般に行われる。1本の指はそれぞれ内側と外側とで2種類の脈を識別できることになっており，計6本の指によって，12種類の脈を識別するのであるという。たとえば，アムチの右手が押さえる患者の左手の脈からは，患者が男性の場合，人差し指の内側から薬指の外側へと順に，心臓，小腸，脾臓，胃，腎臓（左側），性巣に繋がる脈の状態をみることができ，左手の人差し指の内側から薬指の外側へと，肺，大腸，肝臓，胆汁，腎臓（右側），膀胱に結びつく脈の状態を診るのであるという。患者が女性の場合，人差し指が診る脈は男性の場合と左右逆であるという。

　これら3つの診断法の中で，脈診が最も一般的であり，かつ重視される診断方法となっている。第8章で述べるように，アムチの資格試験においても，まず脈診の正確さが試される。通常の治療行為においてはほとんど脈診のみで病いの診断を済ますことが多く，村人たちも，「アムチは脈を診て，薬草を与えてくれる医者である」と語るほどとなっている。

脈診の13指針

　脈診にあたっては，常に，次のような『四部医典』に記される13の指針を念頭に置いていると，アムチは説明してくれた。

　まず，第1は「予め・進める」といい，脈を調べる前に，患者に2-3日間の食事制限を課すことである。脈拍を乱す食物がいくつかあると考えられており，数日間の食事制限を課すことによって初めて，患者本来の脈拍を正しく診断できるというものである。実際にはこの手順を省くことが多いという。第2は「見る・時」といい，脈を診断するのに良い時間を決めることである。第3は「見る・場所」といい，脈を調べる箇所を正しく押さえることである。第4は「押さえる・程度」といい，患者の脈を押さえる強さの度合いに注意することである。脈は人差し指，中指，薬指の3本の指を使って押さえるのであるが，人差し指は皮膚に軽く触れる程度に，中指は少し強く筋肉に触れる程度に，薬指は強く骨に触れる程度に押さえるとされている。第5は「見る・方法」といい，脈を調べるときには患者を横たわらせ，静かな状態にさせて行うことである。通常の脈診では，常にこれらの5点に注意を払う

のであるという。第 1 から第 5 は患者の脈を計る方法についての指針であるということができる。

これに対し，第 6 は「正常な脈には 3 種類ある」というものである。人は誰でも健康なときには一定した固有の脈をもっているとされ，正常な脈は「男・脈」，「女・脈」，「菩薩・脈」の 3 種類に区別されている。患者が健康なときには，これらのどの脈をもつのかを知ることが治療上必要であり，患者に病いでないときの脈を尋ねることも必要であると考えられている。

第 7 は「四季と 5 元素との照らし合わせ」といい，春夏秋冬の季節ごとの 5 元素（地，水，火，風，空）の影響を占星術書にもとづき調べることである。この指針は脈の状態がマクロコスモス全体の影響を受けるものであるという考え方を示すものとなっている。

第 8 は「健康な人の 7 種のすばらしい脈を調べること」であるが，現在ではこれを行う人はいないという。この 7 種類の脈は，健康な人の脈の状態を調べ，その家族の行く末を占うための基準となるものである。また，この脈が識別できれば，病人に代わって家族のものの脈を診ることにより，病人の状態を予知することも可能になるという。

第 9 は「病いのときと健康なときの脈拍を調べること」であり，脈拍数によって病いの状態を判定するための指針である。脈による診断には，脈の状態によるものと，脈拍数によるものがあるとされていることが分かる。

第 10 は「普通の脈と特別な脈（病いそれぞれに固有の脈）により，患者の病いを診断すること」である。つまり，患者の正常なときの脈が第 6 指針にある 3 種類の脈のどれであるのかを知ることと，個々の病いに応じた脈の違いを知ることが病の診断にあたって肝要であるというものである。正常な脈と病いのときのそれとの違いは実際には微妙なものであり，正常な脈を知らないことには診断は難しいものであると考えられている。

第 11 は「3 種類の死脈があり，生死を予知できる」ことである。つまり，3 種類の死脈があり，患者の脈がこの脈に相当するかどうかで，患者の死期が近いかどうかを見極めることができるというものである。患者の脈が「死・脈」に相当すれば，どんな治療を施したとしても意味をもたないといい，患者の治療はアムチの手を離れることを意味している。

第 12 は「悪霊脈（ドンツァ gdon rtsa）であれば直ちに読経を施さなければならない」ことである。魔，悪鬼，悪霊の障りや霊の憑依による病いである場合には，患者の脈は特別な脈を示すという。つまり，常に変化するとらえどころのない脈の状態を示す点で，他の病いのときの脈の状態とは区別でき，どの脈に異常を感じるかによって悪霊を同定できるという。

たとえば，心臓と繋がる脈に異常がみられる場合にはギャルポ（鬼王），肺と繋がる脈の場合にはルー（龍神），ドゥッド（魔），ツァン（山野の魔）が作用し，肝臓と繋がる脈の場合には，サダック（土地神），ダムシ（怨鬼），ティモ（女性の生霊）が作用しているとされる。また，脾臓と繋がる脈に異常がある場合には，ティホ（男性の生霊），ニャン（龍神の仲間），サダックが関わり，右の腎臓と繋がる脈の場合にはルーやニャン，左の腎臓と繋がる脈の場合にはツォースマン（mtsho sman「湖・鬼女」）やルーセン（klu bsen（「龍・魔」，悪い龍神）が関わっているとされる。

このように，患者の脈が「悪霊脈」を示す場合には，宗教儀礼によって悪霊を祓わない限り，どんな治療も効力を発揮できないとされる。宗教儀礼を施され，患者の脈に悪霊の影響が認められなくなって初めて，アムチの処方が効力を発揮すると考えられているのである。

最後の第13は「生命の脈における命の徴候を調べて分かること」があるというものである。これは必ずしも調べられるものではないというが，人は誰でも生命の脈をもつことを言明しているのである。脈を調べることによって患者の余命さえも予知できるものであることを表明するものとなっている。

アムチにおける「脈」の観念

第6から第13の指針は患者の脈を判定するための基準についてであるということができる。このような脈の区別の仕方から，アムチの医学における「脈」の観念は次のようなものであるとまとめることができる。

まず，脈の状態はマクロコスモスの影響を受けるものであり（第7指針），健康な状態において人は生まれながらに固有の脈をもつ（第6指針）と考えられている。さらに，命の長さを告げることのできる「生命の脈」の存在（第13指針）は，アムチの医学において「脈」は人の身体の中心として最も重視されていることを物語るものである。患者の脈を正確に判定することがアムチの医療の中心をなしているのは，このような観念に基づいていることが分かる。

さらに，第12指針は，アムチの病因論において，3体液理論のみならず超自然的病因が同時に認められていることを示している。実際，『四部医典』には，101種類のドンによる病いが記されており，別の章には子供の病いをもたらす15種類の「子供の悪霊」や5種類の「悪霊の病い」（gdon nad）についての記述がある。「悪霊脈」の項には，超自然的存在による病いの発症がアムチの医学においても認められており，11種類の悪霊についての脈診上の判定法が明確に記されているのである。

ギャルポはタントラ行者，パドマサンバヴァ[2]に調伏されて仏教の護法神となっ

---

2 ティソン・デツェン王の時に，仏教を広めることに貢献した僧の1人である。ティソン・デツェン王は，まずナーランダ大学からシャンタラクシタを招き，サムエ僧院建立をさせようと

た魔神であり，ドゥッドは人々に常に災いをもたらそうとする仏教の敵対者である天魔，煩悩魔，死魔などの魔である。山野の魔であるツァンもまたいつも人に対し危害を加えようとすると考えられているし，生霊であるティモ，ティホはひたすら人間に障り，とくに他人に憑依することで恐れられている。

このようなアムチの医学上の観念は，ラダックにおいて，病いに関わる専門的職能者が多様に存在し，ともに病気治療の役割を果たす現状を保証するのである。

4. 病いの分類

『四部医典』にみる病いの分類

第6章でも述べたように，一般の人々の間では，病いの状態はもともと痛みを表すズクモ（zug mo）という語彙によって表わされることが多く，何らかの身体的不調状態にあることを「痛み／病いがやってきている」というように話すことが多い。これに対し，アムチの医学においては，病いは一般にナッド（nad）で表される。

アムチの病因論では，既述したように病いは，基本的にはティスパ，ルン，パトカンという3体液の平衡の乱れによって引き起こされることになっている。このため，病いのほとんどはティスパの病い，ルンの病い，パトカンの病いに分類できるともいえるが，『四部医典』では，一般的な病いは次のように404通りに区別されている。まず，体液の乱れによって101種類が区別され，このうちルンによるものが42種類，ティスパによるものが26種類，パトカンによるものが33種類であるとされる (Rechung 1976: 54; Finckh 1988: 22-23)。また，レー在住のアムチは，ルン，ティスパ，パトカンの病いは，どこに発症するのかによって，それぞれ5種類の区別があると語っていた。

病いは，さらに，優勢度，つまり，体液の不均衡が単純であるのか，2つあるいは3つの体液の結合したものであるのか，続発性であるのかなどにより101通りに区別できるとされる。次いで，局所性によって，つまり，病いの発症する部位が，体の上半部，内部，下部，外側，内部かつ外部，あるいは精神であるのかによって，101通りに区別されている。残りの101通りの区別は，種類の多様性といってよいもので，身体内部の病いであるのか，傷であるのか，熱や心臓の病いであるのか，吹き出ものであるのかによるものとなっている (Finckh 1988: 24)。

レーのアムチは，『四部医典』に404種類の病いが記されているとした上で，治

したが（775-787年），うまくいかなかった。このため，シャンタラクシタのすすめで，パドマサンバヴァが招かれ，地鎮の儀式が行われ，サムエ僧院が建立されたといわれている（山口 1988）。

療に当たっては次の15通りの区別が重要であると記されていると語っていた。
　①3体液による病いの治療法についてである。②コン・ナッド（khong nad「体内の・病い」）の治療法であり，これには不消化，凝り，腫れ，浮腫などの病いが含まれる。③ツァッドパ（tshad pa「熱・もの」）の治療法で，いわゆる発熱を伴う各種の病いの治療である。④ルス・ストッド（rus stod「身体・上部」）と呼ばれる身体部位の治療法であり，これは頭部，眼，耳，鼻，口などの身体上部に生じる病いに対処するものである。⑤トン・スノッド（don snod「臓・腑」）といわれる，いわゆる五臓六腑の不調による病いに対する治療法である。⑥サング・ナッド（gsang nad「秘密の・病い」）と呼ばれる生殖器の病いに対するもの，⑦トル・ナッド（thor nad「小さなもの・病い」）と呼ばれる，声がれや喉の渇きから，下痢，便秘，皮膚疾患，やけどなどのさまざまな病いに対するもの，⑧ランスキェ・シュマ（lhan skyes rma「出てきた・傷」[3]）と呼ばれる，体内の各種の腫瘍，皮膚の赤斑，できもの，脚の腫れなどの病いに対する治療法である。
　さらに，⑨チス・ナッド（byis nad「子供の・病い」）として，誕生後の赤子に施さなければならない処置が記され，一般的な各種の子供の病いおよび悪霊による病いが取り上げられている。⑩はモ・ナッド（mo nad「女性（の）・病い」），⑪はドン・ナッド（gdon nad「悪霊（による）・病い」）で，悪霊および暦学上の「火」，「水」，「風」，「土」，「空」の5曜による病い，⑫はツォン・シュマ（mtshon rma「武器（による）・傷」），⑬はトゥク・ナッド（dug nad「毒（による）・病い」）である。⑭はルガスパ（rgas pa「年取った・もの」）で，若さを保つためにとるべき食事について，⑮はロツァワ（ro tsa wa「精力を強くするもの」）で，男性の精力増強が取り上げられている。
　以上のように，医学書には治療法に基づいて病いが分類，記述され，アムチは病いを病因，病いの徴候，発症した身体部位による区別や，子供や女性の病いというように，患者の属性による区別に基づき理解していることが分かる。また，超自然的病因による病いがはっきりと区別され，取り扱われている。さらに，最後の2つのカテゴリーが示すように，アムチの医学では，単に身体の不調としての病いを治療するばかりではなく，若さ，精力を維持，増強することもその治療の1つと考えられてきたことが分かる。

熱（熱さ），冷たさによる区別

　レーのアムチが常備する薬の薬効から96例の病名を聞き取ることができた。これらをもとに，どのように病名がつけられるのか，その特徴を病名の語彙素からもう少し探ってみることにしたい。病名にはティスパ，ルン，パトカンなどによる病

3　Jäschke（1980 [1881]: 601）はランスキェス（lhan skyes）を born together with（生まれながらに）と訳し，ランスキェ・シュマは a hereditary defect（遺伝性の欠陥）と訳している。

いであることが自明となるものの他に，熱，冷たさ，痛み，身体部位，タック（khrag「血」），チュウ（chu「水」），ルツァ（rtsa「脈」），トゥク（dug「毒」）など，病いの徴候，発症部位，原因などを表す語彙素が使われていた。

　まず，病名の語彙素として，ナッド，ツァッド（tshad「熱」）を含む例を見ると，次のような傾向が認められる。ナッドを語彙素としてもつものは，一般に，いわゆるズクモ／ズルモ（痛み）を症状としてもつものということができる。これに対し，発熱を伴う病いはとくに，ツァッド「熱」を語彙素としてもつ名前で区別されている。

　たとえば，発熱の有無によって，中毒症がトゥク・ナッド（「毒・病い」）とトゥク・ツァッド（「毒・熱」）に区別され，下痢についても発熱を伴わないシャル（bshal）と発熱を伴うテュルワ（'khru ba）に区別され，六腑の病いは発熱を伴う場合にはスノド・ツァッド（snod tshad「六腑・熱」）と呼ばれる。また，ダム・ツァッド（'grams tshad「拡がった・熱」）と呼ばれる，強度の全身打撲による発熱を伴う痛みといわれるものもある。これは，辞書に極度の骨折り仕事の結果による発熱とあるが（Jäschke 1980: 99），アムチは落馬して体を強く打ったときなどに感じる強い痛みであり，発熱を伴うものであると説明していた。

　一方，病名の中にタン（grang「寒い／冷たい」）という語彙素を含むものもある。たとえば，体液風の増加が原因で腫れ，腰や脚の痛みを生じるタン・ナッド（grang nad「寒い・病い」），腰の後部に腫れがあり，寒気を感じるというシュケッド・タン（rked grang「腰・寒い」），腰の下半部に寒気を感じるシュケッドパ・マンチャッド・キィ・タン・ナッド（rked pa man chad kyi grang nad「腰・下部・の・寒い・病い」）などの例がある。

　また，サムセウ[4]（bsam bse u「生殖器」）という精液や血液を統御すると考えられている生殖器官の異常による病いがある。このうち，化膿性腎炎であるともいわれ，精液が排尿に混ざるといわれる場合を「冷たさ」による異常としてタン・ザッグ（grang 'zag「冷たさ・でてくる」）と呼ぶのに対し，排尿に血がまざる場合を「熱」による異常としてツァ・ザック（tshad 'zag「熱さ・でてくる」）と呼ぶ。このように，「熱」「寒い／冷たい」は病名の語彙として含まれ，「熱い」「冷たい」という観念から病気が分類されることが分かる。このように，病いは「痛み」を自覚症状としながら，とくに熱を伴わないものと，熱を自覚症状としてもつもの，寒気を感じるものがナッ

4　男性の場合には精液が作られ，女性の場合には血（月経血）が作られる器官と考えられている。男性の場合には，腎臓の後ろの少し上部に，女性の場合には腎臓の後ろの少し下部にあるという。女性の場合，サムセウからは2本の脈が子宮へと延びており，これが胎児のへその緒に繋がり，妊娠すると胎児はこれを通じて栄養をとると考えられている。月経不順など女性の病いの多くはこの器官の異常に因るものである。男性の場合，この器官は精液をためる器官となる。精液が十分にあれば男性は健康で，健全と考えられ，不足すると，男性は弱く，短命であると考えられる。

ド，ツァッド，タンという語彙素によってはっきりと区別されるのである。

痛みによる区別

　痛みがとくに中心的自覚症状となる場合には，痛みを感じる部位，その程度により病名は語彙の上で区別されている。四肢に生じる強い痛みは，キュック（'kyugs「走る」）という語彙によって比喩的に表わされ，脚の激痛はキュック・ナッド「走る・病い」，四肢の痛みはカンパ・ラクパ・キュックパ（rkang pa lag pa 'khyug pa「脚・手・走るもの」）と区別される。これに対し，肋骨や背中に感じる痛みは，ゼル「釘」という語彙によって比喩的にあらわされ，風邪の後によく生じる肋骨の痛みはツァ・ゼル（tsha gzer「熱・釘」），背中の痛みはストッド・ゼル（stod gzer「背中・釘」）と呼ばれる。
　また，頭や胸のとくにひどい痛みには，ツァック（tshag「刺すような（痛み）」）という語彙が用いられ，寒さからくる頭痛をゴ・ツァック（mgo tshag「頭・刺すような」），胸の痛みをダン・ツァック（brang tshag「胸・刺すような」）と名付けられている。さらに，動物を表す語彙を使って強い痛みがあらわされる場合もある。腹部の強い痛みで知られる疝痛は，雄ウシやゾウを表す語彙でもあるラン（glang）を使って，ラン・タップス（glang thabs「雄ウシ・様態」）と名付けられる（第8章表8-1のD21を参照）。
　一方，リューマチ，痛風，関節炎など，関節の痛みを伴う病いも，語彙を使い分けて区別されている。関節痛は，関節を表す語彙であるティクス（tshigs）を使い，ティクス・ナッド（tshigs nad）と呼ばれる。痛風あるいはリューマチ性の関節の痛みは煤を表す語彙でもあるテク（dreg）を使い，テクドゥム（dreg grum「煤・手足の不自由な」），テク・ナッド（dreg nad「煤・病い」），ドゥム・ナッド（grum nad「手足の不自由な・病い」）と呼ばれる。また，ティクス・ナッドよりも痛みの激しい場合には，ドゥムブ（grum bu「痛風・子供」）と呼ぶという。これらの関節の痛みは，第8章の表8-1のD14に示されるように，ラダックのアムチが比較的高い頻度で対処する病いの1つとなっている。ラダックの人々の中には，アムチを「骨・関節を治す医師」であるというものもいた。

身体部位による区別

　頭，眼，口，耳，胸，背中，手足，骨，関節，内臓器官，血液などといった主要な身体部位名，臓器名が病名の語彙素として用いられる例である。これらはもちろん，たとえば，ルス・ナッド（rus nad「骨・病い」）は骨折など骨の疾患をさし，ミク・ナッド（mig nad「眼・病い」）が眼の疾患を，スニィング・ナッド（snying nad「心臓・病い」）が心臓の疾患をあらわすとアムチが説明するように，身体部位や臓器名は症状の所在場所を示すものとなっている。病気は病因となった体液によって区別されるばかりではなく，症状の発現する身体部位によっても区別されていることが分かる。

内臓器官は病気の発症部位としてとくに重視されるが，病名の語彙素となる解剖学的名称は，以下のように，アムチの医学における臓器観，身体観に基づくものとなっている。たとえば，内臓器官は大きく2つに類別されている。まず，臓器のうち心臓，肺，肝臓，脾臓，腎臓がトン・シュガ（don lnga「臓器・5」）としてまとめられている。これに対し，大腸，小腸，胃，胆嚢，膀胱，そして生殖器官であると考えられるサムセウがスノッド・トゥック（snod drug「容器・6」）と類別される。トン・シュガに類別される内臓器官は，木，火，土，金（鉄），水のいわゆる占星術における5行に割り当てて捉えられており，月日に配当される5行との相生，相克関係によってその病状を判定する必要があるといわれる。

　また，「心臓・病い」の場合，語彙の上から文字通り心臓という臓器の疾患ということになるが，実際には，「心臓」という語彙は多義的に用いられている。この病気は，心拍異常といった心臓の不調を含むと同時に，心痛，精神の乱れ，うつろな心の状態といった精神的な不調をも含むものとなっている。スニィングには臓器としての心臓のみではなく，精神作用としての「心」という意味が含まれている。

タック「血」，チュウ「水」，ルツァ「脈」という概念にもとづく区別

　体液には，まさに赤い血であるタック「血」と，無色の血であるともいわれるチュウセル（chu ser「水・黄色」）があるという。チュウセルは傷口などから出てくる無色の液体であるといい，血清やリンパ液といった血液以外の体液を示す。これらの「血」やチュウセルの変調は病気を引き起こすものとなっている。

　病名の中にタック「血」を語彙素としてもつものが6例認められた。たとえば，タック・ナッド「血・病い」は，一般に血が多すぎる状態を示すものであるといい，とくにモ・ナッド・タック・ツァプス（mo nad khrag tshabs「女性（の）・病い・血・危険（な状態）」）とよばれる女性の月経障害や不整出血を表す病いであるという。タック・キャクス（khrag 'khyags「血・凝固する」）は寒さのために血液が濃くなった病いであるといい，いわゆる瘀血に相当するものということができる。タック・シェッド（khrag shed「血・強い」）は血圧の不整な状態，タック・トゥックス（khrag 'khrugs「血・興奮する」）は高血圧症を示すものであるという。また，パトカンの病いが長期間進行すると，胃の下部に潰瘍が生じ，吐血や下血を伴うようになるといい，このような症状に至った病いは，パト・タック（bad khrag「粘液（性）・血」）と呼ばれる。

　寒さのために血が濃くなった状態といわれるタック・キャクスは，血液の循環が不整な状態であるといわれる。このため，体の一部が腫れ，脈拍は「厚く」，脈診をすると脈拍は3本のどの指でも同じ状態に感じるといった徴候を呈するという。つまり，このような徴候が「血が濃くなった」状態とアムチの医学で捉えられているのである。

「血」という語彙は，出血，吐血といった症状を病名に反映させたものではなく，この語彙を含むものは，血が多すぎる，濃くなる，強い，興奮するといったような「血」の尋常でない状態が着目され，病いが区別される例といえる。これらの例は，アムチの医学において「血」の状態が病因として概念化されていく一端を示している。

一方，チュウセルによって引き起こされる病いは，一般にチュウセル（第8章表8-1のD7を参照）と呼ばれ，内在性のものと外在性のものがあるという。内在性のものは腰の下部の深部に痛みとなって発現し，体中のいたる所が痛むという。また，腕，脚の内部の痛み，皮膚のかゆみなどの症状を示すこともあるといわれる。

また，チュウ「水」という語彙は排泄という体内作用の婉曲的表現ともなっている。たとえば，無尿症がチュウ・ガックス（chu 'gags「水・止まった」），便秘がルツァ・チュウ・ガックスパ（rtsa chu 'gags pa^5「腸（の）・水・止まったもの」）と呼ばれる。無尿症が原因とされる浮腫はムチュウ（dmu chu「悪霊（の）・水」）と呼ばれる。「水」という語彙が体内の「水」として比喩的に身体の不調な状態を表す語彙として用いられるのである。

ルツァは，血管または脈をもともと意味する語彙であるが，人間の体内にはいくつもの脈が流れており，脈は病気を診断する際の重要な手がかりとなるものである。病名の語彙素として登場する例もいくつかある。たとえば，ルツァ・ナッド（rtsa nad「脈・病い」），ルツァカル（rtsa dkar「脈・白い」）という病名がある。ルツァ・ナッドは，文字通り「脈の病い」であるといわれるのであるが，半身不随，運動機能障害を呈する病いであるという。ルツァカルは，脈に痛みを感じ，腕が非常に重く感じる病いであるといい，一種の神経炎であるともいわれる。ルツァは心臓の拍動としての脈拍や，静脈，動脈といった血管を意味するばかりではなく，神経系統までをも含めた広い意味での脈系を意味する語彙となっているのである。

比喩的な語彙で表象される病名

昆虫や寄生虫などのムシを表すシン（srin）が病名の語彙素として用いられる例もある。シン・ナッド（srin nad「ムシ（の）・病い」）と一般に呼ばれる病いである。この病いを起こすムシにはコンシン（khong srin「内部（の）・ムシ」）とゴシン（mgo srin「頭（の）・ムシ」）の2種類があるとされる。

コンシンは腹部に巣くう虫であり，寄生虫や病原菌をさすものであるという。これによる病いは文字通り寄生虫病をさすこともあるが，体内の腫瘍や膿胞を起こすものとも考えられている。これに対し，ゴシンによる病いにかかると，午前中，と

---

5 アムチは，この病いを便秘であると説明しており，この病名での語彙 rtsa の意味は，Das（1981 [1969]: 1006）が rtsa の第2の意味とする「腸」であるとみなした。

くに 11 時から 12 時頃に頭痛が起き，鼻，両耳，後頭部の決まった部分に痛みを感じるものであり，脳にできた腫瘍であろうともいう。症状の変動性，偏在性が虫という言葉により比喩的に表現されているともいえる。医学書にはゴシンは頭の中に自然発生するもので，赤く，コンシンに比べ短い虫であると記されるという。この虫については，次のような話が伝えられている。

　昔インドの王様ビンビサーラに，ジュンヌ・ジクメッドという名の 1 人の息子がいた。王様は，ある時 1 人の金持ちの商売人の娘と一夜をともにした。その女性は王様に次のように告げた。
　「一体全体，どうしましょう，私が子供を産むようなことになったら。」
　これに対し，王は次のように答えたという。
　「もし，おまえが女の子を産んだなら，その子は自分のもとに置きなさい。もし男の子ならば，王宮の前に来て，たき火を焚きなさい。そうすれば，私は何が起きたのかが分かり，私の息子を引き取りましょう。」
　こうして，（出産後）この女性は息子を箱に入れ，王宮の前にやって来て，たき火を焚いた。
　このとき，王様と実の息子（王子）は王宮の屋上にいて，1 人の女性が美しい箱をもって王宮の前にいるのを見つけた。この箱をみて，王子は王に次のように頼んだ。
　「箱の中に何が入っていようと，それを私に下さい。」
　王様は知っていてわざとこれを承知した。こうして，2 人は女性のところに行き，王様は女性に高価なものを与え，赤ん坊を彼女から引き取った。
　王子はこの赤ん坊の面倒をよくみた。そのため，この赤子，つまり次男の王子は，ジュヌソス（gzhon nu gsos「若者が育てた」）と名づけられた。次男の王子は，大きくなったとき，沢山の男が白い着物を着ているのを不思議がって，王様に「彼らは誰なのか」と尋ねた。これに対し，王様は「彼らはアムチなのだ」と答えた。
　こうして，この王子はアムチに次第に興味をもつようになり，王様に良い先生を自分のために捜してくれるように頼んだのであった。王様は良い師を探し求め，ドルジョック（rdo 'jog）という名の遠い村に良い師がいるのを見つけたのであった。この村の王様はパドマ・ニンポ（pad ma'i snyin po）という名であった。早速，王様はパドマ・ニンポ王に手紙を書いて，息子に良い師を提供して欲しいと頼んだ。こうして，次男の王子は，この村へと向かったのであった。
　この王子はとても賢く，医学をすべてこの村の先生から学んだ。ほとんど師と変わらないほど医術に秀でるように成長した。先生は沢山の弟子を抱えていた。ときには，人間の頭を開き，虫を取り出さなければならなかったという。頭を解剖するときには，この王子が自分より秀でることを恐れ，彼をこの場には決して呼ばなかったという。

ある日，先生は頭を開かなければならなく，他の2人の弟子を助手にした。このとき，王子は彼らの後をつけ，その側に潜んでその様子を見ていたという。とても注意深く，手術をみていたのであった。先生は，溝を掘り，患者をその溝に座らせ，そして手術を行った。

先生はハサミで患者の頭から虫を取り出そうとしたとき，患者が大声で泣き出した。そのとき，王子は患者にとても同情し，先生の前に姿を現した。そして，先生に，「あなたのやり方は良くない。まず，ピンセットを熱してからそれで虫に触ればよい。そうすれば，虫はびっくりして足を縮めるので，容易に取り出すことができるだろう」と告げた。

それ以来，この手術はとても簡単にできるようになった。その後も，王子は多くの新しい手術の方法と治療方法を編み出し，最も優れた医師（アムチ）となった。

彼は仏陀の時代のインドにおける最初の医者となったのである。彼の後に，ナーガルジュナ（龍樹），アショガンダらが現れ，翻訳僧ベロツァナによって医学がチベットに伝えられた。

比喩的な語彙の中には「悪霊」というものもある。たとえば，すでに述べたように，無尿症原因の浮腫はムチュウと呼ばれている。ム（dmu）というのは，滅多に言及されないが悪霊の一種であり（Jäschke 1998 [1881]: 423)，その邪悪な目が落ちた人に，浮腫を引き起こす悪霊であるとされる（Das 1981 [1969]: 983;)。この病いの症候である浮腫が悪霊の作用の結果として起きるものと考えられているといえる。同様の例は，ニャン・ナッド（gnyan nad; 第8章表8-1のD11を参照）と呼ばれる，ハンセン氏病，天然痘などの伝染性疾患にも認められる。ニャンというのは悪意のある神を指す名称であるが，ここでは伝染病がニャンという超自然的存在の関与と結びつけられているのである。

さらに，ザー・ナッドと呼ばれる半身不随を伴う進行性麻痺の例がある。ザーという語彙は本来，「惑星」を意味し，これから派生し，曜日，惑星の影響により生じる困難や危険を意味するものである。この病いは，体の半分が自由に動かない，ただ泣いたり笑ったりするだけで，自由に言葉を話すことができない，触覚がなくなるなどの症候を示すものであるという。ザー・ナッドは「火」「水」「土」「風」「空」の5曜が原因となると同時に，悪霊が原因となる場合もあるといわれる。このため，治療に当たってはまず祓いの儀礼が必要であり，儀礼の後に，頭部に金を使った灸または針を処置し，薬を処方するという。

このように，病名における比喩的表現には，超自然的病因論と結びつく場合が認められる。ムチュウ，ニャン・ナッド，ザー・ナッドなどの病いは，いずれも治療の困難な重い病いと考えられている。これらは治療の困難さが超自然的病因論に結びついた例ともいえよう。

5. 薬物理論

薬物の特性と病い

　すべての薬物はロ (ro「味」)，ヌスパ (nus pa「力（効力）」)，ジュジェス・スム (zhu rjes gsum「消化後の・3（種）」)（消化後に感じる味）といった3種類の特性をそれぞれもつと考えられている。薬の味には，辛 (tsha ba ツァワ)，酸 (skyur ba スキュルワ)，鹹 (lan tshwa ba ランツァワ)，甘 (mngar ba ガルワ)，苦 (kha ba カワ)，渋 (ska ba スカワ) の6味があるとされる。薬の力には，チワ (lci ba「重い」) / ヤンワ (yang ba「軽い」)，スヌンパ (snum pa「油性（すべらか）」) / スティンワ (rtsing ba「粗い」)，ツァワ (tsha ba「熱い」/ シルワ (bsil ba「冷たい」)，スノワ (rno ba「鋭い」) / ストゥルワ (rtul ba「鈍い」) という対立する4組から成る8種類の力が区別されている。消化後に感じる味は甘，酸，苦の3種類であるという。

　これらの特性のうち味は，「仏陀の時代から薬の味をみて，効き目を判定してきたのだ」とアムチが語るように，とくに重視され，自分が使用する薬物の味は必ず知っておく必要があるという。薬の味はまた，辛，酸，鹹の3味は「熱く」，甘，苦，渋の3味は「冷たい」というように，性質の上から「熱い」，「冷たい」に区分されている。また，「火」や「風」の元素を多く含むものは辛味となり，「土」や「火」の元素を多く含むものは酸味となるというように，味は宇宙を構成する4元素とも結びつく（表7-2）。

　薬物の力をみると，「重い」「油性」「冷たい」「鈍い」ものがパトカンの病いを悪くすることが分かる。一方，「辛い」「鋭い」ものがティスパの病いに悪いことになっている。「冷たい」ものはルンの病いにも悪く，さらに「軽い」「粗い」ものが，またルンの病いに悪いと考えられている（表7-3）。ここでも，ティスパ，ルン，パトカンの性質と同じ属性となる味の力は病いを悪くさせると考えられていることを示している。

　アムチの医学において，既述したように，主要な病因はナッド・ニェスパ「病・悪」といわれるティスパ，ルン，パトカンの3体液の不均衡にある。薬の味はこのような体液の不均衡による病いに対し，次のように作用するのである。「熱い」性質をもつ辛，酸，鹹の3味をもつ薬は，ティスパの病いを悪くさせるのに対し，ルンやパトカンの病いに対しては良い方に作用する。反対に，「冷たい」性質である他の3味をもつ薬は，ティスパの病いを回復させるのに対し，パトカンやルンの病いを悪化させる。

　ティスパの病いは，4元素のうち「火」の関与を強く受け，「熱い」病いとされるのに対し，パトカンの病いは「地」と「水」，ルンの病いは「風」の関与を強く受け，

表 7-2　薬の味と病い

味	性質	4元素	3体液		
			ティスパ「胆汁」	ルン「体液風」	パトカン「粘液」
tsha ba（辛）	熱	火, 風	−		+
skyur ba（酸）	熱	土, 火	−		+
lan tshwa ba（鹹）	熱	水, 火	−	+	
mngar ba（甘）	冷	水, 土	+		−
kha ba（苦）	冷	水, 風	+	−	−
ska ba（渋）	冷	土, 風	+	−	−

注：＋は，3体液に対して良く作用する場合，−は，悪く作用する場合。

表 7-3　薬の味の効力と属性，働き

ヌスパ（nus pa）「味の効力」	属性	性質	対立項	働き	反作用
チワ（lci ba）	重い	冷たい	yang ba	パトカン，ルンには良くないが，スヌンパと一緒になってルンを治す	パトカン
スヌンパ（snum pa）	油性	熱い	rtsing ba	ティスパには良くない	パトカン，ティスパ
シルワ（bsil ba）	冷たい	冷たい	tsha ba	パトカン，ルンには良くないが，ストゥルワと一緒になってティスパを治す	パトカン，ルン
ストゥルワ（rtul ba）	鈍い	冷たい	rno ba	パトカン，ルンには良くない	パトカン
ヤンワ（yang ba）	軽い	軽い	lci ba	ルンには良くないが，パトカンには適する。	ルン
スティンワ（rtsing ba）	粗い，ざらざらした	冷たい，熱い	snum pa		ルン
ツァワ（tsha ba）	辛い，強い	熱い	bsil ba	ティスパには良くないが，パトカン，ルンには良い。	ティスパ
スノワ（rno ba）	鋭い	熱い	rtul ba	ティスパには良くないが，パトカンを治す	ティスパ

いずれも「冷たい」病いとされる。病いの分類における熱−冷の二元論が薬の味にも適用され，この二元論を媒介にして病いと薬の味とが結びついていることが分かる。冷たい性質の味をもつ薬は熱い病いに対して，熱い性質の味をもつ薬は冷たい病いに対して用いられる原理となっている。

　薬物の味，力，消化後の味の3特性を認めること，熱−冷という性質を認めること，薬物のこのような特性がティスパ，ルン，パトカンの病いの根本原因と結びつくことはアーユルヴェーダ医学の理論とも共通する（稲村 1987: 13-17; 1990: 39-45）。しかし，

アムチの医学においては，このような薬物の特性のうち「味」と「熱-冷」との関係がとくに重視されている点に特徴があるといえる。

このような病因論を背景にして，薬物の処方は，均衡が乱された身体の状態を再びもとに戻すことに主眼が置かれている。この均衡の回復は，〈熱い〉病いに対しては〈冷たい〉薬や〈冷たい〉食物を，〈冷たい〉病いに対しては〈熱い〉薬や〈熱い〉食物をというように，熱-冷の2項対立に基づく異種療法的原理で行われる。

薬物の種類

病いの治療は，患者に生活態度や食事の節制を指示する，薬物の処方をするといった内科的療法が中心であり，アムチの利用する薬物の種類は多い。植物の全体あるいは根，茎，葉，樹皮，樹脂，果実，花などから製剤した植物性薬が大部分を占めるが，これ以外に，骨，貝殻，動物の結石などを利用した動物性薬，貴金属，宝石，岩塩などの鉱物性薬がある。これらの薬物は素材により，次のように13種類に分類されている。

①リンポチェと呼ばれる金，銀，トルコ石などの高価な金属や宝石類である。②サ・スマン（sa sman「土（の）・薬」）と呼ばれるアスファルトや硫黄などの鉱物である。これは貴重なものではなく，高価でもない点で，リンポチェと区別されている。③ド・スマン（rdo sman「石（の）・薬」）と呼ばれる種類で，堅い石状になった岩塩などである。④ツォックチャクス・スマン（srog chags sman「動物（の）・薬」）と呼ばれる胆石，胆嚢，貝などの動物性の薬，⑤ルツィ・スマン（rtsi sman「液（の）・薬」）と呼ばれる水銀，墨，竹の節から抽出した成分，などに区別されている。

さらに，植物性の薬物は，用いられる部位，性状に応じて細分されている。⑥茎，枝，幹などの木部を利用するものはシン・スマン（shing sman「木（の）・薬」），⑦樹脂を利用するものはタン・チュー（thang chu「煎じた・水」）と呼ばれる。⑧果実，種子，仁などを利用するものは，ダスブー（'bras bu「果実」），⑨樹皮を利用するものは，パクスパ（pags pa「樹皮」），⑩根茎や地下茎を利用するものは，ルツィワ（rtsa'i ba「根（の）・もの」），⑪花を利用するものは，メントク（men tog「花」），⑫草本全体を利用するものは，スゴン・スマン（sngong sman「緑（の）・薬」），⑬植物のエキスを利用するものはカンダ（kan da）と呼ばれる。

薬物の製剤方法と用法

個々の薬物は加工，製剤されて利用されることになっているが，薬物は1種類だけで用いられるよりも，いくつかの薬物を組み合わせた調合薬の形態で用いられることがほとんどである。たとえば，ティクタ（tig ta）（第8章の付表6のLM0059）とい

写真 7-2 樹脂を薬用とするスポスカル（spos dkar LM0026）（カラツェ村，1989 年）

写真 7-3 ヒマチャル・プラデーシュ州にある湖で採れるという，種子を薬用とするゼマラゴ（gze ma ra mgo ハマビシ，LM0042）。カラツェ村のアムチの常備薬の一つ（1989 年）

うリンドウ属[6]の植物の地上部を主要薬物として他に 8 種類の薬物を調合した薬は，ティクタ・ルギャッパ（tig ta brgyad pa「ティクタ・8 種」）と呼ばれる。これは，後述するようにティスパの病いには必ず処方される薬である。主要薬物名と調合薬物の数

---

6 ティクタについては，センブリ（*Swertia* spp.）の仲間であるという同定もあるが（Dash 1988: 407; 1987: 171），ザンスカルで採集した標本では，リンドウ属（*Gentiana* sp.）であったため，ラダックではリンドウ属が一般的であるとした。

によって名づけられた薬方の処方が病いの種類ごとに決まっている。アムチは42通りの薬方の名をあげ，このうち21種類を自ら製剤すると語っていた。

　これらの薬方はさまざまな方法で処方されるわけであるが，医学書には，製剤方法や用法により，次の22通りの治療方法があると記される。服用されるものには，以下の8通りの加工・製剤法があるとされる。①タン（thang 煎薬）と呼ばれ，粗くひいた薬物を水で煮立てた煎液，②チェマ（phye ma 粉薬）と呼ばれ，薬物を細かくひいて粉状にしたもの，③リルブ（ril bu 丸薬）と呼ばれ，細かくひいた薬物を油やハチミツで丸く固めたもの，④デグ（lde gu シロップ状）と呼ばれ，薬物を砂糖，バターと混ぜてシロップ状にしたもの，⑤スマンマル（sman mar 大型丸薬）と呼ばれ，薬物をハチミツ，黒砂糖，白砂糖，バター，ミルクと一緒に混ぜて，少し大きめの丸薬にしたものなどがある。

　薬物は，その材料としての性質，製剤される前の処理によって，さらに次のように区別される。⑥タル・スマン（thal sman 灰化薬）と呼ばれ，薬物を燃やし，灰状にしたもの，⑦ガンダ（gan da）と呼ばれ，薬物を水で煮つめた濃縮煎薬，⑧スマン・チャン（sman chang「薬・酒」）と呼ばれ，植物性薬物を水の中でアルコール発酵させた発酵薬がある。また，⑨リンポチェと呼ばれ，宝石などをひいて粉状にしたもの，⑩スゴスチョル（sngo sbyor「草（で）・作った」）と呼ばれ，薬草の葉や地上部のみを粉状にしたもの，⑪スヌムチョス（snum bcos「油（で）・治療する」）と呼ばれ，植物の油性成分を利用するものがある。⑥～⑩の処理をされた薬物は一般に，他の薬物と混合されて，①～⑤の形に製剤されて服用される。

　薬物の服用にあたっては，すべて食事の前，つまり食物が体内ですっかり消化された状態のときになされなければいけないという。乳児の病いの場合には，薬物の服用にあたっては注意する必要がある。たとえば，離乳前の乳児の場合には，薬の処方は，その母親に対してなされ，大人に対すると同量の薬物を母親が服用するのである。離乳が始まった子供の病いの時には，母親と同時に患者である子供のいずれにも薬が処方される。もちろん，子供には極少量ではあるが。離乳期が完全に終わった子供になって初めて薬の処方は患者である子供に対してだけとなる。

　さらに，薬物には処方のされ方や効能などによる区別もある。⑫シャル・スマン（bshal sman 下剤）は，下剤効能があり，服用される粉薬，丸薬，煎薬であり，⑬スキュックス・タンチェス（skyugs btang byes 吐剤）は，吐剤効能があり，煎薬にして服用されるものである。⑭スナ・スマン（sna sman 点鼻薬）は，鼻に管をとおして注入されるものである。これはとくに，ゴ・シンという頭の中に虫がいるという病いに用いられる。便秘などの浣腸薬には，⑮ジャムツィ（オクル 'jam rtsi 油性浣腸薬），⑯ニルーハ（ni ru ha 乾燥浣腸薬）の2種類があり，⑰導尿管を用いて直接尿道に注入される，ツァルジョン（rtsa ljon）と呼ばれる利尿薬となるものもある。

写真 7-4 薬を粉にするために使われる平臼 (1989 年)

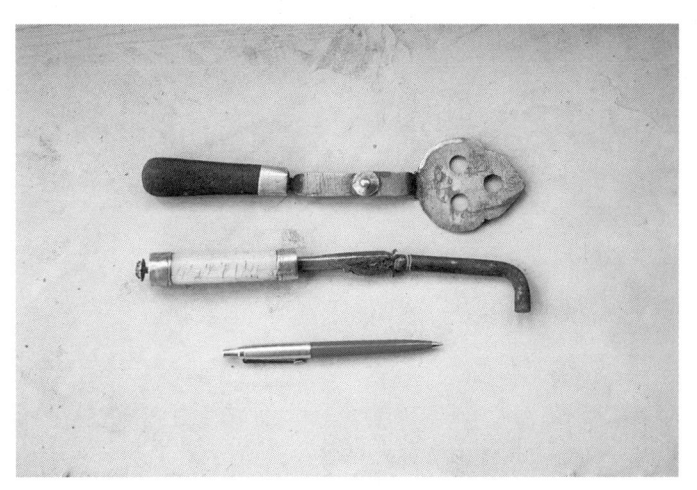

写真 7-5 メ・ツァ (灸) に使われる道具。金, 銀, 銅, 鉄, 鐘青銅, もぐさと, 燃やす薬物の種類が使い分けられる (1988 年)

一方, 外科的療法と結びつくものとして, ⑱タルカ (gtar ka 放血) を処置した後に処方される薬物, ⑲メ・ツァ (me btsa' 焼灼法, 一種の灸) に用いられる薬物がある。灸には, 燃やす薬物の種類により, セル・メ (gzer me「金・灸」), グル・メ (dngul me「銀・灸」), ザンス・メ (zangs me「銅・灸」), チャクス・メ (lcags me「鉄・灸」), カル・ワ (mkhar ba「鐘青銅・灸」), ツァ・メ (rtswa me「もぐさ・灸」) の6種類に区別されている。⑳ドゥックス (dugs マッサージ) に用いられるものがあり, マッサージは暖めた塩, 暖めた水を浸した布, 冷たい水を浸した布, 薬物などを用いておこなわれる。

写真 7-6 メ・ツァの際に参照される人体のツボを描いたテキスト（1989 年）

その他に，薬物のなかには，これを水の中にいれて暖め，この薬湯につかるルムス (lums 薬浴) や，油脂と混ぜて軟膏 (チュクパ byug pa) として用いられるものがある。
　以上のように，『四部医典』には，薬の素材，製剤法により多様な種類が区別され，患者に処方されることになっている。しかし，第8章で述べるように，処方薬のほとんどは，植物性薬であり，煎薬，丸薬の形に製剤されたものとなる。
　以上に述べてきた医学・薬学理論に基づき，アムチは病いを診断し，患者に対し適切な薬を処方してきたのである。アムチの医学における薬物について重要な点は，アムチ自らが薬物を採集，あるいは市場で調達し，加工・製剤する点にある。第8章で，ラダックのアムチの治療実践例を取り上げるが，アムチは，薬物の調達・加工から患者の治療までの全プロセスを担う，医師であると同時に薬剤師なのである。もちろん，現代ではダラムサラのチベット医学研究所で製剤された，いわば市販の薬を購入して，処方することが一般的となりつつあるが，伝統的には，医師および薬剤師としてこの章で述べたすべての事項に精通することが求められてきたのである。

第8章

アムチの治療実践

　ラダックにおいて，アムチの医学の伝統はどのように継承され，また，どのように人々の病いの治療を担ってきたのであろうか。この章では，1980年代におけるレーやカラツェ村のアムチらの事例をもとに，アムチの伝統の継承，彼らの治療実践，薬物知識の実態などについて取り上げる。その上で，西洋医学による医療の整備がおこなわれる中で，アムチの医学が人々の病いの治療として頼られてきた背景を考察することにしたい。

1. アムチへの道

　ラダックには，チベットのようにアムチを教育する医学校は本来なく，アムチとなるために，かつてはチベットのラサに出かけることがあったという。ラダックのアムチはどのように教育されてきたのであろうか。男性のアムチ3名，女性のアムチ1名へのインタビューの語りから，アムチになったいきさつを探ってみることにしたい。

事例8-1：男性のアムチ GN（1931年生まれ，1984年の調査当時53歳）
　下手ラダック地方の村の出身であるが，レーにある国立アムチ医学研究所の調査官でもあり，レーで診療を行っている。彼の家は，アムチの家系であり，先祖代々，アムチとなるのがしきたりであった。彼は長男であり，弟はラダックではじめての西洋医学の医師である。彼の娘の1人はアムチに，1人は西洋医学の医師になって

写真 8-1 レーに設立された国立アムチ医学研究所の前で。そこの調査官であるアムチ GN（左側，1984 年当時）

いる。家には，先祖伝来のアムチの教典がたくさん伝えられてきたという。

　6歳の時に州立の学校に入り，ウルドゥー語とチベット語を習い始めたが，チベット語をとくによく学ぶようにといわれた。父がアムチであり，少年の頃から父について病気の診断法，薬物をどのように調合するのかを学んだ。毎年，6-8月には，父親は薬草採集に自分を一緒に連れていき，薬草の見分け方，採集する部位，薬草の採集場所，時期などについて教えてくれた。5年生が終わった頃（10歳頃）から，チベット語をもっと勉強するようにと言われ，11-2歳になるとアムチの医学書を暗記し始めた。

　19歳のときに，伝統的なアムチの資格試験アムチジュックス（am chi 'jugs「アムチ・になる」）を受けた。試験では，村人全員が集まる中で，9-10人の先輩のアムチを前にして，アムチの教典を暗誦させられ，次に，先輩のアムチが1人ずつ尋ねる質問に答えさせられ，最後に，脈の診断法が正しいかどうかを試された。大勢の村人の面前で答えなければならず，試験は難しかったが，この試験に無事合格した。それから，晴れてアムチとなることができ，GNは1人で患者を診るようになった。

　1961年，30歳の頃に，ジャム・カシミール州政府の面接を受け，州政府にアム

チとして採用され，1976年まで州政府のアムチとして働いた。1976年にレーにインド政府によりアムチ研究所が設立されたが，この時以来，調査官としてこの研究所を任されている。

毎年，春から秋にはザンスカル，サピ，チャンタン地方の山地に出かけ，薬草を採集している。インド政府の調査官となってからはとくに，市販の薬剤ではなく，野草を薬に使うことが求められてきた。

事例8-2：カラツェ村在住の男性のアムチAS（1912年生まれ，1989年の調査当時71歳）

ヤンタン村出身であり，生家はアムチの家系であった。アムチとしての修業を11歳から21歳頃まで僧院リゾン・ゴンパで積んだ。当時，リゾン・ゴンパでは，ラダック地方のゲルック派の最高位にあるクショック・バクラ・リンポチェも修業していた。バクラ・リンポチェとASは同年齢であるという。その当時，時々自分の家に帰り，父親からもアムチの医学について学んだ。リゾン・ゴンパでは，ゲロン（dge slong「比丘」）・ロブサン・スタンジンからアムチの医学を学んだ。また，サスポール村，リキル村のアムチからも学んだ。さらに，ヘミシュパッチェン村のメメ[1]・クンパンからも医学を学んだ。

19−21歳の頃，アムチとしての修業が終わり，リゾン・ゴンパで資格試験を受け，合格した。この時，リゾン・ゴンパのすべての僧侶が集まり，薬師如来（sangs rgyas sman bla）の礼拝式が行われた後で，『四部医典』の朗誦の試験となり，先生であるゲロン・ロブサン・スタンジンは『四部医典』のある一節の暗唱を課したのであった。これをうまくやり終えたところで，リゾン・ゴンパの僧院長ツルティム・ギャルツァンが，ユトックパ（g.yu thog pa）[2]の灌頂を授けてくれた。この灌頂は2−3日続いたが，これにはヤンタン村，リキル村，サスポツェ村，ヘミシュッパチェン村のアムチたちも一緒に参加した。続いて，僧侶達はこれから使うことになる医具の聖別（ラブナス rab gnas）を行ってくれた。これらを終えると，僧院の僧侶たち，使用人達はカタックを捧げてくれ，祝してくれた。これに返礼する形で，すべての僧侶に，茶とトゥクパ[3]を提供し，儀式が修了した。リゾン・ゴンパでは，この儀式は僧たちが参加するのみで行われた。

ヤンタン村ではこのアムチの試験をツァチット（rtsa 'khrid「脈を・導く」）と呼んで

---

1 親族用語として「祖父」を指すが，一般に年長の男性に対する敬称として使われる。
2 最初のユトックパ（g.yu thog pa, g.yu thog yon tan mgon po）は，吐蕃王国時代のティソン・デツェン王の9人のチベット人宮廷医の1人であり（Rechung 1976 (1973): 18），インド医学のチベット語訳を編纂し，チベット医学の祖といわれるである。
3 チベット風麺料理で，第4章で既述しているコムギ料理。

写真 8-2 カラツェ村のアムチ MR と彼が保管する薬箱（1989 年）

いたが，カラツェ村ではルギュックスタンワ（rgyugs gtang ba「レッスンを・課す」）と呼んでいる。しかし，アムチの修業が終わったあと，交易の仕事に就きたくなったので，アムチとして村人の病いを診ることはなく，しばらく交易に従事していた。主に，バルティスタンのスカルド，ザンスカル，チャンタンとの交易を行っていたが，ヌブラ地方には出かけたことはなかった。カシミールのスリナガルまでは 2-3 回出かけたことがあった。

　27 歳の頃の春，カラツェ村のアムチの家系である家に（屋号は，アムチパ「アムチ・家」）に婿入りした。その年の秋に，カラツェ寺で，もう一度アムチの資格試験を受けた。この試験は，自分の師となったアムチをはじめ，リゾン・ゴンパからの 5-6 人の僧など，各地から人が集まり，自分の親族とすべての村人が見守る中で行われた。僧侶は薬師如来の礼拝式を執り行い，これが終わると，師であったヘミシュッパチェン村のメメ・クンパンと父，そしてアルチ村のアムチの 3 人が試験を課したのである。

　『四部医典』の中からそれぞれ 1 部ずつの暗誦，居合わせた村人の脈の診断と彼に対する薬の処方を試された。この試験台となった村人は実際には病気ではなかったので，どんな薬を処方しても良く，これは一種の象徴的な儀式のようなものであっ

た。これが終わると、すべての親族や友人は、結婚式のように自分にカタックをかけて、祝福してくれた。自分の家からは、参加した人々にチャンを振る舞い、村人も祝いの酒カルチョル (dkar bchol) を AS に与えた。最後には、モン (楽師) も呼ばれ、踊りと歌が披露された。これ以降、AS は患者を診るようになった。

カラツェ村だけではなく、近くのスキンディアン村、ラマユル村、ワンラ村、タクマチック村、リゾン・ゴンパ、ヤンタン村などの村人の病気を診てきた。患者を診たときには、何らかの謝礼をするものもいれば、何もしないものもいる。しかし、いわばアムチとしての役目の報酬として、カラツェ村、タクマチック村、スキンディアン村からは毎年合計約 37 カル (khal)[4] (約 481 キログラム) のオオムギの穂束をもらっていた。収穫時期になると、各家の畑を回りオオムギを集めた。

州政府は、AS をウルヴィス村のアムチとして任命したが、村人達は政府にアムチよりも西洋医学の診療所・薬局を要求したという。このため、政府はウルヴィス村に診療所を設置し、AS はこの村に着任することはなく、カラツェ村でアムチとして働いてきた。

事例 8-3：カラツェ村出身のアムチ MR (1912 年生まれ、1989 年調査当時 71 歳)

父はアムチであり、3 人の息子のうちの 1 人はアムチを継がなければならなかった。父はとても小さいころから、『四部医典』にそって体系立ててアムチの医学を教えてくれた。初めに習ったのは、根本篇[5] (btsa ba'i rgyud) であり、次に論述篇 (bshad pa'i rgyud)、そして秘訣篇 (man ngags gi rgyud)、末尾篇 (phyi ma'i rgyud) へと進んだ。これらのなかの数章について暗記させられた。

どの村にもアムチの認定試験の制度があったが、MR はこれを受けることはなかった。25 歳になったとき、これら父に教えてもらったことをすべて理解したと思った。父から『四部医典』や他の医学書をもらったが、父は彼を僧侶ではなく、アムチにしたいと考えていたのであった。その当時、僧侶になることは、(修業のために) チベットに行かなければならないことを意味していた。しかし、MR は、僧侶になることを望み、22 歳の時チベットに行き、1 年間そこに滞在して僧侶としての勉強をしたという。23 歳の時、家に帰ってきたが、その当時、まだ父が生きていたので、父のもとで見習いアムチとして働いた。患者が訪れると、脈や尿の見方、薬の処方を父からさらに習った。

MR が 40–41 歳頃に父は亡くなり、その後 1 人で患者を診るようになった。父が残してくれた薬は何でも使ったし、スリナガル、レー、カルギルの市場で流通し

---

4 スキンディアン村からは 12–13 カル、タクマチック村からは 15 カル、カラツェ村からは 10 カルの大麦を得ていた。1 カルは約 13 kg である。
5 『四部医典』の各章の日本語訳については、西岡 (1987: 394) を参照した。

ている薬を購入して使うこともあった。また，薬草を自分で山野に出かけて収集することもあった。薬を常備しておき，必要なときに調剤して処方してきた。アムチはティスパの病い，パトカンの病い，ルンの病い，内臓の病いなどを治療するのみであり，「悪霊の病い」については，村人はたいてい僧侶に治療を頼む。しかし，MRはアムチでもあり，僧侶でもあるので，村人は「悪霊の病い」の治療をよく頼みに来ると語っていた。

　MRは後述するように，さまざまな超自然的存在による病いの存在，そして，それぞれに対する治療方法について語ってくれた。村人は僧侶である彼のところに，さまざまな霊の作用を恐れ，単に薬を処方してもらうだけではなく，儀礼的処置を施してもらうためにやってくる。彼は時には占いも行っているのであり，このようなアムチ兼僧侶としての活動が村人の彼に対する信頼，評価のもとになっていた。

事例8-4：レー近郊のサブー村の女性アムチYD（1950年の生まれ，1990年調査時40歳）

　YDの祖先の1人には，アムチ，つまり，ダライ・ラマの主治医であったユトック（g.yu thog）の医学伝統の継承者がいたという。ラダックは，チベットと文化的繋がりが深く，人々はチベットに教育を受けるために出かけていたものであると語る。YDの祖先の1人もチベットに出かけ，医学を学び，有名になったのであるが，それはYDから5世代前のことであった。それ以来，YDの家ではアムチを輩出してきたという。

　ラダックでは，最近までアムチは世襲の職業であり，誰もがアムチになれるわけではなかった。大抵どの村にも，スマンラ（sman bla），つまり，「薬の導師（ラマ）」と呼ばれる家があり，そこはアムチの家系となっている。彼女の家もアムチの家系であり，16歳の時から祖父にアムチの医学を学び始めた。YDは長子であり，上から4人まで娘であったので，彼女がアムチの勉強をすることになった。

　それまでYDは普通の学校に通っていた。彼女の父もアムチの試験に合格し，認定されてはいたが，アムチの職に熱心ではなかったので，実際には当時77歳であった祖父がアムチを続けており，彼女の教育も担った。祖父だけではなく，フィアン村のアムチ，ニェモ村のアムチからも教えてもらった。フィアン村のアムチは祖母，つまり祖父の妻（FFW[6]）の兄弟である。自分の村ではアムチとしての勉学以外に家事もしなければならないので，ときどきフィアン村のアムチのもとで，『四部医典』の勉学に打ち込んだのであった。こうして，フィアン村でアムチの認定資格を受けたが，このとき，フィアン村のアムチのもとで学んでいた3人が一緒に試験を受け

6　親族関係を表す略号で，Fはfather，Wはwifeの略である。

た。3人が一緒に受ける試験であったので，合格後の祝いはとても盛大に行われた。それは25歳の時であり，学び初めてアムチとなるまでに約10年かかった。

　アムチとなってから結婚し，自分の村で患者を診るようになった。夫は軍人であり，いつも家にいなかったため，家のことをすべて1人で切り盛りしながら，アムチとしても働いた。毎月，チベット歴の8日には，サブー・ゴンパから僧侶を家に呼んで薬師如来のための儀礼を行ってきた。もちろん，毎朝，まず薬師如来の真言（マントラ）を唱えることが日課となっていた。

　子供を3人（息子）得てからであるが，1980年にダラムサラに医学の勉強に出かけ，4年間ダラムサラのチベット医学校で学んだ。ラダックでは，『四部医典』を暗記して，医学理論を学んだだけであった。しかし，ダラムサラでは，毎日がすべて学習時間であり，医学書を学ぶだけではなく，実際に患者の治療にも参加することができた。もちろんラダックにいるときも，脈を診たり，尿を調べたりすることはあったが，ダラムサラにいたときに比べその機会は少なかった。

　ダラムサラに行くことを決心したのは，村にいると家族の世話，子供の世話など家事に追われ，アムチの仕事に集中することもできなく，アムチとして学んだことをすべて忘れてしまうのではないかと恐れたからである。だから，ダラムサラに行き，さらにアムチとしての勉強をもう少し続けたいと考えた。また，ちょうどインド政府からダラムサラで勉強するための奨学金を月に200ルピー得ることができたので，家に子供をおき，ダラムサラで勉強を続けた。ダラムサラでの勉強を終えて村に帰ってからこれまで，アムチとして患者の治療を引き受けてきた。

　ダラムサラから帰ってくると，自分の村だけではなく，遠くの村からも患者が訪れるようになった。今では，カルギル地区からもやって来る。以前，重い皮膚病（pags nad）の患者を治癒させたことがあり，その後高い評判を得ることになったという。患者の経済状態によって金額は異なるが，彼らは診察のお礼にお金を支払ってくれる。昔は，村人が収穫の一部を提供してくれるということもあったが，今ではこのような慣習はなくなった。

　薬草を採りに山に行くことは今では必ずしも必要ではなくなっている。とくに，適切な薬草を採集することは実際にはとても難しいことであり，とても熟練したアムチでなければ薬草を使うのは困難である。このように説明し，YDは，薬草を採集して，自分で調剤するよりもむしろダラムサラの医学校が販売している丸薬を使っていると語る。昔は，粉薬をよく使ったものであるが，今では丸薬の方が一般的となっているといい，ダラムサラから約200種類の丸薬を購入していると語る。

　この事例のように，若いアムチの中には，ダラムサラのチベット医学校で学び，それをモデルとして，病気治療を行うものも登場しつつあることが分かる。この事例は，チベット亡命政府による医学校設立によってチベット医学の修得がより身近な

ものとなり，ラダッキのアムチ医学の規範化が進行していく過程を示唆するものといえる。

世襲を基本としてきたアムチの継承

事例 8-1, 8-2, 8-3 は，男性アムチの例であり，いずれもアムチの家系出身で，少年の頃からアムチとしての修業を開始していた。事例 8-4 はラダックで数少ない女性アムチの例であるが，彼女の生家もアムチの家系である。ラダックにおいてアムチという職業は世襲的であるのを基本とされてきたことが分かる。事例 8-1 と 8-3 は父親について修業し，事例 8-2 は僧籍に入り後に還俗するのであるが，アムチの医学を父親に習うのと同時に，僧院でもその修業を積んだのであった。事例 8-3 はアムチであると同時に僧侶でもあった。事例 8-4 でも祖父からの手ほどきでアムチの修業が開始されている。

ラダックでは，アムチとしての修業は親から子へという形態を基本としながら，僧院，他の村のアムチのもとでも行われてきたのであった。アムチの家系は先祖代々継承してきた医学書を所蔵することが多い。この医学書をもとに修業を積むのである。アムチとなるための修業は，少年の頃から始まり，チベット語の読み書き，チベット語で書かれた医学書を暗記すること，と同時に，脈診の方法，薬物の作り方，薬草の見分け方と採集方法などを実地体験しながら学ぶことによって行われてきた。アムチの医療行為には，薬草の採集から製剤，調合までも含まれ，アムチの職掌はいわゆる医師と薬剤師の 2 役を兼ね備えてきたのである。

一方，インド独立以前には，さらにアムチや僧侶の修業をするためにチベットに出かけるものもいたことが分かる。事例 8-3 のアムチ MR は，僧侶としての修業であったいうが，チベットに 1 年間学びに出かけていた。インドの独立後，ラダックとチベットの国境は閉ざされ，また，ダライ・ラマのインド亡命，インド・中国国境紛争などを経験し，チベットとの行き来は途絶えたままとなってきた。しかし，現在では，事例 8-4 のサブー村の女性アムチのように，祖父から『四部医典』を学び，アムチとしての資格を得たあと，チベット亡命政府が運営するダラムサラの医学校に入り直し，さらに勉強したというものも現れるようになっている。しかも，これはインド政府の支援によって可能となっていた。1980 年代に入ると，隔離されながら伝承されてきたラダックにおけるアムチの医学をダラムサラの医学校との交流を通じて再活性化する取り組みが始められてきたことを示しているといえよう。実際，1985 年にレーで開かれた「Save the Children Fund」(子供救済基金) による「ラダックにおけるチベット医学の技能」と題するセミナーで，アムチの医学を再活性化し，より職業的なレベルに高める取り組みの必要性が指摘されていた (Save the Children 1986: 2)。

また，事例8-3のように，とくには承認式を経ることなしにアムチとしての役目を果たしている例もみられるが，アムチとしての資格，とくに村のアムチとしての資格を得るためには村人全員の承認と祝福が必要であるといわれる。このような村人の承認により，村の（複数の村のこともある）医師としての役目を果たす報酬として毎年一定量のオオムギが村人から与えられてきたのである。このような村人からのアムチへの贈与はソスニョン（bsod snyoms）と呼ばれている。村人からソスニョンの贈与をもらえるのはアムチと村の寺の僧侶だけであったという。

事例8-2と8-3は，同じ村のアムチであり，カラツェの村人は彼らとの関係について次のように語っていた。「アムチMRの父はアムチであり，村の各家は，毎年収穫時期に，彼が担げるだけのオオムギの束，つまり1カルのオオムギを彼に与えていた。1カルからは約14 kgのオオムギの穀粒がとれる。アムチMRもアムチとして村人のために働いていたので，初めの頃は彼だけにオオムギの贈与を与えていた。そのうちに，村人がアムチに与えるべき贈与をアムチMRとアムチASとに半分ずつ与えるようになった。しかし，アムチASは他の村に出かけ治療することが多いので，また，村人からのオオムギの贈与すべてをアムチMRにのみ与えるようになった」。

事例8-2のアムチASは，自分がカラツェ村のアムチとして働いてきたことを強調していたが，村人はむしろ事例8-3のアムチMRの方を評価しているようにみえる。しかもそこには，村人の治療を一生懸命に担うのかどうかが大きく影響しているともいえる。その見返りとしてソスニョンの贈与があり，この贈与にはアムチとして村人による公的な認定があるかどうかというよりも，アムチとしての村人への奉仕がその条件となっていることが分かる。

いずれにしても，アムチの修業は，病気と治療の理論を医学書の暗誦によって学び，臨床と本草学を先輩のアムチのもとでの個人的徒弟修業によって習得することにある。彼らの医学は医学書に記される医学体系を基本としながら，先輩アムチ各自の経験に照らし合わせて構築され，継承されてきた実践的，経験的医学ということもできる。

2. レーのアムチにみる病いの治療

ラダックのアムチはどのような病いの治療を実際に担っているのであろうか。ラダックのアムチの中でも高名なレー在住のアムチGNの事例から，アムチの担う治療のレパートリーを探ってみることにする。

治療する病いのレパートリー

　レーのアムチは, 診療所を訪れる患者のカルテを残すとともに, 年毎に訪れる患者の数を, 新患患者, 再来患者に区別して集計していた。カルテを見せてもらうことはできなかったが, 1987年から1988年の1年間に診療所を訪れた新患患者と再来患者についての累積患者統計を見せてもらうことができた。これをもとに, レーのアムチはどのような病いの治療を担っているのか, また, ラダックにはどのような病いの発症率が高いのかを考えてみることにしたい。

　この統計での新患患者というのは, その年初めてアムチの診療所を訪れた患者という意味であり, そのときの病いの治療が完了するまでは, 再び訪れてもカウントされていない。したがって, 再来患者とはある病いの治療が完了したあと, ある期間をおいて再び訪れた患者という意味で, 必ずしも同じ病気で再び訪れたことを意味しないし, また, 同じ人が何度も再来患者としてカウントされている場合もあるという。このため再来患者数は延べ数ということになる。この記録をもとに病名ごとの患者数をまとめたものが表8-1である。アムチは, 弟が西洋医学の教育を受けた医師であり, アムチの医学上の病名に対し, 西洋医学において対応する疾患名を教えてくれることができた。表8-1にある西洋医学上の疾患名はアムチGNの説明から得たものである。

　この1年間には, 延べ2,731名の患者が診療所を訪れており, このうち新患患者として訪れたものが1,998名, 再来患者として訪れたものが延べ733名であった。この表から, アムチを訪れる患者は, 男性よりも女性が多いということも分かる。また, この表の中で, 「その他」以外の病名があげられている29種類の病いは, 「ルンの病い」「パトカンの病い」「子供の病い」「胃の病い」「女性の病い」といったように, 大まかな病いの分類に沿ったものであるが, これらはラダックにおける一般的な病いということができよう。

　延べ患者数が多かった上位10の病いをみると, 第1位がチャンパ (風邪), 第2位がトゥックス・ナッド (外傷性全身障害), 第3位がポウェ・ナッド (胃腸病), 第4位がタック・ナッド (血の病い), 第5位がルンの病い, 第6位がパトカンの病いとチュウセル (血清の病いともいわれるが, 第7章を参照), 第8位が腎臓の病い, 第9位が肺の病い, 第10位がルツァカルの病いである。第11位には, 第7章でも取り上げたが, 超自然的病因による病いであるニャン・ナッドが入っている。ニャン・ナッドは伝染性疾患と言われながらも, 人々はアムチを頼っているのであり, 人々が単純に西洋医学を頼っているのではない実態をみることができる。

　上位10の病いには, 男性と女性とでの違いもみられ, 男性では風邪が第1位を占めるのに対し, 女性ではトゥックス・ナッド (D2) が第1位を占めている。また, 血の病い (D4) は, 女性では第3位を占めるのに対し, 男性では第6位となっている。

表8-1　1987-88年にかけてレーのアムチを訪ねた患者数と病名

No	病いの名称			新患患者数			再来患者数			総計		
	ラダック語	語義	疾患名	小計		合計	小計		合計			合計
				男性	女性		男性	女性		男性	女性	
D1	チャンパ (cham pa)	寒気, 風邪	インフルエンザ	59	72	131	34	43	77	93	115	208
D2	トゥックス・ナッド ('khrugs nad)	不調・病い	外傷性全身障害	55	72	127	31	48	79	86	120	206
D3	ポウェ・ナッド (pho ba'i nad)	胃の・病い	胃腸炎	46	54	100	35	39	74	81	93	174
D4	タック・ナッド (khrag nad)	血・病い	高血圧	44	71	115	17	24	41	61	95	156
D5	ルン・ナッド (rlung nad)	体液風・病い	中枢神経疾患	42	49	91	21	26	47	63	75	138
D6	パトカン (bad kan)	粘液的性質	消化不良	46	43	89	21	14	35	67	57	124
D7	チュウセル (chu ser)	水・黄色	血清異常	39	43	82	21	21	42	60	64	124
D8	カル・ナッド (mkhal nad)	腎臓・病い	腎臓・泌尿器病	36	47	83	16	17	33	52	64	116
D9	ロウェ・ナッド (glo ba'i nad)	肺・病い	肺の疾患	32	40	72	13	17	30	45	57	102
D10	ルツァカル (rtsa dkar)	脈・白い	神経炎, 神経系の病気	38	60	98	1	3	4	39	63	102
D11	ニャン・ナッド (gnyan nad)	ニャン・病い	伝染性疾患	39	46	85	5	10	15	44	56	100
D12	ティスパ (khris pa)	胆汁	胆汁症	36	42	78	17	4	21	53	46	99
D13	パトスムック (bad smug)	粘液・褐色	潰瘍	37	34	71	6	13	19	43	47	90
D14	テクドゥム (dreg grum)	すす・不自由な	関節痛, 痛風	28	41	69	5	8	13	33	49	82
D15	テウェ・ナッド (gri ba'i nad)	喉の・病い	喉頭炎	25	31	56	8	11	19	33	42	75
D16	チスペ・ナッド (phyis pa'i nad)	子供の・病い	小児病	24	27	51	6	13	19	30	40	70
D17	ゴ・ナッド (mgo nad)	頭・病い	頭痛	25	28	53	3	6	9	28	34	62
D18	モ・ナッド・リックス (mo nad rigs)	女性・病い・種類	婦人病	0	36	36	0	20	20	0	56	56
D19	パクス・ナッド (phags nad)	皮膚・病い	皮膚炎	13	20	33	4	7	11	17	27	44
D20	スニング・ナッド (snying nad)	心臓・病い	慢性的軽い心臓病	13	15	28	3	5	8	16	20	36
D21	ランタップス・ナッド (glang thabs nad)	雄牛・様態・病い	疝痛	12	14	26	4	2	6	16	16	32
D22	ヤメ・ナッド (ya ma'i nad)	耳の・病い	中耳炎	7	10	17	4	5	9	11	15	26
D23	ギュメ・ナッド (rgyu ma'i nad)	腸の・病い	腸炎	6	8	14	3	5	8	9	13	22
D24	カ・ナッド (kha nad)	口・病い	口腔疾患	7	12	19	1	2	3	8	14	22
D25	チン・ナッド (mchin nad)	肝臓・病い	肝炎	7	9	16	1	3	4	8	12	20
D26	スキャバップ (skya rbab)	灰色・水腫	水腫, 浮腫	8	10	18	0	2	2	8	12	20
D27	ミク・ナッド (mig nad)	眼・病い	眼病	7	9	16	2	2	4	9	11	20
D28	チェル・ナッド (mcher nad)	脾臓・病い	慢性的軽い脾臓病	4	6	10	2	4	6	6	10	16
D29	ポン・ナッド (phong nad)	大腸・病い	結腸炎	3	4	7	1	2	3	4	6	10
D30	フランブィ・ナッド (phran bu'i nad)	小さい・もの(の)・病い	その他	145	162	307	36	36	72	181	198	379
		計		883	1115	1998	321	412	733	1204	1527	2731

さらに，パトカンの病い（D6）は，男性では第4位と罹患率が高いのに，女性では第7位であり，ルツァカルの病い（D10）は女性では第10位であるが，男性では第13位と罹患率が低くなっている。このような男性と女性とでの罹患率の違いが読み取れるが，とくに，パトカンの病い，ティスパの病い（D12）といった，日々の食生活が大きく影響する病いに，男性の罹患率が高いことが分かる。
　レーのアムチはラダックによくみられる病いは，第1にルンの病い（D5）であると語っていた。第2にパトカンの病い（D6），第3にテクドゥム（D14）と呼ばれるリューマチ性あるいは痛風性の関節痛で，第4にトゥックス（'khrugs「不調」）（D2）と呼ばれる外傷性全身障害による疲労，第5に「血の病い」（D4）と呼ばれる高血圧になると語っていた。これら5種類の病いのうち，テクドゥム（痛風）以外の4種類の病いが上位10位までの中に含まれるものであり，テクドゥムも，10位以内ではないが，第14位に位置し，患者数の多い病いとなっていた。また，アムチがラダックに多くみられる病いとしてはあげていなかったが，胃炎，風邪，チュウセルなどの病いもこの年には例数が多かったことが分かる。さらに，体液性の病いのうち，ティスパの病いは，男性では第8位であるが，全体では第12位であり，他の2種類の体液性の病いに比べ，やや例数が少なくなっていることが分かる。
　また，レーのアムチが治療を担う病いの中で上位を占めるものには，症候として四肢・体幹の痛みを特徴とする病いがいくつかあることが分かる。たとえば，チュウセル（D7）は，腕・足など体中の痛みを症状としてもち，ルツァカル（D10）は腕が非常にだるくなる，テクドゥム（D14）は関節の痛み，トゥックス・ナッド（D2）は全身性の痛み・疲労を症状とする。これらの例は，「アムチは骨・関節を治す医師である」と語るラダッキたちのアムチ観，つまり四肢・体幹の痛みという病いにこそアムチを頼るという両者の関係が反映されていることを示すといえる。表8-1には，アムチが西洋医学において素早い効果が期待できない病い，あるいは超自然的病因を危惧するような病いの治療を担うという現状が示されるのである。
　レーのアムチから，後述するように，合計127種類の薬物について，それぞれの効能を聞きこむことができたが（付表6），これら薬物の効能は，大まかな分類ではあるが，合計すると約67種類の病いに及んでいた。これらは，『四部医典』に記載される404種類の病名からすれば，ほんの一部を占めるにすぎないともいえる。しかし，これらの薬物の効能として語られる病いもまた，ラダッキのアムチが治療の実践において，対処する病いのレパートリーということができる。薬効として登場する回数の最も多い病いは，肺の病いであり，23種類の薬物において効能があると語られた。次いで，パトカンの病い，ルンの病い，腎臓の病い，下痢，肝臓の病い，ティスパの病い，消化剤，胃の病い，チュセルの病いへと続いていた。医師には，治療する病いに沿った薬物を保持することが求められるといって良いが，薬物にみ

る効能のレパートリーは,レーのアムチがこのような病いの治療の担い手となってきたことを示す。

診察光景
　アムチGNはインド中央政府のアムチ医学研究所の研究員であり,研究所が診療所となっている。超自然的要因による病いというよりも,むしろ自然的要因による病い,とくにアムチの医学に独特の病いの治療を担ってきたといえる。では,GNは,訪れた患者にどのように接し,治療を行うのであろうか。参与観察をもとに,アムチの診察光景を紹介することにしたい。

事例8-5：頭痛で訪れた男性患者との対話　（Aはアムチ,Pは男性患者である）
(5-1)　A　「何日前に,具合が悪くなったのか？」
(5-2)　P　「ずいぶん前からである。」
(5-3)　A　「前には薬を飲んだのか？」
(5-4)　P　「もちろん,薬を飲んだ。」
(5-5)　A　「食欲はあるのか？」
(5-6)　P　「ときどき,食欲がでるが,ときには食欲がない。」
(5-7)　A　「ひどい喉の渇きはあるのか？」
(5-8)　P　「のどが渇くことはあまりない。」
(5-9)　A　「頭痛はあるのか？　ときにはひどい頭痛が？」
(5-10) P　「はい。(朝)起きたときに頭が痛い。」
(5-11) A　「日なたに出たときには,もっと頭が痛くならないか？」
(5-12) P　「はい,そうです。」
(5-13) A　「どの部分が？　この両側に痛みを感ずるのか？」
　《アムチは患者の頭部のこめかみを押さえながら尋ねる》
(5-14) A　「このように押さえたら,痛いか？　この部分には灸をしたような跡があるが,いつしたのか？」
(5-15) P　「数年前のことです。」
(5-16) A　「そのときにも頭痛がしたのか？」
(5-17) P　「はい。数年前にも,両耳の後ろと頭の中央部に灸をしてもらった。」
(5-18) A　「あなたの名前は？」
(5-19) P　「私はツェリン・ドルカルです」
(5-20) A　「チュショットから来たのですか？」
(5-21) P　「はい,そうです。」
(5-22) A　「何歳か？」

(5-23) P 「22 歳です。」
(5-24) A 「このタン（煎薬）を飲んで下さい。いいですか」
(5-25) P 「分かりました。」
(5-26) A 「この薬を5包処方するので，朝と夕方に1つずつを煎じて飲むように。この薬を十分に煎じてから，冷めるまで待ち，飲んで下さい。1日に2回です。脂っこく，熱いあるいは香辛料のきいた食べ物は摂らないように。」
(5-27) P 「はい，分かりました。」
(5-28) A 「これはティスパによるものである。チャンを飲むのもやめるように。」
(5-29) P 「もちろん，飲みません。」
(5-30) A 「5回薬を飲むように。」
(5-31) P 「はい，分かりました。」
(5-32) A 「煎薬がなくなるまで飲んでも，まだ良くならないようであれば，別の薬をあげます。この薬を朝，夕2回必ず飲むように。薬がなくなったら，もう1度来て下さい。」
(5-33) P 「はい，分かりました。5回ですね。」
(5-34) A 「5回だ。1つは今日の夕方に摂り，明日は朝と夕方の2回だ。あさってにはまた，朝と夕方にだ。このように1日に2回だ。分かったか？5回薬を摂ったら良いのだ。」
(5-35) P 「分かりました。」

　アムチは脈を診ながら，脈の診断を補足できるような質問を患者に尋ね，診断を下していっていた。まず，病いがいつ起きたのか(5-1)の質問から始まり，薬を飲んだのか(5-3)，食欲(5-5)，あるいは喉の渇きの有無(5-7)などを尋ねている。アムチが頭痛の有無を尋ねたところで(5-9)，ほぼ病いの診断がつき，具体的な頭痛の症状についての質問(5-11, 5-13)へと移っていることが分かる。アムチは，以前に患った病いの処置のあとなどを注意深く観察し，患者に尋ねることも重要と考えているというが，実際，次には，患者の体に跡が残る灸について尋ねている(5-14)。こうして，病いの診断を確定した後，アムチは，患者の名前，出身地，年齢を尋ね(5-18, 5-20, 5-22)，飲むべき薬として，煎薬という一般的薬名を示している(5-24)。患者に対し，細かく薬の服用の仕方，食事の注意などを与えたあと(5-26)，やっと，患者に病名を伝えている(5-28)。そして，最後にもう一度，服用の仕方を説明して終わっている。

第 8 章　アムチの治療実践　●——275

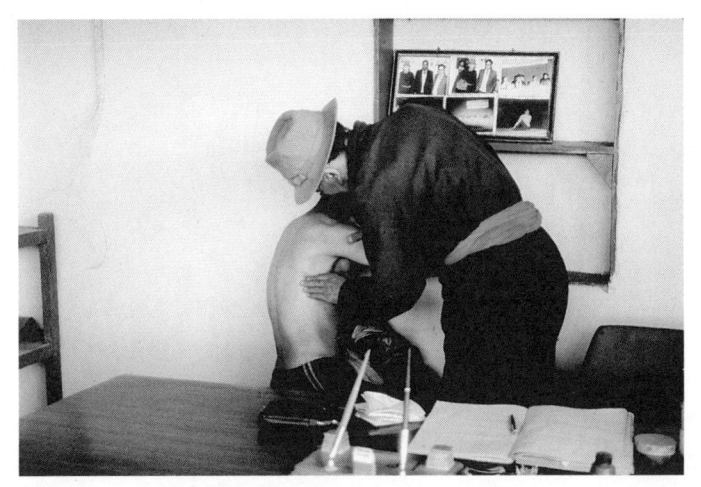

写真8-3　アムチの診察光景。患者の体を注意深く観察するアムチ（1988年）

事例 8-6：食事後に口の中に苦みを感じるという女性患者との対話
(6-1)　A　「どこから来たのか？」
(6-2)　P　「チュショット村から来ました。」
(6-3)　A　「名前はなんというのか？」
(6-4)　P　「アミナ[7]と言います。」
(6-5)　A　「普段，どんな仕事をしているのか？」
(6-6)　P　「私は農民です。」
(6-7)　A　「病いにかかって何日経っているのか？」
(6-8)　P　「1-2年前のことです。」
(6-9)　A　「そんな前のことなのか。誰が診たのか。医者（西洋医）に診せたのか？」
(6-10) P　「医者にも診せました。アムチにも診せました。」
(6-11) A　「彼らは何と言ったのか？」
(6-12) P　「アムチは灸をしてくれました。しかし。」
(6-13) A　「分かった。どこに灸をしたのか？」
(6-14) P　「頭にです。アムチはメカドル[8] (me kha grol「火・口・緩む」) という病い

7　名前から，この女性はムスリムであることが分かる。
8　アムチは，この病いについて次のように説明してくれた。この病いの場合，アムチが頭部に灸をすれば，たいてい良くなる。しかし，1-2年良い状態が続いたとしても，「灸」の効果は4-5年経つと完全に無くなってしまう。そうすると，アムチは「メカドル」であるといい，それはふたたび灸が必要だという意味である。

だと言った。医者もまた，薬をくれた。しかし，少しも良くはならなかった。」

(6-15) A 「何も起こらなかったのか？」
(6-16) P 「何も。」
(6-17) A 「灸をしてから，どれ位経ったのか？」
(6-18) P 「灸をしてから，1年経ちました。1年以上かもしれません。灸をしてから2年です。」
(6-20) A 「(床を指して)下に座りなさい。少し頭が痛くありませんか？」
《患者の頭を正中線にそって押さえてみる。そして，脈を診ながら，対話を続ける。》
(6-21) P 「はい，痛いです。頭痛があります。」
(6-22) A 「めまいはありませんか？ また，心臓が強く打つように感じたことはありませんか？ この部分が痛くはありませんか？」
(6-23) P 「そこに少し痛みを感じます。」
(6-24) A 「舌を見せてください。では，椅子に座ってください。」
《床に座っていた患者を椅子に座らせる。》
(6-25) P 「どんな食事をとっても，口の中が苦くなります。」
(6-26) A 「吐き気はありますか？」
(6-27) P 「ありません。」
(6-28) A 「日中に，悪くはなりませんか？」
(6-29) P 「たいてい，どこででも感じます。野原に行くと，もっと痛くなります。畑に行くともっと痛くなります。」
(6-30) A 「首の後ろが一層痛くはありませんか？」
(6-31) P 「はい，そうです。すべての場所が暗闇のように見えます。」
(6-32) A 「胃がなんだか重いようになったままですか？」
(6-33) P 「はい，そうです。少し重いままです。食べ物の消化が良くないようです。」
(6-34) A 「何歳ですか？」
(6-35) P 「22歳です。」
(6-36) A 「あなたは，少し脂っこくないものを食べるようにした方が良い。脂肪，脂肪のたくさんある肉を控えるようにした方が良い。これはタン・ティスパ(冷たい・ティスパ)の病いである。」
(6-37) P 「はい，わかりました。」
(6-38) A 「あなたに丸薬を上げましょう。塩は控えめにしてください。香辛料は摂らないように。」

(6-39) P 「はい，わかりました。」
(6-40) A 「灸をした方が良いであろう。この月が終わったら，灸をしてあげよう。」
(6-41) P 「はい，わかりました。」
(6-42) A 「熱さが和らいできた時に。」
(6-43) P 「はい，分かりました。何を食べても口の中が苦くなる。」
(6-44) A 「この薬を朝に2錠，夕方に2錠飲むように。熱くも冷たくもない，ぬるいお湯で薬を飲むように。」
(6-45) P 「はい，わかりました。」
(6-46) A 「こちらのものは，5服に分けて，朝と夕方とで飲むように。」
(6-47) P 「はい，わかりました。」
(6-48) A 「薬を朝と夕方の2回，3日間飲みなさい。」
(6-49) P 「はい，わかりました。」
(6-50) A 「この月が終わったら，灸をしてあげます。」
(6-51) P 「はい，わかりました。ありがとうございました。」

　この例でも，彼女の様子を観察しながら，それまでの病いの経過について詳しく聞きこんでいる様子が分かる (6-7 ～ 6-18)。患者の病歴を把握したうえで，患部を触れながら，脈診へと移っている。さらに，病いを特定するために，質問を重ねていく様子が分かる (6-22 ～ 6-32)。こうした質問にたいする患者の答えを聞きながら，最終的に，病名を特定し，患者に病名を告げている (6-36)。このときには，患者に食べ物のとり方についても同時に説明していることが分かる。また，病いをさらに改善するための外科的療法として，灸を勧めている (6-40)。この参与観察は8月下旬に行ったものであり，アムチは灸を施すのを，もう少し涼しくなってからと伝え (6-42)，この場での施術はしていない。最後に，薬を処方し，その飲み方の指示をし (6-44, 6-46, 6-48)，もう一度灸の施術について念を押している (6-50)。
　アムチは，患者の病いが重くないときには，煎薬だけで治癒するものであるといい，ほとんどの病いに対して，ノルブドゥンタン (nor bu bdun thang「宝石・7・煎薬」) と呼ばれる7種類の薬物を調合した煎薬を処方していると語っていた。これは，パトカンの病いのときに煎薬として用いられるマヌジタン (ma nu bzhi thang「マヌ・4・煎薬」) と，〈熱い〉病いの時に煎薬として用いられるダスブースム ('bras bu gsum「果実・3」) とを調合したものであるという。前者は，マヌ (ma nu) と呼ばれる植物の根茎，カンタカリ (kan ta ka ri Solanus sp. の植物の茎)，スガスキャ (sga skya ショウガ)，レーティス (sle tris Tinospora sp. の茎) を調合したものであり，後者は，アルーラ (a ru ra ミロバラン)，バルーラ (ba ru ra Terminalia sp.)，スキュルーラ (skyu ru ra Terminalia sp.) の3種類の果実を

調合したものである。患者はこの煎液を朝夕の1日2回, 食事の前に服用するという。

2つの光景が示唆するように, アムチの治療の中心は薬物の服用という内科的療法である。外科療法のほとんどは灸であり, 他の外科的処置としては腫れものに対して行う放血, 傷の処置などが行われる。薬物は, 煎薬, 粉薬, 丸薬として用いられるのが一般的であるが, すべての患者にまず, 最初に与える処方が煎薬であるといい, 事例8-5においても煎薬が処方されるのみとなっていたのである。

3. 憑霊の病いを治療する村のアムチ

下手ラダック地方カラツェ村の僧侶でもあるアムチMRは, 超自然的病いの治療者として村の中で重要な役割を果たしてきたと言い, ドン・ナッドについて詳しく語ってくれた。ここでは, 村のアムチが, 憑霊の病いの治療者として頼られる様子を描いてみる。

ドン・ナッドは悪霊の種類によって区別されているが, 主なものには, ゴンペ・ドン ('gong po'i gdon「ゴンポという悪霊」), ギャルポ・ドン (rgyal po'i gdon「ギャルポという悪霊」), ノチン・ドン (gnod sbyin gyi gdon「ノチンという悪霊」), シンペ・ドン (srin po'i gdon「シンポという悪霊」), ジュンペ・ドン ('byung po'i gdon「ジュンポという悪霊」) などがあるという。これらの悪霊は, 人の体内に入って病いを引き起こすと考えられ, それらによる病いは霊による憑依の病いの1種とみなされていた。

ゴンポによる病い

ゴンペ・ドンは, ゴンポ[9]という霊の憑依による病いである。ゴンポにはもとの性別によって男性と女性とがあり, 女性から送られた霊の場合にはゴンモと呼ばれ, 男性から送られた霊の場合にはゴンポと呼ばれる。この霊の憑依がたまに起きるだけであれば, とくにひどい病いとはならないが, 頻繁に同じ人に憑依するようになると, 深刻な病いとなる。患者の脈をみれば, ゴンポが憑依しているのかどうか分かる。ゴンポにとりつかれた人は, そのことに大抵は気づかないが, これがその人の体から抜け出るときには, 頭痛を感じるか, 足に痛みを感じる。

この1-2年はゴンポに憑依された患者を診ることはなかったが, 以前, これに憑依された女性を治療したことがあるという。彼女の夫, 父, 母が訪ねてきて, かれらの家に来て治療をしてくれるように頼んだのであった。この事例は患者が女性で, ゴンモがとりついた例であった。患者の家につくと, 彼女は, シャマン (lha

---

9 ゴンポは, 第6章で取り上げたゴンスキャルと同じものである。

mo) が憑依状態の時のように，霊を送りだした当人と同じようにしゃべり続け，騒いでいた。このため，家族は彼女のからだを強く掴んでいなければならなかった。アムチは患者を前にして，悪霊祓いのためにググル (gu gul)[10] を焚き，カブゴと呼ばれる経典を3回読経した。これが終わると，ゴンモは患者から離れ，彼女は倒れ，もとの自分にもどったのであった。

　アムチは，カブゴの経典を3回読経することは最も強いやり方であり，どんな悪霊でも退散するのであると説明していた。カブゴの読経中，手に持った経典を患者の頭上にあてており，患者が倒れた時には，マントラ（真言）を唱えながら彼女に息を吹きかけた。薬師如来のマントラ，マハカラのマントラなどを繰り返し唱えたのであった。マントラを唱え，ふーふーと息の吹きかけ（ザルプ zhal phu）を繰り返しているうちに，悪霊は患者の体から抜け出て，彼女は気を失い，倒れ込んだのであった。息を吹きかけるのは，マントラの力を外に出し，悪霊を退散させるためである。この患者には，カブゴの儀礼を行っただけで，薬を処方してはいなかった。ゴンポ，ゴンモは姿をもたず，どんな霊なのか説明することはできないという。

ギャルポによる病い

　ギャルポによる病いはゴンポによる病いと全く同じようなものである。悪霊の名前がギャルポ・ペーカル (rgyal po pe dkar) であった病いを治療した経験があるという。女性も，男性もこの悪霊の病いに罹る。この患者をただ見ただけで，ゴンポによるものなのか，ギャルポによるものなのか区別できるという。ゴンポやゴンモの場合には，患者はただ泣いているのに対し，ギャルポ・ペーカルの場合には，患者は泣かない。ギャルポ・ペーカルは強力な男性の霊であり，大抵女性に憑く。ギャルポ・ペーカルの場合，あまり泣かない変わりに，意味のない言葉を発する。一方で，ゴンモ，ゴンポはよく泣き，意味のない言葉を発する。

　ギャルポ・ペーカルの治療の場合には，ストルマを作り，投げなければならない。まず，ググルを焚き，次に，カブゴの経典を読経する。カブゴが効力を発揮しないときには，ストルマを投げるのである。ギャルポのストルマを作り，ギャルポの経典を読経し，ギャルポのドス (mdos)[11] を用意し，最後にストルマをギャルポに投げる。患者を傷つけたギャルポはストルマをもらったことに満足するのだという。読経によって，悪霊ギャルポ・ペーカルをこのストルマの中に閉じこめ，これをギャルポに投げるのであり，ギャルポはこれを喜んで受け取ってくれる。ストルマを投

10　高価な香であり，悪霊を追い払うのに特別に使われるものである。アムチの使用する薬物（LM0002）として情報を収集しているが，同定することはできなかった。Dash (1988) では，*Commiphora mukul* Engl. と同定され，Meyer (1983) では，*Balsa mondedron* に同定されている。
11　祓いのために，木枠に糸を編むようにくくりつけたもの。

げるときには，皆で「ティヤホ (ti'a ho)」と叫ぶ。

ノチン，シンペ・ドン，ジュンペ・ドン，チスペ・ドンによる病い

　ノチンは人に憑依する霊であるが，ギャルポやゴンポのように強くはない。どんな姿をしているのか分からない。経典の中に記されるだけだと語っていたが，これは薬叉と漢訳される（榊　1981 [1925] : 234）。憑依された患者はほんの少し性格が悪くなるだけであるという。いつも下を向き，人に顔を向けなくなり，泣きはしないが，意味のない言葉をしゃべり出すようになる。この霊に憑依された場合には，僧侶を呼び供養（儀礼）を行わなければならず，アムチに頼る必要はないという。実際，アムチはパトカン，ルン，ティスパの病いを治すが，悪霊の病いを治すことはできない。このノチンの治療に当たっては，ドス，つまりノチン祓いの特別のドスを作る必要があり，「ノチンのドス」というテキストを読経することになる。お経を唱え終わったら，このドスを家の外に放り投げる。ドスを投げることは僧侶やオンポの役目であり，これをすれば，たいてい患者は回復する。

　シンペ・ドンの病いもまた，この霊の憑依による病いである。シンポというのは，「人食い」という意味の悪霊の名前である。これについても姿は分からない。これに憑依されると，人の顔つきが変わる。この霊はとても強く，顔は黒っぽくなってしまい，アムチは彼の顔をみてシンペ・ドンの障りであろうと推測するだけであるという。この治療もまた，この霊を祓うためのドスを作らなければならなく，怒りのパドマサンバヴァの経典を読経する。この病いには，人は15-40歳の間にかかりやすいという。

　ジュンペ・ドンの病いについては，アムチはこれまでにこの霊が人に憑依した例をみていないという。ただ，経典で，この霊が人に憑依するという記述を読んだだけである。だから，この霊が具体的に人にどのような変化をもたらすのか良く知らない。沢山のドンがテキストに登場するが，アムチ MR が治療したことのあるのはこれらのドンについてだけであるという。

チス・ドン（子供の悪霊）による病い

　子供の悪霊は，大人の悪霊による病いのように人に憑依して，その人を変えてしまうというものではない。ただ，何らかの病いをもたらすもので，これは，第6章で取り上げた，『15の子供の悪霊』のテキストに沿った病いの観念である。たいてい，5歳ぐらいまでの幼児の病気がチス・ドンによるものと考えられている。

　この病いの場合には，チス・ドンの経典を読経し，チス・ドンのためのギャジと呼ばれる4種各100個の供物の儀礼を行い，チス・ドンを祓うためのドスを作り，投げることを行う。この病いにかかると，子供はたいてい，熱を出し，目は見開き，

息は早くなり，耳の後ろ（耳殻の後ろ側）の血管が黒く浮き出るなどといった徴候が現れるという。ただし，どれが現れるのかは悪霊の種類によって違うが，このような徴候を示す場合には，病いはチス・ドンによるものと判断するという。

　これらの治療法を語ってくれた村のアムチは，僧侶であることを活かし，これらの治療に当たってきたことが分かる。一方で，彼が，生き生きとこのような病いの治療を語ることができることは，このような病いが村人の日々の生活の中で，横行していることを意味するものといえる。この事例もラダッキのの人々にとって，病いは超自然的霊の観念と不可分であることを物語っている。

4. アムチが保持する薬物知識

レーのアムチの薬物知識のレパートリー

　レーのアムチから聞き込むことのできた薬物の種類は，1983-1984年の最初の調査時には108種類，1988年の補足調査では19種類の合計127種類であった（付表6）。聞き込みは，アムチが薬箱から取り出してきた順番に聞き込むという形で進められたものである。最初の調査で聞き込むことのできた102種類は，アムチの使用する薬物の中で，一般的で，主要な薬物とみなされているものということもできるであろう。127種類のうち，108種類は植物性薬であった。植物性薬の中には，利用される部位によって異なる薬物とみなされるものもあり，延べ薬物数は117種類となった（表8-2）。

　これらの薬物としての利用部位をみると，重複も含めて，根茎を利用するものが27例と最も多く，次いで果実を利用するものが21例，薬草全体あるいは地上部を利用するものが18例であった。その他には，茎や枝を利用するものが14例，種子を利用するものが13例，花を利用するものが12例であった。中には果実，樹皮，根を煮詰めたエキスを利用するものが3例となっていた。動物性のものが6例，鉱物性薬物が13例利用されていた。植物性薬のうち，ラダックの山地で採集されるか，栽培されているものが27種類，カルギル地域で採集されるものが4種類，ザンスカルで採集されるものが16種類と，47種類（約43.5％）は自らが採集するものであったが，他はデリー，マナリーなどの市場で流通するものであった。

　これら個々の薬物について，その種類（利用される部位），産地，味，薬性，用法，効能などについて熟知している。その知識については，付表6アムチの薬物知識にまとめてあるが，アムチは，次の例に示したように各薬物についての知識を持っているのである。

表8-2　アムチの使用する薬物の種類

薬物の種類と形状		種類数
植物性	樹脂	4
	果実	21
	樹皮	4
	根茎（根）	27
	茎，枝，材	14
	種子	13
	仁	1
	全草，地上部	18
	花	12
	煮詰めたエキス（樹皮，果実，根）	3
	小計	117
動物性	固形胆汁（胆石）	1
	貝殻	1
	カニの殻	1
	分泌液	2
	胆のう	1
	小計	6
鉱物性	氷石	1
	鉱物性のピッチ	1
	硫黄	1
	岩塩または塩	3
	水銀などその他	7
	小計	13
合　計		136

例 8-1：スパンルギャンカルポ（span rgyan dkar po）（LM0060: *Gentina* sp.）

利用部位：白い花を利用すべきであるというが，時には茎部も利用する。この種類には青い花のものもあるが，この場合には，別の病い（疱瘡）に用いられる。

産地：ザンスカル地方サピ村の高地で採集する。

薬味と薬性：甘味と苦味をもつ。「冷たい」薬である。

効能：①「喉」の病い，②中毒，③「肺」の病い，④咳に効く。

用法：①の場合，粉薬あるいは丸薬にしたものを飲む。また，粉薬はパイプを使って直接喉につけることもできる。

②の場合，粉薬，丸薬，あるいは砂糖やバターを混ぜてシロップ状にして飲む。

③の場合，煎薬，粉薬，丸薬，あるいはシロップ状にして蜂蜜などを混ぜ

た大きい丸薬にして飲む。
④の場合，粉薬あるいは丸薬にして飲む。

例8-2：ワンポラクパ（dbang po lag pa）（LM0018: *Orchis latifolia* L.）
利用部位：根茎を利用する。
産地：ザンスカル地方サピ村の高地で採集する。デリーから取り寄せることもあり，こちらの方が良い。
薬味と薬性：甘味を持つ。「熱い」薬である。
効能：①栄養剤，②「腎臓」の病い，③精力増強剤
用法：①の場合，シロップ状以外であれば，どんな製剤でもかまわない。
②，③の場合も①と同様に用いる。

例8-3：ダンロック（dan rog）（LM0023: *Croton tiglium* L.）
利用部位：種子を利用する。
産地：ヒマチャル・プラデーシュ州の村の近くで，暑い季節に採集される。
薬味と特性：渋味をもつ。「中性」である。
効能：便秘
用法：製剤する前に，種皮を取り去る必要がある。また，仁についている子葉の部分も取り去る。オオムギの粉と混ぜてから，これを炒る。種子が黄色く焦げ目がついたところで，粉に挽く。このまま，あるいは他の薬物と混合して丸薬にして用いる。

　このような個々の薬物についての知識をもとに，アムチは薬を製剤し，患者に処方しているのである。今では，調合薬が市販され容易に手に入るようになったが，それでも21種類の薬方については自分で調合しているという。アムチの使用していた薬のうちサンプルを採集でき，利用部位，産地，薬味，薬性，効用などを詳しく聞き込むことのできたものは128種類であり，このうち108種類の植物性薬について，その「味」をみると，次のようになる。1通りの味のものが62例であったが，苦味が21例，甘味が12例，酸味が8例，渋味が13例，辛味が8例であった。45例は苦味と甘味をもつといったように複数の味をもつもので，2通りの味をもつものが41例，3通り以上の味をもつものが4例であり，1例は味が不明であった。また，何らかの苦味をもつものが42例と約39％を占めていた。苦味を示すものが薬物の中に多い傾向が認められる。
　108種類の植物性薬物について，入手先をみると，ラダック，ザンスカルなどの西チベット地域で採集できるものが47例，スリナガルやデリーなどインド側の他

地域の市場から取り寄せなければならないものが61例であった。ラダックのアムチの使用する薬物のうち32例はアーユルヴェーダ医学においても用いられるものであった。これらの32例のうち27例については，現在のグジャラート地方で実践されているアーユルヴェーダ医学において認められている「味」および「熱-冷」という性質と対照することができた (アタヴァレー, 1987)。アムチのもつ薬物の特性に関する知識がどの程度アーユルヴェーダ医学上での薬物特性と一致するのかを検討してみると次のような結果を得た。

たとえば，甘味と冷たい性質をもつ，漢方で「甘草」と呼ばれる*Glycyrrhiza glabra*のように，アムチの医学及びアーユルヴェーダ医学のいずれにおいても同じ性質をもつと認められる例は5例と少なかった。また，漢方で「訶子」と呼ばれる*Terminalia chebura* (難波 1980：250-251) がアムチの医学では鹹味以外の5味をもち中性とされるのに対し，アーユルヴェーダ医学では同じように5味をもつが「熱い」とされるように，「味」については同じ評価がされるのに対し，性質が異なるとされるものが5例あった。味の評価は異なるが性質のみ一致するものは，ハマスゲ (*Cyperus rotundus*) など9例あった。さらに，「味」も「性質」も一致しないものは9例に及んでいた。少なくとも味が一致しない薬物は17例と約60％を占めていた。

レーのアムチの薬物処方の実践例

では，アムチの医学理論は実際の診療の場においてどのように適用されているのであろうか。アムチが担ってきたいくつかの治療例をもとに，薬物処方の実践を述べてみることにしたい。

ティスパの病い

病いの原因，診断基準，治療方法は，次のように考えられている (表8-3)。主要な原因 (rgyu) は，第1に，コショウ，ショウガ，ヒツジの肉，チャンといった〈熱い〉食物を取りすぎること，第2に，ひどく怒った状態が続くこと，第3に，精根つめて働くことなどであるという。

この病いを患うと，一般に目が黄色味を帯び，汗をかきやすく，皮膚全体も黄色味を帯びるというが，アムチは次の点をこの病いの確認徴候 (nad rtags「病い・徴」) として挙げていた。「脈」の状態は馬の尻尾の毛のように細く (phra mo)，速く打つ。尿は蒸気を多く含み，悪臭を放ち，赤-黄色状を呈する。舌は湿り，黄色くなり，赤-黄色の唾がでるようになり，喉は乾いた感じを覚え，口の中は苦味，あるいは酸味を感じるようになる。さらに，体全体が熱くなること，頭痛，日中は眠いのに対し，夜には眠れないこと，かゆみを感じることである。

ティスパは夏の間に体内に蓄積されやすいため，秋の訪れとともに体内に蓄積さ

表8-3 病いと病因,症候,治療

	ティスパの病い	ルンの病い	パトカンの病い
病因	辛い,熱い食物 激怒 精をおしまず,働く	冷たい食物 空腹で,激しい労働 心労,睡眠不足 体を冷やす	苦く,甘く,重い食物 湿った状態が続く 満腹後,すぐ眠る 水浴後,冷たい服を着る
徴候	速搏 赤－黄色,悪臭,蒸気のある尿, 湿っぽく,黄色い舌 頭痛,体が熱い,不眠 かゆみ,黄色い皮膚, 赤い目	浮搏 水のような,泡を含む尿 乾き,ざらついた,赤い舌 めまい,耳鳴り,関節痛, あくび,吐き気,鳥肌立つ	緩搏 白色の尿 白い舌 腫れぼったく白い目, 痰,頭重,腹部膨満感 吐く,腰痛
治療	秋に発病 初めに下剤 「ティクタ・8種」 (6種の涼薬,1種の中薬,1種の温薬) 〈冷たい〉食物の摂取	夏に発病 特になし 「ザティ・14」 (12種の温薬,1種の中薬,1種の涼薬) 〈熱い〉食物の摂取	春に発病 初めに吐剤 「チョンジ・21」 (6種の温薬,6種の中薬,9種の涼薬) 〈熱い〉食物の摂取

れたティスパが過剰になりやすいという。従って,ティスパの病いは,一般に秋に発病するといわれている。このため,この病いの治療はたいてい秋に行われるが,まず,はじめに,下剤 (bshal btang byes「下痢・与える」) を処方しなければならない。下剤は,体内にあるものを下げ,体外に排出させるものでなければいけない。しかも,下剤に調合される薬物は,地表の植物がすべて枯れ落ちる秋に採集されたものでなければならない。下剤を服用し,体内を浄化して初めて「ティクタ・8種」と呼ばれる薬物の処方が効くのであるという。

ティスパの病いにおいては,患者は〈熱い〉状態にあるとされ,薬や食物は〈冷たい〉ものが必要になるという。「ティクタ・8種」に調合される薬物の中で,中核となる薬物ティクタ (*Gentiana* sp.) の性質は中性であるが,残りの7種のうち1種が「熱い薬」,他の6種はすべて「冷たい薬」となっている (表8-4)。調合薬は粉薬または丸薬に製剤される。この病いは,真昼と真夜中に症状が重くなるといわれ,薬の服用はこの時刻に合わせた1日2回とされている。

ルンの病い

ルンの病いでは,体の各部からの出血,下痢,激しい嘔吐がみられ,長期間空腹状態が続きひどい風邪をひくこと,不眠状態が続くこと,空腹状態で激しい労働をすること,心労が続くこと,〈冷たい〉食物を多く摂取することなどの状態が重な

表8-4 調合薬「ティクタ・8種」に用いられる薬物

アムチ名	学名	種類	性質
ティクタ (tig ta)	Gentiana sp.	地上部	中性
セルギメトック (gser gyi me tog)	Momordia charantia	花	冷たい
ボンガカルポ (bong nga dkar po)	Aconitum sp.	根茎	冷たい
ルースタ (ru rta)	Saussurea lappa	根茎	熱い
ツァティス (rtsa mkhris)	不明	地上部	冷たい
ホンレン (hong len)	Picrorhiza kurroa	根茎	冷たい
パルパタ (par pa ta)	不明[1]	根茎	冷たい
スキェルシュン (skyer shun)	Berberis aristata	根茎	冷たい

注:
* 1. Dash (1988) では Femaria parviflora LAM に同定されている。

表8-5 調合薬「ザティ・14」に用いられる薬物

アムチ名	学名	種類	性質
ザティ (dza ti)	Myristica fragrans	果実	熱い
シンクン (shing kun)	Ferura sp.	地上部	熱い
カルツァワ (kha ru tshwa)	黒い塩	鉱物	熱い
チャスガ (bca' sga)	Zingiber officinalis	根茎	熱い
ツァブルーツァワ (tsabs ru tshwa)	塩の一種	鉱物	熱い
ルギャムツァワ (rgyam tshwa)	岩塩の一種	鉱物	熱い
シンツァ (shing tsha)	Cinnamomum sp.	樹皮	熱い
ピピリン (pi pi ling)	Piper longum	果実	熱い
スレーティス (sle tris)	Tinospora sp.	茎	冷たい
スグメル (sug rmel)	Elettaria cardamomum	果実	熱い
スゴクスキャ (sgog skya)	Allium sativum	根茎	熱い
アルーラ (a ru ra)	Terminalia chebura	果実	中性
ホワリルブ (pho ba ril bu)	Piper nigrum	果実	熱い
セドゥ (se 'bru)	Punica granatum	種子	熱い

ることによって発病するといわれる。

　この病いでは，一般に，体が弱ったり，軽くなったり，普通に歩けなくふらついたり，耳鳴りを感じたりするという。また，骨に痛みを感じ，皮膚が荒れる，精神が不安定になるという。アムチは，この病いの確認徴候として次の点を挙げていた。脈はあまり強くなく，幾分不明瞭であり，ちょうど空気袋が水の上に浮かんでいるような状態を示す。尿は水のように無色で，泡を少し含んでいる。舌は幾分赤味を帯び，乾いた状態を示す。自覚症状として，頚骨，胸の中央，頭の中央に強い痛みを感じる。また，舌のざらつき，耳鳴り，めまい，吐き気，あくび，鳥肌が立つこと，ぐっすり眠れないこと，手足を伸ばしたく感じること，あらゆる関節に痛みを感じることなどがある。このような自覚症状は，たいてい朝や夕方に顕著になるという。

この病いは一般に夏に発病するといわれる。治療には「ザティ・14」(dza ti bcu bzhi) と呼ばれる, 粉薬や丸薬に調合製剤した薬方が処方される。この薬方は, ザティ (ニクヅクの果実) を中核とし, その他13種類の薬物を調合したものである (表8-5)。アムチから聞き込んだこれらの調合薬物のうち12種類が〈熱い〉もの, 1種類が中性のもの, 1種類のみが〈冷たい〉ものというように, この薬方では〈熱い〉薬物が大部分を占めている。ルンの病いは〈冷たい〉病いと考えられており, 処方される薬の大半は熱-冷二元論に基づき〈熱い〉薬となっていることが分かる。患者は, この調合薬を朝, 昼, 夜, 深夜の1日4回服用するとともに,〈熱い〉食物を摂取することによって病いからの回復を図るのである。

パトカンの病い

最後に, パトカンの病いについてみてみよう。主要な原因について, 次のように考えられていた。第1に, 苦い食物 (khan te), 甘い食物 (mngar mo) や消化の悪い重い食物 (lcin te) をとることである。第2に, 満腹後, すぐ横になったり, 特に湿気のあるところで眠ること, 第3に, 水浴び後, 冷たくなった服を着ることである。とくに, 黴臭くなったり, 悪臭を放つコムギ粉やマメ粉でつくった食物をとることや, ヤギの肉や動物の脂肪で, 特に腐りかけたものや, 調理不十分であったり, 調理し過ぎたものを食べ過ぎたり, 前に食べたものが未消化のうちに食べたりすることは良くないという。

このようなアムチの説明から, 体を冷たい状態にし過ぎることがこの病いの原因とされていることが分かるが, 主要な原因は, 消化の悪い食べ物, あるいは消化作用の滞り (食物が十分に消化されないこと) にあることを示している。ここでは, 病因の中心は〈熱-冷〉という食物の性質というよりも, 食物の〈重さ〉に結びつくことが分かる。パトカンの病いは, ルンの病いと同様に,〈冷たい〉病いに分類されているが, 病因となる食物の種類という点では両者の間に質的な違いがある。

パトカンの病いは次のような徴候によって判定されている。脈は体の奥深くで打つように感じられ, しかもゆっくりと打つ。尿は白色で, 蒸気や臭気は少なく, 泡は多くはないが, 唾を水の中に吐いたような状態を示す。舌や上口蓋は白くなり, 口は乾いた感じとなる。目は多少白っぽくなり, 時には腫れぼったくなる。鼻汁がたくさん出るようになり, 頭がふらついた感じを覚える。体を重く感じるとともに, 心臓も重い感じとなる。腰や腎臓に痛みを感じ, 腹部に腫れた感じを覚える。時には吐くことがあり, 食事後にこのような症状を特に感じるものであるという。

パトカンは冬の間体内に蓄積され, 春になると体内のパトカンが過剰になりやすいという。このため, パトカンの病いは春に発病するものであるといわれる。パトカンは胸, 喉, 肺といった体の上部に蓄積され, 病いを起こすといわれ, 治療にあ

表8-6　調合薬「チョンジ・21」に用いられる薬物

アムチ名	学名	種類	性質
チョンジ (chong zhi)	石膏	鉱物	中性
セドゥ (se 'bru)	Punica granatum	果実	熱い
スグメル (sug rmel)	Elettaria cardamomum	果実	熱い
ピピリン (pi pi ling)	Piper longum	果実	熱い
マヌ (ma nu)	Inula sp.[*1]	根茎	熱い
ウース ('u su)	Coriandrum sativum	種子	中性
ウトゥパラ (ut pa la)	Meconopsis sp.	花	冷たい
ティヤンク (pyi yang ku)	Dracocephalum tanguticum?	地上部	冷たい
セヤップ (se yab)	Dalbergia lanceolaria	果実	中性
スタルブ (star bu)	Elaeagnus sp.	果実エキス	熱い
スキュルーラ (skyu ru ra)	Emblica officinalis	果実	冷たい
バシャカ (ba sha ka)	Compositae	地上部	冷たい
アルーラ (a ru ra)	Terminalia chebura	果実	中性
セルメ (gser me)	Momordica charantia	果実	冷たい
トゥクモニュング (dug mo nyung)	Asclepias curassavina	果実	冷たい
ボンガカルポ (bong nga dkar po)	Aconitum sp.	根茎	冷たい
ジワン (gi wang)	動物の胆石	動物性	冷たい
ティクタ (tig ta)	Gentiana sp.	地上部	中性
ルースタ (ru rta)	Saussurea lappa	根茎	熱い
ツァンダンマルポ (tsan dan dmar po)	Santalum album	樹皮	冷たい
ダクジュン (brag zhun)	鉱物性ピッチ	鉱物	中性

注：＊1．Dash (1988) では，Inula racemosa Hook. f. と同定されている。

たってはまず，吐剤 (skyugs btang byes「吐く・与える」) を使って蓄積されたものを体の外に排出させる必要があるという。吐剤には，砂地に生え，ちょうど芽を出したばかりの，春に採集したリショ (ri sho, Ligularia sp.) スチャンシェル (sbyang tsher, 不明)，ドゥルチッド (dur byid, Euphorbia sp.?, LM0037) という3種類の薬草の根茎を温泉の水で煮だした煎液を用いなければいけないとされる。このため，たいてい，アムチは必要な薬草を持参して，パトカンの病いの患者とともに温泉の湧き出る場所に出かけ，そこで吐剤療法を行うという。

このような吐剤療法を行って初めて「チョンジ・21」(cong zhi nyer gcig) という薬を処方するのであるという。この薬は，チョンジ[12]と呼ばれる鉱物性の薬物を中核

---

[12] インフォーマントであるアムナは，チョンジ (cong zhi) について石であると語っていたが，Das (1981) によるチベット語辞典では chog zhi はソーマという植物というように植物性薬となっている。矢野 (1988, XLIV) は，ソーマが代用品に取って代わられ，本来の正体が忘れられた植物であり，この植物の同定について，さまざまな見解が出されていると述べている。ソーマはその実態が不明な物であり，ラダック地方では植物ではなく，鉱物がこの代用品として流布していった可能性も考えられる。

とし，その他にザクロの果実，カルダモンの果実など21種類の薬物を粉薬に調合，製剤したものである（表8-6）。患者は朝，夕の1日2回服用する。

パトカンの病いは〈冷たい〉ものであり，薬は〈熱い〉ものとなるとアムチは語っていた。しかし，実際に調合される21種類の薬物は，〈熱い〉ものが6種類，中間のものが6種類，〈冷たい〉ものが9種類となっており，必ずしも〈熱い〉という性質が薬方の中心的原理とはなっていない。ここでは病因として，〈重い〉という食物の性質や〈重い〉という身体の状態が鍵となっており，このような病いの性質が薬方に反映されたものということができよう。

村のアムチの保持する薬物知識

カラツェ村でインタビューしたアムチMRとASにも，彼らが常備している薬物について聞くことができた。アムチMRは自宅の薬箱に，92種類の薬物を保管しており，ASは33種類の薬物であった。2人のアムチには，薬物の名前や産地などについて簡単に聞くことができただけで，どのような効能があるのかなど，薬物それぞれの詳しい属性については十分に聞き込むことができなかった。薬物標本の同定はできていないが，薬物名と聞き取り情報から，村のアムチが所有する薬物の特徴を次のようにまとめることができる。

まず，MRがもつ薬物のうち47種類は，スリナガルなどヒマラヤ南面の「インド」側の市場で手に入れるというものであった。また，現在では，カラツェ村とバルティスタンとの間には停戦ラインが引かれ，自由な行き来はできなくなっているが，MRがもっていた薬物の中には，バルティスタンのスカルド方面から手に入れていたというものが5種類あった。また，ラダックに隣接するマナリー地方のアムチと提携し，彼に採集を頼み，送ってもらうという薬草が6種類あった。カラツェ村近くの丘陵地，ザンスカル側に入った高地などで，自ら採集するとともに，アムチ同士の連携を形成しながら薬草を確保してきた様子をうかがうことができる。

MRの持っていた薬のうち59例（64.1%）は，レーのアムチGNと薬名が一致するものであり，14例は他の文献資料（Meyer 1983; Dash 1988）と一致していた。19例（20.7%）は，どの資料とも一致しなかったものであった。また，アムチMRとASとの間では，20例で薬名が一致し，これらはすべてアムチGNも使用しているものである（表8-7）。このことは，アムチの常備する薬物には，広くラダックで共通するものも多い一方で，個人差も大きいことを示している。

また，MRは調剤薬方について，18種類の名称を教えてくれた。これらのうち，10種類についてはどんな薬物を調合するのか，テキストを見ないとわからないと説明していたが，その効能については説明をしてくれた。彼が調剤薬物として詳しく説明してくれたのは，アムチGNも語っていたどんな病いにも効き，必ず最

表 8-7　GN，MR，AS の 3 人のアムチが共通に常備していた薬の種類

ラダック名	標本番号	学名
アルーラ（a ru ra）	LM0013	*Terminalia chebura*
ボンガカルポ（bong nga dkar po）	LM0032	*Aconitum* sp.
ディモック（'bri mog）	LM0033	*Onosma* sp., 軟紫根の類
ググル（gu gul）	LM0002	安息香[1]（*Styrax benzoin* Dryder.）
ホンレン（hong len）	LM0010	*Picrorhiza kurroa* Royle et Benth.
カコラ（ka ko la）	LM0044	*Amomum* sp., ソウヅクの類
リシ（li shi）	LM8802	*Eugenia aromatica*
マヌルースタ（ma nu ru sta）	LM0110	*Inula* sp.
バルーラ（ba ru ra）	LM0014	*Terminalia belerica* Roxb.
ピピリン（pi pi ling）	LM0019	*Piper longum* L. ヒハツ
セドゥ（se 'bru）	LM0024	*Punica granatum* L. ザクロ
スガスキャ（sga skya）	LM0020	*Zingiber offcinale* ショウガ
シンツァ（shing tsha）	LM0005	*Cinnamomun* sp.
スキュルーラ（skyu ru ra）	LM0012	*Emblica officinalis* Gaertn.
スレーティス（sle tis）	LM0025	*Tinospora* sp.
スパンルツィ（spang rtsi）	LM0082	Compositae
スポスカル（spos dkar）	LM0026	安息香[2]
スグメル（sug mel）	LM0105	*Elettaria cardomomun* Maton，カルダモン
タルカドルジェ（thal ka rdo rje）	LM0038	*Cassia tora* L.
ティクタ（tig ta）	LM0059	*Gentiana* sp.

標本番号，学名は GN から得た薬物についての情報である．
[1] Dash（1988: 399）は，*Commiphora mukul* Engl. と同定している．
[2] Dash（1988: 416）は，*Shorea robusta* Gaertn. f. と同定している．

初に処方するダスブースムとマヌジタンを混合したノルブドゥンタンであった．彼の知っている調合薬の中には，どんな病いにも効くというものが他にも 2 例あった．3 人のアムチで共通していた薬物のうちの 6 例は，ノルブドゥンタンに調合されるものであり，この調合薬がラダックにおいて広く利用されていることをうかがうことができる．

　最後に，MR が語ってくれた薬方の効能には，次のような病いが挙げられていた．これらには，まず，「腰・膝の痛み」「痛風」「ふくらはぎの痛み」といった関節の病いがある．次いで，「パトカンの病い」「ティスパの病い」「熱い病い」「冷たい病い」「肺の熱」といった，アムチの医学の平衡理論に沿ったカテゴリーで説明されるものである．さらに，「喉の腫れ」「できもの」「腫れもの」「頭痛」「下痢」「腎臓の病い」「歯痛」「六腑の病い」といった病名があった．1980 年代の村の生活において，このようないわば一般的な病いの治療をアムチは担っていたということができよう．

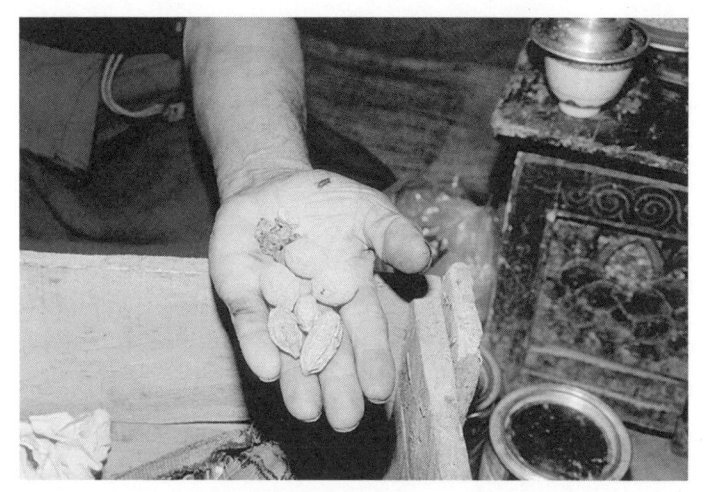

写真 8-4 ダスブースムとまとめられる 3 種類の薬用果実。アルーラ (a ru ra, *Terminalia chebura*; LM0013), バルーラ (ba ru ra, *Terminalia belerica*; LM0014), スキュルーラ (skyu ru ra, *Emblica officinalis*; LM0012)(1989 年)

アムチの薬物知識の普遍性について

　ラダックのアムチが保持している薬物知識には，どのような普遍性がありうるのであろうか。アムチの医学は薬の味を 6 種類に分類するという点ではアーユルヴェーダ医学との相違はないのであるが，アムチ GN の薬物レパートリーについて明らかにしたように，薬物の味の判別という実践においては異なるものがある。薬の性質の中で，最も重視されるのは味であり，常に薬物の味を正確に識別できる能力がアムチには問われるという。アムチは，薬物を採集するにしろ，マーケットで購入するにしろ，それを手に入れるときには，いつもその味を自分の口に含んで確かめると語っていた。つまり，薬物の味はアムチが実際に感じる味覚をもとに識別，判定されてきたのであり，薬物の知識はそのような経験をとおして独自の体系として保持されてきたものであることが分かる。

　また，アムチ GN のレパートリーとなっている薬物について，チベット医薬に関する他の文献資料との薬物名という点から比較してみた。比較資料としたのは，メイヤーの *GSO-BA RIGPA* (Meyer 1983)(NP と略す), ダッシュの *Formulary of Tibetan Medicine* (Dash 1988)(DM と略す), 『青蔵高原薬物図鑑』第 1 冊 (青海省生物研究所・同仁県隆務診療所 1972), 『青蔵高原薬物図鑑』第 2 冊 (青海高原生物研究所植物室 1978)(合わせて SZ と略す) である。NP には 265 種類，DM には 231 種類，SZ には 309 種類のチベット医薬が掲載されている。

　その結果，アムチ GN の薬物 (LM と略す) がこれら 3 資料すべてで共通したのは，

24例であった。LM が NP および DM と共通していたのは38例，NP および SZ と共通していたのは9例，SZ および DM と共通していたのは，5例であった。一方，DM の資料とのみ共通していたのは17例，NP の資料のみと共通していたのは3例，SZ の資料のみと共通していたのは2例であった。いずれにしても LM がこれらのどれかと共通するものは，98例，約76.6％ということになり，他の資料と全く共通しなかったのは30例にすぎなかった。しかもチベットの青蔵高原側と共通するものは，合計で40例であるのに対し，インド側の他の事例（NP および DM）との共通は96例ということになった。ラダックのアムチが使用する薬物は，インド側でも流通している薬名をもつものが多いのである。

5. アムチの医学にみる健康観

　第7, 8章において，ラダックにおけるアムチの医学の理論とその実践について述べてきた。これをまとめると，アムチの病因論の基本は，病いは過剰な体液による身体の平衡状態の乱れにあるとする点にある。このため，治療の基本理念は均衡が乱された身体状態を再びもとに戻すことに主眼がおかれている。

　たとえば，ティスパの過剰による病いに対しては過剰となったティスパを減少させるべく，反対の性質をもった薬が処方されることになるのである。また，このような3体液のホメオスタシスという理論的枠組みは，実践の場においては，「熱い」「冷たい」という二元論的枠組みに統合されている。つまり，ティスパの病いは「熱い」とされるのに対し，ルン，パトカンの病いは「冷たい」とされる。こうして，「熱い」病いでは，患者自身が「熱い」状態となるために「冷たい」薬（涼薬）を処方するのが原則であることになる。そして，「冷たい」食物をよく摂取するように患者に勧めるのである。逆に，「冷たい」病いの場合には，温薬を処方し，「熱い」食物を取ること，体を冷やさないことを勧めることとなる。いずれにしても異種療法的原理に基づいて，身体の均衡状態の回復が目指されることとなっている。

　身体の構成要素として抽出された3体液という抽象概念により展開される病因論は，「熱い」「冷たい」という人間の感覚に訴えることのできる，より具体性をもった概念をもとにした病因論，すなわち熱-冷二元論を基本とする実践上の病因論に転換されて実践されているということができる。このような転換により，病いにならないことは，身体というミクロコスモスの状態を，宇宙というマクロコスモスのなかで，「熱い」「冷たい」とが均衡のとれた状態に保つことにあるということを示すものとなっている。

　このような理論に基づくアムチの医学は，人々に健康であるための指針を与える

ものでもあるといえる。そして，このことは村人の日々の生活においてもよく理解されていたのであった。第4章でも述べたように，村人は，「暑い」夏の時期には「冷たい」食べ物を多くとり，「寒い」冬には「熱い」食べ物を多く摂るように心がけていたのである。人々は食事，日々の生活態度を「熱い」「冷たい」というカテゴリーをもとに，注意することによって健康に気をつけているのである。

　ところで，第7章でふれたように，アムチの診断方法の基本は脈診にあり，6本の指で触れる12種類の脈の状態によりあらゆる病いが識別できることになっている。脈診では脈の微妙な違いを識別する必要があり，これを修得するためには長年におよぶ修業が必要とされていた。その一方，アムチは脈診が修業の結果のみではなく，薬師如来の加護があってはじめて，正確に判定できるのであるとも語る。しかも，アムチにより診断される病いの中には，さまざまな精霊の関与による病いも含まれるのであり，この点でアムチの医療そのものにも超自然性が要求されるといえよう。実際，アムチの家の仏間には必ず薬師如来が祀られ，彼らは毎月8日には薬師如来への法要を欠かすことができないという。アムチの医学において，宗教と医療はこのように深く結びついているのである。

　アムチの医学理論における超自然的病因論は，村のアムチの治療実践にみるように，アムチを通して村人にさまざまな悪霊による病いの存在を再確認させることになっている。ここには，アムチ自身も，超自然的存在の再生産にかかわる実態を読み取ることができる。また，ここには，病いが人間によってすべて統御できるものではないという疾病観をみることができると同時に，あらゆる点で，自然的にも超自然的にも調和の取れた健康な生活を送ることが，病いを回避する最善の道であるという健康観を見ることができる。アムチによる治療は，このような伝統的健康観や疾病観と連繋しながら維持されてきたといえよう。

付表6 レーのアムチが使用する薬

標本番号	ラダック語薬物名	学名	科・和名	薬用部位	味	性質	適応症	その他(産地など)	備考[注1](同定者)
LM0029	a 'bras	Mangifera indica L.	Anacardiaceae, マンゴー	仁	甘	熱	腎臓	市場(デリー)	H
LM0077	a byag	Vernonia sp.?	Compositae	花	苦、渋	冷	背中の痛み、骨折	ラダック	H:Y
LM0035	a ga ru	Santalum album L.; Aquilaria sp.	Santalaceae, ビャクダン; Thymelaeaceae, ホンジンコウ	材	渋、甘	熱	心臓病、腕のだるさ	ヒマーチャル	H:Y
LM8858	a ga ru nag po	Aquilaria agallocha Roxbutch	Thymelaeaceae	材	渋	熱		cf. LM0035	Y
LM0013/LM8812	a ru	Terminalia chebura RETZ.	Combretaceae	果実	甘、酸、渋、辛、苦	中性	眼病、体力増強剤	市場(ジャム、ヒマーチャル)	H
LM0006	a sho gan ta, ba st ru	Withania somnifera DUNAL.	Solanaceae	根	甘	熱	腎臓病、体力増強剤、血液の病チェーセル	市場(デリー)	H
LM0014/LM8811	ba ru ra	Terminalia belerica ROXB.	Combretaceae	果実	渋	中性	粘液、胆汁、かゆみ	市場(ジャム)	H
LM0069	ba sha ka		Compositae	地上部	最も苦	冷	血の病い、疲労、熱	ラダック(下手ラダック地方)	H:Y
LM0088	bdud rtsi lo ma (bong nga nag po)	Aconitum sp.	Ranunculaceae	花	渋	中温	麻疹、肺病	ザンスカル(サビ)。花の名。根茎の名称はbonga nga nag po (LM0050)となる。	
LM0008	bla sgang	Cyperus rotundus L.	Cyperaceae	根(根茎)	渋	冷	声がれ、下痢、腸病	マナリー	H
LM0032/LM8818	bong nga dkar pc	Aconitum sp.?	Ranunculaceae	根(根茎)、茎	苦	冷	はしか、黄疸、胆汁、熱、食中毒	ラダック、バニカル	Y
LM8816	bong nga nag po	Aconitum sp.	Ranunculaceae	根(根茎)	渋、苦(少し)	冷	伝染病、古い熱性	ザンスカル、サビ、カルギル	H
LM0078/LM8862	brag zhun		天然産瀝青(アスファルト)	鉱物	苦	中性	熱、胃病、肝臓病、腎臓病、体力増強剤	ラダック山地	H:Y
LM0079	bre ga	Thlapsi sp; Thlapti arvensis L.	Cruciferae, ダンバイ-ナズナの仲間	種子	甘	熱	肺病、腎臓病	ザンスカル	H
LM0033	'bri mog	Onosma sp; or Macrotomia sp.	Boraginaceae, 軟紫根の類	葉、茎	甘、苦	冷	肺病、血の病、背中の痛み	ラダック	H:Y
LM0068	'bri ta sa 'dzin	Cascuta europaea L.	Convolvulaceae, クシロネナシカズラ	地上部	甘、苦	冷	粘液性血の病、化膿した膿の病、腎臓病、全身打撲の熱、腎臓病、血の病の病	ラダック(畑)	
LM0046/LM8822	btsod	Rubia tinctorium L.	Rubiaceae, セイヨウアカネ	根(根茎)	甘、渋	冷	粘液の熱、腎臓病、肺の病	市場(デリー)	H
LM8842	byi tang ka	Embelia ribes Burm f.	Myrsinaceae	種子	辛	熱	温め用、駆虫薬、胃痛	bebdan (Sk.)、インド	Y
LM8866	chu cu gang		カオリン(カオリナイト)	鉱物	甘	冷	小児肺病、肺病、癌	ラダック(チャンタン)、カイラス山	Y
LM0085	chu ma rtsi	Epilobium angustifolia L.	Onagraceae, ヤナギラン	全草(根以外)	酸	中性	浮腫	ザンスカル	H
LM0034	chu rtsa	Rheum sp; Rheum emodi WALL. ex MEISSN.?	Polygonaceae, 大黄の仲間	根(根茎)	酸	中性	下痢、瘡、腫れもの	カルギル	H
LM0109/LM8869	cong zhi	mineral	石膏	鉱物		冷	下痢、粘液の病、胃病、粘液の病の1種	ラダック、リゾン僧院の近くの村	Y

第8章　アムチの治療実践　295

ID	名称	学名	科名	部位	味	性	効能	備考	記号
LM8865	cu gang (smyug cu gang)		bamboo manna, のできた境状物タケ類の節孔	多糖	甘	冷		ケイ酸が主成分。漢薬の天竹黄	Y
LM0023/ LM8852	dan rog	Croton tiglium L.	Euphorbiaceae, ハズ	種子	渋	中性	便秘	ヒマチャル	H
LM0049	da trig	Rhamnus sp.	Rhamnaceae	果実	酸	熱	下痢止め	市場	Y
LM0018/ LM8821	dbang po lag pa	Orchis latifolia L; Orchis pauchau	Orchidaceae	根（根茎）	甘	熱	体力増強剤、腎臓病、強精剤	ラダック（サビ）	H：Y
LM0084	dbye mong dkar po	Clematis sp.	Ranunculaceae	果実	苦、渋	熱	温め用、消化不良	サンスカル、サピ、クレ	H：Y
LM8825	dngul chu		水銀	鉱物性			錠剤に混ぜる		
LM8873	dom mkhris		クマの胆のう	動物性	苦	冷	急性下痢、熱性下痢、止血、傷		
LM8834	dong gra	Curcuma sp.	Zingiberaceae, ガジュツの仲間	根	辛	熱	不消化、粘液性下痢、体液風の病	市場（インド）	Y
LM0073	dug mo nyung	Asclepias curassavica L.	Asclepiadaceae, トウワタ	果実	苦	冷	胆汁の病、下痢止め	ラダック（スプラ）：「薬：多くない」：ラダック名 shang-sho	H：Y
LM0037	dur byid	Euphorbia?	Euphorbiaceae, ヒマ？	根（根茎）	甘、苦	中性	下痢 (LM0030 と一緒に)	サンスカル（ハニーカル）：thar nu (LM0030) と同じ	Y
LM0101/ LM8808	dza' ti	Myristica fragrans HOUT.	Myristicaceae, ニクズク	根	辛	熱	体液風の病、心臓病、温め薬、消化剤		
LM0050/ LM8807	'dzin pa/bong nga nag po	Aconitum sp.	Ranunculaceae	根茎 (cf. LM0032)	甘、苦	中性	腫れ物、扁桃炎、抗虫薬、伝染病	市場：草を bong nga nag po と呼ぶ；〈'dzin-pa〉というのは根茎のみを指す。	Y
LM0051	ga dur		Liliaceae	根茎	渋	中性	肺病、下痢止め、小児喘息	市場（デリー）	H：Y
LM0062	gang ga chung	Humulus lupulus L.	Moraceae, ホップ	花、花芽	苦、甘	冷	毒の病、熱性下痢、緊熱剤	ラダックの高地（サビ）	H
LM0054	gangs thig		氷河の石	鉱物（石）	甘	冷	肝臓病、熱病、消化性潰瘍	サンスカルの山地（リンシェット、ラン ダン）	Y
LM0043	ge sar/na ga ge sar	Caiya pentandra Gaertn.	Bombacaceae, パンヤノキ	果実	苦	冷	肺病、肝臓病、心臓病	ジャム	Y
LM8829	ge sar gsum	Nelumbo nucifera GAERTNER	Nelumbonaceae	種子（果実）	渋	冷	肺病、肝臓病、心臓病	LM0043 と同じ仲間、ヒマチャル、マナリー、マンディ	Y
LM0112/ LM8871	gi wang		動物の胆石	動物性	苦、渋	冷	肝臓病、小児喘息、下痢、粘液の病		
LM8874	gla rtsi		麝香	動物性	苦、渋	冷	伝染病、寄生虫病、毒の病、腎臓病	シッキム	
LM0048	go snyod 'bru	Carum carvi L.	Umbelliferae, ヒメウイキョウ（キャラウェイ）	果実	甘、渋	熱	体液風、眼病、体液風性、心の病	ラダック（栽培）	H
LM0045/ LM8841	gser gyi me tog/tshe re me tog	Momordica charantia L.; M. dioica ROXB; Momordica sp.	Cucurbitaceae, ニガウリ	種子	苦	冷	六腑の熱、黄疸	ヒマチャル：「金・の・花」	H：Y
LM0057	gser gyi phud bu	Citrullus sp.	Cucurbitaceae, スイカの一種	種子	苦	冷	胆汁の病、吐剤	マナリー	H：Y

ID	名称	学名	科名	部位	味	性	用途	備考	記号
LM0002/LM8844	gu gul	*Styrax benzoin* DRYNDER	Styracaceae, 安息香	樹脂	甘	中性	腫れ物、吹き出物、頭痛	市場	Y
LM8809	gur kum	*Crocus sativus* L.	Iridaceae, サフラン	花	苦、甘	大冷	肝臓病、小児の病	市場（デリー）	H
LM0072	gyer ma	*Zanthoxylum* sp.	Rutaceae サンショウの仲間	果実	辛	熱	粘液の病、体液風の病、血の流れを良くする	マナーリー	
LM0042/LM8860	gze ma	*Tribulus terrestris* L.	Zygophyllaceae, ハマビシ	果実	甘	熱	無尿、痛風の一種、腎臓病	市場（デリー）	H
LM0010/LM8819	hong len	*Picrorhiza kurroa* ROYLE et BENTH.	Scrophulariaceae	根（根茎）	苦	冷	高血圧、打撲、肺の熱	市場（ヒマーチャル）	Y
LM0039	hong len mo rigs	*Picrorhiza kurroa* ROYLE et BENTH.	Scrophulariaceae	根（根茎）	苦	冷	LM0010と全く同じ用法	ラダック（サビ、ハヌ）	Y
LM8828	'jam 'bras	*Eugenia jambos* L.	Myrtaceae, フトモモ	果実	渋	熱	腎臓病、貧尿、生殖器の病	市場（デリー）	Y
LM0044/LM8810	ka ko la	*Amomum* sp.; *A. xanthioides* WALL.	Zingiberaceae, ソウズクの類	果実	甘、渋	中性	胃病、脾臓病、五臓の病い	市場（デリー）；カルダモンの一種	H : Y
LM0015/LM8851	kan ta ka ri	*Solanum xanthocarpum* SCHRAD. & WENDL.	Solanaceae	枝	渋	冷	咳、胸の痛み、背中痛、風邪	カルギル	H : Y
LM0102/LM8847	kha ru tshwa		硼砂	鉱物	鹹？	熱	胃の膨満、ゲップ、粘液の病、体液風の病、便秘		Y
LM0067	khu bdud rdo rje	*Campanula* sp.	Camphanulaceae, キキョウの仲間	地上部	苦	中性	半身不随、痛風性の痛み、壊疽	カルギル	H : Y
LM0064	kyi lce dkar po		Cruciferae?	地上部	苦	冷	六臓の熱、胆汁の病、喉の病	ラダック、サビ、ハヌ	H : Y
LM0055/LM8826/LM8861	lca ba/nyo tse	*Polygonatum* sp.; *Polygonatum officinale* ALL.; 属名不明	Liliaceae : Umbelliferae	根、根茎	甘	熱	血液の病、腎臓病、腰の冷え、体力増強剤	ザンスカル；ラダック語名は myo tse	Y
LM0031	lcam pa/nyi dga'	*Malva silvestris* L.	Malvaceae	果実	甘、渋	熱	浮腫、腎臓病	ラダック（栽培）	H
LM0083	lcum rtsa	*Polygonum* sp.?	Polygonaceae	茎、全草	酸	冷	毒の熱、六臓の熱、粘液、下剤	ザンスカル、サビ	Y
LM8832	li ga dur	*Eugenia aromatica* KUNTZE	Myrtaceae	根茎	渋	冷	伝染病熱、肺病、小児肺病	ザンスカル（インド）(cf. LM0051)	Y
LM8802	li shi			果実	辛、渋	熱	体液風の病、生命点の治療、声がれ、	市場（デリー）	
LM0110/LM8857	ma nu rta	*Inula* sp.	Compositae	根	辛、甘	中性	体液風の病、腰痛	LM0027とは別種、ラダック、クールー	Y
LM0021/LM8824	mkhal ma zho sha	*Canavalia gladiata* (JACQ)DC	Leguminosae, ナタマメの類	種子	甘、渋	熱	腎臓病	ラホール（カルジャ）	Y
LM0089/LM8863	mu zi		硫黄	鉱物	酸（渋・辛）	熱	皮膚病、解毒剤	市場（デリー）	
LM0087	na ram pa/na ram	*Polygonum* sp.	Polygonaceae	全草	甘、苦	冷	LM0081と同じ	胆石？、白内障？	
LM8864	ni la tho tha		鉱物（不明）	鉱物	酸	熱		市場（デリー）(= LM8901)	

第 8 章 アムチの治療実践　297

ID	チベット名	学名	科名・和名	使用部位	味	性	薬効	産地	H/Y
LM0003	nya phyis		貝殻（真珠貝、カキ？）	動物性		中性	めまい、食中毒、脈の病い	市場（デリー）：真珠貝・真珠の母貝	H
LM0022/LM8867	nyer shing/nye shing	Ophiopogon sp. or Asparagus sp. (cf. Asparagus racemosus); Polygonatum sp.	Liliaceae	根（根茎）	甘	熱	血嗽の病、射精異常、体力増強剤	市場（デリー）	H：Y
LM0036	pa le ka	Aristolochia?	Menispermaceae?	根（根茎）	苦	冷	肺病、肝臓病、腸病、下痢止め	ビマチャル	H：Y
LM0107/LM8876	pho ba ri bu	Piper nigrum L.	Piperaceae；コショウ	種子	辛	熱	粘液の病、冷え性、消化剤、体液風の病	市場（デリー）	
LM0019/LM8804	pi pi ling	Piper longum L.	Piperaceae；ヒハツ	果実	辛	熱	胃病、冷え性	市場（デリー）	H
LM0065	pri yang ku	Onosma sp.?; Dracocephalum tanguticum	Boraginaceae、紫根？	地上部	苦、甘	冷	胃病、肝臓病、頭痛	ラダック高地	H：Y
LM8827	ra nye	Ophiopogon sp. or Asparagus sp.?	Liliaceae	根	甘	熱	血嗽の病、腎臓病、腰痛、体力増強剤	LM0022と同方名、デリー	Y
LM0080	re skon		Compositae	花	苦	冷	血の病い、粘液性の病の1種（だるさ）、熱性下痢	ラダック高地、水辺	H：Y
LM0016/LM8840	rgun 'brum nag po/ba sho nag po	Vitis sp.	Vitaceae、黒ブドウ	果実	甘	冷	肺病、解熱剤	スカルド：「ブドウ、黒」	
LM0074	rgya lang thang	Hyoscyamus niger L.	Solanaceae、ヒヨス	種子	苦	中性	虫の病	ラダック	H
LM0104/LM8845	rgyam tshwa		岩塩	岩塩		熱	消化不良、粘液の病、体液風の病	バキスタンの山地	Y
LM0053/LM8878	rgya skyegs		ラックカイガラムシの分泌物（ラック）	動物性	渋、甘	中性	胃病、腎臓病、全身打撲	市場（ブータン）	H：Y
LM8870	rgya snag		墨		甘、苦	冷	胃の熱、消化器の熱	中国（チベット経由）	
LM8846	rgya tshwa		塩		苦、渋	熱	消化剤、腹が強い	インド産の塩	
LM8872	rta lpags	Nepeta floccosa BENTH	Labiatae	全草	苦、渋	中性	胆嚢の病	ラダック、ラダック名shal ma sgog	
LM0113	rtsa mkhris	?	不明	全草	甘	冷	胆汁の病	ラダック：「胆汁」の薬	
LM0027	ru rta	Saussurea lappa Clarke	Sausurreaceae、広木香	根（根茎）	辛、甘、渋	熱	体液風、柏痛、胃の腫れ、耳腫	ラダック（栽培）	Y
LM0052/LM8823	sdig srin		甲殻類、カニ？	動物性		中性	浮腫	市場（ヒマチャル）	Y
LM0058	se ba 'i me tog	Rosa alba L.	Rosaceae	花	甘、苦		胆汁の病、肺病、めまい	ラダック	H
LM0024/LM8855	se 'bru	Punica granatum L.	Punicaceae、ザクロ	種子	酸	熱	胃病、粘液、体液風、消化剤	市場（デリーなど）：冷たい病いの薬の王様。	H
LM0028	seng ldeng	Acacia catechu; Rhamnus dahurica DALL	Leguminosae; Rhamnaceae	樹皮	甘、苦	中性	骨痛、関節痛、痛風、強い関節痛	ジャム・スリナガル：LM0001同種	Y
LM0004/LM8839	se yab/bse yab	Dalbergia lanceolaria L.f.	Leguminose	果実	酸	中性	粘液の病い、消化不良	市場（デリー）	Y
LM0020/LM8853	sga skya/sga skya dkar po	Zingiber sp; Zingiber officinale	Zingiberaceae、ショウガ	根（根茎）	辛	熱	粘液、体液風、瘀血、月経不順、風邪	市場（ヒマチャル）	H：Y

ID	名称	学名	科名	部位	味	性	効能	産地	備考
LM0106/LM8875	sgog skya	Allium sativum L.	Liliaceae, ニンニク	根（球茎）	辛	熱	腸内寄生虫、毒の病、皮膚病、体液風の病	スリナガル、ラダックで植栽	Y
LM8856	sha pho ru rta	Saussurea sp.	Compositae	根茎	辛、渋	中性	肺病、血の病、伝染病、胃の膨張	アムチの家で栽培、スリナガル、クールー (cf. LM0027)	
LM0017	shing kun	Ferula sp.	Umbelliferae	樹脂	渋、甘	熱	虫の病、心の乱れ、冷えの病	市場（デリー）：アヌ（セリ科の多年草からとる樹脂状物質）	
LM0007/LM8820	shing rmngar	Ghyzyrrhiza glabra L.	Leguminosae, カンゾウ	補伏枝	甘	冷	喉の病、肺病、止血	市場（デリー、アムリツァ）：「木・甘」	H
LM0005/LM8803	shing tshab/shing tsha	Cinnamomum sp.	Lauraceae, ケイヒ類	樹皮	甘、辛	熱	胃病、腰痛	市場	H：Y
LM0009/LM8815	shu dag dkar po	Acorus sp.?; Acorus calamus L.	Araceae, 菖蒲の類	根（根茎）	渋	熱	硫黄を水の中で沸かす時に用いる	市場（ビマーチャル、スリナガル）：硫黄 (LM0089) を湯煎するときに混ぜるもの	Y
LM0041/LM8836	shu dag nag po	Acorus sp.; A. gramineus	Araceae, 菖蒲の仲間	根（根茎）	辛、苦	冷	消化病、体を温める、扁桃炎	スリナガル	H：Y
LM0047	shug pa rsher can	Juniperus sp.	Cupressaceae, ネズの仲間	葉、茎	苦	冷	腎臓病、四肢の硬直、腫	カルギル	H：Y
LM0830	skyer khanda	Berberis sp.?	Berbedidaceae	根を煮詰めたエキス	苦	冷	眼病	市場（インド、スリナガル）(cf. LM0108)	Y
LM0108	skyer pa/skyer shun	?Berberis Sieboldii	Berbedidaceae?	樹皮	苦	冷	腎臓病（血尿）、食中毒、血漿の病	ラダック（スブラ地方）	
LM8868	skyer shun	Berberi aristata DC.	Berbedidaceae	根茎	甘	冷	体力増強剤、血漿の病、腎臓病、腰痛		Y
LM0012/LM8813	skyu ru ra	Emblica officinalis GAERTN. (= Phyllanthus emblica L.)	Euphorbiaceae	果実	酸	冷	粘液の病、胆汁の病、高血圧	市場（ジャム、ビマーチャル）	Y
LM0025/LM8814	sle tris	Tinospora sp; cf. Tinosphora cordifolia	Menispermaceae	枝	甘、渋	冷	痛風、無尿、風邪	ビマーチャル	H：Y
LM0066	sngo stag sha	Oxytrophis sp. or Caragana sp.	Leguminosae	地上部	苦	中性	傷、伝染性熱、熱性痛	ザンスカル	Y
LM0040	snying zho sha	Terminalia sp?	Combretaceae	果実	甘、辛	冷	心臓病、背中の痛み、肺病	ビマーチャル	Y
LM0056	so ma ra dza	Abelmoschus esculentus MOENCH	Malvaceae, オクラ	種子	甘、渋	熱	血漿の病、腰下部の冷え	市場（デリー）	H
LM0060	spang rgyan dkar po	?Gentiana sp.	Gentiaceae	全草、花	甘	冷	喉の病、毒の病い、肺病、咳	ザンスカル（サビ）	Y
LM0082	spang rtsi do bo		Compositae	花	苦	冷	毒の病、古い熱性、しか	ラダック（高地）	H：Y
LM0026/LM8854	spos dkar	Styrax benzoin DRYNDER?; Shorea robusta	Styracaceae, 安息香 / Dipterocarpaceae	樹脂	甘、渋	熱	関節痛、皮膚病	市場	Y
LM8831	sra ’bras	虫瘻、没食子		果実	甘、苦	熱	腎臓痛	昆虫が寄生して植物組織の肥大したもの	H
LM0061	sro lo dkar po	Carum sp; Carum rockburgianum	Umbelliferae	全草（根以外）	甘、苦	冷	肺病、小児病	ラダックの高原	

第8章　アムチの治療実践　●──299

ID	チベット名	学名	科名	部位	味	性	用途	産地	備考
LM0011	stab seng			樹皮	苦	冷	骨折、骨の熱	市場（ヒマチャル）	Y
LM0071	star bu	Elaeagnus sp.?	Elaeagnaceae	果実の煮詰	酸	中性	胃病、血の病（月経不順）、粘液の病、疲労	ラダック	H：Y
LM0001/LM8838	stod ja	Acacia catecu WILLD.	Leguminosae、ペグ阿仙薬	エキス（樹皮からの抽出物）	苦、渋	熱	口内炎、脚痛、傷	市場（デリー）：LM0028からとった樹脂	Y
LM0105/LM8801	sug rmel	Elettaria cardamomum MATON	Zingiberaceae、カルダモン	果実	辛、渋	熱	腎臓病、頻尿、胃病の一種	市場（デリー）	
LM0076	tang kun	Angelica sp.?	Umbelliferae	全草と花	渋	熱	心臓病、春の病	ラダック（高地）	H：Y
LM0038/LM8859	thal ka rdo rje	Cassia tora L.	Leguminosae、エビスグサ	種子	甘、渋、苦	熱	皮膚病、四肢の痛み	ヒマチャル	H
LM0081	tha ram	Plantago tibetica HOOK. f.	Plantaginaceae	全草（地上部）	甘、苦	冷	熱性下痢	ザンスカル村の中	H：Y
LM0030	thar nu	Tragopogon dubius SCOP	Compositae	根（根茎）	苦	中性	下痢	ザンスカル（ランドム）	
LM0059	tig ta	Gentiana sp.?, Swertia sp.?	Gentianaceae、センブリ	花、茎	苦	冷	胆汁の病、熱病、痛風、性の痛み	ザンスカルの山地	H：Y
LM0103	tsabs ru tshwa	塩		塩	鹹	熱	体液風の病		
LM0075/LM8805	tsan dan dkar po	Santalum album L.	Santalaceae、ビャクダン	材	甘、渋	冷	肺病、心臓病、解熱剤、小児の肺病熱	市場	H
LM8806	tsan dan mar po	Pterocarpus santalinus L.	Leguminosae	材	渋	冷	血の熱、悪血の減少剤、低血圧	市場（南インド）	Y
LM8837	tshal dkar po		-	鉱物		中性	淋病	有毒鉱物	
LM8817	tshal po		朱砂、辰砂（硫化水銀）	鉱物		冷	肺病、肝臓病、止血	市場（インド）	Y
LM0070	tsher sngon	Meconopsis sp.	Papaveraceae	茎と花	苦	冷	骨折、腫れ、背中の痛み	ザンスカル	Y
LM0111/LM8877	'u su	Coriandrum sativum L.	Umbelliferae、コリアンダー	種子	辛、甘、鹹	中性	粘液の病、食欲増進、麻疹	ラダック（どこにでも）	
LM0063	utpal ser po	Meconopsis sp.	Papaveraceae	全草、花	苦	冷	肺病、肝臓病	ザンスカル（サビ）	Y
LM0086	zar ma/zer ma	Thymus serpyllum L.	Labiatae、イブキジャコウソウ	全草	甘	中性	体液風の病	ザンスカル（サビ、サビ中）	Y

（注）1　薬物標本の同定は、第1回目のラダック調査後に本多義昭氏（当時京都大学薬学部、現在京都大学薬学部、現在日本薬科大学和漢薬研究所、第2回調査後に山路誠一氏（当時富山医科薬科大学名誉教授）、現在東京都大学薬学部、現在日本薬科大学和漢薬研究所）にお願いして行なってもらったものである。収集できたサンプルの状態が十分でないものもあり、正確な同定にいたらなかったものもある。Hは本多氏を、Yは山路氏を表わし、記載のないものは、植物標本などから著者が同定したものである。

第 9 章

シャマンになるとは

　ラダックにおいて，病い，身体的あるいは精神的変調の原因はさまざまな観点から多元的に説明づけられていた。このため，病気に関わる社会的職能者が多様に存在することと深く結びつく結果となっている。本章と第10, 11章では，病いの治療を担うもう1つの社会的職能者であるラモ / ラバ（シャマン）に焦点を当て，ラダックのシャマニズムの特徴と，現代化による変化を取り上げる。ラダックのラモ / ラバは，人々の信仰するさまざまな霊的存在のうちのラーの憑依によって，ラーそのものとなり，その力によって，人々の病いの治療，占い，失せもの探しを行う。彼らは，シャマニズムの研究で一般に，憑霊型といわれるシャマンということができる。
　これまでのシャマニズムの研究は，どの社会でもシャマンという社会的機能を果たす以前に，シャマンは一般に巫病と呼ばれる病いを経験することを示してきた。ラダックのラモ / ラバの場合も例外ではなく，彼らの語る生活史は，彼らがその修業に入る以前に，長い間にわたって，病い，つまり霊の憑依による病い (possession illness) に苦しむことを示している。彼らの生活史をもとに，ここでは，病いの経験，シャマン候補者としての認証と修業というシャマン化の過程における自らのシャマン性の獲得，つまりシャマンになるということが，彼らにとってどのような意味を持っているのかを考えてみたい。

写真 9-1　カラツェ村のラバ PK

1. 病いの経験

　ラモやラバが経験する病いと，それに対する彼らや周りの人々の対処の仕方を，事例を紹介しながら，眺めてみることにする。インタビューすることのできたシャーマンの多くは，思春期以降に，いわゆるシャマンになる徴といわれる病いを発症していたが，1例のみは幼少時にすでにこの病いを経験していた。なお，幼少時から病いを経験したこの事例については第2節で詳しく取り上げる。

事例 9-1：トゥクチャ・ラバ TL（1990年当時 53歳）

　レーに隣接するトゥクチャ村出身のラバ TL は，ちょうど父親が亡くなった10年前頃（1980年），霊の憑依を初めて経験したという。彼は長男で，彼の家は代々村の村長をしてきた名家である。彼の家系では，彼は初めてのシャマンであった。19歳の時から，村内の建設労働監督者として政府に雇われてきた。ラダック中で約20名がこの役目を担っており，各自5つの村を管轄するというものである。1990年当時，母親もすでに亡くなっていた。TL は病いの経験を次のように話してくれた。

　　父は10年前に亡くなり，母も5年前に亡くなった。もともと，酒を飲むと一種の心の乱れた不安定な状態になることはあったが，そんなにひどいことは起きなかった。しかし，10年前頃から，酒を飲むと，とても精神が不安定な状態で，霊に憑かれた

ような状態に陥った。それ以前には、どんなに酒を飲んでもおかしな行動は起こらなかった。10年前から酒を飲むと、屋根の上や高い塀の上に駈け上ろうとしたため、周囲の人々は、気が狂っていると思ったほどであった。このため、一度は隣人に手ひどくぶたれたこともあった。

　一度は、金剛鈴を片手に持って、屋根に駈け上り、走り回ったこともあったが、この時には、金剛鈴を持っていたために、この様子をみていた近所の女性（私の娘婿の姉）は、「彼は気が狂っているのではなく、ラーに取り憑かれているのだ」と言ったほどであった。このため、妻は、私をトクダン・リンポチェ（ラダックにおけるディグン・カーギュ派最高位の活仏）のもとに連れて行った。

　TLは、さらに霊の憑依を経験していた当時の彼自身の状態について、次のように説明していた。

　　酒を飲んで精神が混乱した状態というのは、自分の心（スニング snying）の状態が乱されていたということであった。たとえば、部屋に置かれているものを手当たり次第に投げ捨てるといったように、正しく行動できない状態である。
　　実際、ある時には、心の中が混乱し、部屋の中に置いてあった1袋のコメをすべて出して、投げ捨ててしまったことがあった。そのあと、気分が穏やかになり部屋を見渡したら、部屋中が氷（あるいは雪）で覆われていると感じたことを覚えている。このときには、部屋中、一面にコメが撒き散らされていたのであった。
　　また、別の時には、市場に買い物に行き、800ルピーものたくさんの買い物をしたのであるが、家に帰りつく前に憑霊の状態となり、帰り道で購入したものをすっかりなくしてしまった。霊に憑かれたときには、一種の意識不明状態のようになり、自制心も失ってしまう。自分のしていることを全く覚えていない状態であった。

事例9-2：マトゥ・ラバ NT（1990年当時32歳）

　もう1人のマトゥ村出身で、レーに7年間ほど住んでいるラバNTは、父親もラバであったという。彼の親類の1人で、父親にとってアネ（FZに相当する類別的親族カテゴリー）の関係にある女性がラモであり、彼女の死後数年してから、父がラバになったという。NTがラーに憑依されるようになったのは、父が病いになってからしばらくしてのことであった。父親はまだ生きており、彼にラーが憑依するようになると、父へのラーの憑依は止まったのである。彼に憑依するラーは、父のアネである女性に憑依していたラーと同じであり、彼女のラーが父親、NTへと継承されてきたものであった。NTは彼の病いの経験を次のように語っていた。

　　霊の憑依を初めて経験したのは、20歳ごろ（1978年）のことであった。ちょうど結婚もし、子供も1人できた頃であるが、当時はまだ軍隊に入っていた。最初の2年間

ぐらいは，自分に何が起こったのか，全くわからなかった。

　あとで，これは霊に憑依された病いの状態であるということが分かったが，当時，次のような状態にたびたび陥った。夢をよく見た。とても悪い夢である。たとえば，高い崖，岩山から投げ出されるという夢を見た。反対に，とても幸せな夢を見ることもあった。そんな時は，たいてい，馬に乗って，飛んでいるような夢であった。さらに，眠っている夜中に突然起きだす，あるいは突然怒り出すということもあった。このような状態が1日に数回起きることもあった。こういうことが頻繁に起きるようになって，リンポチェを訪ねたのであった。

　1981年にスタクナ・リンポチェ（ドゥクパ・カーギュ派のスタクナ・ゴンパの座主）の所を尋ねた。リンポチェは，自分が頻繁に憑依された状態になるのは，ラバになるべき徴であり，先輩のラバについて修業をするようにと勧めた。そして，スタクナ・リンポチェは，ティクセ・ラバあてに，何が彼をこのような状態にしているのかを調べるようにという手紙を書いて，自分に渡してくれた。これを持って，ティクセ・ラバを訪ねたところ，彼は私に霊が憑依するように試みたが，このとき，十分に霊が憑依することはなかった。このため，ティクセ・ラバと一緒にもう一度スタクナ・リンポチェのもとを訪ねた。スタクナ・リンポチェは私たち2人に霊を憑依させるようにと求めたが，このときも，私は半憑依の状態であった。

　このあと，私は軍隊に戻らなければならなかった。戻ると，ダハヌ地方のチョルバット峠にある駐屯地に派遣された。その冬，雪がたくさん降ったため，雪崩が発生した場所があったが，ちょうど雪崩が発生したとき，私はそこを通りかかり，巻き込まれた。40分ほど雪の下に埋もれていたが，他の隊員が捜索して，雪の下から救い出してくれた。このとき，意識のない状態となっており，ヘリコプターで病院に運ばれた。その後，回復したが，完全には良くならなかった。胸の内部に一種の痛みを感じ，息苦しい状態になるなど，「病い」に時々襲われるようになった。悪くなったり，良くなったりを繰り返した。

　そこで，私は妻や家族とともに，スタクナ・リンポチェと再び訪ねた。リンポチェは，「それは，ラーのさわりである。あなたは，良い霊と悪い霊とを分離させることなしに，軍隊に戻った。自分自身のラーを特定することなしに，軍隊に戻らないように」と告げた。このため，2ヶ月間の休暇をとり，ティクセ・ラバを訪ねた。ティクセ・ラバはラポック（lha phog）儀礼（シャーマンのイニシエーション）を施してくれた。また15日間の観想も行った。

　上記の2例は，男性のシャーマンの病いの経験である。事例9-1は，憑霊の病いの経験が壮年期のことであり，しかも，世襲的なものではなかったのに対し，事例9-2は，青年期に憑霊の病いを経験し，しかも，それは父から息子へという世襲的なものであった。屋根の上や高い塀の上に駆け上ろうとすること，高い崖，岩山から投げ出されるという夢，馬に乗って飛んでいるような夢というように，この2人

の病いの状態には「飛翔」と結びつく身体感覚の経験という点で共通点をみることができる。これらの2例は，次に取り上げる，女性シャマンの事例9-3にあるような，「なにもできなく床に伏せる」といった状態についての語りが見られない点で，対照的なものとなっている。

事例9-3：レー・ラモTD（1990年当時37歳）

ラモTDの実家は，もともとはサスポール村出身であり，昔は村の財政官を担っていた家柄であったという。彼女は，結婚して，ゴンパ村の夫の家族と5年間同居していたが，その後，2歳3ヶ月の息子を夫の家に残し，夫と別居し，調査当時は実家に戻っていた。16-17歳で結婚し，23-24歳で別居したのであるが，いまだ離婚は成立していないという。TDは，病いの経験を次のように語っていた。

> 結婚後1年くらいしてから，霊に憑かれるようになった。17-18歳の頃である。ある種の精神の不安定な，落ち着きのない気分に陥った。一瞬すべてが真っ暗になり，不安な気持ちを感じるというものである。このような状態の時，自分の口から何かいろいろ口走っていたようであった。だから，夫の家族は，何か霊（生霊）が憑依していると分かっていたが，なにも施してくれなかった。ただ私は大丈夫だろうと思っていたようだ。
> 　結婚当初，夫の姉との関係はとても良かった。当時，夫の家は新しい家を建築中でとても忙しかった。その頃私は，一生懸命夫の家族のために働いた。市場に野菜を売りに行ったり，夏には山に薪を取りに行ったりしていた。しかし，どんなに一生懸命働いても，彼らは私に良くしてくれなかった。
> 　最初の霊による憑依は，夫の家族による手酷い扱いが原因というわけではなかった。実のところ，最初から結婚をしたくなかったのに，自分の家族に無理矢理結婚させられたのである。初めて憑霊を経験してから，たびたび霊の憑依を経験するようになった。しかし，当時，夫の家族はこの憑霊をラーによるものではなく，誰か他の女性の生霊によるものであると考えていた。夫の家族は誰も私がラモになるとは思っていなかった。みんな私の精神状態が悪いので憑依されたのだと考えていた。このため，夫の家族は，僧侶のところに出かけたが，「お守り」と香をもらって来てくれただけであった。これも少しは慰めとなったが，憑霊はその後も長い間続いた。
> 　夫の家では，夫の姉妹にひどい扱いを受け，時々喧嘩となった。私と彼女たちとの間には口論が絶えなかった。姉の方は結婚していなく，妹の方は結婚していた。姉の方と特に問題があった。夫の姉妹との間で起きた問題は，特に深刻なものということではなく，実際にはとても些細なことばかりであった。しかし，それは一種の日課のようなもので，毎日起きることであったため，あまり気分が良くなかった。
> 　たとえば，夫の家族は良い着物を与えてくれなかった。仏陀生誕の日には，レー

の町では祝典があるが，ある時，その祝典に参加する役目を与えられた。そのとき，服，靴などを新調してもらえると期待していたが，夫の家族は私に何も新しいものを買ってくれなかった。そのため，私は古い服を着て，古い靴を履いて出かけなければならなかった。

また，ある時には，こんなことがあった。親戚の人が亡くなったので，私の母（実家の母）は葬儀に出席しようとしていた。母の家族をみる人が誰もいなくなってしまうので，私は数日実家に帰って，代わりに実家の世話をしようと決めた。そのとき，夫の家族は，私が戻って来ないであろうと考え，数日後，彼らは私を送り帰すようにと，実家に使者を送ったのである。

こんな風にして，私たちの関係はどんどん悪くなっていった。使者が送られてきたため，この出来事全体は，新しい局面へと踏み出してしまった。もともと，私は夫の家に帰らないとは考えていなかった。しかし，私が帰らなかったので，使者が送られてきた。これは，彼らが「私は帰ってこない」と考えたことを示していた。同時に，私も帰ることに気が進まなくなっていた。こんな調子で，悪い関係が今まで続いている。

23歳ごろに実家に戻ってからも，霊に憑依された状態が時々起きた。憑霊状態のとき，夫の姉の話し方をまねてしゃべることがあった。このため，実家の者たちは，夫の姉の生霊による憑依であると考え，レーのバザールで，夫の姉をひどく殴りつけたことがあった。こうすると，私はしばらくの間元気になった。しかし，また霊の憑依を繰り返したので，実家の家族は，僧侶にジンシャク（護摩を焚く）の儀礼を行ってもらった。その後1年位は普通の状態が続き，夫の姉が生霊として憑くということは起きなかった。こうしてラダック伝統舞踊の踊り手として文化アカデミーの催しに参加するようになった。

25歳のときには，2本の脚を折り，ほとんど死にそうになったことがある。この日，サスポール村にある本家に届け物をするために，バス停に出かけた。家に戻るなり気分がすぐれず，ベッドに横になった。ベッドに横たわっている時，黒い像，人間のような形をした像が現れた。この像を見て，私は半分意識を失ったようになったが，この黒い像は私の口に水を与えた。

このことを母親に話すと，母は，「眠っているときにどうしてそんなことができるのか。夢を見ていたのであろう」と答えた。これを聞いて，私は，「眠っていたのではなく，横になっていただけだ」と，母親に言い返した。さらに，「自分が覚えている限り，その黒い像は本当にやってきたのであった」と付け加えた。

それを聞いて，母親は私に僧侶のもとを訪れ，それが何だったのか占ってもらおうといい，私は母に連れられて，僧侶のもとに出かけた。僧侶は，私に「お守り」と香をくれた。僧侶のもとから戻っても，気分は一向に良くならなかった。僧侶にお守りと香をもらって，霊も一緒にもらったようなものであった。

家に戻るとすぐ，家のラカン（ラーを祀る部屋）に入って，大騒ぎを始めたのであった。「何かを投げ捨てる」「自分をどこかに投げ捨てる」などと叫んでいた。親類中の者が集まり，私を取り押さえていたが，1日中，大騒ぎをしていた。

このように，僧侶のもとから戻るとすぐ，完全に霊に憑依された状態となってしまったのであった。それ以前にも憑依された状態に陥っていたが，この日がもっともひどかった。私の手足は縄で縛られていたが，おとなしくなったため，皆がもう大丈夫であろうと思い，縄をほどいた。すると，皆が知らないうちに，私は屋根に上っており，そこから飛び降りてしまったのである。こうして，足を折ったのである。この日は，別居後，親類の家に厄介になっていて，実家に戻った日であった。

また，26-27歳の時のことであるが，チャンタン地方のニュマに出かけたとき，憑霊の状態となった。おそらくこの時にはラーに憑依されたのであった。ニュマには，ラダック伝統舞踊を公演するために出かけていたのであった。ニュマの対岸にも村があり，この村に行くためには，2-3の高い峠を越す必要があった。最初の峠を越したとき，峠にはラトーがあった。第2の峠に着いたときには，私は少し意識が無くなりかけていた。その後，峠の下にある村にどのようにしてたどり着いたのか全く覚えていない。この村に着くと，少しは気分が良くなっていたが，寺に連れて行かれ，またある家族の家を訪問した。その家で，再び，ちょっとおかしくなったが，何とかニュマに戻ってきた。ニュマに戻ると，再び憑霊状態となった。霊に憑かれたため，数日間ほとんど何も食べることができなかった。

ニュマの村で，一晩中，起きていて，他の人々は心配して私を見張っていてくれた。眠っていなかったが，いろいろな夢を見た。祭壇，頭冠などいろいろなものを見た。ときには，どこかに飛び降りた異様な感覚に襲われた。私は一種の何もかも決めかねている状態にあった。また，髪を梳かしていない1人の女性が部屋の隅に座っているのを見た。彼女は，私の仲間と一緒に座っていたのであるが，私の仲間には見えていなかった。私の仲間には見えないが，私にはその女性が窓のそばに座っているのが見えたのだった。

ニュマに滞在中，日中はダンスを踊っていたが，その時には問題はなかった。しかし，夜になると，決まって私の様子がおかしくなった。たとえば，仲間がラーの話をしようものなら，私はラーに憑依された。ラーについてのどんな物語も聞けるような状態にはなかった。

こうして，レーに戻ると，トクダン・リンポチェのもとを訪れ，みてもらった。リンポチェは，「ラーに憑依されたのであろう」といった。彼の前に出るとすぐに，霊に憑依された状態となっていた。リンポチェは，ラプツァン（lha btsan）とタンラがやってきていると，ラーの名を教えてくれた。そして，尼でもある先輩のラモを訪ね，ラポックを受けるための修業をするようにと勧めた。そして，ラーがきちんと憑依するようになるために，スタラ村のアネにあたる（FMZD）尼僧のもとを訪れた。し

かし，彼女は3日後に亡くなってしまった。私は彼女のラーを受け継いでいる。
　結局，再び，スタクナ・リンポチェ，バクラ・リンポチェのもとを訪れた。バクラ・リンポチェもまた私をラモであると認め，リンポチェはティクセ・ラバあてにラポックを行うようにという手紙を書いてくれた。

　この事例は，当初，精神の不安定な，非正常な状態は他の女性の話し方をまねて話すなど，生霊の憑依によるものであったこと，この生霊の憑依が僧侶による祓魔儀礼によって治療され，いったんは平静な状態に戻ったという経過を辿りながら，シャマンの修業に入ったことを示している。女性の場合には，病いの経験は生霊の憑依から始まることが良く認められる。また，この事例は，女性の場合には，結婚を契機として，婚家との折り合いの悪さが病いの発症の引き金になりうることを示している。

事例9-4：レー郊外に住むラモPD（1990年当時30歳）

　PDは，チャンタン地方の村の出身であるが，結婚してレー郊外にある集合住宅に住む。17-18歳の時に結婚している。結婚当時，夫は軍隊に入っていたが，1998年ごろ退役したという。PDは，シャマンの修業に入るまでの病いの状態について次のように語ってくれた。

> 　結婚後，2年目（1979-1980年頃）に初めて，病いを経験した。約3ヶ月もの間，何もすることができなくて床に伏せていた。この3ヶ月近く病いに臥せっていた時のことであるが，このとき，ちょうど最初の子供を妊娠していた頃であった。心が落ち着かない状態にあり，山に駆け上りたいような気分になったり，部屋に香を焚いていないのに香の臭いを感じたりしていた。このため1日の大半を横になって過ごしていた。この当時，アムチや医師（西洋医学の医師）のところにも出かけた。彼らは薬を処方してくれたが，一向に良くならなかった。この病いが始まって半年後に，最初の子供を出産した。
> 　私の父親はラバであった。しかし実家では，彼は初めてのラバであった。私にラーがとりついたのは，父親が死んでからのことであり，私は父のラーを受け継いでいる。
> 　頻繁に，精神状態が不安定となっていたため，マトゥ・ゴンパの神託僧にお伺いを立てることにした。このときも，精神状態が悪く，マトゥ・ゴンパまで行くのがとても困難であった。マトゥ・ゴンパの近くまで来ると，霊に憑依された状態となった。このため，マトゥ・ゴンパの神託僧は，刀で祝福の加護を与えてくれた。これによって，私の状態は少し良くなり始めた。
> 　その後，レーに移り住んだが，たまたま病いとなり，隣の家のラバを訪ねた。するとラバは，私がラモになる運命にあると告げた。そして，リンポチェにみてもらった方が良いと忠告してくれた。ふたたび，精神が不安定な状態に陥るようになって

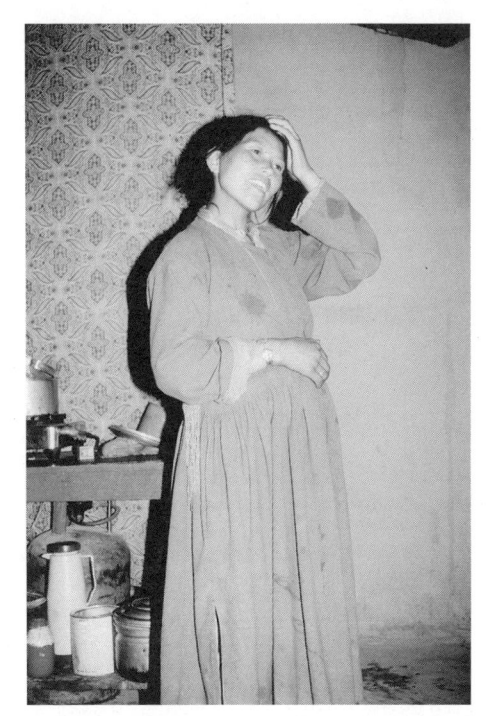

写真 9-2 レー郊外に住むラモ PD。当時 30 歳であった（1990 年）

いた。そこで，スタクナ・リンポチェのもとを訪ねると，彼の家の前で，憑霊状態となり，泣き叫び，走り回っていた。リンポチェは，この状態を見て，あらゆる祝福を授けてくれて，私を鎮めてくれた。そして彼は，私の病いは霊が憑依したがっているためであるため，ラバを訪ねるようにと告げた。

こうして，24 歳頃（1984 年），スタクナ・リンポチェの勧めで，ティクセ・ラバを師とした。ラボックを行ってもらい，そのもとで修業に入った。

この事例の PD は，自らのシャマン性を父から継承したものと自覚していることが分かる。ここにも，シャマンに憑依する霊は誰かに継承されるという観念が認められる。また，ラモ PD の病いの発症が結婚後の妊娠と関係していることを示している。妊娠初期には，つわりが強いなど，女性によって通常の生活が困難になることは，一般に起きうることである。このような女性の体調の変化が，ここではシャマンの「病い」の引き金となっていたということもできよう。

シャマンの徴となる憑霊の病い

以上紹介した 1990 年にインタビューしたシャマンの事例 9-1, 9-2, 9-3 は，いずれにおいても，たいてい修業を開始するに至るまでの長期間，彼らの病いが一

進一退を繰り返していたことを示していた。しかも，彼らは，この病いの状態を，何か心（精神）が落ち着かないザンジン（zang zing）の状態で，尋常でない行動を伴っていたと語るのである。そして，彼らや彼らの家族は，この病いを第6章で取り上げた「霊の憑依による病い」と想定しながら，対処してきた様子がうかがわれる。

またこれらの事例は，彼らの「特別な病い」は，高い所に上る，尋常でない行動をとるという精神の高揚した一種の躁状態，あるいは，逆に臥せているといった鬱状態といった症状をみせることを示している。そして，シャマンたちは，このような身体状態に対し，単なる「（悪）霊の憑依」から「ラー自身の憑依願望」へという社会的意味づけの転換を得ることによって，病いの回復過程へと進んでいるのである。

ラダックにおける精神的な病いの中には，スミョチェス（smyo byes「狂う」），スミョウ・ナッド（smyo nad「狂う・病い」）と呼ばれる「狂気」がある。「霊の憑依」による病いは，一時的に尋常でない状態にすぎない点で，スミョチェスとは明らかに異なるものと位置づけられていた。一時的な精神の変調が回復可能な病いと見極められ，特別な病いとして意味づけされている現状をみることができる。

最後に，ここで取り上げた事例は，男性であれば，父親の死や病い，あるいは軍隊での瀕死の経験などが彼らの病いの発症時期と重なっていたこと，また女性であれば，結婚，妊娠，結婚後の家族内の葛藤などが病いの発症の時期と重なっていたことを示している。男性にとっては，父親の死は自らが新しい家長として責任をとる立場になることを意味し，女性にとっては結婚は，嫁ぎ先で労働力として酷使される立場へと変化するということが，ラダックでは一般にみられる。第6章で「霊の憑依」，とくに生霊の憑依は，社会的葛藤を解消する装置ともなることを指摘しておいたが，ここには取り上げた事例は，シャマンへの道を進むことは，社会的葛藤や心理的不安を解消するもっとも強力な装置となっていることを示しているといえよう。

2. アユ・ラモの語る病いの経験と修業

サブー村アユ地区のラモ SZ（1934年生まれ）[1]は，ラダック中でよく知られたシャ

---

[1] 1984年の調査の時，58歳であると語っていた。また，彼女の夫は，1990年の調査の時，63歳であるといい，彼女と同い年であると語っていた。しかし，佐藤（1982: 445）は，1979年の調査時に，SZが45歳であったと報告している。彼女の語りの中で，長男の出産後ダラムサラを訪れたと話しており，この事実には間違いないと思われる。夫のインタビューでは，結婚は25-26歳の時であり，SZが長男を出産したのは，結婚後1年の頃と話していた。実年齢の記憶には混乱があると判断し，SZの語りの前後関係を総合して，SZは1934年生まれと推定する。

写真 9-3 アユ・ラモ SZ と彼女の家族（1994 年）

マンの 1 人である。彼女のシャマン性は代々受け継がれてきた世襲によるものと考えられており，しかも，幼少時にその素質を発露していた点で，前節で取り上げたシャマンの事例と異なるものである。

彼女については，1984 年以来，彼女の治療儀礼の参与観察，インタビューをする機会を得ていたが，1990 年に詳しく彼女の生活史を聞き取ることができた。1990 年には，彼女は 56 歳となり，病いの治療者としてだけではなく，師匠として若いシャマン候補者の修業を導くようになっていた。このころには，彼女は，師から新参者への口伝というシャマニズムの伝統継承の現場において，伝授する立場に身を置いていたように，シャマンとしての成長を遂げていた。

ここで，本書で使う治療儀礼という用語について付記しておきたい。ラモ／ラバが憑霊状態で行う場は，いわゆる，降霊会（セアンス）という用語で表現されることも多い。しかし，ここで，霊と交流するのは，憑霊の病いの患者を除くとラモ／ラバのみであり，また，彼らは時には悪霊を祓うための仏教的祓魔儀礼をおこなうこともある。さらに，彼らは，病気治療を担うだけではなく，実際には，旅の安全，いなくなった家畜の行方，仕事の将来などを占うことも重要な役目となっている。一方，集まる人々の多くは病いなどの不安を抱えた人々であり，占いで訪れた人々に対しても，一種の浄化儀礼が施される。したがって，本書では，シャマンが行う依頼者を前にした儀礼的行為を治療儀礼と呼ぶことにする。

彼女の語りは，ラダックにおける伝統的なシャマン化の 1 つの典型例ということができるものである。SZ の語りの中には，時間的記憶にあいまいさが見られたが，ここでは，彼女の語りそのままに，彼女のシャマンとしての成長を追ってみること

にする。

幼少時における憑依の経験

　初めて霊の憑依を体験したのは，4歳のときであった。霊が（突然）やってきて，憑依し，憑依なしでの状態にはしなかった。幸せな気分にならない状態（ミデ mi bde「（否定）・快適，幸せ」）（つまり，心が定まらない状態），普通でない（ミチャス mi byas「（否定）・行う」）状態がやってきた。心が不安な状態に時々なり，あらゆる問題が起きた。

　4歳の時は，ちょうど母を亡くしたときであった。だから，誰も私の世話をする者がいなかった。霊の憑依を経験したのはこの頃でした。だから，私は母の記憶がありません。父親は私をリンポチェのところに連れて行った。リンポチェは，「ラーがやってきている」，「私は何らかの霊を得ようとしている」と言った。だから，良い，正しいラーを得るために，何らかの浄化儀礼を受ける必要があると言われた。

　このため，私はストック城に連れて行かれ，預けられた。というのも，当時の王（現在の旧王家当主の祖父）は，学識のある僧，ラマ（高僧）でもあり，私にトゥスという浄化儀礼（洗いの清め）を授けることができたからであった。こうして，私は数年間ストックの城に引き留められていた。9歳の時まで，王によってトゥスを授けられ，清めを受けていた。

　この王は，とても学識のある僧だったからです。そうでなければ，必ずしもすべての王が彼のようになるとは限りません。かれは一種の例外でした。城で，浄化儀礼を受けさせるというのは，私のために特別に行われたことでした。というのは，私の母は本当に立派な神託者（ルィヤール[2]）であり，いろいろな相談事のために，ストック城にしばしば呼ばれていたのでした。母の死後，彼らは私にラモとしての正当な訓練を施すべきであると感じたため，私はストック城に預けられていたのです。

　私の母はラモであり，祖父（MF）もまたラバであった。祖父にはヘミス村[3]のラーがやって来ていたのですが，私にも，私たちの村のラーが憑依するようになる以前には，このヘミスのラーがやって来ていたという。祖父には，ヘミスのタク

2　アユ・ラモは，ラモ／ラバがラーに憑依されていない状態の場合には，ルィヤールと呼ばれると教えてくれた。日常会話では，たいていラモ／ラバという言葉で済まされる。チベット語の知識が十分にない調査助手をしたラダッキは，klu gyar と表記したが，lus gyar（「体・貸す」）と表記する（Day 1990: 206）のが正しいチベット語表記と考えられる。

3　ヘミス村にあるヘミス・ゴンパはラダック王家の寺である。ヘミス・ゴンパはドックパ・カーギュ派の寺で，ラダック王センゲ・ナムギャルに招聘された僧タクツァン・ラスパ・ナワン・ギャツォ（別名 stag tshang ras chen）によって建立された。byan chub chos gling「菩提法寺」あるいは gsang sngags chos gling「真言法寺」と呼ばれる（煎本 1986: 436）。

ツァン[4]（brag btsan）と，カイラス山（gangs ri）のラプツァン（lha btsan）が来ていました。

　私は9歳になるまで，ストック城に預けられていましたが，当時，まだ子供であったので，他の子供たち，王女らとただ遊んでいただけでした。何も特別なことはしていませんでした。ただそこに預けられていただけであった。母もいなく，ただ楽しむためにそこに留まっただけであった。

　しかし，王は私のために毎日浄化儀礼をしてくれました。毎日，朝に1回，昼に1回，夕方に1回と浄化儀礼と祈りを授けられたのでした。私は彼から「お守り」ももらいました。ここでは，バクラ・リンポチェ[5]やトクダン・リンポチェからもらいました。これらのお守りは，（霊の憑依）から守ってくれ，私は普通の状態で生活していました。実際には，当時はほんの子供であったため，詳しいことは良く覚えていません。ただ，大きくなってから，あの男の人が何かをしていたということを理解しただけです。

　9歳の頃にストック城から戻りましたが，ストックから帰ってから，再びラーがやって来るようになった。当時，祖父はまだ生きていました。そこで，祖父は（私にやってくる）ラーを，「（私は）まだ人々をもたない」といいながら，誓いによって縛り付けてくれました。このため，ラーはしばらくやって来ませんでした。母は亡くなっていましたが，祖父は生きており，父も生きていました。

リンポチェからお墨付きをもらう

　25-26歳の頃に結婚しました。しかし，その頃から再び，霊の憑依を経験するようになり，バクラ・リンポチェ，トクダン・リンポチェを訪ねました。リンポチェのところを訪ねたときには，彼らが招来儀礼スチャンデン（spyan 'dren）を行うと必ず，その場で憑依状態に陥り，何かを話し始めました。こうして，リンポチェは，私が何の霊に憑依されているのかを理解できました。

　バクラ・リンポチェも私に憑いている霊が何であるのかを理解し，リンポチェは私に次のようにいいました。「私はあなたにラーがやって来るのを止めたいと思っている」とラーに対して伝えたといいます。これに対し，わたしのラーは次のように応えたそうです。「私は，あなたのような活仏から認知されることに，実際に責任を持つことのできるラーである」と。

　昔には，祖母もラモでした。だから，私には母から娘へという何らかの祖先から受け継いだものがあると思っています。私の今もっている霊は，まず，カンカルシャメ[6]（gangs dkar sha med）とシャムルマ（sha mul ma）ですが，これらはサブー村のユッ

4　ヘミス村の村のラー（yul lha）
5　ラダックのゲルク派最高位のリンポチェ。
6　この神は，タンマ12女神（bstan ma bcu gnyis）のうちの1つとされる女神である（Nebesky-

ラーです。カンカルシャメとシャムルマは，パドマサンバヴァによって護法尊になったといわれます。

その後にも，時折，霊に憑依されることが起きました。そこで，一度ディジュン・リンポチェ[7]のもとを訪れたこともあります。彼はニンマ派の有名な活仏であり，彼がラダックに来たとき，彼のもとを訪れた。彼は自分の霊を清めてくれた。当時，非常にたくさんの霊に憑依されていたのであったが，彼によって，霊が祓われた。実際にはラーが憑依していたのだが，ディジュン・リンポチェはすべてをきれいに祓ってくれました。

17-18歳のころから，少しずつラモの活動を始め，人々の依頼を受けるようになりました。その後です。長男を生んだ26-27歳のころ，ダラムサラに出かけたのでした[8]。私は初めてそこを訪れたのですが，ダラムサラへは巡礼のために行ったのです。私は，(そのときすでに)ラモであった。だから，巡礼中には，しばしば霊の憑依を体験しました。ダラムサラはダライ・ラマ法王の居所であるため，(そこにいることだけで)私は憑霊状態になったのでした。そこは，聖なる僧侶が住む場所であるため，憑霊状態に入るための良い場所でもある。こうして，良い霊に憑依されているのか，悪い霊に憑依されているのか，自分の霊的な資質を知ることができた。

ダライ・ラマ法王からは，すべての望みを叶える祝福(お守り，宝石)といわれるイジンノルブ(yid bzhin nor bu「ダライ・ラマの異名・宝石」)を授けられ，ラーのお守り(lha srung[9])をいただきました。また，ネチュン・ゴンパも訪れましたが，ちょうど，ネチュン・リンポチェが寺にいました。ネチュン・オラクル[10](gnas chung chos skyong)の前に出るとすぐに，憑霊状態に陥りました。すると，彼はあらゆる祈りを行ってくれ，ラーを従わせてくれました。

そして，これによりラダックに帰るまで，全く良くなっていました。しかし，ラダックに帰りつくと，再びラーの憑依を受けずにはいられなくなっていました。私

Wojkowitz 1993: 185)。

7 H. H. Dudjom Rinpoche。1904年6月10日生まれ，南東チベットのPemako地方の貴族出身。1987年1月17日フランスで亡くなる。有名なTerton(秘蹟の発見・保持者)であったDudjom Lingpaの活仏と認められた。ニンマ派のすべての教えを授けられ，偉大なTertonとして知られるとともに，ゾクチェン(Dzogchen)の主唱者として知られる(Coleman 1995：214-215)。

8 ダラムサラに出かけたのは，長男を生んだ24歳頃であったと語っていた。ダライ・ラマがダラムサラにチベット亡命政府の拠点を移したのは，1960年のことである(アベドン 1991: 13)。夫の話から推定すると，長男が生まれたのは，SZの26-27歳ごろと考えることができる。従って，SZがダラムサラに巡礼に出かけたのは1960-61年ごろと考えられる。ダライ・ラマがダラムサラに居を移した直後に当たると推定できる。

9 srung mdudのこと。糸で作られた魔除け，お守り。一般的なお守りに対しては，srung baと呼ぶ。

10 チベットの政府神託官で，ダライ・ラマ専属のネチュン(gnas chung)・ゴンパの神託官。ネチュン・ゴンパの守護尊であるドルジェ・タクデン(rdo rje drag den)が憑依し，神託を下す。

は，リンポチェがこれらを授けたのだ．ダライ・ラマ法王は彼のチベットのラーを彼の宮殿で私にくれたのであったと分かりました．

　ラダックに戻ってから，バクラ・リンポチェがサブー・ゴンパにやってきたとき，再び，彼のもとを訪れましたが，このときもすぐに憑霊状態となりました．この状態で，私とバクラ・リンポチェとの間，つまり私のラーたちとバクラ・リンポチェとの間でしばし議論がおこり，しばらくして，意見の一致をみることとなりました．この議論は次のようなものでした．「バクラ・リンポチェは，私がラモになることを好まず，ラーがやって来るのをしばし止めてやると言った．一方，私のラーは，私はやって来たい，人間のためにやって来たい．ご覧のように，私はとても重い（年長の）霊です．あなたも認めるように私はとても責任を果たすことのできる霊（ラー）であり，あなたが活仏であることを理解できる霊でもある」．こうして，リンポチェは私の霊（ラー）にやって来ることを許しました．

　私には，ラーがやってくるのかどうか何も分かりませんでした．ラモになることと霊に憑依されることは，お互いに結びついています．しかし，私が一人前のラモになるまでは何も分かりませんでした．そして，（バクラ・リンポチェがサブー村を訪れたこのとき）一人前のラモとして，認められたのです．それ以来，誓いが与えられること[11]はありませんでした．そうして，「そうだ（あなたはラモだ）」と言われた．私の霊は，次のように言ったのです．「もうこれ以上，何もない．私は静かにしているだろう．私は人間の幸せのためにやって来るであろう」と．

　ここで，SZがリンポチェにラモとして認められることになった経緯を，SZの夫の語りから補足しておく．夫は次のように語っていた．つまり，SZは，結婚後，霊の憑依を頻繁に経験していたが，45歳になったとき，リンポチェにラモになることを止めないようにと夫とともに頼んだという．SZは息子3人，娘3人をもつが，45歳のときは，末子を出産した後であり，SZはもう出産などで穢れることもなく，常に清浄な状態でいられる年齢に達したということで，夫とともに彼女はリンポチェにラモの道に入れるように頼んだのであるということであった．彼は45歳という年齢をとても強調していたが，彼の語りは，SZが45歳以降妻としての役目を終えたことを含意し，彼には，ラモは常に清浄な状態で役目を担うことが求められるという観念があることを伺わせる．

先輩のラバのもとでの修業

　こうして，その後，ティクセ村の1人の先輩のラバのもとを尋ねた．彼が私の師となった．彼の名前はSGである．彼は，私に訓練を施し，私の師となった．彼は

11　ラーが，高僧から憑依をしないという誓いを立てるように説得させられることを指す．

私にあらゆる種類の修業を授けた。

　しかし，彼は，すぐには，ジップルン／ディプルン（'jib lung「吸い出す・口伝」/grib lung「穢れ・口伝」，穢れを吸い出す技法）を教えてくれなかった。彼は，まず始めには，何も訓練をしなかった。彼の与えた訓練（slob sbyong pa[12]）は，ただ，ラーとデェーを分離することであった。（ここで，SG は SZ にラーとデェーとを分離する，第4節で詳述するラボック儀礼を実施したことが分かる。）

　こうして，私は師の前で，行うこと（霊を憑依させること）を求められた。すでにラーを憑依させた師の前で，自分も憑霊状態に入るところを（師に）見せた。2人とも憑霊状態となり，師と私との2人の間で話し合った。師は，今や，私がラーに憑依されていることを確信した。

　ラジオ放送は音合わせがうまくいかないと，いろいろな音が混じって聞こえ，技術者がそれをうまく聞こえるように調整するが，これと同様である。師の前で，私は多くの霊に憑依されていた。良いものや悪いもの，あらゆる種類の霊に憑依されていたので，師は私が良い，正しい（ふさわしい）霊に憑依されるようにした。

　このようにして，私は正当な（間違いのない）霊（ラー）に憑依されるようになった。正しい霊に憑依されるようになり，やっと，ジップルン，カプルン（khab lung「針・口伝」，針の吸い出し），メルン（me lung「火・口伝」，火を使うこと）／メガックス（me sngags「火・呪文」）など，すべての訓練を受けた。これらすべての訓練をティクセ・ラバから受けた。

　その後，ヘミス・ラバからもいくつかの訓練を受けた。ティクセ・ラバは今も生きている。しかし，ヘミス・ラバはもう亡くなっている。ティクセ・ラバからは家畜の体内からの「針の吸い出し」を習い，ヘミス・ラバからは「穢れの吸い出し」を授かった。「針の吸い出し」「穢れの吸い出し」以外にも，いろいろなことを習ったのだ。もちろん，その後，たくさん，いろいろなラーの憑依を得るようにもなった。

　すべてを習得するのに，ほぼ6年間かかりました。その間観想（mtshams）も行っていました。サブー村で観想を行っていました。6年間の観想や隠遁修行のあと，一人前のラモになりました。ティクセ・ラバのところに行ったのは，サブーでの観想を始める前でした。彼に観想することを指示されたのでした。彼は，五体投地を何千回，マントラを唱えることを何千回，何万回というように，実践すべき修行の数を指示し，これを完了するようにと教えました。これらすべてをやり遂げて初めて，彼の指導を受けることができました。

　ティクセ・ラバやヘミス・ラバを訪れていたころ，実際には，占い，予兆などはすでに行っていた。しかし，自分自身がもっと信頼できる，本物のラモになるため

12　slob とは学ぶ行為，勉強，学習。slob pa とは学ぶ，教える。sbyong ba とは浄化する。浄化して取り除く，訓練する，学ぶという意味である。

に，観想を行っていたのである。ティクセ・ラバから修業を受けている間，この師匠は，「観想を実践すれば，もっと本物の状態になることができる。もっと簡単に，ラーを呼び出し，憑依させることができる」といつも話していた。そうすれば，私が何を言う（予言する）としても，それはもっと本物のものになるといつも言われた。だから，私は観想を一生懸命行った。

ティクセ・ラバ，ヘミス・ラバのもとで修業しながら，同時に，観想を行い，また，人々の治療を行っていた。両方を一緒に始めた。ティクセ・ラバとヘミス・ラバのもとでの修業は3年間[13]かかった。今では（最近のラバ・ラモにとっては），修業はもっと簡単になった。私には，一人前のラモになるのに，丸3年かかった。

修業中には，師匠が悪い霊を追い出し，良い霊がやって来るように，霊を統御してくれました。師匠は私に（そうできるようになるための）指示を与えたのでした。私は，そのころどのように自分で自分を統御したのかどうか何も覚えていません。全く，無学で，文字も読めません。師匠やリンポチェが私に何をしたのか全く覚えていません。私が知っているのは，ただ，時々意識を失い，何かが起きたということだけです。

憑霊状態に陥ったときに，何が起きたのか，全く覚えていません。何も自分を統御することはできないが，憑依したラー，師匠，彼の祝福（祈り）が統御できるのみです。修業を終えたのは，20年前（1970年頃，45歳頃）だったと思います。本当に，私が一人前のラモになったのはその時です[14]。

一人前のラモになる

それ以降，本当の意味で，人々の治療をするようになりました。ほとんど毎日治療を行います。患者，訪問者にもよりますが。ラーを呼ぶ日はとくには決まっていません。しかし，ラーにとって特別な日というものがあります。チベット暦の8日，10日，15日，28日，30日といった日です。こういう日が特別に重要な日です。ラーがこういう日に来なければならないということはない。しかし，これらの日には，私はより強い力を得ることができるし，ラーも力強くやって来ることができる。

日が違えば，別の異なるラーがやって来るのかということはない。しかし，これ

---

13 最初は6年間と言っていた。
14 1990年のインタビューの時に調査助手のラダッキは，次のように話していた。「私は，彼女がサブ一村で『針の吸い出し』を行っているのを見たことがあります。私の家で，ティクセ・ラバが来て，2人とも（ティクセ・ラバとアユ・ラモ）憑霊状態となりました。そして，アユ・ラモは隣の家に連れて行かれ，ゾー（家畜）から針を吸い出したのでした。私は，それを見ました。だから，私は彼女が一人前となったのはこの20年前くらいだったと思います。私がこの家に婿としてきたのは17年前でしたから」。

らの特別な日には，ラーが力強くやってくる。そして，依頼者に関する占いや予言はすべて正しいものとなる。私にとってはどの日も変わらないが，これら特別な日には，ラーがもっと丁重に，気配りしてくれるようになる。憑依されていないときには，他の人たちと変わらない通常の生活をおくっている。今，私は日本に行ってみたいと思っている。

　私には，今では，たくさんのラーがやってきます。サブー村のラーをはじめ，数え切れないほどのラーが来ます（第11章表11-1参照）。中には，チベットのラー（bod kyi lha），カム地方からやってきたラー（kham sku 'bum ma loa'm）など，ダラムサラでダライ・ラマ法王[15]のお陰で獲得したものもある。カムから来たものは，中国語を話し，私たちは何も理解できない。タンラ（thang lha）の伝統も，チベット人のものであり，ラダックのものではない。このラーを自分の憑霊としているラモ，ラバはチベット人のみである。さらに，タンマ12女神，ツェマラ（rtse ma ra）もやって来る。それぞれのラーは自分のための特別なセルキェム（gser skyems[16]）の実施を要求する。

治療儀礼におけるラーの招来

　たくさんの霊をもっているが，治療儀礼では，セルキェムの儀式を行い，これによって霊の憑依を統御している。セルキェムには，ゴンポに行うもの，ギャルポに行うものなど，神格に合わせ，いくつかの型式がある。一般の人々が幸運を願って唱えるものと，ラモ，ラバが憑霊状態に入るときに唱えるセルキェムとは，基本的に同じである。普通のセルキェムは，デルギャッド・セルキェム（sde brgyad gser skyems「グループ・8・セルキェム」）と呼ばれるものである。セルキェムなしには，ラーの力を得ることはできない。

　治療をするときには，まず，セルキェムから始める。そうして，初めてラーが憑依することができる。そして，治療儀礼中，ラーを変える必要がある場合には，再

15　ここでは，ダライ・ラマのことをイジンノルブ（yid bzhin nor bu）と異名で語っている。この言葉の意味は，Jäschke（1998 [1881]: 509）には，「すべての願いをかなえる宝石・お守り」とあるが，Nebesky-Wojkowitz（1993: 43）には，チベット仏教のパンテオンの中で，10番目に地位にあるゴンポ（mgon po）のグループの中にもこの名の神がある。

16　原義は「金色・酒」である。『仏教文化事典』（金岡・柳川編 1989: 303）では献飲と訳される。神々に何かの企て，旅などの成功といった願い事をする時に，オオムギなどと一緒に献供する酒である（Jäschke 1998 [1881]: 30; Nebesky-Wojkowitz 1993: 401）。このとき，このための経文も諳んじて行うもので，これらの行為全体をセルキェムと呼ぶ。したがって，献供の儀礼とも訳すことができ，シャマンの儀礼では必須の儀礼的行為である。供仏の経典は，ラーごとに異なり，呼び出すべきラーにより，異なる経典を朗誦することになる。儀礼の最中に，依頼者の用件に応えて呼び出すラーを変えることがあり，この際には，再びこのラーのための供仏の経典が朗誦される。

び，新しく呼び出すラーのための新たなセルキェムを行います。また，再び，別のラーを呼ぶ必要が生じれば，そのラーのための新たなセルキェムを行います。

　憑依するラーを選ぶのは私ではありません。そのときに私に憑依しているラーが，次に必要とされるラーを選ぶのです。最初に，ある（決まった）セルキェムを行い，ラーを憑依させる。そして，私に憑依しているラーが変えるかどうかを決めるのです。私が決めるのではありません。

　ラモになる以前には，ラーはいつでも（ところ構わず）私に憑依していた。一人前のラモになってからは，ラーをよぶのは，私の師匠から与えられた教えにもとづいて，行っている。私が選んだことは何もない。私は，ここで，今，ラーを憑依させることもできます。ただ，1つ肝心なことがあります。憑霊状態に入る前には，祭壇，ロウソクなどを整えなければならない。このようなものを準備することは，「今からラーをお呼びする」ということを意味する。

　ラーには2つの種類があります。僧院の護法尊となる高位のラー（天）と，キィムラー（khym lha「家族・ラー」）と呼ばれるものです。高位のラーのなかに，シュンマ（srung ma「守護神」）と呼ばれる解脱した菩薩に相当するものもいます。キィムラーはこの世（'jig rten ジクテン）で解脱をもとめて常にあがいている存在です。だから，彼らはこの世の私たちを助けるが，あの世の生活に対しては助けることができない。通常，ラモ／ラバには，キィムラーが憑依するのですが，私には高位のラーも憑依します。

清浄を保つ努力

　ラーへの祈りを毎日捧げています。毎日，私は朝に100回，夕方に100回のチャク（phyag 五体投地）を行います。そして，毎日，チャクの後には，観想を行う。観想の間には，108回グル・リンポチェ（パドマサンバヴァ）のマントラを唱えるが，夕方にも同様にこれを行う。毎日，計7回の観想を行っています。

　これを行うには，たくさんの時間が必要です。「マネ・マニ・マニ（ma ne ma ni ma ni）」[17]と唱えるだけの人がいるではないですか。リンポチェは，「そんなことはすべきでない」といいました。「とくに観想の時間が続いているときには。イクギャ（yig brgya「文字・100回」）[18]を行い，バンザルグル（bdzra gu ru「ヴァジュラ・グル」）[19]を唱えな

17　ラモSZは，「オムマニパドメーフム（om ma ni pad me hum）」という，チベット仏教で最も一般的なマントラを唱えることを指して，このような表現をとっている。
18　100個の文字を唱えることであるというが，『仏教文化事典』（金岡・柳川編 1989: 303）には，「咒誦」と訳されている。ここでは，病気や悪魔を払うために金剛薩埵のマントラを読誦することであると言われた。
19　グル・リンポチェの根本真言（マントラ）を指す呼び名である。

さい」といいました。1人1人,「オーム・アー・フーム・ヴァジュラ・グル・パドメ・シッディ・フーム」[20]を,少なくとも数珠1回り分を唱えるべきであるといわれた。このため,これを終えるのに時間がかかる。これを終えるのに,1時間以上かかります。ですから,ほとんどすべてを行うのに,3時間かかります。

　このため,家事をすることがとても難しいです。しかし,それ以外に選択の余地はない。実際,このようなことが起きるのです。もし誰かが病気になり,次の日にはラモのところに行こうと考えたとすると,そのときから,私はある種の落ち着きのなさを感じ始めます。それは患者と私の霊との間に何らかのつながりがあることを表しています。私の身体は患者がやって来るまで,ある種の不安な気持ち,意識を失ったような,あるいは不愉快さを感じるのです。このようにして,私は患者がやって来ることが分かるのです。もし誰かがとても重い病に罹っているとすると,そのことは私をもっと難儀にさせます。患者がやって来ないかぎり,私は完全に良くはならない。

　私がバンザルグルを唱えているとき,観想してお経を唱えているとき,「今日,明日,誰かやって来る人がいるようだ」,あるいは,「明日には,誰かがやって来るであろう」,また,「本当に,誰かがやって来るであろう」というヒントを得るのである。これらのことは,まさに,私自身がこのような修行してきたことのお陰である。修行によって,このようなことをすべて知り得るようになったのである。

　私はラモです。すべての病いを診断することが出来る。病いを診断するための特別な口頭伝授を,ダライ・ラマ法王の師から得た。ヨンゼンリン・リンポチェ (g.yong 'dzen gling rin po che) からです。これを受けたため,私は病気を診断できるようになっている。この患者はどういう病気にかかっているのかを診断できるようになった。

　私には子供がたくさんいる。出産後にもまた,浄らかな状態でいることが重要となる。しかし,女性にとって清浄な状態でいることはとても難しい。だから,出産後にはラーを呼ぶことはしない。この期間には,ラモとしての仕事をしない。そうすることによって,何か問題が起きるようなときには,リンポチェのところに出かけ,子供が十分に大きくなるまで,しばらく(ラーが来るのを)止めてもらうようにお願いする。

　妊娠中の時もまた,汚れた状態となる。もし清浄でないならば,それ(ラーを呼ぶこと)は出来ない。呼ぼうとすれば出来ないこともないが,何か障害が起きることもある。私が清浄でないならば,ラーがどうしてやって来ることが出来ようか。

　子供の授乳が続くまで,4歳になるころまでは,ラモの活動を休む。しかし,これはラモによっても異なります。中には赤ん坊を抱えてもラーを呼ぶ人がいる。私

20　この文言がグル・リンポチェの根本真言といわれるものである。

は，赤ん坊が十分に成長するまで（2-3ヶ月間），何も出来ない。観想もできない。だから，この期間は全くラモの活動をしない。

　私は，今では修業（ラボック）を授けている生徒がいる。訓練しなければならない生徒が数人いる。ラモの仕事は特別なものだ。人は何かを告げるに足る十分な知識を身につける必要がある。今や，たくさんの新しいラモやラバが出現しているが，彼らすべてが本当に良いラモやラバであるかどうかは疑わしいと思っている。この仕事はとても難しい（困難な）仕事である。夫は大工である。彼は，私が憑霊の状態に入ったときには介助してくれる。こうして，私はラモの活動を続けてくることができた。

3. シャマン候補者としての認証と修業

　以上のように，ラモ／ラバの語りは，たいてい病いの経験の後，リンポチェからシャマンになるべきであるとお墨付きを与えられていることを示す。そして，彼らは，リンポチェからラボック儀礼を受け，シャマン修業の道へ入ることを勧められ，リンポチェの推薦状をもらって，先輩のシャマンのもとでの修業に入っていた。
　前節で述べたように，アユ・ラモは，ラーとデーーとを分離するラボック儀礼を受けた後，自らの身体を浄化し，ラーの力をより強く得るために，観想，マントラの読誦，五体投地行など，日々，修行を継続していた。シャマン候補者の修業は，リンポチェによる認証，ラボック儀礼や口伝の授受によって一応終了するのではあるが，シャマンとしての生活を維持していくには，日々の修行もまた必要とされるのである。
　リンポチェによる認証から口伝の授受，シャマンとして修業と修行を積むといった過程は，ラダックのシャマンであれば，誰でも通過するプロセスであるということができる。しかし，どのようにこれらの過程を経験するのか，あるいはどのように修行を実践するのかは個々のシャマンによって異なる。彼らは，どのように修業や修行に取り組み，患者の状態から治療者であるシャマンへと転換してきたのであろうか。シャマンたちは，病いの患者からの脱却とその後のシャマンとしての歩みを，どのように振り返るのであろうか。第1節で紹介したシャマンたちの事例からもう少しみてみることにする。

容易でない認証と精進

　まず，リンポチェからのお墨付きをもらうことそのものが簡単でないことを物語る例がある。たとえば，ラバTLは，トクダン・リンポチェのところに出かけた時

の様子を次のように語っていた。

　リンポチェは，トゥスという水の浄化儀礼を3日間かけて行ってくれた。トゥスを初めて3日目に，リンポチェの面前で憑霊の状態となった。そこで，リンポチェは私に良い師を得るようにと忠告した。こうして，私はティクセ・ラバのもとを訪れた。彼は私にラポックを施すのを開始してくれた。このとき，43歳であった。

　私は，ティクセ・ラバをチベット歴の8日，10日，15日，25日，30日に自宅に招き，この間の約1ヶ月間，ラポックと本当のラーを憑依できるようにするための訓練を授けてもらった。ティクセ・ラバに，まずラバとして認定してもらったのだ。

　何がやってきていたのかは覚えていないが，ラポックを終える前には，悪霊もやってきていた。ラポックを終了すると，ラーは自分が望む時にのみ，やってくるようになった。祭壇を整え，セルキェムを詠唱しなければ，ラーはやってこない。ラーに憑依されると，自分の息は消え去り，ラーのものに置き換わる。このときのことは何も覚えていない。ラポックが完了する前には，霊の憑依の後，とても疲れた，ちょうど誰かに打たれたか，倒されたように感じたものであった。

　しかし，ラポック儀礼を完了してからは，ラーの憑依状態が終了して完全に自分の呼吸を取り戻すまでの5分間ぐらいは問題があるが，あとは全く問題ない。この5分間は，心臓は早く打ち，血圧も高くなるが，少しずつもとに戻る。ラポックによって，ツェマラ，タンラ，シャンコンカ (shang gong ga)，タクマル (brag dmar)，ネーゼル (ne zer) の5つのラーを会得した。最初から，この5つのラーがやってきた。その後に獲得したラーはない。師によって憑依のイニシエーションを受けたラーだけがやってくる。

　トクダン・リンポチェもティクセ・ラバも私に，観想に入るようにと勧めた。そこで，約4ヶ月間の観想行に入った。その4ヶ月間，リンポチェの指示に基づいて，100万回の五体投地，100万回グル・リンポチェの真言であるバンザルグルを唱えること，100万回のお供えをした。タバコ，酒，肉を食べることも禁じられた。食べ物を差し入れてくれる人以外誰にも会わなかった。

　霊の憑依は全く起こらなかったが，観想中，いろいろな姿を見たが，ときにはこれらはとても恐ろしかった。ある時には，テーブルの上に蛇を見た。この観想は，自分の家の仏間で行った。ツォクス[21]を供えるときに，この傍らに1切れの肉を置くことになっていた。ある日，肉を使い果たしてしまったことがあった。この日は，家にも肉がなく，家族は私に肉を与えることができなかった。だから，この日は肉を手に入れることができなかったのです。しかし，観想中に，私は肉の小さな塊がテーブルの上にあるのを見た。これは実際には夢であった。私はお供えのために，肉を切り始めた。ところが，私は，自分の足の一部を切っていたのであった。実際には，

21　第6章参照。これは tshogs「犠牲の供物」である。

これはひどい傷にはならなかった。これはとても集中した観想中に起きたことであったからであろう。こんなことも起きたのであった。

このように，夢には，いろいろ違った顔，いろいろなものが登場した。しばしば，窓から変わったものが見えて，私を恐れさした。こんな時には，もう一度観想に入った。このようにして，リンポチェの指示通り，観想をやり遂げた。

観想が終了したあと，いろんな家に呼ばれるようになった。観想に入る前に，カプルン，ディプルン，ガンスタッド（ngan gtad「のろい（不幸）・向ける」，妖術対抗術）などの習得は終わっていた。これらはラポックを受けながら修業した。

ラバになってから，酒を飲んでも，何の影響もなかった。しかし，タバコは問題がり，少し痛みを感じた。私のラーが苦痛を感じたのである。憑霊が始まった時，あるいは始まろうとするとき，いつも「アッツイツイ」というが，タバコを吸っている時などには，憑霊状態から抜けるときにも「アッツイツイ」と叫んでしまった。

こんなことがあったため，リンポチェを訪問して，このことを尋ねると，「タバコを吸っているため，ラーが乱されている。だから，タバコを吸うことをやめるように」と，忠告してくれた。トクダン・リンポチェ，バクラ・リンポチェ，スタクナ・リンポチェなどすべてのリンポチェはタバコを吸わないようにと忠告した。

ラバになってから，しばしばリンポチェのもとを訪れ，祝福をもらっている。ラダック中のリンポチェの祝福を受けた。ダライ・ラマ法王にも祝祷された。法王の面前でラーに憑依され，あなたの憑霊は人々を救うといわれた。リンポチェは，いつもラーを穢すようなことはしないように，他人と服やコップを共有しないようにと忠告してくれる。他の人とコップを共有することはラーを穢すことになる。ラーを穢すと，ラーはやってこないし，やって来たとしてもうまく予言を与えないという。

私は，毎朝，1時間の祈りを行っている。トルジェ・チョッドパ（「金剛経」），ツェズングス（「長寿の陀羅尼」），パルチェン（「華厳経」），ドゥックスカル（「仏頂大白傘蓋経」）などを読誦する。1,000回グル・リンポチェのマントラを唱えている。夕方には，1,000回観音菩薩のマントラを唱えている。朝，4時には起きて，頭と顔を洗って身を清めてから，仏間に水を供え，お経を唱える。

ラバTLは，また，「ラバになる以前には，たびたび起こした憑霊状態について隣人たちは不平を言っていたが，ラバとして認証されてからは，村人からも歓迎されるようになった」と語っていた。ここには，シャマンたちには，認証されることによって明らかに社会的地位の転換が起きることが示されている。さらに，「健康でないと，ラーを招くことができない。ラモ/ラバは年齢を重ねると，予言も正確ではなくなると，師から言われた」と言い，今はラバになりたての頃に比べ，訪れる依頼者の数も減ってしまったと，酒を止められなかったことの自戒を込めて語っていた。そして，自分の孫，あるいは親族のだれかが，彼の死後ラバの役目を引き

受けてくれるのを願っていたのである。

　リンポチェによる認証後も，身を清め，精進することは他の事例でも見られる。第10章で取り上げる2003年にインタビューをしたラモDTも，自分のラーであるタクマルにお茶などの供物を供えるセルキェムを毎日実行するにしたと語っていた。毎朝，毎夕，祈祷を行い，タクマルはますます明瞭に降りるようになり，1-2ヶ月後には，チャクメン（jag med）もやって来るようになったという。チャクメンはタクマルよりも高位の霊である[22]。とても高位の霊であるといい，この2つの霊がやって来るようになったことをラモDTは幾分誇らしげに語っていたのである。

軍務との狭間に揺れる新参のラバ

　また，ラバNTも，次に述べるように，ラポックを受けた後，巡礼をするなど，自らの宗教性を高める努力を行っていた。彼の場合には，ラポックを受けた後も，軍隊の任務に就いていたため，困難な状況がしばしば生じていたことも分かる。しかし，最終的には，彼のラバとしての能力が認められ，一人前のシャーマンとしての道へと踏み出している。

> ラポックを初めて受けた後，下手ラダック，上手ラダック各地のゴンパ，ティクセ・ゴンパ，スピトゥック・ゴンパ，チムデ・ゴンパなど，ほとんどの僧院を巡礼して回った。これから戻ると，またティクセ・ラバのもとを訪れ，ラポックをしてもらい，2ヶ月間のうちにラポックを終了した。2ヶ月間の休暇の終了後，軍隊に戻った。1ヶ月間，フィアンの駐屯地で過ごした後，ヌブラ地方に派遣された。
>
> 　ヌブラへはラバの衣装・道具を持って出かけた。時々，ラーを憑依させて，軍隊の仲間のために，占いをした。しばらくすると，また病いに倒れ，血を吐いたので，次のチベット暦の15日がめぐってきた時には，ラーに憑依させ，自分の代わりに，軍隊の仲間に，自分が吐いた原因をラーに尋ねさせた。そうすると，ラーは，「武器のたくさんある中に住んでいるのはふさわしくない。今の仕事から離れるべきである」と答えた。
>
> 　こうして，軍隊から離れることを決心して，1985年頃であるが，退役申請書を出した。これに対する返事はなかったため，2度目の手紙を書いたところ，ヌブラからフィアンへ転勤させられた。3度目の手紙を書いたところで，返事があり，本部に連れて行かれ，退役理由を尋ねられた。体の調子が良くないと返事をすると，上官は軍隊に留まって欲しいと，私に告げた。このため，やむなく軍隊から逃走し，3ヶ月間自分の家で暮した。
>
> 　この間に，ティクセ・ラバを訪ね，まず，カプルン（針の吸い出し）の技法を授け

---

[22] この2つの霊は，いずれも平和な神格ではなく，忿怒尊であると，ラモDTは付け加え，彼女のラーの力の強さをほのめかしていた。

てもらった。次いで、これが終了してから10日ほど後に、ディプルン（穢れの吸い出し）の技法を得た。この後、ジャドウ[23]('ja 'a 'du) を取り去る技法を習得した。最後に、敵対者が与えた呪いを見つけ出すための技法（ガンスタッド）の習得へと進んだ。これを習得するのに、7日間の観想をする必要があった。こうして3ヶ月間が過ぎさった。

　家族は、軍隊に戻って欲しかったようであった。この頃、軍の副長官の妻が病いにかかり、彼女の病いを治すためにラバを探していた。私は、軍の本部で働く兵士を知っており、彼は私を彼女の治療に連れて行くことを決めたのであった。そこで、私はレーにある副長官の家を訪問することになった。夕方の5-7時の間であった。

　彼らがやってきたとき、私はラーを憑依させ、彼女の体からジャドウを取り除いた。彼らはとても喜んでくれ、私に何をしているのかと尋ねた。私は軍隊に所属し、休暇ではなく、家に隠れているところであると答えた。すると、副長官は、私はあなたの抱えている問題を解決できるといい、翌日、私と一緒に私の部隊の本部に出かけてくれ、私の除隊許可を取ってくれた。私は罰を課されることもなかった。

　この副長官は、また、私に次の仕事を見つけてあげたいといってくれた。インド政府考古学局がレーに支所を開設するにあたって、仕事を任せることのできる人を探していたが、私をそのポストに推薦してくれ、1985年に以来この仕事に就いている。

　また、1986年には、一人前のラバになったが、その後にも夜中に歩き回ったことがある。実際、サブー村方向に向かって、夜中に山を登って行き、しばらくすると白い布をまとった人々に出会ったことを覚えている。その人たちが誰であったのかは覚えていないが、白い服を着た人が私を家まで連れ帰ってくれたのを覚えている。しかし、自分はどこを歩いていたのか、どこに出かけていたのかは全く覚えていなかった。

　リンポチェのところに行き、その原因を尋ねると、リンポチェは、「自分の精神の統御に失敗したのだ。おまえは浄化される必要がある」といった。そして、リンポチェは、7日間、自分にトゥスという水で洗う浄化儀礼を施してくれた。その後には、何の問題も起きなくなった。

修業中に師を変更するラモPD

　シャマンの中には、リンポチェに勧められた師と折り合いが悪く、導師を変更する場合が見られた。ラモPDもその1人であり、彼女は、当初、スタクナ・リンポチェの勧めでティクセ・ラバを師とした。しかし、彼女は、「ティクセ・ラバは良い師ではなかった。彼は自分にうまく教えてくれなかった」と語っていた。PDは、再び、スタクナ・リンポチェの勧めを受けて、アユ・ラモのもとで修業を行ったの

23　ヒンディー語・ウルドゥ語の借用語で、妖術を意味する。

である。ラボックを受けてからの修業について，彼女は次のように語っていた。

　リンポチェはアユ・ラモに手紙を書いてくれたので，私はアユ・ラモの弟子になることができた。アユ・ラモは，すべての口伝を授けてくれた。ディプルン，カプルンなど。私はすべての技法を彼女から習得した。

　スタクナ・リンポチェに勧められてラモの修業に入ったのであるが，当時はまだ，半人前の状態，つまり，霊の憑依も不完全であった。憑霊の状態の時，次のようなことを言うのが常であった。「私をどこそこの僧院に連れて行くべきだ」，あるいは「祝福を受けるために，どこそこのリンポチェのところに連れて行くべきだ」と。これに従って行動し，ラダック中，とても広範囲に僧院の巡礼を行った。ほとんどすべての僧院を回った。

　これらすべてのゴンパ（僧院）を巡った後，私の気持ちも良くなった。巡礼を終えて，15日もすると，私はほぼ一人前のラモに，つまり憑霊状態が完全になることができた。このようになってから，口伝の修業に入ったのであった。最初は，ティクセ・ラバ，次いでアユ・ラモに。

　リンポチェに認証されてからも，実は常に病いのような状態であった。そのため，頻繁に，リンポチェのもとを訪れては，彼からトゥスの浄化儀礼を受けていた。このようなリンポチェによる浄化儀礼が必要であった。

　最初のラーの憑依を得てから，いろいろな霊の憑依を獲得してきた。私の治療儀礼では，最初に，ツェリンチェドガ（tse ring mched lnga「長寿5姉妹」）[24]が呼び出され，憑依するが，ディプルン（穢れの吸い出し）のときには，タクツァン・ギャルポ（brag bstan rgyal po）が呼び出される。また，カプルン（針の吸い出し）の場合にも，タクツァン・ギャルポが呼び出される。憑霊状態の時，代わる代わるにラーが呼び出されて，憑依するのである。どのラーが呼び出されるのかは，その時にどんな患者が来ているかによって決まる。

　ほとんど毎日，家の仕事がなければ，ラーを招来する（治療儀礼を行なうということ）。冬には，観想を行い，神々への祈祷を行うが，夏にはあまり時間がなく，少ししか行っていない。毎日，朝，夕7回ずつの五体投地行を行い，朝には祈祷を行う。

　チベット歴の8日，10日，15日，25日などの特別な日には，ラーの力も強くなる。これらの日にも時間がなければ，特別な修行を行うということもない。今は，いろいろな修行する時間は余りない。

24　Gordon（1987 [1914]: 103）によれば，これは山神であり，「エベレスト山の5姉妹」とされている。カーギュ派にもっとも好まれる。ミラレパの好きな神であったとされる。Waddell（1978: 370）は，これを山神とし，穏やかな妖精である，エベレスト山の5姉妹である位置づけている。頼富（1982: 157）は，「ツェリンマ（Tshe-ring-ma）は長寿の女尊という意味で，長寿の願いを神格化したものであるが，修行者ミラレパの妻とも伝承されている」と記す。

PDは，事例9-4で述べたように，第1子を妊娠中に病いを経験したのであった。彼女が一人前のラモになったのは，第1子出産後であり，その後，彼女は3人の子供を授かっていた。女性の場合には，この例でも分かるように，妊娠・出産という身体変化の中で，ラモであることを継続する場合もある。PDは，妊娠中は出産直前まで治療儀礼を実施し，出産後2ヶ月間のみ霊の招来を止めていただけであったという。この事例では，家事，子育てと，なかなか修行に時間を割けない中で，ラモとしての役目を果たすという現状をみることができる。

患者を診ることができないラモ

　ラポック儀礼を終了したシャマン候補者は，すべて一人前のシャマンとして，依頼者／患者の要望に応えることが可能なわけではない。ここでは，ラーの憑依を獲得しながら，いつまでも一人前のラモになれない事例を紹介する。

　この女性は，はじめての妊娠のとき，憑霊の病いを発症したという。アユ・ラモにラポック儀礼を授けてもらった結果，ラーが憑依するようになり，病いは回復に向かったという。彼女にはチベットのある場所からやってきたラーが憑依していると，アユ・ラモが語っていたが，その名前をまだ知らないという。長い期間，アユ・ラモのもとで修業を受けており，アユ・ラモからラーを呼び出すのに何の問題もないと告げられている。しかし，一人前のラモとしては問題があると，次のように語っていた。

　　誰も私のラーの言葉を理解することができない。このため，誰も私のもとを（治療のために）訪れてくれない。私の話す言葉を誰も分かってくれない。だから，私は，時折ラーを招来するが，ただ招来するだけで終わってしまう。
　　チベット歴の8日，10日，15日，25日，30日にラーを招来する。このような特別な日には，体が痛くなる。たとえば，腕の痛み，頭痛，体中に圧を感じてしまう。そう感じた場合には，他にしなければならないことがなければ，仏間に行き，ラーに憑依される。これが終わると痛みもなくなる。
　　アユ・ラモのところで修業するようになって，5年ほどたつ。今でも，アユ・ラモのところに修業に出かける。この土地の言葉を話すことのできるラーを得ることができるようにと思って出かけている。私が，今獲得しているラーは全く役に立たない。誰も理解できないのだから。このラーをどうすべきか困っているところである。
　　これまでに，メガックスの口伝は1年前に習得したが，カプルン，ディプルンはまだ受けていない。アユ・ラモも，ラマも私のラーはとても重要なラーであるという。しかし，ラーの話す言葉を誰も理解してくれない。
　　私のところにやってくるラーは，2種類ある。憑依したときに被る帽子によって区別できる。1つはツァンの帽子を被るツァンジャ（btsan rje「ツァン・主」）で，もう1

つはラモが被る頭冠（リクシュガ，rigs lnga「種類・5」）を被るラーである。私が被る頭冠で，今どのラーがやってきているのかが分かる。セルキェムを行いながら，頭冠を替えているので，今どのラーが来ているのかが分かると人は言う。

この例が示すように，シャマンとして，人々の依頼に応えることができるためには，ラーに憑依された状態で発せられる言葉（異言）が理解されなければならないことが分かる。

4. ラダックにおけるシャマン化の過程

まず，ラダックにおいて，ある心的状態は憑霊の結果と帰せられる。これを経験した人は，憑霊状態から何が自分に憑依しているのかを占ってもらい，それに応じた処置をとらなければならないと考えられてきた。このような憑霊をめぐる信仰がシャマン予備軍を生み出し，彼らをシャマンへの道に踏み出させてきたのである。

そこでは，リンポチェなど霊的な力を持つ高僧が重要な役割を果たしている。彼らは憑霊状態にある人を，浄化し，病いから回復させるという治療者としてばかりではなく，シャマンとしての資格の認証者という役割を担っている。シャマン予備軍が，先輩の師のもとで修業に入るには，リンポチェの「手紙」が必要とされているのである。

ラモ／ラバの語りは，彼らがリンポチェの面前ですぐ憑霊状態に陥ったことを語っていた。これらの語りは，霊性の強さを示そうとする彼らの意思を感じさせるものであったが，これは，一般に，高徳の僧侶であるリンポチェが招来儀礼スチャンデンを行うと，良い霊であれば患者にすぐ憑依するのに対し，悪霊であればリンポチェの面前では憑依しないと信じられていることを背景とするものである。

また，リンポチェは，患者はラモ／ラバとなることができると判断した場合には，患者に観想行，何千回の五体投地行，マントラを何千回唱えることなどの修行を指示している。憑霊状態を静めるために，トゥスという浄化儀礼を患者に施すこともみられた。リンポチェの施す浄化儀礼や指示する観想などの修行は，憑霊の患者のみによって行われるものではなく，一般に人間の罪悪を清め，善い徳を得るために行われるものである。シャマンは，仏教上の行を積むことによって，シャマンとしての力が増すと考えられているのである。

こうして，霊の分離儀礼（ラポック）を受けて後，修業に入った憑霊の患者は，それまで自分の意志ではなく突然の霊による憑依に陥っていた状態から，徐々に決まった状況のもとでのみ霊の憑依を経験できるように修練を積んでいくのである。

身体を常に清浄な状態に保つことは，再び病いの状態に戻らないための保証ともなっている。ここには，日々の俗人としての生活とシャマン性との間で葛藤しながら，シャマンとして成長していく姿をみることもできる。

　また，ラバ NT, ラモ TD, PD, SZ の事例は，彼らに憑依するラーが親族から受け継がれたものであること，つまり彼らのシャマン性は一種の世襲によるものであることを示していた。ラダックには，シャマン化の伝統が世襲によって継承されるという観念も存在してきたのである。さらに，アユ・ラモ (SZ) の例が示すように，ラモ／ラバは修行に精進し，獲得するラーの数を増やそうと，積極的に努力するものもいる。しかし，リンポチェや自分の師によって憑霊のイニシエーションを受けなければ，ラーの憑依を会得することはできないと考えられており，一人前となった後にも，新たなラーの獲得を目指して高僧のもとを訪れる。ラダックでは，チベットと異なり，一般に巡礼は重要な宗教的行為とはなっていないが，この意味で，巡礼はシャマンにとってはとても重要な宗教的行為であり，彼らが新たに霊を獲得するための重要な手段ともなっているのである。

　一方，ラポック儀礼を終え，修業に入った新参のシャマンが，すべてラモあるいはラバになれるわけではなかった。ラモ／ラバとなるには，憑霊状態で語る言葉が他の人に理解できるようにならなければならない。また，修業の間に，たとえ修業を卒業できなかったとしても長期間にわたる修業の間に憑霊の病いが治癒してしまうこともあるといわれた。ラダックのラモ／ラバは病いをコントロールできるようになり，他の人々のために病気治療，占いなどの社会的機能を果たすことができるようになった，一部の人たちであることが分かる。

　このようにみてくると，ラダックにおいて，シャマンとしての要件には，ラーの憑依を獲得し，その状態を自分の意思で現出させることができることがある。そして，一般にシャマンは，儀礼の場において異言を発することが知られてはいるが，少なくとも誰か 1 人がその言葉を理解できることもシャマンの活動の重要な要件となっていることが分かる。

　ラダックにおいて不自然な精神状態，尋常でない精神状態が憑霊のせいにされる背景は，第 6 章でも明らかにしたように，広い文脈における人々の病気観，世界観と密接に結び付いている。しかも，憑霊信仰，ラモ／ラバに対する信仰はチベット仏教の教義，体系とも融合する形で成立しているのである。

　実際，「神格と転生とを結びつける活仏制度が生きているとすれば，それは神々の人間への降下による霊の憑依と考えることができる。そうであるとすれば，活仏は，シャマニズムの広い定義の文脈で考えることができる」という指摘もある (Aziz 1976: 344-345)。また，活仏は霊の憑依の 1 つの形態である転生的憑依 (reincarnate possession) とみなすことができるという指摘もある (Jones 1976: 3)。

チベット仏教における活仏の制度は，チベットで発生したのはわりに新しく，チベット仏教の本質に由来するのではなく，民間信仰と結び付いた習俗で，歴史的な政治的機縁によって発生したものである (山口 1987: 147) といわれる。この制度の歴史的成立背景の如何に関わらず，この制度は，現在一般の人々の仏教に対する強い信仰となって生きており，ラダックにおける憑霊信仰，ラモ／ラバの対する信仰の基盤にもなっているということができる。ラダックにおける憑霊信仰はチベット仏教の活仏への信仰によっても支えられているといえよう。

　最後に，この章で取り上げたラモやラバの事例が，ラダックにおけるシャマンのすべてに当てはまることのできる実像であるとは言い切れない。しかし，ある実態を示しているということはできよう。ここで取り上げた事例では，男性，女性がともに，強い社会的葛藤，緊張の中で，病いを発症し，シャマンへの道を踏み出していた。この事実は，ラダックのシャマニズムは社会的葛藤の中で犠牲となりやすい個人が治療者として再生する受け皿ともなっていることを示しているといよう。とくに，ラダックの伝統的社会秩序の中で，負荷の最もかかる女性にとって，病者から治療者という社会性を担った存在へと転換できる重要な通路となっていることが分かる。

第 10 章

シャマンの儀礼的行為

　近年,レーにチベット医学の立派な病院が開院されるなど,医療の充実が図られる中で,2003年においても,ラモ/ラバ(シャマン)は病気治療の担い手として活躍していた。第6章で示したように,病いと信仰が密接に結びつくラダックにおいて,ラモ/ラバのもとを訪れる人々は,とりわけ病いが原因で訪れることが多い。しかし,シャマンは,ラーを呼んで(憑依させ),病いの治療のみならず,穢れの浄化,占いなど,多様な問題を,人々の依頼に応じて,解決してきたのである。彼らは,ラーに憑依された状態で,常に「(自分の)ラーは,人々の繁栄のために尽くす存在である」と語り,自らの治療者,社会を正常な状態に戻させるものという社会的役割を明確に意識している。

　ラモ/ラバが,シャマンとして行う儀礼的行為には,シャマンのイニシエーションと位置づけることのできるラポック儀礼を授けること,および人びとの困難を解決する治療儀礼とがある。本章では,彼らの儀礼的行為に焦点を当て,儀礼の場と装置の設定,その手順,儀礼の場におけるシャマンと依頼者らとの相互行為などの分析を通して,シャマンの伝統的技法の特徴,イニシエーションの意味,病因が納得されるメカニズムを明らかにすることにしたい。ここでは,1980年代の調査において観察したシャマニズムの実践を1つのモデルとして,分析する。

1. シャマンの道具類と儀礼の場

シャマンの道具・衣装

　かつては，シャマンの特別な衣装というものはなく，普通の村人と同じ服装で治療儀礼が行われていたという。しかし，1980年代には，シャマンとしての衣装の様式が決まっており，シャマンは各自，衣装や道具一式を鞄の中に入れて，持っていた。シャマンは，たいてい決められた日に，自分の家で治療儀礼を行なうが，ときには，村人の家に呼ばれて行うこともある。そのような場合には，その鞄を持参するのであるという。

　後述するように，シャマンは，儀礼の場で，ラーを招来する経典を唱えながら，次第に憑霊状態（一種のトランス）へと入っていく。この状態へと入っていく過程で，シャマンは衣装を身につけていくことになっている。シャマンの衣装の1つとして重要なものが，リクシュガと呼ばれる5片でできた木製の頭冠，つまり，5仏をそれぞれの片に描いた五智の宝冠である。これは僧侶が法要や葬儀において戴冠するものと同じものとなっている。宝冠の両側にはそれぞれ5色の垂れ布が結びつけられている。

　他に，ストデ (stod le) と呼ばれる大きな錦織の胸当て，スマドギョックス (smad gyoks) と呼ばれる錦織の前掛け，そして口と頭を覆うため白い布がある。前掛けはつけられないこともあるというが，他のものは必ず身につけられる。これらの衣装はラーの憑依が起きる前に身につけられるが，宝冠を被り終えることはラーの憑依が完了したことを意味することにもなっている。また，儀礼の最後に宝冠を取り去ることはラーの憑依から抜け出たことを意味する。

　一方，シャマンの道具として必須なものには，まず，ダル (da ru[1]) とリルブ (dril bu 金剛鈴) がある。ダルは，儀礼の際にシャマンが左手に持ってうち鳴らす，径10cmほどの小さいデンデン太鼓であり，これにも5色の布が取り付けられている。シャマンは，ラーにチャンなどを捧げる祈りの経典を唱えるセルキェムのときに，左手にダルをもち，右手にリルブをもって鳴らすことになっている。

　儀礼中に，患者の体内から「穢れ」，毒物，あるいは針などを吸い出すためには，ストローあるいはダルが用いられる。ダルはまた，儀礼中の占いの際には，米粒やハギ粒をその上に撒くものとして用いられる。さらに，悪霊を追い払うためのドルジェ (rdo rjem, vajra 金剛杵)，穢れを祓い，火による浄化のために熱せられるナイフがある。

1　チベット語で一般に，da ma ru とも呼ばれる (Waddell 1978: 340-341)。

シャマンの衣装や道具について重要な点は，これらがいずれも僧侶が用いるものと同じものであることである。ダル，リルブ，ドルジェは仏教儀礼においても必須となる法具である。シャマンはこれらの衣装や道具を大僧院の活仏であるリンポチェにもらったと語ることが多く，このようなシャマンの装具によってもシャマンはリンポチェに認められた存在であり，彼らの加護のもとに儀礼を実践していることが暗に示されることになっている。

儀礼の実施される場

シャマンの儀礼の実施にあたって，日時は，重要な要件の1つとなっている。前章でもふれたが，シャマンはいつでもラーを招来することができるといわれながらも，治療儀礼は，チベット暦上での吉日，吉兆の日とされる毎月の1日，8日，10日，15日，28日，30日などに行うべきであるとされていた。このような吉日には，ラーが喜んで降りてくるし，ラーの力も強いなどと言われ，しかも，これはたいてい高僧リンポチェの教えとして守られる現状にあった。これらの吉日のまだ暗い早朝にしか儀礼を行わないというラバもいた。たいていは午前中に儀礼が行われていた。

儀礼がおこなわれる空間（場）というものも，重要な要件となっている。シャマンの治療儀礼はタップラーが見守る中で行われるべきとされ，1980年代においては，どのシャマンもかまどが設置された台所で治療儀礼を行っていた。かまどの脇にラーの祭壇が整えられるが，台所は儀礼が始まる前に，必ずシュクパ (*Juniperus* sp.) の葉を燃やした煙で清められる (Yamada 1999: 13-18)。シュクパの葉は芳香をもつが，これを燃やした煙は，ラーの憑依を促すものであると考えられている。実際，シャマンはシュクパの燃やした煙を嗅ぐことによって，ラーに憑依された状態への転換が促されていた。このため，シャマンがなかなか霊に憑依されないようなときには，介添人がもっと沢山のシュクパを燃やし，この煙をシャマンに嗅がせるということもみられた。

祭壇には，オオムギの酒（チャン），水，オオムギの粒，オオムギ粉，バターランプ，シャマンの本尊 (yi dam イーダム)，白布に包まれたドルジェ（金剛杵）が用意される。観察したある事例では，2カップのオオムギの酒，3カップの水，2カップのオオムギまたは米粒，2カップのオオムギの粉，1カップのバターランプが供えられていた。これらの供物は，ラーへのセルキェムに必須とされるものであり，シャマンにラーが憑依するのを促すために献供と考えられている。セルキェムの儀式そのものも，シャマンの儀礼に固有のものではなく，仏教儀礼においても行われるものであり，祭壇の準備もまた，日常的に各家で行われる宗教儀礼の際の供物と変わらないものである。

写真10-1 ラモPDが儀礼を行う台所。磨かれた鍋や皿が並べられた棚の前に祭壇を整える（1990年）

2. 治療儀礼の手順

儀礼の当日，台所の一角に据え置かれたシャマンの本尊となるラーの祭壇には供物が整えられ，その場は必ずシュクパの葉を燃やした煙で清められる。そして，シャマン自身も手や口を水で清めてから，儀礼が開始されていた。儀礼におけるシャマンの身体表現は，ほとんど (1) ラーの招来，(2) シャマンのラーへの変化，(3) ラーの力の誇示と病因の開示，(4) ラーの見送りという順序で展開される。また，そこでの身体を使ったシャマンの動きは，シャマンが修業の間に獲得できた，ある種のパターン化された伝承的行為（身体技法）といえるものである。

1980年代には，ラモ，ラバの治療儀礼の場を参与観察する機会を得たが，女性，男性にかかわらず，儀礼の進め方には基本的な違いが認められなかった。ここでは，ラモPDが1990年8月26日に実施した儀礼をもとに，彼女の身体表現にも注目しながら，儀礼の手順を詳述してみることにする。

ラーの招来

祭壇の整えからラーの憑依の瞬間までの第1段階といえるものであるが，次のように進められる。

1. PDはラーを招来するための祈祷（スチャンデン spyan 'dren, 'dren pa（招く）の敬語）[2] を ゆったりと，単調なリズムで唱え続けながら，チャン，水，オオムギ粉を供え，祭壇を整えていく。祭壇が整ったところでシュクパを燃やし，煙でその場を清め，水で口と手を清める。
2. PDは祭壇のまえで，本尊のラーに対し五体投地礼をする。
3. PDは衣装を着け始める。まず，胸当て，次いで前掛けと，衣装をまとい，頭と口を布で覆っていく。
4. このとき，PDはまず，金剛鈴鳴らし，祈祷を開始する。浄化儀礼（サンス）の読経を始め，早口でリズミカルにラー，仏の名を次々にあげていく。
5. PDは読経しながらも，時折，「ヒーック」というシャックリのような音，「アッツイツイ」という叫び，口笛のような音をたてる。これらは次第に激しくなり，息も荒くなる。
6. 3-5のプロセスが進行するなかで，最後に頭冠を被り始める。

シャマンのラーへの変化

ここで，第2段階の始まりとなり，ラーの憑依が完全となり，ラーの物語の朗唱となる。

7. 頭冠を被るや否や，PDはラーに変身する。PDは完全にラーに憑依された状態となる。
8. PDは，左手に金剛鈴をもち，右手のデンデン太鼓をうち鳴らし，ラーへのセルキェムの経典を詠唱する。鈴，太鼓の音が加わり，その場は一転して騒がしくなる。
9. これの終了とともに，ラーシャッド（lha bshad「ラーの物語」）に移り，これを高いピッチで朗唱する。太鼓は騒がしく打ち鳴らし続けられ，時折，鈴が鳴らされる。「ヒーック」，「アッツイツイ」，口笛のような音が混じり，PDは高揚した，恍惚の表情を見せる[3]。
10. 続いて，PDは，治療を行う為のラーに対するセルキェムの詠唱を始める。太鼓がうち鳴らされる中，時折鈴が鳴らされる。また，時に，激しく供物の穀粒が投げつけられる。

---

2 グル・リンポチェの名やラモが帰依する護法尊の名を唱えながら，スチャンデンの経典を読誦する。
3 他の事例では，朗唱は短くされたり，省かれることもあった。

写真10-2　スチャンデン（招来の祈祷）を唱えながら，シャマンの衣装を身につけていく。5仏を描いた頭冠をまさに被ろうとするラモPD。中央下にはシュクパを焚いた壺が置かれている（1990年）

患者（依頼者）への対応

　これらが済んで初めて，居合わせる患者（依頼者）[4]に対する治療行為，あるいは依頼者への対応が開始される。

11. PDはラーそのものとして，声色，高さが変わり，尊大な命令口調をとる。病いの訴えに対して，PDは依頼者の腕を取り，アムチが行うように脈を診る[5]。依頼者の状況を判定し，チベット語のような分かりにくい言葉で，依頼者1人ずつに対し応えるかたちで病因を開示し，対処法を示す。介添え役の助手が依頼者にPDの言葉を分かりやすく言い換える（シャマンの口調は憑依したラーのジェンダーにより異なり，女性のラーの場合にはやさしい口調となる。一方，患者は恭しくラーに問いかける）。

4　シャマンのもとを訪れるのは，病いばかりではなく，旅の占い，失せもの探しなどさまざまな理由による。
5　脈を診る所作は，ラモPDに特有のものであり，ラダッキ・シャマンに一般的なものではない。

写真 10-3　ラーの憑依を得て，ラーに変身し，右手にデンデン太鼓，左手に金剛鈴をもってならしながら，ラーの物語を詠う（1990 年）

写真 10-4　依頼人の脈を診ながら，その病いの状態を占う。アムチとは異なり，片方の手で脈を診るのみである（1990 年）

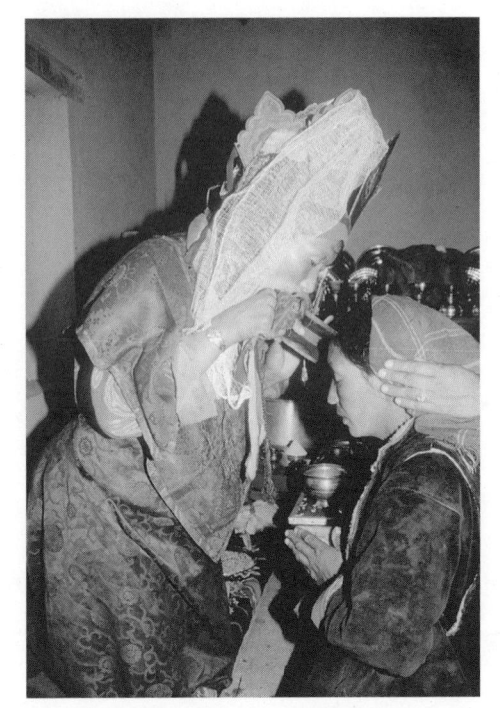

写真10-5 病いの原因となる汚れを吸い出す。デンデン太鼓を患者の額にあてている。患者は両手を合わせ，敬虔な姿勢で，ラモの処置を待つ（1990年）

12. 居合わせる依頼者すべての依頼に応え終わり，施術を開始する。最初に行われるのは体内からの「穢れの吸い出し」(ディプルン)[6]である。PDはデンデン太鼓を使って，依頼者1人1人に対し，「吸い出し」を行い，いずれの場合にも吸い出した「穢れ」(黒い液体として取り出される)を皿の上に吐き出して，依頼者に見せる。
13. 依頼の内容によっては，金剛杵を手に持ち，依頼者の背中に当て，悪霊を追い払う[7]。
14. 病いの種類，依頼の内容によって，PDは新たに別のラーを召喚するために，セルキェムの詠唱が途中で繰り返される。
15. 旅の安全，商売の成否，家畜の紛失などの占いの依頼に対しては，再びセル

6　これはどのシャマンも必ず実施する一般的な技法である。パイプを使うなどシャマンにより「吸い出し」の道具は異なる。
7　別のラモの治療儀礼の事例（第5節の事例10-13）ではあるが，憑霊の病いの患者に対し，ラモは患者に憑依した霊との論争の場面を披露することもあった。

写真 10-6 汚れの吸い出しを終えた後,熱したナイフによる浄化を施す(1990 年)

キェムを唱えながら,穀粒(オオムギ)をデンデン太鼓の面に撒き,それらの散らばった型を読みながら,依頼者に答えが返される。

16. すべての依頼者の依頼に答え終わった後,居合わすすべて者に対し,熱したナイフによる浄化(メガックス)が施される。ナイフを真っ赤に熱し,これを舌に当てるなどをしてPDはラーの力を誇示する。ついで,このナイフを依頼者の患部の上方に当てながら,経文を唱え,ナイフに唾液と息を吹きかける。熱さのためにプップップーという唾液がはじける音が鳴る。

ラーの見送りと離脱

以上が終了するとともに,最終の段となる。

17. すべてが終わり,PDはラーを自分の体から送り出すための経典,シャクソル(gshegs gsol「去ること・請願」)を読誦し始める。PDは時折,シャックリあるいは荒い息を吐き,突然苦しそうに前倒れになる。ラーが体から遊離し始めており,このとき,介添え役がPDの頭冠や衣装を解いたり,背中を叩いたりして,

写真 10-7 すべての患者・依頼者の求めに応え終わり，シャクソル（ラーを送る経典）を読誦し，憑依霊を送り返す（1990 年）

ラーが遊離しやすいように介助する。
18. PD はこうして常人に戻る。

　以上の手順は，儀礼の場におけるシャマンの身体表現の焦点がラーの顕現にあり，これは2つの局面に大別できることを示している。まず，シャマンの属性のラーへの変化を明示するもの，ついでラーとしての超自然的力を誇示するものであり，シャマンはそのために多様な身体技法を駆使するさまを読み取ることが出来る。前者には，ゆったりした単調なリズムでの神仏への祈祷と供物の整え(1)，五体投地礼(2)，シャマンの衣装の1つ1つの着用(3)，リズミカルな浄化儀礼の読経(4)など，いわば行為者の意図に沿って展開する，心身をトランスへと誘導するための工夫ともいえる身体技法が認められる。ここでは，シャマンの読経をとおして発する「声」という身体資源が重要な役割を果たしていることが分かる。
　また，意識の分離というトランス状態（シャマンの変化）において発現する，いわば自動的ともいえる身体技法として，シャックリ，叫びの挿入，口笛，荒い息づか

い (5)，激しいデンデン太鼓のうち鳴らし (8)，高いピッチでの「ラーの物語」の朗唱 (9)，激しい穀粒の投げつけ (10)，声色や口調の変化，難解な言葉（いわゆる異言）を発すること (11) などがある。これらはいずれも個人により相違するものではなく，シャマンに広く共通する技法となっている。

　さらに，超自然的力の誇示を意図した身体技法には，一瞥のもとでの異言による病因の開示 (11) に始まり，体内からの「汚れ」を象徴する黒い液体の「吸い出し」(12)，熱したナイフを舌に当てる所作 (16)，「憑依霊」との対話の現出 (13)，デンデン太鼓に撒いた穀粒の型から意味を読むこと (15) などがある。

　最後に，シャマンの異言はチベット語であるとされ，村人にとって理解しにくいものとなっている。このため，治療儀礼の場には家族の誰かがシャマンの言葉を説明する介添え役として必ず参加することとなっていた。村人は治療儀礼においてシャマンがラーそのものになると強く信じ，このような身体技法は病いの治療に効果的なものと受け止められてきたのである。

3．シャマンのイニシエーション（ラポック儀礼）

　近年では，シャマンの修行に入るための前段階として，ラポック (lha phog) という儀礼を経ることが一般的となっているという。この儀礼は患者に憑く霊のうち悪霊デェーを取り除き，地方神ラーの憑依のみを促すため，すなわち患者への神格の招入のために行われるものである。当初からラーのみが憑依するのであれば，本来ラポックの儀礼を行う必要はないといい，実際，以前にはラダックにおいてラポック儀礼を行うことはなかったと説明するシャマンもいた。インタビューを行ったリンポチェらの話を総合すると，近年になってこの儀礼を行うのが一般的となってきた背景には，死霊，生霊などの魔（ドゥッド）の憑依を強く受け，憑霊の病いの治療効果が上がらない例が増えてきたことがあるようである。第8章で述べたように，リンポチェは運勢占い，憑霊状態の観察などをもとに，シャマンとなることが良いと判断した場合には，ラポック儀礼を受けることを患者に勧めてきた。いずれにしてもこの儀礼は，患者からシャマンへの転機を促すものとなっている。

　1989-1990年のラダックの調査において，ラポック儀礼を参与観察することができた。ここでは観察事例をもとに，この儀礼が患者にとってどのような意味をもっているのか，憑霊の病いの患者が治療者，シャマンへといかに転換するのかを考えてみることにしたい。

ラポック儀礼の開始

　1990年10月14日にサブー村のアユ・ラモSZが，ヘミス村出身の女性DSに行った事例をもとに述べてみることにする。DSはそれまでたびたび憑依を繰り返し，リンポチェにも診断してもらっていた。しかし，彼女の憑依が止むことはなく，リンポチェは彼女にラモのところでラポックの儀礼を受けるように勧め，DSは彼の手紙を持って，SZのもとを訪れたのであった。彼女はこの儀礼をラモに行ってもらうためにヘミス・ゴンパの僧侶HMを伴ってやってきたものである。この日の儀礼は彼女にとって4回目であった。

　DSの母，姉にも，同じラーがやって来ており，彼女のラーは，世襲のものであるという。母も，姉も短命であったといい，2人とも亡くなっている。DSには彼女の死んだ母や姉の霊（死霊）が憑いているといい，この日はリンポチェの依頼にしたがって彼女にラーがやって来るようにするのだと，ラモSZは儀礼が終わってから説明してくれた。つまり，「私がラーを招き，彼女の体に憑依するようにさせてあげるのだ」と，ラモは語った。

　ラポック儀礼はラモが憑霊状態で行うものであり，ラモが実施する治療儀礼の1つのセッションのなかで，行われるものであった。また，ラポック儀礼は，1人ずつ別々に行うというものでもないし，1日で終了するものではない。実際，この日にはDS以外に他の新参ラモの2人の少女MLとTL，そして他の多数の依頼者がこの場に居合わせた。2人の新参ラモは，ラポック儀礼をすでに終了し，次の段階の修業に入っていた。他の人たちの依頼を聞く前に，DSと他の2人の新参ラモに対する教導を開始し，彼女たちを修業させながら，その合間に他の人たちの依頼を聞くという形をとっていたのであった。

　まず，ラモSZは自分のラーを呼び込むため，祭壇を整え，シュクパという西洋ネズの葉を焚いて清め，「ヒーック」といいながら，手を水で清める。そして，セルキェムを開始した。ラモは，まず，パルダンラモのセルキェムから始め，8種のセルキェム（sde brgyad gser skyems），ギャルポのセルキェムへと進む。セルキェムが終わると，ラモは完全な憑霊状態となり，ダルと金剛鈴を鳴らし始める。

　ラモがセルキェムを開始すると共に，DSと他の訓練を受けているMLとTLはラモの装束を身につけ始め，ラモの憑霊状態に同調し，彼女ら自身も憑依された状態になっていく。リンポチェから認証されるということは，シャーマンとしての道具一式を整えることも承認されることであり，DSはシャーマンの衣装とタイコ，金剛鈴など，道具一式を持っていた。ここでのMLとTLの憑霊状態は完全に統制されたものではなかったし，DSの場合は完全に放心状態であった。ラモSZや僧侶の問いかけに対し，DSはアーアー，ヒィーヒィーと叫び続けるだけであった。

　ラモはラーシャッドの詠唱を始め，一方，僧侶はスチャンデンの経典の読誦を始

第 10 章　シャマンの儀礼的行為　　343

写真 10-8　ラボック儀礼のためのストルマを作るヘミス・ゴンパの僧侶。中央右にあるのは，かまどである（1990 年 10 月 14 日）

写真 10-9　かまどの前にラボック儀礼のために整えられた祭壇。手前にはストルマ，真中には霊の選別に使うための石の入った容器がある（1990 年 10 月 14 日）

める。僧侶は，儀礼が終了するまで読誦を継続しながら，時々，DS や他の訓練中のラモに，祭壇に供えるチャン，オオムギの粒，オオムギ粉，バターランプ，水と，正しい順番通りに並べるやり方など，気づいたことを時々教えていた。また，訓練中のラモ ML, TL は，修業がすこし進んでおり，ラモの詠唱に合わせて，彼女たちもタイコと金剛鈴を鳴らしながら，詠唱を始めていた。

　まず，僧侶 HM は DS の代わりに，彼女が既にリンポチェのところで，カルン (kha lung「口 (の)・教え」)[8]と呼ばれるラーの憑依の確認を済ませたことをラモに告げ，ラモに彼女にはどんな霊が，いくつが憑いているのかと尋ねていた。そして，霊に憑依された DS に対しては，「おまえにどんな霊が取りついているのか，師の前で言ってみよ，おまえの師がラポックをするためにここにいるのだ。私もおまえにスチャンデン (招来儀礼) をするためにこの場にいるのだ。おまえに良いラーが憑いているならば，それが何であるのか明かさなければいけない。おまえの師の名を汚すようなことはすべきではない。これからは良いラーがやって来るようにならなければならない」と，言い渡す。この日は，どんなラーがいくつ憑依しているのかを確認することが主要な目的でとなっていたことが分かる。

　このような僧侶の前口上があったあとで，ラモと DS，僧侶との間での問答が始まる。しかし，彼女はラモや僧侶の問いかけに対し，この日の儀礼の大半で，ほとんど言葉にならない叫び声，うめき声で反応するのみである。従って，実際にはこの儀礼は，ラモと僧侶のやり取りが，以下の過程で進行するものとなっていた。

過程 (1)：ラーの特定

　ラダックの人々は一般に，憑依する霊がドウド (悪霊) である場合にはその名を明かさないが，ラーである場合にはその名を明かすものであると信じている。この儀礼をとおして，事例 10-1 のような形で，ラモは DS に，「おまえに憑いている霊は何であるのか答えよ」という問いかけを，最初から最後まで何回も繰り返し，尋ねるのであった。

事例 10-1：ラーの特定

　この事例では，当初，石の区別から行おうとするが，これがうまく進まないため，ラモ SZ は並行して，ラーの特定を進めることになっている。L はラモ SZ で，M は僧侶である。

(1-1)　L「黒い石と白い石などこれらすべての石，1つ1つを区別して，渡し

8　カは「口」，ルンは「霊的な教え」の意味であり (Jäschke 1998 [1881]: 548)，カルンは新参シャーマンが習得する最初の修業。憑依している神々の名を告げる，明らかにすることを表わす。

(1-2) L 「そして，ラーの石，ルーの石，ツァンの石，これらすべてをそれぞれ区別できなければ，ラーチェン (lha chen)⁹ に聞きなさい。」

(1-3) L 「昔，ヘミスにラバがいて，ヘミス・ゴンパから盗まれた品物について，ヘミスの最もえらいラマ (Tugshan Rinpoche) が遠い場所 (外国) へ売り渡してしまったのだと，間違った予言をしてしまった。そのため，このリンポチェは，このラバのラーをギャルポペカル (rgyal po pe dkar) の像の下に永久に埋め込めてしまったという。私は，このラバのラーを自由にして，このヘミスからきた少女の体に憑依するようにさせているのだ。」

(1-4) L 「私は，並みのラーではない，ダライ・ラマにも認められたラーである。ヘミス・ゴンパから何かが盗まれたときにも，それは西のほうに持っていかれたと告げたではないか。それは，実際に，カルギルで警官が盗まれたものを見つけたではないか。カルギルで，警官が見つけ，ヘミスに持ってきたときは，ヘミス・ゴンパの祭りの最中で，リンポチェもそこに，居合わせたではないか。」¹⁰

(1-5) M 「どんなラーが (彼女に) やってきているのか。」

(1-6) L 「彼女には，村のラーがやってきている。」

(1-7) M 「今からは，本当のラーが彼女にやってくるのか？」

(1-8) L 「パルダンラモだ。彼女の実の母は，亡くなっている。彼女の姉も亡くなっている。死霊だけがやってきている。」

(1-9) L 「リンポチェの手紙がある。ラマの手紙によって。私は，ラーの招来 (ラーグッグス lha 'gugs¹¹) を行っているのだ。」

(1-10) L 「私はラーを招く。ラーが彼女に憑依するようにさせる。」

(1-11) M 「どうか，ラーが彼女に憑依するようにしてください。」

(1-12) L 「今，死霊が彼女を苦しめている。だから，彼女は (ここで) カルンを行うことができない。彼女はただ泣いているだけだ。あなたは彼女にカルンを行ったのだろう？」

(1-13) M 「はい，私は行いました。」

9　ここでいうラーチェンは，ラモ SZ のラーを指しているものである。
10　この語りによって，SZ は，DS に憑いているラーが，ヘミス僧院のリンポチェによって，護法尊ギャルポペカル像の下に永久に閉じ込められた，ヘミス村のラーであることを示している。ラモ SZ は，この閉じ込められたラーを自由にする役目を担っていると考えている。
11　'gugs pa というのは，「呼ぶ，召喚する，呼びにやる，呪文を用いて呼び出す」の意味がある (Jäschke 1998 [1881] : 93)。ここでは，ラーを呪文で呼び出すという意味である。

(1-14) L 「その後で彼女は手紙を2通もらっている。スタクナ・リンポチェから。」
(1-15) L 「その手紙によって，私は，ラーを招く儀礼（ラポック）を行っている。」
(1-16) M 「いくつのラーが彼女にやってきているのか？」
(1-17) L 「たくさんの人が私の元にやってくる。私はラーである。もし本当のラーでなかったなら，それは良くない。」
(1-18) M 「（少女に向かって）ラーがいくつやってきているのか？　さあ，師（gergan）のもとで，言いなさい。」
(1-19) M 「さあ，あなたの師がラポックをするために来ているのだ。」
(1-20) M 「それに，私もこうして，お前のラーの招来儀礼（スチャンデン）をするために来ている。さあ，良いラーがやって来ることができるのか言ってごらん。」
(1-21) M 「さあ，あなたは，師の名を汚してはだめだ。これからは，良いラーがやってくるべきである。」
《僧侶は別の読誦を始めている》
(1-22) L 「さあ，どのラーが来ているのか？　言ってみよ。」
(1-23) M 「さあ，言って下さい。」

　ラモSZは，DSのラーがヘミス村の村のラーであると判定していることを語りの中で示しており (1-3, 1-4)，僧侶の問いに対して，「村のラーである」と答えている (1-6) ことが分かる。しかし，この事例は，ラモへの道を歩むためには，リンポチェによって認証されたとしても，自ら「○○のラーである」と告げることが必須と考えられていることを示している。このため，師となるラモは，自らの判定どおりに，DSのラーが名を明かすように，脅したり，賺したりしながら，仕向ける様子が見て取れる。ここでは，ラモの発話に対し，僧侶も読誦の合間に，DSに問いかけている。
　ラモと僧侶の問いかけに対し，DSが答えることがないままに，ラーの能力を試す，あるいは儀礼の所作を習得させる過程が挿入されていく。しかし，次の事例が示すように，後の方であったが，やっと，DSは自分のラーについて語ることができたのである。

事例 10-2：ラーの名を明かす
　《DSは献供し始める。ラーの名前を告げ始めている様子である。》
(2-1) 　L 「他には誰がやってきているのか。」
(2-2) DS 「私は敬意を払われていない。敬意を払われていない。敬意を払われ

(2-3) M 「私は，村の人たちに敬意を払うように言う。彼らが敬意を払わなければ，いったい誰が敬意を払うというのであろう。考えてみてください。彼らは誰に敬意を払うのか。」
(2-4) DS 「ウー，ウー。」
(2-5) M 「さあこれからは，あなたは敬意を払われるだろう。」
(2-6) L 「もし，おまえが生き物すべて（有情）の幸福のためにすることができるなら，おまえは尊敬されるだろう。もし，おまえがそれをできないのであれば，尊敬されないであろう。」
(2-7) M 「あなたは人々の幸せのためにすることができるのか？ あなたは，カプルン，ディプルン，その他のことをあなたの師から受けることができるか？ できるのか？」
(2-8) L 「おまえはできるのか？」
(2-9) M 「これに答えてください。」
(2-10) L 「言え，言え。」
(2-11) DS 「師の命令に従って行います。」
(2-12) M 「師の命令に従ってするのなら，師のように思って。そうであれば大変良い。それで良い。OKだ。」
(2-13) L 「これはリンポチェに言われたことだ。」
(2-14) M 「あなたがカプルン，ディプルンをいつ受けるのか？ どの日に，言ってください。」
(2-15) L 「何ヶ月後に，受けるのか？」
(2-16) M 「師の前で，何日後に受けるのか言ってください。」
(2-17) L 「早くしろ。」
(2-18) M 「師の前で，何日後に受けるのか言ってください。」

　それまでアーアーと叫ぶばかりであったヘミスのDSが初めて「私は敬意を払われていない」(2-2)と答える。憑霊の患者がハーハーとわめくだけの状態は憑依が悪霊に因るものであると考えられてきたが，彼女が言葉を発したことは，この段階で彼女の憑依霊がラーのみになったと理解されたのである。
　こうして，この対話の後半は，名を明かすことができたことによって，次の過程に進むことができることを示している。新参シャマンは，治療技法を習得する過程に入る前に，まず，以下のことを終了することが求められている。1つ目は，ラーナンデーペッチェス（lha nang 'dre 'bye byes「ラー・と・デェー・区別する」）といい，5色の布で区別された5本の矢，これは仏陀の5変身を象徴するものであるが，これら

を選別できることである。2つ目は，デウカルナック (rde 'u dkar nag「石・白・黒」) と呼ばれる，種々の霊を象徴する色分けされた石を正しく選別できることである。3つ目には，シャタック (sha khrag「肉・血」) といい，自分のラーのためのスチャンデンを行うために，一揃いの供物の整え方を習得することであり，最後はタイコと金剛鈴を鳴らしながら，セルキェムを実際に行うことである。これらが習得できてから初めて，カプルン，ディプルンなどの習得過程へと進むのであるという。

過程 (2)：ラーとデェーの分離

5色の布で区別された5本の矢，これは仏陀の5変身を象徴するものであるが，これを選別させることである。この選別は悪霊とラーとの分離を象徴的に示す試験であると考えられている。実際，ラモはこの5本の矢を女性の前に置き，阿弥陀仏，金剛薩埵，大日如来など仏陀の5変身を象徴する矢を自分の問いかけに応じて選ばせる試験を行った。次の事例が示すように，5本の矢の選別が試されたのである。

事例 10-3：五色の矢の区別

(3-1) L 「さあ，どのラーが来ているのか？ 言ってみよ。」
(3-2) M 「さあ，言って下さい。」
(3-3) L 「頭には5仏の頭冠を被り，体にはストデ (肩掛け) をまとい，何も言わないで，まっすぐ突っ立っているだけなのは，恥ずかしいことだ。」
(3-4) M 「言ってください，言ってください。」
(3-5) L 「東にはドルジェセンパ (rdo rje sems dpa')[12]。これは，何を持っているのか？ どんなものか？」
(3-6) M 「ドゥッド (魔) はいないだろう。仏陀の教えに害とはならないだろう。」
(3-7) L 「もしお前が，ドゥッドとラーを分離できなければ，ドゥッドの勝利以外の一体何が起こるのか？」
(3-8) M 「分けてください。早く。」
(3-9) L 「南のリンチェンチュンルダン (rin chen 'byung ldan)[13] の矢はどれか？」
《ここで，矢の選別を行っている。僧侶は経典の読誦を行っている。》
(3-10) L 「否，否。」
(3-11) L 「西のスナンワタヤス (snang ba mtha' yas)[14] の矢はどれか？」

---

12 これは，Vajrasattva (金剛薩埵) であり，白い布のついた矢で象徴される。
13 これは，南に位置する，Ratna Sambhava (宝生如来) であり，黄色い布のついた矢で象徴される。
14 西に位置する，Amitaba (阿弥陀如来) であり，赤の布のついた矢で象徴される。

第 10 章　シャマンの儀礼的行為　●――349

写真 10-10　ラーとデェーの分離を確認するために使われる 5 色の矢。それぞれの色は仏陀の 5 変身を象徴する（1990 年 10 月 14 日）

(3-12) L 「北のドンヨッドゥッパ (don yod grub pa)[15] の矢はどれか？」
(3-13) L 「中央のナンパルナンザッド (rnam par snang mzhad)[16] の矢はどれか？」
(3-14) L 「神々（仏）を分かる（識別）ことができないというのか。ツェリンチェッドガ（長寿 5 姉妹）が来ているのだ。」

　これを正しく行えることは患者に憑依する悪霊とラーとが完全に分離できたことを表すのであるという。ヘミスの女性 DS はそれまで憑霊状態において，ただ泣き叫ぶだけではあったが，この日のラポックは 4 回目であり，初めてなんとかこの 5 本の矢を選別できたと，ラモ SZ は認定していた。彼女には死霊が憑いていただけであったといい，この日やっとラーとデェーとを分離させることができたことを，このことが表しているのだとラモは語る。
　この試験は，5 仏の名前，色，方角など基本的属性を教える構造になっているこ

15　北に位置する，Amoghasiddhi（不空成就）であり，緑の布のついた矢で象徴される。
16　中央には，Vairocana（大日如来）が座り，青い布のついた矢で象徴される。

写真 10-11 正しい矢の選定を試される新参のラモ（左から2人目）。ラモ SZ は刀を手に持って強い口調で問いかける（1990年10月14日）

とが分かる。ラモやラバは5仏を描いた宝冠を被るのであり，それらの象徴的配置という，チベット仏教における基本的な知識を，この過程で分からせるようにしているのである。

過程 (3)：霊の選別試験

　種々の霊を象徴する色分けられた石を選別する試験である。これらの石は，それぞれラー，ドゥッド，ルー，ツァン，デーを象徴するものとされる。ミルクの入った容器に石は入れられており，これらをすばやく選別できることが必要であるといわれる。良いラーであれば間違うことなく，しかもすばやくこの試験に合格することができるという。いわば，ラーの超能力を判定するものである。この日のヘミスの女性はこの試験をうまくできなかったといい，次のようにこの過程が進行していた。

写真 10-12　刀をもったラモ SZ に脅かされながら、水の中に入れられた白と黒の石の選別を試される新参ラモ（左から 2 人目）（1990 年（10 月 14 日））

事例 10-4：白と黒の石の選別

(4-1)　L 「それをここに置きなさい。」

(4-2)　L 「それは，このように行うものではない。」

(4-3)　L 「あなたは 1 つ 1 つ取り出さなければいけない。そんな風にしたら，誰もが分かってしまう。」

(4-4)　L 「どれがラーの石なのか。それだ。それは何の石なのだ？」

(4-5)　L 「1 つ 1 つは，意味がある。1 つずつ取り出しなさい。」

(4-6)　L 「ツァンの石はどれか。ラーチェンデルギャッド (lha chen sde brgyad「偉大なラー・8 種類」)[17] に誓う。お前がうまくできなければ，叩いてやる。」

(4-7)　L 「それではない。お前は馬鹿か？　お前は口が利けないのか？　フックとばかり言って。口の利けない者のようなものだ。」

17　ラモ SZ の持っている 8 種類の力のあるラーを表す。

(4-8) L 「それだ。それだ。」
(4-9) M 「あなたはユッラー（村のラー）なのか。そうなのですか。」
(4-10) L 「こんなことはだめだ。8種類の偉大なラーに誓う。私に従わないのなら。」
(4-11) M 「村のラーはどこにいる？」
《ヘミスの少女は，アーアーと叫ぶのみ》
(4-12) L 「それをしてはいけない。」
(4-13) M 「村のラーはどこですか。」
(4-14) M 「村のラーのラトーはどこですか。」
(4-15) L 「お前の1番のラーはどこにいる。」
(4-16) M 「何人のラーが来ることができるのか？ はいはい，分かっている。」
(4-17) M 「何人の守護神（シュンマ）がきているのか？ 言ってください，言ってください，早く。」
(4-18) L 「分けなさい。さあ，分けなさい。」
《ヘミスの少女は叫んでいる》
(4-19) M 「何人のラーとラーの従者 (lha'khor) が来ているのか？」
(4-20) L 「守護神はどれか？」
(4-21) M 「言ってください，言ってください，早く。」
(4-22) L 「言え，言え，もし言えなければ，8種類の偉大なラーに誓う。何人の守護神が来ているのか？」
(4-23) M 「言ってください，言ってください。」
(4-24) L 「ドゥッドの黒いものはどんなものか？ 分けなさい。8種類の偉大なラーにかけて誓う。」
(4-25) L 「否，否。」
(4-26) M 「あなたは止まったままだ。あなたも分けなさい。」
(4-27) L 「お前は，ふくろうなのか？ フックフックとだけ言って。」
(4-28) L 「どんな守護神が来ているのか。言いなさい。何が来ているのか。言え，言え。」
(4-29) M 「言ってください，早く。」
(4-30) L 「どの守護神が来ているのか。さあ，言いなさい。わたしは，リンポチェにしたがって，言っているのだ。さあ，言いなさい。」
(4-31) M 「何人の守護神が来ているのか？ 今，何人が来ているのか？ 何人のラーが良いものなのか？ いくつの神がラマに誓いを立てたのか。早く言ってください。」
(4-32) L 「フーフーと言うばかりでいてはいけない。言え。言え。」

(4-33) L 「ヘミス・ゴンパのところから，守護神が来ている。パルダンラモ，マクゾルギャルモ (dmag zor rgyal mo) が来ている。」
(4-34) M 「それはマルツェランのタクツァンなのか？」
(4-35) L 「いや，タクツァンではない。パルダンラモだ。」
(4-36) M 「ラトーはないのか？」
(4-37) L 「タクツァン自身がやって来ている（憑依している）。ハーハーというのは，ドゥッドが災いしている。また，死霊も災いしている。」
(4-38) L 「以前，最初には，彼女の母の死霊が憑いていた。今は，偉大な体，仏教の守りと，仏教の道具をすべて持ってきているので，これをすることは不可能ではない。」

　ツァンを表す石は，常に赤い石であり，ドゥッドを表す石は黒い石であるという。白い石がラーを表し，トルコ石のような青い色の石はルーを表す。これらの石を上手に取り出した後，それぞれについての説明もすることになっている。たいていは，ラモのいう問いかけに対して，頷くかどうかで答えたことにもなっている。しかし，この日はうまくできなかったのであった。このため，ラモ SZ は，彼女のラーの憑依がまだ不完全であるとみなしていた。
　このような試験を進めながら，具体的にどのラーが憑いているのか，他にはどんな霊が取りついているのかの特定作業がラモによって進められるのである。ラーが特定されると，守護神となるラーに対しておこなうセルキェムの習得へと向かうのである。DS も他のラポック儀礼を修了している新参ラモたちと同様に，タイコと金剛鈴を手にし，セルキェムの文句を唱える努力を始めた。

過程（4）：行わなければならない修行

　セルキェム，そして，カプルン，ディプルンなどの過程へと進む。事例 10-5 に示されるように，これらの技法を習得していくにあたって，修行が必要であると，教えられていくのである。

事例 10-5：修行の指示

(5-1) L 「一体，いかにそれをできるというのか？　できない者もいる。おまえは 10 万回の五体投地，10 万回のバンザルグル[18]，10 万回のイクギャ[19]，10 万回のマネ (ma ne)[20]，10 万回のミクツェマ (dmigs brtse ma)[21]

18　パドマサンバヴァ（グル・リンポチェ）のマントラをさす。第 9 章注 19，20 を参照。
19　金剛薩埵のマントラのこと。第 9 章注 18 を参照。
20　観音菩薩のマントラを指す。
21　ツォンガパ賛美の 1 節。

(5-2) L 「ただ，マネ，マネを繰り返すのではない。観想行なしに，繰り返してはいけない。口からただ繰り返すだけでは有益ではない，リンポチェを観想しなさい。そして，これを繰り返しなさい。右肩には父のラー，左肩には母のラーがいることを思いなさい。」

(5-3) L 「すべての生き物，ラマ，チョスク (chos sku「法身」)[22]，ロンスク (longs sku「報身」)[23]，トゥルスク (sprul sku「応身」)[24] がいることを。そして，五体投地を行いなさい。マネを繰り返し，バンザルグルを繰り返し唱えなさい。イクギャを知らなかったら，バンザルグルを知っているだろう。」

(5-4) L 「人は『自分はラーだ。私はできる』と言うだろう。しかし，実際には何もできないのだ。まず，『私はできる』というのだが，その後に何もできない。」

(5-5) L 「さあ，ツァンラがきている。かれは，デルギャッド・セルキェムを行う。カルン（お告げ）をするのだ。 第1に，ラプダック (lha bdag「ラー・主」)[25] が行く。ラプダックの前に，赤い首のトカゲが行く。道を示しながら。」

(5-6) L 「それから，ラプダックがそこに行く。そして，ドゥックスタルチェン (gdugs dar chen「傘蓋・大旗」) を立てろ。彼らはただの女性が来ることを認めない。その理由は何だ。さあ，今日はやって来い。僧侶がたくさんの招来の儀式をやったではないか。たくさんのお供え ('phrin bcol ティンチョル) も。さあ，来なさい。六道の生き物のために。さあ，守護尊が来ている。さあ，おまえは来た。人々はお前を尊敬するであろう。」

《DSが宝冠をはずそうとしているのを見て，次のように言う。》

(5-7) M 「まず，去るための儀式（シャクソル）をしなさい。」
(5-8) L 「シャクソルの儀式なしには，去っていくことはできない。」

---

22 仏陀の3身（法身，報身，応身）の1つ。ダルマカヤ (dharmakāya) のことで，法（真実）そのものである仏，つまり「法身」仏。
23 サンボガカヤ (sambhogakāya) のことで，衆生済度の請願と無限とも思える長期の修行に報われた「報身」仏。
24 ニルマナカヤ (nirmanakāya) のことで，特定の時代，社会に，衆生教化のために身を現した「応身」仏。釈尊もその1例。
25 村のラーを護る家のこと。カラツェの村のラーの場合，ラルパがその役をする。

写真 10-13 ラボック儀礼で，セルキェムの伝授を受けるラモ DS（右から 2 人目）。右手にデンデン太鼓をもつ（1990 年 10 月 17 日）

カプルン，ディプルンなど，シャマンの技法はシャマンごとにそれを引き受けるラーが決まっていた。次の事例 10-6 が示すように，それぞれの技法を引き受けるラーは，修業中に師のシャマンによって特定されることになっているのである。

事例 10-6：技法を頼るラーの特定とセルキェムの伝授
ML はこの場で一緒に訓練を受けているムルベック出身の新参ラモを指す。

(6-1) L 「さあ，今や出ていくことができる。まず，何人の守護神が来ているのか？　どの守護神が六道の有情のために尽くすことができるのか？まず，それを言いなさい。カプルン，ディプルンをする時には，どの守護神がやってくるのか？」
《訓練中のラモが自分の胸を叩いているのを見て，ラモは下記のように言う。》
(6-2) L 「そんなことはできない。そんなことはできない。」
(6-3) L 「おまえはシャクソルをすることはできない。まず，カルン（ラーの名

を言うこと）について言いなさい。どの守護神が有情のために尽くすのか。言いなさい。言いなさい。カルンについて，言いなさい。いかに有情のためにできるのか。ただフーフーと言っているだけではだめだ。言いなさい，どの守護神がお前に来ているのか。どの守護神が針を取り出すのかをいいなさい。」

(6-4) L「さあ，それで良い。おまえは告げている。『私はツェリンチェドガだ』と。何人にいるのか。彼らは手に何を持っているのか。さあ，言ってみよ。彼らは何人だ。主神と従者と。」

(6-5) ML「7人」

(6-6) L「彼らは7人なのか？ 彼らは手に何を持つのか？彼らの体は何色なのか」

(6-7) ML「右手に彼は花を持つ。」

(6-8) L「ただ1人だけがそれを持つのか。ツェリンツェッドガは5人だ。彼らは何に乗っているのか。体の色は何か。おまえはこれらをすべて知らなければならない。良い。さあ，これは何と呼ばれるのか。これの意味（ルツァワ rtsa ba「根源」）は（何だ）。これは何だ。さあ，言え，言え，それの意味は何だ。」

(6-9) M「言ってください。言ってください。」

(6-10) L「フップフップとだけ言うのはどういうことだ。これの意味は何か。おまえは何だ。何もいうことができないのは。意味は何か。これは何だ。大きな声で言え。そんな風にするな。これはジャルダス (zhal jas)[26]だ。では，この意味は何だ。」

《僧侶は読誦をしている》

(6-11) L「この意味は何だ。そうだ。これは何だ。」

(6-12) M「言ってください。言ってください。」

(6-13) L「そうだ。それは何だ。言え，言え。ニェルチョッド (nyer sbyod「一揃いの供え物」)，ティチャプ (dri chab「香水」)[27]，マルメ (mar me「バターランプ」) の意味を言え。知っているか。さあ，言え。これは何だ。」

(6-14) M「言ってください。言ってください。」

(6-15) M「さあ，献供をしなさい。」

《訓練中のラモたちはセルキェムを始める。タイコと金剛鈴を持って。》

(6-16) L「まず，ラーを正しくやりなさい。おまえは正しいラーに違いない。」

---

26 セルキェムのための供物の1つ，向かって左端に置かれるもの。茶のこと。
27 サフランなどが入った香りのある水。その他に，bdug spos（線香），me tog（花），zhabs bsil（足を洗う水），mchod yon（飲み水）が供えられる。

(6-17) M 「師は彼女にカルンをせよと言っている」
(6-18) L 「まず，どの守護神がお前に来ているのか。どの守護神がカプルンとディプルンをできるのか。どの守護神が有情に尽くすことができるのか。おまえに，1つはルモ（klu mo「龍・女」）だ。」
(6-19) L 「ルーサンス（klu bsangs）をよくやりなさい。それから，ルーブム（klu 'bum「龍の礼讃経」）をせよ。それから，ポカル村のポカルチョモ（pho dkar jo mo）がやってきている。……」

　以上のように，ラーの特定が行われながら，セルキェムを実施する際の供物の揃え方，それぞれの供物の意味なども教えられていくのである。

ラポック儀礼の含意
　ヘミスの女性 DS が受けたラポックの儀礼を例として，その実施のされ方をみてきた。ラモ SZ との儀礼後のインタビューでは，DS のラーはまだ完全に彼女に憑いていないということであった。SZ はラポック儀礼を完全に修了するのには，人によって1ヶ月かかることもあると話していた。実際，この日の儀礼で修業していた他の2人の新参シャマンは，すでにラポック儀礼を修了していたのであるが，そのうちの1人 ML は，ラモの家にすでに1ヶ月近く滞在し，修業を続けていたのであった。
　すでに述べたように，この日のラポック儀礼では，ラモ SZ，DS と他の2人の修業中のラモ，僧侶という儀礼を進行させる5人の主体の中で，僧侶以外はいずれも憑霊状態にあることになっている。DS と新参の2人のシャマンの憑霊状態を見比べてみると，前者がこの儀礼中完全に放心状態で，言語行為が難しい状態であったのに対し，後者は「祈り」の言葉をぎこちなくではあるが，リズムをつけて唱えようとしていたし，祈祷に合わせてタイコと金剛鈴をそれぞれの手に持って，鳴らそうとしていた。彼女たちの憑霊状態には抑制が少し効いていたという違いが認められたのであった。
　また，SD は，シャマンに課せられる修業のなかには秘儀的な部分もあると語っていたが，ここで紹介したラポックの事例では，一般の村人も参加していた。かれらは，シャマン候補者のぎこちない所作，間違いなどを見つけては，「そうではない」と合いの手を入れることさえあったのである。シャマン候補者の憑霊状態のぎこちない所作のたびに，SD が彼女に憑依しているラーを諌める発話がなされ，村人には彼女たちの状態はラーが完全には憑依していない状態であると，了解されていくこととなっていた。
　ラポック儀礼は，儀礼上の意味という点ではラーとデー（悪霊）との分離儀礼と

いうことになっている．しかし，ここで明らかにした儀礼のプロセスは，この儀礼がシャマン候補者への何回もの実施をとおして，彼らの意識の分離状態，異常な興奮状態を統制させていく装置そのものであることを示している．つまり，この儀礼は，先輩シャマンの導きによって，シャマン候補者が自ら抑制できない精神状態からの脱皮を獲得するプロセスそのものなのである．

ラポック儀礼中，放心状態にあるシャマン候補者は，自らに憑依する霊が何であるのか，儀礼中自分が何をするのかなど，理性的に判断していたわけではない．観察事例にみる発話の連鎖は，この日のラポック儀礼が，ラモと僧侶の主導のもとに進められ，儀礼中の全ての判断が先輩のラモ SZ の手中にあったことを物語っている．シャマン候補者は，その場に居合わせた家族のものたちからの話で，何が起きていたのかを知るのみである．儀礼終了後に，家族が伝えてくれる，師のシャマンが儀礼中に示した判断，暗示によって，自らの状況を納得させられ，安心させられることになっている．実際，DS は，自分に憑依するラーが特定されたことを儀礼の終了後に知り，非常に晴れ晴れと，嬉しそうにしていたのである．

ラモの言葉，答えが確かなものとして受け止められる背景は，ラダックにおけるラーに対する信仰，ラーの超自然的力，神業に対する信仰にあるといえよう．このことは，次の第 4，5 節でも取り上げるように，病いの治療に効果をもたらしてきたといえる．この事例においても，DS 自身の発話がまったくないにも関わらず，DS に憑依した霊の存在と霊の意思は，その場に現出され，居合わせる他の人々にも共有されていたのであった．

最後に，新参シャマンは，ラポック儀礼中の先輩シャマンの指導によって，一人前のシャマンと成長していくのであるが，その過程は，仏教上の基礎知識を身につけていく過程でもある．ラダッキが仏教徒であるとはいっても，特に家長でもない家族の構成員は，神ごとに異なる祈祷，経典の名前，各種の仏の名前とその性格など，仏教上の知識を豊富にもつとは限らない．この意味で，ラポック儀礼は，チベット仏教の信仰を基盤とするシャマンの実践にとって不可欠な宗教上の知識を獲得していく過程でもある．そして，修業中に指示される修行の内容が示すように，ラポック儀礼と修業の修了は，チベット仏教が確立した精神修養の技法を使った憑霊状態の統御を意味しているのである．これらのことは，宗教上の知識の体系がシャマンからシャマンへと伝達されていくことを表し，シャマンもまた，伝統的知の保持者，伝承者としての役割をもっていることを示す．

4．シャマンの異言（1）：身体的に不調な患者との対話

では，シャマンは治療儀礼の場において，ラーとしてどのように患者と対峙し，彼らに病因を明かし，それに対処するのであろうか．患者に発するシャマンの異言，すなわちシャマンの患者との対話を手掛かりに，シャマンはどのようなやりとりの末に病因を患者に開示していくのかをみる．シャマンの異言は村人にとって理解しにくいため，治療儀礼の場にはシャマンの家族の誰かがその言葉を説明する介添え役として必ず参加することとなっている．以下の対話の事例では，シャマンをL，患者をP，シャマンの助手をA，患者の母をM，他の患者をSで表している．

事例 10-7：「体が痛む」という訴え（1990.9.3）
ラモ TD（レー市内の女性シャマン），患者は僧侶，介添人は TD の母である．

(7-1)　P　「何かが突然起きるように，理由もなく，体が痛みます．」
(7-2)　L　「今までどおり，慎んできたものすべてを慎め．」
(7-3)　L　「慎んできたものに十分に注意しろ．」
(7-4)　L　「優れた僧侶の教えに誠実に従え．」
(7-5)　L　「慎まなければならないものを完全に慎め．」
(7-6)　L　「こんな年の若いときに，」
(7-7)　L　「おまえはこんな病人となって．」
(7-8)　L　「医者（西洋医学の）を頼れ．」
(7-9)　L　「アムチを頼れ．」
(7-10) L　「クスリを扱う人を頼れば，良くなるであろう」
(7-11) L　「それから，薬師如来のお経を唱えれば，（病は）良くなるであろう．」
(7-12) L　「それから，誰のところに行ったらよいか，尋ねるのはだめだ．」
(7-13) L　「分かったか．」
(7-14) L　「そとには，おまえを好むものがいない．」
(7-15) A　「他の人々の中にあなたを好む人がいないと，（ラーは）おっしゃっている．」
(7-16) A　「お坊さまよ，もう1回，（けがれの）吸い出しをすると，（ラーは）おっしゃっている．」
(7-17) P　「承知しました．わたしに（汚れの）吸い出しをしてください．」
(7-18) A　「吸い出しです．告げるようなことは何もないそうです．昨日，すでに取り除いたのだから．」

(7-19) P 「はい，分かりました。」
(7-20) L 「(亡くなった) 僧侶達とギャルポたちに，よく祈り (ソルカ) を捧げ，お供え (ティンチョル) をせよ。」

　まず，どの事例でも共通することであるが，ラーとなったシャマンに対し，介添人も患者も敬語を使うのに対し，シャマンは命令口調となる。この事例では，患者の訴え (7-1) に対し，女性シャマンは，①僧として慎まなければならないことを慎むこと (7-5)，②高僧の教えに誠実に従うこと (7-4)，③西洋医学の医師あるいはアムチに診てもらうこと (7-8, 9, 10)，④薬師如来に祈りを捧げることと (7-11) と，4種の対応策を忠告する形を取っている。しかし，最後の段階で，「誰かが好んでいない (ねたんでいる)」(7-14) といった，いわば「霊の障り」の恐れがあることを暗示する。上記の対話の中でシャマン自身は言明せず，介添人が患者に語る形を取っているが，この時点では (7-16, 17, 18, 19)，介添人はシャマンが患者に対し穢れの吸い出しという療法を施すということを伝える形となっている。
　また，(7-18) の発話をみると，介添人は，「告げることはなにもない。昨日，すでに取り除いた」と患者に語りかけることによって，シャマンに代わって患者の不信心を戒めるという役を担っていることが読みとれる。そして，最後のところ (7-20) で，シャマンによってこの病をもたらしているのが死霊やギャルポといった霊であることが明かされ，仏教儀礼の実施が示唆される。
　この事例では，まず，シャマンが具体的に痛みの原因を示さず，単にいわば抽象的に，病いが人に由来する障りであることが示唆されているだけである。しかしながら，最後の瞬間で病いの原因が霊的存在の障りであることが明かされて終了する形となっている。しかも，この開示さた病因はその場に居合わせる他の患者に共有され，霊による病いの発症という事実が彼らの頭に刻印されることになっている。

事例 10-8：「膝が痛む」という訴え (1990.9.3)
ラモ TD，患者は男性，介添人は TD の母である。

(8-1)　A 「どうしたのか。」
(8-2)　A 「膝が痛くなったのか。」
(8-3)　P 「はい，そうです。」
(8-4)　L 「それでは，おまえはルーへの供え (ルーストル klu gtor) をしておらん，そうだろう。」
(8-5)　A 「あなたはルーにお供えをしましたか。」
(8-6)　L 「サダック (土地神) の災いがあるぞ。サダックによる障りがある。」

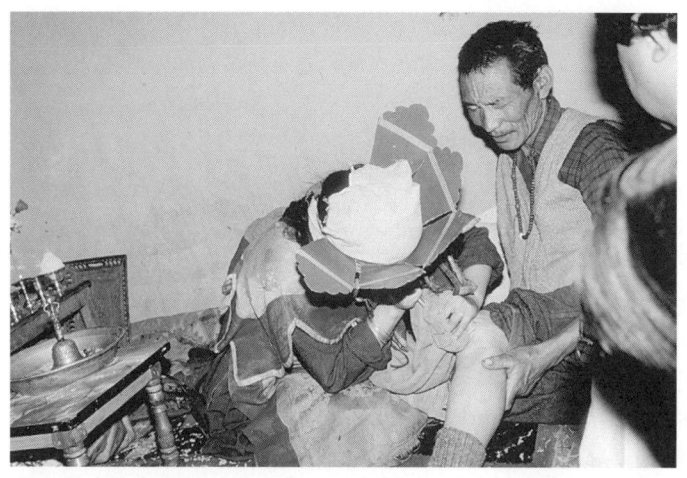

写真 10-14 膝が痛む患者の膝から，穢れを吸い出すラモ TD（1990 年）

(8-7) S 「日本には，このような良い家があるのかとおっしゃっている。」
(8-8) P 「サダックに対し，どんなことをすればよいのでしょうか，神様。」
(8-9) L 「スタチャクキュン（rta phyag khyung「馬・手・ガルーダ」）の 3 種の像だ。誰かに作らせろ。」
(8-10) A 「あなたは同じ家に長く住みすぎた。だから，3 種の神の像を造らせなさいと（ラーは）おっしゃっているのです。」
(8-11) L 「それから，サダックの儀礼（サダック・ドンドル sa bdag gdon grol）[28] をなんどもなんども繰り返し行え。」

　この事例ではシャマンではなく，まず，介添人が患者に対し，膝の痛みで来ているのかと察しながら，何が問題なのかを尋ねている (8-1, 8-2)。これに対する患者の返答に対し，シャマンが初めて，ルーの供養を行っていないのではないかと尋ねている (8-4)。患者が何も答えないのを受け，次には原因をサダックと呼ばれる土地神であると断定し (8-6)，サダックに対する儀礼を行うことを指示することになっている (8-11)。
　また，シャマンが土地神の障りであると断定したことに対し，介添人は患者に対し，なぜ土地神の障りが生じたのかその理由を説明する役を果たしている (8-10)。つまり，この説明により，居合わせる人々は，患者も含め，同じ家に長く住み続けるときには，土地神への供養をときどきする必要があるということを理解すること

---

28 地の神を災難から解放する経典

になる。

　スタチャクキュンは，人間の体とウマの頭を持つといわれる馬頭観音であるタムディン（rta mgrin），金剛手菩薩であるチャクドル（phyag rdor, Dorje Chang/Vajrapani），黄金の鷲であるキュン（khyung「ガルーダ」）の3神のことで，この3神はルーやサダックによる病いを治す力があると考えられている。ラダッキの間では，一般にサダックやルーはライ病いやおできなどの皮膚疾患の原因と考えられている。従って，この患者の膝の痛みは，何らかの皮膚疾患であると理解されるとともに，シャマンが3神の名をあげたことで，これらの神の力を再びこの場で再確認することとなっている。

事例10-9：「胸の差し込むような痛み」の訴え（1990.9.3）
ラモTD，ヒンドゥー教徒インド人の患者，介添人はTDの母。

(9-1)　P　「みぞおちに痛み（gzug mo）がやってくるようになりました。」
(9-2)　P　「体中のそこかしこに，痛み（khyug）が走るようになりました。」
(9-3)　L　「冷たさ（khrang mo）がある。（寒さのためだ）」
(9-4)　A　「（それを）取り除くこともまたすると，（ラーは）おっしゃっている。」
(9-5)　A　「風邪を引いてしまったのだと，（ラーは）おっしゃっている。」
(9-6)　L　「トウガラシをたくさん食べるな。ニンニクをたくさん食べるな。」
(9-7)　S　「いつもより温かくしろと言っている。あまりトウガラシを食べるなと言っている。」（ヒンディー語で[29]）
(9-8)　L　「守護神に，祈りを捧げよ。毎年，怠ることなく必ず捧げよ。」
(9-9)　A　「彼はみぞおちに（痛みが）あるといっている。」
(9-10) L　「食べ物[30]で，害のあるものを食べるな。」
(9-11) L　「そして，医者とアムチに頼れ。」

　この事例が示すように，1990年当時，シャマンを訪れるのはラダッキだけではなく，この地方に在住する他州出身のヒンドゥー教徒インド人も訪れていた。ラダッキのシャマンはラダッキ以外の人々の依頼にも応えるようになっていた。この場合，患者の訴え（9-1）に対し，シャマンは「寒さのためだ」と答え（9-3），介添人はそれを「風邪だ」と説明し直すことになっている（9-5）。

　シャマンはこの患者に「穢れの吸い出し」を行った後，「熱い」食べ物を摂るなと注意を与えている（9-6）。この指示は，実際には「冷たい」病いに対しては「熱い」

29　患者がインド人のため，その場に居合わせた人が，ヒンディー語で通訳したものである。
30　食べ物という言葉をここではチベット語のlto chasを使う。

食事をとるというラダッキの健康法の考え方からすれば矛盾するものではあったが，その場にいた人がヒンディー語でこの指示を少し修正するように，「いつもより温かくしろ」とことばを足して，説明し直していた (9-7)。ここでは，宗教的儀礼の実施を，患者に理解可能となるように，「守護神への祈り」という一般的な表現で指示し (9-8)，アムチや医師にも診てもらうようにと告げていた (9-11)。ここには，シャマンが患者の宗教的，文化的背景を考慮しながら，指示を出す様子が読みとれる。

事例 10-10：ただ「病いである」という訴え（1990.9.3）

ラモ TD．何か良く分からないが，病いにかかったという男性，介添人はシャマンの母である。

(10-1) A 「この人は，病いにかかったといっている。」
(10-2) L 「経典をたくさん読経することをせよ。それから，取り出す (べき) ものが (体の中に) ある。」
(10-3) S 「経典の中のどれを？」
(10-4) L 「では，ツェズングス (tshe gzungs「長寿の陀羅尼」)[31] だ。」
(10-5) L 「ドゥックスカル (gdugs dkar「仏頂大白傘蓋経」)[32]，ギャナクカルドク (rgya nag skag zlog「中国式の厄祓い」)[33] の経典を読経せよ。」
(10-6) P 「分かりました。」
(10-7) L 「では，取り出すものがある。取り出されるべきだ。」

この事例は，患者に対し，経典の指示 (10-4, 10-5) と「穢れの吸い出し」を行った (10-7) だけという，簡単な対話の例である。「長寿の陀羅尼」，「仏頂大白傘蓋経」，

---

31 経典の文字通りの意味は，「生命の・本質 (力)」である。「長寿の陀羅尼 (dharani)」経のこと。gzungs とは，a spell, a mystic charm (Das, 1981: 1107)。陀羅尼とは，梵文の呪文を翻訳しないで，そのまま読誦するもの。1字1句に無辺の意味を蔵し，これを誦すれば諸々の障害を除いて種々の功徳を受けるといわれるもので，一般に短いものを真言 (マントラ) と呼び，長いものが陀羅尼と呼ばれる。
32 文字通りには，「傘・白い」の意である。この経を唱えると，悪いもの (evils)，病気などを遠ざけ，また，戦争 (争い) から免れるために頼られることもある (Das, 1981: 660)。
33 文字通りには，「中国・(悪い) 星宿・追い払う (drive back, expel)」という意味である (『蔵漢大辞典 (上)』p. 533; Das, 1981)。『翻譯名義大集』(榊 1981[1925]: 225) には，skag は (月の) 二十八宿の1つである「柳 (ぬりこ)」とある。二十八宿は，「黄道に沿って，天球を28に区分し，星宿の所在を明確にしたもの。太陰 (月) はおよそ1日に1宿ずつ運行する。柳は南に当てはめられる星宿の1つ」と説明される (『広辞苑』)。Jäschke (1998: 19) は，skag に対し，(1) mischief, unlucky，(2) rgyu skar の訳を当てる。rgyu skar については，the lunar mansions (月宿) と英訳している (Jäschke, 1998: 111)。

写真 10-15 カラツェ村のラバ PK に占いを頼む村人 (右端)。ラバは指で示しながら,デンデン太鼓の上のオオムギ粒の配置を読んでいる (1990 年)

「中国式の厄祓い」といった,ラダッキの日常生活において通常読経される,とても一般的な経典がただ指示されるという例である。

事例 10-11:「頭痛」の訴え (1990.9.29)

ラバ PK (カラツェ村の男性シャーマン),女性患者[34]。

(11-1) P「私の頭に痛みが来るようになりましたが,偉大なラー様。」
(11-2) P「本当に,痛みがやって来るようになってしまいました。これは何なのでしょうか。」
(11-3) P「灸をしたら,どうなるでしょうか。偉大なラー様。」
(11-4) L「灸をするなら,しろ。」
(11-5) L「少しずつ灸をする以外はするな。」
(11-6) L「鉄の灸はするな。」
(11-7) L「これはタクルン (khrag rlung「血・体液風」)[35] だ。タクルンだ。」
(11-8) L「緊張を与えるな。分かったか。」
(11-9) P「この村のアムチに頼るべきか,別の村のアムチを頼るべきなのでしょうか。偉大なラー様。」
(11-10) L「何をしようとも,東の方に行くと,良いことがある。」

---

34 この患者はラバの妻である。
35 khrag は「血液」,rlung は「風」の意味で,体液の「ルン」と「血」とが重なった病いを指す。

(11-11) L「薬の処方の良いのがないと。ただし良い薬の処方がないと，有益でない。」
(11-12) S「東へと，おっしゃっているのだ。」
(11-13) L「東の方へ行くと，良いことがある。」
(11-14) L「さあ，（私は）去っていく。去っていく。」
(11-15) L「聞きたいことはないのか。」
(11-16) P「もう，ありません。偉大なラー様。」

　この事例は，患者はシャマンに頭痛に対して灸という療法が良いかどうか，どの医者を頼ったらよいかを尋ねるというものである(11-3)。これに対し，シャマンは患者の頭痛がタクルンという「血のめぐり」と「体液風」とが重なった病いであると，病いの診断をし(11-7)，灸の施し方を示す形をとっている(11-4, 5, 6)。どの医者を訪ねれば良いのかという占いの依頼(11-9)に対し，シャマンは（向かうべき）方向を示すだけの返答をしている(11-10)。方角が事を運ぶ上で，重要な判断材料となるという考え方が，ラダッキに共有されていることを示している。

事例10-12：「胸の痛み」の訴え（1990.9.29）
ラバPK，みぞおちに痛みを感じる男性患者，PKの妻が介添人となる。

(12-1) P「みぞおちの痛み（スニンカ）は，医者に見せるべきなのか。それとも，この病いは自然に治るものなのでしょうか。偉大なラー様。」
(12-2) S「水を少しもってきてください。」
(12-3) L「さあ，薬師如来の経（sman bla'i mdo chog）を非常に良く読経しよ。分かったか。」
(12-4) L「薬師如来の経を良く唱えよ。」
(12-5) L「薬師如来の経を唱えたなら，アムチを頼るのがよい。」
(12-6) L「医者のところに行くのは良くない。」
(12-7) P「分かりました。」
(12-8) L「医者のところに行くのは良くない。」
(12-9) L「（これは）パトカンの病いだ。パトカンの病いが一緒にやってきている。」
(12-10) P「はい，分かりました。」
(12-11) L「4-5ヶ月以内に，急いでするなら，良くなる。」
(12-12) L「早いうちに薬を飲まなければ，（パトカンが進行し，）パトスムック（表8-1のD13）の病いになってしまい，何の手だてもない。」

(12-13) L「何をしようが、有益なものはない。」
(12-14) L「分かったか。」

　この事例も、治療手段に関する占いというものである。シャマンは患者の病いに対し、パトカンというチベット医学上の診断名をつけ (12-9)、医師ではなくアムチを頼ること、薬師如来に祈ることを指示している (12-3, 4, 5)。ここでは、パトカンの病いに対しては、アムチの処方が効くということを、患者に再確認させることになっている。

　以上の事例が示すように、身体的不調に関する訴えに対し、シャマンは患者の状態を素早く判断し、事例10-10のように経典を唱えることを単に指示するもの、事例10-7、事例10-8のように霊の障りが疑われ、特別な儀礼の実施が指示されるものがある。また、患者は単に治療法の是非を尋ねるという場合もある。いずれにしても、シャマンは何らかの宗教的実践を指示することが一般的といえよう。これらの事例は、ラダッキが病いを超自然的文脈で理解することを物語っている。

5. シャマンの異言 (2)：霊による病いの患者

　シャマンの治療は憑霊の病いに対してより効果があると考えられている。ここで取り上げる事例は霊による病いの例である。事例10-13は村のラーによる憑依、事例10-14は生霊による憑依、事例10-15は奇妙な夢の事例である。いずれの事例でも、シャマンは霊を同定することが求められている。

事例10-13：「村のラーによる憑依」を患う少女 (1990.9.3)

　ラモ TD。患者は憑霊の病いの少女 (ティア村出身)。少女は、儀礼の場がシュクパの煙で清められるや否や、霊に憑依された状態となる。少女は言葉を発することができない状態となり、彼女についてきた親族のものが、シャマンとの受け答えをする。ここではPは少女の親族の発話である。介添人はTDの母。

(13-1) A「何日経ったのかと (ラーは) おっしゃっている。そのように霊に憑依されるようになってから。」
(13-2) P「3日経ちました。おばさま。4-5日経ちました。」
(13-3) P「数日 (4日ほど) 前に、家を発って、やってきました。」
《しばらく、言葉が判読できない状態》
(13-4) L「(不明)」

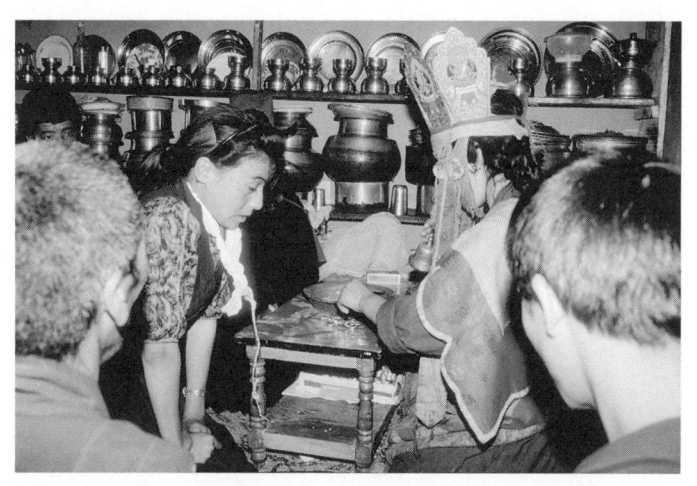

写真 10-16　少女に憑依したラーとの対話を続けるラモ TD。霊に憑依された少女は放心状態のままである（1990 年）

(13-5)　L「さて，（私の）守護神（シュンマ）に信頼を置けるか？」
(13-6)　L「私はいまや守護神である。」
(13-7)　L「ここに守護神がいるとすれば，（おまえは）何をするのか。」
(13-8)　L「私のルィヤール（シャマンとなった身体）は村のためのものだ。」
(13-9)　L「（おまえは）心のあるもの（生きとし生ける有情すべて）の幸せ（'gro don）[36] のために何かをなすことができるのか？」
(13-10) L「私は責任を持つことができる。悪くはないだろう？　問題はない。」
(13-11) L「（おまえは）責任を持つことができるか？」
(13-12) L「心のある生きるものの幸せのために何かすることができるのか？」
(13-13) A「さあ，守護神さま。」
(13-14) L「もし（おまえが）力のある導師の命令（bka' lung）に従うことができるなら，責任をもつことができるだろう。」
(13-15) L「力のある導師の命令だ。」
(13-16) S「やってきた，やってきた（憑依が始まった）。」
(13-17) S「彼女は放心し始めた，やって来た。」
(13-18) L「責任を持つことは（私の）命令だ。」
(13-19) L「仏陀の教えを守る道のために，良いものとなるために。」

---

[36] 'gro というのは，もともと「生きもの」を意味するが，'gro don byed pa となって，「生きものの幸せを考える（気にかける）」という意味となる（Jäschke 1998[1881]: 102）。この表現は，しばしば菩薩の慈愛あふれる行動を指すものであり，「仏と同じような奉仕を行う」という意味として用いられる。

(13-20) L「分かったか？」
(13-21) L「（浄化の）トゥス（沐浴）を何度も何度も繰り返し行わせよ。」
(13-22) L「そうすれば，おまえ，女よ。浄化の沐浴を何度も何度も繰り返せ。」
(13-23) S「そうすれば，（次に）何が生じるのですか。」
(13-24) L「そのあと，守護神に祈りをあげよ。」
(13-25) L「ラートゥス（lha khrus「ラー・沐浴」）とラップサンス（ラーの浄化）を繰り返し行え。」
(13-26) L「アー。一体全体，尊敬（の気持ち）が全くみられない。その小さい村の中には。」
(13-27) A「村のラーに対する尊敬（の気持ち）が全くみられないと，（ラーは）おっしゃっている。」
(13-28) A「18人のラーを傷つけているようだと，（ラーは）おっしゃっている。」
(13-29) L「村のラーに対して，全く尊敬の念がない。（村人は）すべて無知（mun pa）だ。」
(13-30) A「（村人が）無知であるため，本当にあの村ではそうであるため。」
(13-31) L「責任を持つことを約束（誓約）しろ，そしたら。」
(13-32) L「500世代にわたって約束しろ。」
(13-33) A「そうだ。約束しなさい。約束しなさい。」
(13-34) L「人々（mi nag po[37]）に約束しろ。それをしたら。」
(13-35) L「6日，8日，15日，30日以外の日には（誓約）をするな。」
(13-36) L「目的（しあわせ）は達成されない。」
(13-37) L「良いことはないぞ。」
(13-38) L「たくさんの人に見せるようなことはするな。」
(13-39) A「そうだ。そして，その日には私たち，皆も，経典を唱えます。」
(13-40) L「そして，明日か，明後日にもう一度，来ることをしろ。」
(13-41) A「明日の朝もう一度，来ることをしなさいと，（ラーは）おっしゃっている。」
(13-42) P「今では，毎日。彼女は全く話をすることができない（一言たりともしゃべることができない）。」
(13-43) L「では，ラマ（dus gsum gyi bla ma[38]）にいつも信を尽せ。」
(13-44) L「ラマは何を言ったのか。」
(13-45) L「言ったとおりにしろ，そうすれば。分かったか。必ず言ったとおり

---

37 赤や黄色の衣装つける僧侶に対し，「人間・黒い・もの」という意味の語彙で，一般の人々を指す。
38 ドゥススムギラマと発音し，3回輪廻転生の僧侶という意味である。高徳のラマを指す。

(13-46) L「オー。小さな村には尊敬の念がない。村人は無知だ。」
(13-47) L「少年を、ここに何故ここに連れてこなかったのか。」
(13-48) A「息子を何故ここに連れてこなかったのかと（ラーは）おっしゃっている。」
(13-49) P「このように、憑依が始まるなど、全く考えもしませんでした。」
(13-50) L「明日もまた、訪ねて来い。そうすれば。」
(13-51) A「明日の朝、もう一度来るようにと、（ラーは）おっしゃっている。」
(13-52) P「分かりました。」
(13-53) L「良い結果（don[39]）が得られなかったなら、ゲルガン（dge rgan「導師」）[40]に従う方が良い。分かったか。」
(13-54) A「良い結果だ。彼女に。」
(13-55) L「導師に頼れば、良くなるだろう。」
(13-56) L「分かったか。」
(13-57) L「そうだ、導師の言うことに従って行え。」
(13-58) A「導師の言うことを、ちゃんと聞いてするようにと（ラーは）おっしゃっている。」
(13-59) A「そうでなければ、良い結果は得られないであろうと（ラーは）おっしゃっている。彼女のことは。」
(13-60) L「そして、おまえ。おまえは、30日に来い。その守護神だ。」
(13-61) L「（おまえが）何が何であろうと、それから、責任をとれるのか。」
(13-62) L「そうだ、そうする可能性はあるのか。さあ、そうすることをしろ。」
(13-63) L「そうしろ。さあ、我々はみな、（おまえの）手助けをする。」
(13-64) L「示そうとする（つまびらかにする）たくさんのものを、明らかにする（見せる）ようなことはするな。」

《ラモは、手に持った鈴を鳴らす》

(13-65) P「昼間にやって来させるようなことは、本当に（非常に）難しい（のだが）。」
(13-66) L「それでは、良い結果を得られたならば、良く清めること（gtsang rabs[41]）

39　don は「利益、有利なこと、良きこと」の意味。don 'grub pa となると、「ものごとを解決する」、「目的を達成する」、「幸福を得る」という意味となる。
40　道徳的保証、保証人という意味であり、自分が引き受けている人の道徳的行為に対し忠告を与えることができる僧侶を指す。教師、導師。
41　ツァンラプスと発音し、gtsang は「清める、浄化する」という意味であり、rabs は「一続きの、一連の」という意味である。

　　　　　をやれ。」
(13-67) L「分かったか。」
(13-68) A「沐浴と浄化をするようにと，(ラーは) おっしゃっている。」
(13-69) L「それから，私にまた相談するように。」
(13-70) L「ゆっくりと (優しく)，ゆっくりと (優しく)，良き日，良き時間に，やって来なければ (ラーの憑依がなかったなら)，清めを良くするように。」
(13-71) L「ラマの言うことに従ってするように。」
(13-72) L「分かったか。」
(13-73) A「リンポチェ (活仏) に会うようにと，(ラーは) おっしゃっている。スタクナ・リンポチェに。」
(13-74) L「良き日に従って。導師を信頼せよ。」
(13-75) A「お坊様にちょっとでも相談するのでなければ，何の意味もない。相談することなしには。」
(13-76) L「そうして，(その) 教えに違うことなくやれ。」
(13-77) L「うまく (立派に) やり遂げるのでなければ，何にもならない。」
(13-78) A「さらに皆のために，このようにしなければと，(ラーは) おっしゃっている。」
(13-79) A「お坊様に。さらに皆のためにするようなことをしないとと，(ラーは) おっしゃっている。」

　この事例の患者は，レーから遠く離れた下手ラダック地方の村出身であり，はるばるこのシャマンのもとを訪れたのであった。彼女の家族がどんな霊が彼女に憑依しているのか，調べようと決めたからである。少女は親類と一緒にこのシャマンを訪れたのである。シャマンがラーに憑依されるや否や，少女も憑霊の状態に陥り，体が震えだすとともに，金切り声を発し始め，いわば人事不省の状態となった。
　シャマンと少女との対話の前半部では，彼女の憑依した霊の同定に焦点があてられていた。まずは，シャマンは，1人での発話を繰り返しながら，少女に憑依した霊に諭すような語りかけを続ける (13-5 ～ 13-15)。その上で，少女に対しては，浄化の沐浴 (トゥス)，守護神にお祈り (ソルカ) といった儀礼を実践するように (13-21, 24) と指示する。この後，シャマンはラーの浄化沐浴，ラーの浄化儀礼というラーに対する浄化儀礼を行うようにと告げる (13-25)。これにより少女に憑依した霊はラーであることが示されることとなる。さらに，少女に憑依したのは「村のラー」であること，なぜラーが少女に憑依することになったのかが開示されることとなる (13-26, 29)。
　村人が「村のラー」を粗末に扱っていることが，ラーの怒りを買い少女に憑依す

ることになっているのだと，介添人が説明を加えている（13-27，28，30）。これに続いてシャマンは，少女に憑依しているラーに，自分も含めて村人も村のラーたちすべてを敬い，祀ることを保証し，このラーに少女を苦しませないこと誓わせようとする場面となる（13-31～13-38）。

　この一連のシャマンと憑依した霊との対話の中で，シャマンは，ラーの役目は村人の幸福のために働くことにある一方，人はラーを丁寧に敬い，祀ることが必要であるという語りを挿入していることが分かる。この場は，居合わせる人々に人とラーとの良い関係の在り方を諭すことになっていることが分かる。

　この後，場面はこの少女に対する具体的な療法の指示へと展開することになっている。ここで，少女に憑依している霊が，悪霊ではなく，村のラーであることが明かされたため，少女の家族は彼女がシャマンになることができると考えたことを発話（13-42）は示している。第8章で述べたように，シャマンへの道を歩むのはたいてい，生霊，死霊などといったいわば悪霊の憑依を経験して後に，ラーの憑依を獲得するというプロセスをとるのが一般的となっている。しかし，この事例の少女は，悪霊の憑依を経ずして，村のラーの憑依を経験していることをシャマン TD に保証してもらったことになっている。ラダックでは，一般に憑霊経験の最初から村のラーを経験することは，立派なシャマンになる徴とも考えられており，少女の家族は彼女がシャマンになることを確信することになったのである。こうして，少女の家族は，シャマンとなるための修行を尋ねることになっている（13—65）。

　少女に対する処置は，シャマン TD が少女に対し確実にシャマンへの道を歩むことができるための実践すべき修行を指示すること（13-66，70，71）で終わるのである。

事例 10-14：「生霊による障り」を疑う女性（1990.9.29）

　ラバ PK，他の人の障りを疑う若い女性で，母親に伴われてシャマンのもとを訪れている。他の依頼者の治療も挿入されながら進行する。介添人は PK の妻。

（14-1）　P「守護神様，今になるまで，知りませんでした。今まで知りませんでした。
（14-2）　S「ヤンチェン，尋ねてご覧なさい。」
　《しばらく不明瞭》
（14-3）　P「偉大なラー様，私に何か災いがされたようです。それは誰でしょうか。」
　《ラバはデンデン太鼓にムギ粒を撒き，占いながら，話を続ける》
（14-4）　L「おまえの友達の1人の少女だ。」
（14-5）　P「どこの人なのか。偉大なラー様。」

(14-6) L「(おまえの) 友達だ。東から来たものだ。そうだ。」
(14-7) L「非常に悪い相手つまり、ダー (dgra「敵」) だ。非常に悪い相手だ。」
(14-8) L「それはつよいゴンスキャルだ。」
(14-9) M「守護神様、では、今日、(誰かを) どうか教えてください。」
(14-10) A「(あなたの) 友達です。」
(14-11) P「守護神様。」
(14-12) S「東の方にいると言っている。」
(14-13) L「確かに (その友達は) 東から来ている。」
(14-14) L「東以外には、ない。」
(14-15) P「ありがとうございます。偉大なラー様。」
(14-16) M「私たちの村にいるのか、それとも別の村から来たのか、聞いてみなさい。」
(14-17) P「上流から来たと言ったようですが。」
(14-18) L「小さい村の中だけではなく、どこにでもいる。」
(14-19) P「占いを少ししてもらえないでしょうか。偉大なラー様。」
(14-20) L「ラップサンス、あるいはラートゥス[42] を立派にすることだ。」
(14-21) M「赤ん坊のことを尋ねてみなさい。」
(14-22) M「子供は、泣いてばかりいる。これはどうしたのか、聞いてごらん。」
(14-23) P「ラップサンスとラートゥスだよ、お母さん。」
(14-24) L「ラカン (lha khang)[43] で、立派なラップサンスとラートゥスをするのだ。」
(14-25) P「分かりました。偉大なラー様。」
《しばらく、別の依頼者の相談を受ける》
(14-26) S「おまえに何か取り除くものがないか、聞いてご覧なさい。」
(14-27) S「この少女に。」
(14-28) S「灰を少し、渡してくれ。」
(14-29) S「どうして灰を渡すのか。さあ、ここに灰を。」
(14-30) L「これを洗え。水で洗うので。」
(14-31) S「水をもって来るように。」
(14-32) S「その皿を取ってください。そこに水があるのかないのか。」
(14-33) S「ここに水を入れてはいけないのか。」
(14-34) L「ここに来い。」

---

42 いずれも浄化儀礼、前者は香をたいて浄化するもので、後者は沐浴を伴う。
43 ラーを祀る社。家の中のラトー (lha tho) が納まられている部屋。また、僧院の護法尊が祀られている部屋を指す。

(14-35) S「そこに行っていいですか。」
(14-36) M「お兄さん、ちょっとごめんなさい、ありがとう。」
(14-37) L「全く、何もない。」
(14-38) M「（私は）お願いがあります。守護神様。」
(14-39) L「これは全く何もない。」
(14-40) M「全く何もないのですか、守護神様。」
(14-41) M「おっしゃったではありませんか、女友達が与えたのだと。」
(14-42) S「待ちなさい、お母さん。」
(14-43) A「もし、確かなことであれば、大きな災いを経験することなしには、取り除くことができないと言ったのだ。」
《ここで、ラバはこの患者の体から汚れを吸い出した》
(14-44) L「さあ、これだ。ほんの少し以外、何もない。」
(14-45) L「悪い相手（敵）だ。」
(14-46) L「悪い相手という以外何もない。分かったか。」
(14-47) S「敵だ。」
(14-48) M「娘よ、一緒に集えば、食事をすることは決してしてはいけないと、言ったのだ。」
(14-49) L「これは……。分かったか。」
(14-50) L「できる限り、最善を尽くすのだ。」
(14-51) P「本当に効果があることは全くないのでしょうか、偉大なラー様。」
(14-52) M「守護神様。さあ、（彼女に）何も影響がないようにしてください。お願いします。」
(14-53) M「友達は私たちにとても親しくしています。そのような可能性があるのでしょうか。」
(14-54) S「そうだ。」
(14-55) M「悪意のある、嫉妬以外何もないのですか。」
(14-56) L「この赤いもの以外は、何もない。この赤いもの。」
(14-57) M「分かりました。」
(14-58) L「この赤い血を忘れるな。少しずつ以外、何もないなら良い。」

少女への「障り」の占いという依頼 (14-3) に対し、シャマンは、ムギ粒による占いにより、即座に「おまえの友達の1人の少女だ」(14-4) と、障りが生霊によるものであることを告げている。少女側はそれまでの疑いを確信することとなり、生霊の特定を試みようとしている (14-9, 16) のに対し、シャマンは生霊の特定を方角で示し、暗示するに留まっていることが分かる (14-6, 14, 18)。このシャマンは、事

例10-11と同様に占いの結果を方角で示し，まず霊を祓うのに最も一般的な，初期の儀礼であるラップサンスとラートゥスをすることが必要であると指示を出している (14-23, 24)。また，シャーマンは少女に「穢れの吸い出し」を行い，はっきりと吸い出したものを見せながら，ほんの少ししかないと，少女，母親に安心させたのである (14-44, 56, 58)。

事例10-15：「奇妙な夢を見た」年配の女性（1990.08.26）

女性シャーマン（レー郊外，PD）のもとを訪れた奇妙な夢を見た年配の女性の事例である。ラモは生霊のさわりを疑うことになっている。

(15-1) P 「いろんな夢を見たのですが。」

(15-2) P 「あの日，アネ・ツァモ[44]を夢で見たのである。すると，私の姉の体が，彼女の喉が切られて，彼女のアネもナイフで喉を切って，切り刻んでいた。こんな夢を見たのですが，これは何なのでしょうか。」

(15-3) P 「それから，私自身もこの年は悪いことが起こりそうです。守護神さま，これは何なのでしょうか。」

(15-4) L 「ひとの不幸な年には，リムド (rim 'gro「困難を取り除く儀式」) を行うべきである。高徳のラマに，許しを乞いなさい。スキャブゴン (skyabs mgon「守護者」)[45] がいるであろう。リンポチェにリムドをしてもらったことはないのか。」

(15-5) P 「リムドを少なからずやりました。」

(15-6) L 「良いルンスタを揚げよ。それから，（ギャナクカルドクを）自分の年の数だけ，唱えよ。そうすれば，何の心配もない。年のさわり（年厄）（ロケック lo keg）である。」

(15-8) L 「息子の災いなどは父親のところに行く。母の災いは父親のところに行く。父の災いは，息子のところに行く。夫の災いは，妻のところに行く。災いというものは，このように行くものだ。良いルンスタを揚げなさい。年の数だけ（ギャナクカルドクを）唱えよ。水（川）のそばに，チュダル (chu dar「水（川）・祈りの旗」)[46] を投げよ。そうすれば，良くなるだろう。」

(15-9) L 「これらなどをせよ。そうして，ラマに良い祈祷をしてもらえ。「長寿

---

[44] アネは親族名称上「父の姉妹 (FZ)」を示し，ツァモは「兄弟姉妹の娘」をさす。アネ・ツァモは，いわゆる「オバーメイ」の関係と示す。

[45] リンポチェをさす。

[46] 「経文を印刷した布」を川のそばに掲げることを指す。

の陀羅尼」「長寿の獲得 (tshe sgrub)」を行え。そうすれば，何の心配もなくなる。」

(15-10) P「私は，これらのことをしました。しかしまだ夢を見ています。」

(15-11) L「では，死霊のさわりが来ているのだ。」

(15-12) L「カタンデルガ (bka' thang lde lnga「五部遺教」) を繰り返し唱えよ。分かったか。カタンデルガだ。」

(15-13) L「カタンデルガによって，死霊のさわりに耐えられる。もし「仏頂大白傘蓋経」を1万回繰り返すなら，ティモ (生霊) のさわりにも耐えられる。これらをやれ。そうすれば，少しずつ (ga re ga re) 治っていくだろう。」

　この事例では，奇妙な夢を見る女性に対し，まず読経してもらうべき経典などの指示が行われている (15-4, 6, 9)。しかし，依頼者が指示した内容をすでに行っていると告げること (15-5, 10) によって，ラモは，この原因を「年厄」から「死霊」に変更し (15-11)，別の経典の指示に移していることが分かる (15-12, 13)。この事例は，対話の中で，原因が変更される様子を示すものとなっている。

6．シャマンの儀礼的行為と病因論の再生産

　第4, 5節で述べたように，シャマンと患者との対話は，厳密にはシャマン，介添え役，患者の3者による発話の連鎖ということになる。このような，シャマンと患者との対話において，身体的な不調に対して，たいてい，シャマンは超自然的な原因を示唆する。「薬師如来の経を唱えれば，（病は）良くなる」，「（亡くなった）僧侶達とギャルポたちに，よく経を唱え，供物を供えろ」，「サダックを災難から解放する経をなんどもなんども繰り返せ」などと，超自然的な病気への対処法を指示すると同時に，時には医者やアムチのところで薬をもらうことを指示する。つまり，身体の不調そのものの症状を和らげるための処理とその背後にある超自然的病因の除去のための指示とがシャマンによって行われることとなっている。

　さらに，霊の憑依をわずらう患者は，儀礼の場では，シュクパの葉を焚いた香り，シャマンへのラーの憑依に同調して，「霊に憑依された」状態を示すなど，「憑依」という身体的発現は同調できるように人々の間に十分に刻印されていた。また，ラーとなったシャマンによる一人舞台のような患者に憑依した対話の現出は，第3節のラポック儀礼の事例と同様に，その場に居合わせる人々に霊の世界を実感させるものとなる。治療儀礼の場はシャマンの身体表現をとおして，「憑依する霊」をはじ

めとする超自然的病因論,ひいては世界観が顕示され,共有化される場となっている (Yamada 1999: 31-32)。

　シャマンの治療儀礼は,身体の不調そのものの症状を和らげるための処理とその背後にある超自然的病因除去のための指示とで成り立つ。つまり,病因は2つの異なる次元で捉えられているのである。そして,ラーとなったシャマンの超自然的力,たとえば,「穢れ」を体内から取り出すことができることなどに現出されるが,この力に対する信仰によって,開示された病因は納得され,病気に対する村人の不安が解消されることとなっている。こうして,村人は病院での治療を受ける一方,超自然的病因の開示を求めてシャマンを訪れるという行動をとるのである。このため,シャマンによる病因の開示は,伝統的病因論を再生産する過程そのものともなるのである。

第11章

現代化の中で生きるシャマン

1. 実践され続けるシャマニズム

　ラダック地方は，ザンスカル地方及びパキスタンのバルティスタン地方とともに西チベットと呼ばれるが，第1章で述べたように，8世紀中ごろにはすでに仏教が興隆し，10世紀から19世紀半ばまで独立したラダック王国を保ってきた地域である。しかも，王国の経済的基盤が交易にあったように，人々の生活はヒマラヤの山岳地帯に限定されたものではなかった。しかし，インドの独立後には，ラダッキの伝統的生活は国境紛争の渦中のなかで，それまで接触のなかった他民族との交流が進んでいったのである。
　たとえば，インドの独立後の1950年代以降，第5章で取り上げたように，観光地化が急速に進み，調査を行った1980年代には，ラダックはチベット文化の残る秘境としてヨーロッパ人観光客がたくさん訪れていた。さらに，2003年にはインドの都市部からの観光客（国内観光客）もたくさん訪れるようになっていた。
　一方，インド－パキスタン，インド－中国の国境紛争を反映し，インド軍が駐留することにより，ジャム・カシミール州以外のインド平原部出身のインド人がたくさん基地で生活するようになっている。さらに，1969年にチベット難民集落が建設されて以降，ダライ・ラマのラダック訪問もたびたび行われるようになっている。インドにおけるチベット亡命政府の成立以降，ヒマチャル・プラデーシュ州のダラムサラあるいは南インドでチベット仏教を学ぶなど，チベット文化との結びつきも深まっている。

このような大局的な政治的，社会的変化のなかで，伝統的シャマニズムの実践はどのような影響を受けてきたのであろうか。調査に着手した1980年代の初めはラダックの観光化がある程度進み出した時期に相当する。1980年代の終わりには，地域開発と観光化の影響はレー近郊と周縁の村々との経済的格差をもたらし始めていた。しかし，1980年代をとおして村での生活には大きな変化がなく，シャマニズムは，第9，10章で示したように，神や霊の憑依についての紛れもない信仰とともに，村の生活において生きた実践として機能していた。

もちろん，1980年代末には，レー在住の教育を受けたラダッキの中には，とくにシャマンによる家畜の治療を非科学的であると疑いの念を抱くものもいた。しかし，村人のなかには，病いに対し生医学的に対処する一方で，超自然的な病因を疑いシャマンを頼るなど，村の生活ではシャマンは社会的な役割を十分に果していた。霊の憑依に対する疑いや恐れは村人の間で強く，評判のシャマンのもとには遠くの村からも人々が沢山集まり，治療儀礼に参加していた。さらに，かつては，シャマンになることは嫌われていたというが，生活の糧，現金収入を得る道として，憑霊の病いの患者がシャマンになることをむしろ願う家族が出現するという変化も生まれていた。

一方，2003年の調査においても，シャマンの予備軍が再生産され続け，先輩のシャマンのもとには，憑霊の病いの依頼者がシャマンへの道を望んで修業のために訪れる現状を目にした。また，シャマンの存在は他の観光情報とともに州政府観光局発行の観光案内書（*Tourist Directory of Ladakh*）に取り上げられ，「シャマンの心霊的な癒しの効力はラダックの人々が固く信じているものである」と記されるまでとなっていた (Tourist Office Leh 2003: 23-24)。さらに，シャマンのもとには，ラダッキではないインド人 (non-Ladakhi Indian) のヒンドゥー教徒，ヨーロッパ人も多く訪れることとなっていた。

ラダックの現代化は，観光化，軍隊の駐留などをとおして，人々が欧米文化，ヒンドゥー文化などさまざまな文化と密な接触をもつようになった過程ともいえる。このような変化の中で，人々の間で，シャマンの力への信仰がいまだ根強いばかりではなく，ラダック地方が「シャマンの里」として表象され，シャマンの実践が観光資源化されることを窺うことができる。ラダックにおいてシャマニズムの実践は衰えることなく生き続けている現状がある。

このような現状の中で，シャマンの中には，遠く離れたインド国内の他の州まで出かけ，シャマン儀礼を行うものも出現している。つまり，ラダッキ固有のシャマニズムの実践は，今や文化や民族の境界を越えて展開するという，シャマニズムの転換と発展をここにみることもできる。

以下では，1980年代と2003年のラダッキのシャマニズム実践の事例をもとに，

写真11-1 チョクラムサ・ラモDT（右端はラモの助手、右から二人目がラモ）(2003年)

ラダックの現代化におけるシャマニズムの動態を検討してみる。とくに、シャマンの儀礼的行為の構造、シャマンの力の源泉となる憑依霊の観念、シャマンを訪れる依頼者、彼らに開示される病因論などに焦点をあて、現代化による変容、あるいは適合（順応）のあり方、そして伝統の連続性を考えてみることにしたい。

2. 2003年に出会ったラモDT

　DTは、フィヤン村出身であり、当時36歳であった。結婚して現在、夫とともにチョクラムサの家に住むが、8年前に、ラーの憑依を経験するようになったという。1つは、チャクメンで、もう1つは、タクマル (brag dmar rgyal po) である。通常やって来るのは、マルツェラン、サスポールの村のラーであるタクマルである。吉兆の良い日にのみ、僧院の護法尊ともなるチャクメンがやって来るという。良い日とは、チベット暦の15日、8日、10日[1]といった日である。DTもシャマンの修業に入る前には、病いの経験しており、これについて次のように説明してくれた。

　　病いになったときには、最初は何が原因であったのか分からなかった。この病に罹ったのは、結婚後である。結婚したのは、約20年前で、16歳の時である。現在3人の子供がいる。息子が2人に娘が1人である。長男は18歳で、次の子は娘で14歳、1

---

[1] パドマサンバヴァ（グル・リンポチェ）の誕生、出家、涅槃などが起きた日とされ、tse chu (10日祭) として祝われる日である。

番下の子は12歳である。末の子供を出産してから3ヶ月後，つまり12年前に，この病いに初めてかかった。このとき，部屋の中にじっとしていることができなかった。そこら中に出かけたくなり，また，毎日，ときどき怒りの状態がやってきた。このため，周りの人たちは私のことをいつも見守らなければならなかった。このような状態が4-5年続いた。

この当時，膝の痛みもあり，調べてもらったが，何にもならなく，4-5ヶ月ほどこれに苦しんだ。外に出かけるときには，杖が必要なほどであった。そこで，ラモにみてもらったが，そうすると，少しは良くなった。また，スタクナ・ゴンパのスタクナ・リンポチェにも，オンポにもみてもらった。痛みがさらにひどくなったときには，医者のところにも出かけた。インド人の医者のところに出かけたばかりではなく，アムチのところにも出かけた。しかし，これらの医者たちは何も問題はないと言い，薬を処方してくれなかった。あなたはとても健康だと言ったのだ。何も問題は無いといい，彼らは私に何が問題となっているのかが理解できなかったのだ。

この状態が続いていたとき，経典を読むなど，祈祷も行った。スキャプド（skyabs 'gros）[2]と呼ばれる特別な儀礼も行った。これらは，このような状態の時に，仏教徒が良く行うやり方である。また，寺院を訪れ，護法尊チャクメンの前でチャック（五体投地の拝礼）を行い，体の浄化をお願いした。また，自分でも浄化儀礼の祈祷を行い，体を清い状態にするように努力した。

8年前にラモになる転機がやって来た。そのころも，体中に痛みを感じるようになったが，この痛みから決して回復することができなかった。そこで，スタクナ・リンポチェのところに，また，出かけた。そうすると，リンポチェは，何故私が病いに罹っているのかが分かったと言った。そして，彼は，私にこのラー（タクマル）がやって来ていると言った。だから，私に，それをきちんと調べてもらう必要があると言った。ラーがやって来るとき，ラーがやって来るのであるが，ラーばかりではなく，同時に悪霊（デェー）もやって来る。だから，悪霊とラーとを分けてもらう必要がある，そうすれば，ラーが直ちにやって来ることができるようになると，彼は教えてくれた。こうして，私にラーがやって来ていたことを知るようになったのである。

リンポチェのところを訪れてから2ヶ月後に，ストックのラバ[3]のところに行った。彼は，私の師となり，私のところにどんなラーがやって来るのか，ラポックを行って，それを判定した。タクマルであった。ストック・ラバは，彼自身が憑霊状態になったとき，彼は私に何のラーが憑いているのかを知ったのである。彼に，悪霊とラーの分離を行ってもらった。この分離をしてもらったあとには，タクマルが直ちに，

---

2 スキャプド（skyabs 'gros）は，「護法（守護）のための祭文，式文（儀礼）」（Jäschke 1998 [1881]: 26: Goldstein 2001: 68）。
3 DTは，彼のことを「ラバ」と語っていたが，後日，彼をインタビューしたときには，彼自身はラバではなく，オンポであると語っていた。

しかもはっきりと降りるようになった。

　憑霊の病いに罹ったのは，末の子供を出産してからであった。そのときには，何が問題で，病いの状態にあるのか全く分かっていませんでした。次第に，オンポ，スタクナ・リンポチェ，アムチ，ストック・ラバなどに見てもらい，最終的にラモになったのです。ですから，もう8年間ラモをしています。たいてい，儀礼を行うのは，朝だけです。10時頃からです。私が村人の依頼を受けるようになったのは，病いに罹って4年後からということになります。12年前に病気になって，ラモとしての役目をするようになったのは4年後でした。長い間，何も分からず。悪霊がやって来ていたので，何が問題なのかも分からず過ごしてきたのです。

　私はただの主婦ですが，朝には，ラモとなります。夫はスクールバスを運転しています。夫はカルギル地方のボーカルのチャルゴラ村出身です。以前，彼はインド－チベット国境警備のラダック偵察隊に入っていました。私は，嫁に行ったのではなく，夫を婿（makpa）として迎えたので，フィアン村の自分の家で母親と一緒に暮らしていました。しかし，夫は，母親と折り合いが悪く，喧嘩が絶えなかったので，村からチョクラムサに移住してきました。10年前のことです。

　フィアン村の家では，弟が結婚して，家を護っています。彼には2-3人子供がいます。母親は3-4年前に死にましたが，父親が死んだのはいつだったのか覚えていません。私がとても小さいときに父は亡くなっている。母親が亡くなったのは，私がチョクラムサに移住後でした。

　この事例は，精神状態が落ち着かないといった病いの経験が2003年においても，シャマンになるべき病いとみなされていることを示している。つまり，第9章で述べたように，霊の憑依（死霊や生霊による憑依の場合が多い）による病いを経験することは，シャマンになる要件としてとても重視されていた。この伝統は2003年にも受け継がれているのであり，伝統的な霊の観念に基づくシャマンの補充が途絶えることなく維持されてきたということができる。さらに，この事例は，1980年代の女性シャマンに見られたように，病いの発症が結婚後の生活の中での家族間の葛藤が引き金になりうることをうかがわせるものとなっている。

3. シャマンの儀礼的行為にみる変化

　1980年代に詳しくインタビューすることのできたシャマンは，6名であった（表11-1）。彼らのシャマン化の過程については第9章でも取り上げている。インタビュー時の彼らの年齢はバラバラであり，1970年頃にシャマンとして認証されたSZが一番年長であり，1984年にシャマンの修業に入ったPDが一番年少となっている。

調査当時に，儀礼的行為を実際に参与観察できたのは6名のうちの4名であったが，彼らの儀礼的行為は，第10章で述べたように，いずれも，(1) ラーの招来，(2) シャマンのラーへの変化，(3) ラーの力の誇示と病因の開示，(4) ラーの見送りという順序で構成されていた。しかも，かれらの所作は，細部にわたり，ある種のパターン化され文化的に伝承されてきた行為といえるものであった。

一方，2003年の観察事例であるラモDTの治療儀礼 (2003.09.19) では，その手順と身体技法そのものには大きな変化はみられなかった。シャマンは祭壇の前に座り，1980年代と同じ形式のシャマンの衣装を身にまとって，治療儀礼を進めていた。金剛鈴をもち，デンデン太鼓をうち鳴らしながら，「ラーの物語」，セルキェム (「供仏のための経典」) を詠唱し，「穢れの吸い出し」「デンデン太鼓による占い」を行うなどの点では，シャマンの技法に変わりはなかった。

しかし，シャマンの儀礼の場は「かまどの神」が見守る台所であるとされていたが，DTは儀礼を居間の立派に整えられた祭壇の前で行っていた。彼女にとって台所はラーの憑依という瞬間のみに必要な場となり，彼女は台所において水で手を清め，ラーを自身に憑依させたのち，直ちに居間に走り移り，そこで依頼者を前にして儀礼を続行したのである。そこでは，シャマンをトランス状態に誘導するために用いられた伝統的身体技法は簡略化されるとともに，依頼者にはラーに変化する瞬間は見えなくなり，遠くから聞こえてくる「ヒーック」というシャックリ，「アッツイツイ」という叫びから，その瞬間を推し量れるのみとなっていた。

また，この時，DTのラーへの変身に同調し，彼女のもとでシャマン修業中である女性PAが憑霊状態になっており，まずPAに対して修業の指導を行っていた。しかも，PAは自分への指導が終わったあと，憑霊状態から戻り，他の依頼者にシャマンの言葉を説明しなおすというDTの介添え役を果たしたのである。年長のシャマンが新参のシャマンの修業を指導することは，第10章第3節のラポック儀礼の項でも述べたように，従来からの伝統といえる。しかし，この事例のように，修業中の新参シャマンが介添え役を担うことは見られなかった。PAは，DTと同じ時期に同じ師 (ラバ) からラポックを受けたといい，先にシャマンとしての技法を習得したPAのもとで，修業していたのであった。

さらに，ラモDTの活動は広範囲に及んでいた。彼女は衣装，デンデン太鼓などの儀礼のための道具一式を鞄に詰め，ラダック地方内のみならず，遠く離れたヒマチャル・プラデーシュ州のマナリー，ウッタラカン州のデラドゥン，さらにはブータンと国境を接するアルナチャル・プラデーシュ州のチベット系の人々の村まで依頼に応じて出張すると語っていた。しかも，出張にあたっては，いつもPAとペアになるという。とくに，ラダック地方以外の村々に出かけるときには，ヒンディー語の分かるこの女性を介添え役として随伴することが必要なのであるとさえ語って

写真11-2 ラモDT(左側)の導きで修業中の女性PA。憑霊状態となっている(2003年)

写真11-3 ラモDTを訪れるモスリム・ラダッキの親子とマナリーからきた親子(2003年)

いた。

　この事例にみるDTとPAとの関係は,単なる導師と弟子という関係を超えたものになっていることが分かる。しかも,儀礼の場で,憑霊状態となったPAを前に,ラモDTのラーとPAに憑依したラーとの対話が現出されることは,ラモDTのラー

表 11-1　シャマンに憑依するラー

調査年		1990						2003
シャマン名 (性別[1])		SZ (F)	TL (M)	PK (M)[2]	TD (F)	PD (F)	NT (M)	DT (F)
インタビュー時の年齢		56	53	38	37	30	32	36
出身地		サブー	トゥクチャ	カラツェ	サスポル	タルシット	マトゥ	フィアン
シャマンの修業に入った年		1970	1980	1979	1980	1984	1983	1995
師となったシャマン		ティクセ・ラバ, ヘミス・ラバ	ティクセ・ラバ	SZ, TL	ティクセ・ラバ	ティクセ・ラバ, SZ	ティクセ・ラバ	ストック・オンポ
シャマンに憑依するラー	brag nag co mo (ダクナク・チョモ, カラツェ村のラー)			◎				
	gangs dkar sha med (カンカルシャメッド, サブー村のラー)	◎						
	sha mul ma (シャムルマ, サブー村のラー)	◎						
	rdo rje chen mo (ドルジェ・チェンモ, シェイ村のラー)					○	○	
	brag bstan (rgyal po) (タクツァン・ギャルポ, ヘミス村のラー)	○				◎		
	brag dmar (タクマル, ヘミス村のラー)		◎			○		◎
	tse ring mched luga (ツェリンチェドガー)	○		○		○		
	dpal ldan lha mo (パルダンラモ)	○						
	thang lha* (タンラ)	○	◎		○	○		
	bstan ma bcu gnyis (タンマチュクニス)	○				○		
	rdo rje g.yu sgron ma (ドルジェ・ユードンマ)	○						
	lha btsan (rdo rje) (ラブツァン・ドルジェ)	○			◎		◎	
	jag med (チャクメン)	○						○
	nang zegs ma (ナンゼマ)	○						
	ma spun bdun pa (マスプンドンパ)	○						
	jo mo spun bdun (チョモ・スプンドゥン)	○						
	phrin las rgyal po (チンラス・ギャルポ)	○						
	mgon po bya rog gtor can (ゴンポ・チャロクトルチャン)	○						
	kham sku 'bum ma loa'm* (カムスク・ブムマロァム)	○						
	lha srin stag tshang rgyal po (ラーシンスタクシャン・ギャルポ)					○		
	gser lha (セルラー)					○		
	gnas brtan rgyal po (ナルタン・ギャルポ)					○		
	ma mgon rygal mo (マゴン・ギャルモ)					○		
	shang gong ga (シャンコンカ)		◎					
	ne zer rgyal po (ナゼル・ギャルポ)		◎	○				
	rtse ma ra (ツェマラ)	○	◎					
憑依する霊の数		17	5	4	3	11	2	2

Note：1：男性をM, 女性をFであらわす。2：PKに憑依するラーのうち, 近隣の村々のユッラー (村のラー) については省略している。◎最初に憑依を認証された神, *はもともとラダックには無かったラーといわれる。

の絶対的な優位性をその場に居合わす他の依頼者に明示するという効果さえもっていたのである。

　一方，既に述べたように，シャマンは仏教上の吉日にのみラー（神）を招来し儀礼を行うといわれていたのであるが，ラモDTは，「自分はただの主婦であるが，朝にはラモになる」と語るように，たいてい毎日ラーを呼ぶ儀礼を行うと語る。依頼人が1人の場合には行わないが，2人以上訪ねてくれば，必ず朝の10時ごろから儀礼を開始するという。また，今ではラダッキ仏教徒よりもむしろ，ヒンドゥー教徒，イスラム教徒をはじめいろいろな宗教の人がやってくるし，インド軍の軍人も多い。このため，自分の家での儀礼においても，ラダック語の分からない依頼人にラーの言葉（託宣）を通訳してくれる介添え役が必要であり，ヒンディー語の分かる修業中の女性が介添え役を果たしているのであると語る。2003年にはDTのみならず，依頼客のためにほぼ毎日治療儀礼を行うシャマンがレー市内にも出現していた。シャマンの活動には，対象となる依頼人，時，場所を限定しなくなるという変化が認められたのである。

　このように，21世紀においても，ラダックのシャマニズムは儀礼的所作の構造という点では，大きな変容は見られない。しかし，シャマンの実践には，①トランスカルチャーな宗教実践としての性格をもつ，②シャマンの活動が吉日を問わないいわば職業的ものになっている，③家族ぐるみのものから家族を超えた個人同士の連携によるものへと変質しつつあるという変容を読み取ることができる。

4. 憑依する神々とその変容

　ラダックにおいて，シャマン候補者は，ラーの憑依をリンポチェに認証された後，先輩のシャマンのもとで，ラポック（「霊の分離」）儀礼を受け，修業に入るのであった。そして，シャマンへの道を歩み出す一歩となる最初に会得する憑依は，村のラー（yul lha）の憑依であるというのが一般的であった。たいてい，シャマンは最初の神霊として村のラーを獲得してから，修業の中でさらに異なるラーの憑依を会得している。インタビューしたシャマンのすべてが複数のラーを自分のラーとして，治療儀礼を行っていた（表11-1）。シャマンは憑依する霊を治療，依頼の内容に応じて取り替えて，シャマン儀礼を実践することとなっている。

　たとえば，ラモSZ（1990年当時56歳）は，レー地区で古くからシャマンを出してきた家系の出身であり，第9章で取り上げたように，4歳という幼いころにすでに憑霊を体験し，15-16歳のときに，自分の村のラーの憑依をリンポチェによって公けに認証されたと語る。しかし，彼女がシャマンとしての活動を実際に始めたのは，

45歳以降のことであり，その後，シャマンとしての修行や，ダラムサラ，チャンタン地方など各地の聖地への巡礼のなかで，さまざまなラーの憑依を会得していった。パルダンラモ[4]，ツェリンチェドガをはじめ，ラダック地方のドゥクパ・カーギュ派の大僧院であるヘミス・ゴンパの護法尊であるといわれるチャクメン，ヘミス村のラーであるタクツァン，チベットの山神であるタンラ，チベットのタンマチュクニス（bstan ma bchu gnyis[5]），ギャルポ（rgyal po），チベットのカム地方からやってきたといわれるラーなどチベット起源の神々を含め17の神々を守護神（シュンマ）としていた。

また，下手ラダック地方のカラツェ村のラバPK（1989年当時38歳）の例では，カラツェの村のラーの憑依を会得した後，近隣のスキルブッチャン，スキンディアン，ハヌ，ドムカルそれぞれの村のラーを会得するとともに，ツェリンチェドガ，パルダンラモの従者の1人など，あわせて8つのラーが守護神となったという。近隣の村のラーは，その村人の依頼があった場合に，呼び出し，憑依させて，依頼者に応えたものであるというが，当時，これらのラーの中で主に憑依するのは，カラツェの村のラー，ツェリンチェドガ，パルダンラモの従者，ナゼルギャルポの4つのラーであると語っていた。

一方，必ずしも村のラーの憑依を契機としない例が1990年にすでにみられるようになっていた。サスポール村出身でレーにすむラモTD（1990年当時37歳）は，17-18歳のころから生霊の憑依を経験するようになっていたが，31歳のときチャンタン地方を旅しているとき，初めてタンラとラプツァンの憑依を経験したという。調査当時，タンラ，パルダンラモの従者の1人を自分の主要な守護神として，前者を「穢れの吸出し」「針の吸出し」のときに，後者を占いのときに呼び出し，治療儀礼を行っていると語っていた。

また，チャンタン地方出身でレーの郊外に住むラモPD（1990年当時30歳）の例では，22-23歳のころから憑霊の病いを経験するようになり，リンポチェにラーが憑依したがっていると判定され，先輩のラバの下で修業を始めたという。ヘミス村のラータクツァン・ギャルポの憑依の会得から始まり，パルダンラモ，ツェリンチェドガ，チベットのタンマチュクニス，タンラ，さらには薬師如来などを守護神とし

---

[4] Gordon（1987 [1914]: 36, 88）によれば，一般にLha mo（Sridevi）と呼ばれるが，護法尊の中で唯一の女尊（feminin deity）である。もっとも獰猛であり，ダライ・ラマの特別なProtectoressである。

[5] Tsepak Rigzin（1997: 116）によれば，「12の護法尊で，母タントラに属する仏法（Buddha Darma）を守護することを約束した12姉妹の守護者」とされる。Jäschke（1998: 225）は，brtan maに対し，「大地の女神で，呪術を実践するのに用いられる」と記す。Waddell（1978: 370-371）には，「Tän-maと呼ばれる12姉妹の復讐神（fury）はパドマサンバヴァの訪問と関連づけて描かれ，Tse-rin mched-lngaはTän-maより高位の神格である」と記される。

ている。「穢れの吸出し」の際にはツェリンチェドガ，占いのときにはパルダンラモを頼ると語るように，ラダックのシャマンの伝統に従う一方で，憑依する霊のなかにはチベット起源のラーが多く認められる。また，治療儀礼中に依頼者の脈を診るというアムチの診断技法を取り入れており，薬師如来を守護神の 1 つとする点でも特徴的となっている。

　一方，2003 年のラモ DT は，フィアン村出身であるが，10 年前にレー近郊の村に移住している事例である。結婚してから 8 年後の 24 歳のとき（1991 年ごろ）に，憑霊の病いを経験するようになり，苦しめられたが，28 歳のときにリンポチェにラーが憑依していると告げられ，ラモへの修業の道に入った。「霊の分離」儀礼を行った後，最初に憑依を会得したラーは，ヘミス・ゴンパ近くのマルツェラン村やサスポール村などの村のラーであるタクマル・ギャルポ（'brag dmar rgyal po）であり，それから 1-2 ヵ月後にヘミス・ゴンパの護法尊であるチャクメンの憑依を会得したという。前者は通常憑依するラーであるが，後者は吉日にのみ憑依するものであるといい，護法尊チャクメンを自分に憑依するラーとしてもつことを誇っていた。

　ここで取り上げた事例は，1990 年頃にすでにシャマンとラーとの関係には多様性が認められ始めたことを示している。実際，1990 年当時，「村の中を歩き回る外国人も増え，チベット難民とともにチベットからさまざまな神々さえもが逃れてくるなど，世の中が騒がしくなったために，シャマンになる人が増えてきた」とよく語られた。チベット起源の神々が解き放たれ，ラダックの人々に憑依するようになり，シャマンあるいはシャマン予備軍の数はますます増える傾向にあるという言説が広まっていた。また，ラダック地方で有名なシャマンである SZ は，1990 年当時，自身がタンラを憑依させる霊の 1 つとしながら，「このラーを崇拝する伝統はチベットのものであり，ラダッキのものではない。これを自分のラーとするラバ，ラモはチベット人のみである」と語っていた。チベット起源のラーが取り込まれ始めていたのである。

　このような言説は，シャマンとラーとの関係の多様性が，実は若いシャマンが最初に頼る神々の中にチベット起源の神々が登場し始めたという変化，つまり，ラダッキのシャマンが自分のラーとする神々のなかに，チベット人が信仰してきた神々を取り入れるという変化のなかで，生じてきたということを示唆している。しかも，この現象はチベット難民がラダック地方に定住するようになったことと関連づけられてきたのである。

　現代化の中でレーへの人口集中が進み，村人が出身村からレーへと居住地を移すことも頻繁にみられるようになっている。ここに挙げたシャマンのうちの 3 例は出身村からレーに移り住むようになった例である。シャマンの頼るラーが必ずしも出身村のラーではないのは，こうした人々の流動性とも無関係ではないであろう。

DTの事例は，現代において村のラーよりも僧院の守護尊，護法尊となるラーをもつことが，シャマンを頼る依頼者を特定の村人に限定させない効果を持つことを示すともいえよう。

　現代化の中で，シャマンの実践は日常化，職業化してきたといえるが，シャマンの頼るラーという点からも変容が認められる。シャマンに憑依するラーは，村のラーのようなラダック地方に根ざした土着的な神々よりもむしろ，チベット仏教体系の中で一般に認められるより高位の神々へと転換されてきたといえよう。ここには，ラダッキの伝統の汎チベット化が始まっていることを認めることができる。

5. 人々はシャマンに何を求めてきたのか

　ラーとなったシャマンの語る言葉はチベット語であるとされ，治療儀礼の場にはシャマンの発する言葉を説明する介添え役が必ず参加していた。このため，シャマンと依頼者との対話は，厳密にはシャマン，介添え役，依頼者の3者による発話の連鎖ということになっていた。そして，第10章で示したように，その儀礼の場は，シャマンが依頼者の身体的不調の訴えに対して，医師やアムチに薬をもらうことを指示することもあるが，ほとんどの場合，超自然的な原因を示唆し，その対処として実施すべき儀礼を指示するという構造をもっていた。

　人々は，超自然的病因の開示と，その祓いあるいは祓うための方法を教示してもらうためにシャマンを訪れていたといえるが，参与観察できた4名のシャマンの事例では，述べ60例の依頼内容のうち34例は病いが直接的原因でシャマンのもとを訪れたもので，そのうち霊の障りを直接的理由とするものは6例であった。占いを目的とする場合が18例であり，そのうち，行方不明になったゾーやゾモ等の大型家畜の占いが8例を占めていた。この意味で，村人は病いの治療を求めてシャマンのもとを訪れることが分かる。しかも病いの中には，「スニンカ」というみぞおち部分の急激な痛み，パトカン，ティスパ，タクルン「血・体液風」の病いといったように，アムチの医学に独特の病いをみることができた。

　ラダックの人々がよく頼る占い書の1つに，第6章で取り上げた『パルダンラモの占い書』というものがある。1990年にインタビューをしたシャマンのうち4人（SZ, PK, TD, PD）は，パルダンラモを自分の頼るラーの1つとし，占いをしていた。この占い書では，家庭，財産，病気，生命，魔物の障害などの事項では，何らかの特別な儀礼的行為を行うことがほとんどの目の数の答えで示唆されている。つまり，これらのことをうまく，首尾よく進めるためには何らかの儀礼的処置が必要であることは，一般的な知識となっているといえよう。ラモPDの依頼者への指示

には，このテキストで指示される経典や対処法が 21 例中 13 例 (61.9%) と良く登場しており (表 11-2)，この占い書が彼女の大きな指針となっていたことが分かる。他のシャマンたちの答えにもこの占い書が少なからず反映されていることを伺うことができる。

　シャマンによる依頼者／患者への指示は，ラマからの祝福，マントラを唱える，五体投地をするなどの行，僧侶による経典読誦，祓いの儀礼，仏への祈祷，ストルマや沐浴による浄化，さらには，祈りの旗を掲げることなどに分けることができる (表 11-2)。シャマンによって読誦を勧められる経典の中で，「長寿の陀羅尼経」「仏頂大白傘蓋経」「般若心経」「五部遺教」「ターラ礼讃経」は 2 人以上のシャマンによって取り上げられているが，これらは占い書にもよく登場する経典となっている。祓いの儀礼の中には，「生霊」祓いの儀式としてよく知られるカブゴ，ジンシャク (いわゆる護摩祈祷) ばかりではなく，「厄年払い」の儀式もまた，2 人以上のシャマンによって指示されていた。病いが原因で訪れる依頼者が多かったが，病いの患者に対してもこのような何らかの宗教的実践が指示されるのである。

　第 10 章で紹介したように，ラモ TD は，「体が痛む」という訴える僧侶 (事例 10-7) に対し，医者，アムチ，クスリだけではなく，薬師如来を頼るようにと応えていた。さらには，死霊の障りを示唆し，ギャルポたちへの祈りと供物を指示していた。また，「膝が痛む」という男性の訴え (事例 10-8) に対して，ラモ TD は，サダックによる障りであると病いの原因を明らかにし，必要な儀礼の実行を指示していた。何か良く分からないが，病にかかったという男性 (事例 10-10) に対しては，ラモ TD は，「中国式の厄祓い」など 3 種類の経典名をあげ，僧侶による読経の実施を指示していた。

　このような対話は，身体の不調そのものの症状を和らげるための処置だけでなく，その背後にある超自然的病因の除去のための指示をおこなうことが，ラーとなったシャマンに期待されることを示している。つまり，表 11-2 は，シャマンの治療儀礼が，身体の不調そのものの症状を和らげるための処理とその背後にある超自然的原因除去のための指示とで成り立つことを明確に示している。

　一方，憑霊の病いのように，シャマンのような特別な力を持つものでなければ治療できない病いゆえにシャマンを訪れる場合もある。このような場合，ラーに変身したシャマンに同調して依頼者に憑依した霊との対話が現出される。しかも，そこでは，ラモ TD は，事例 10-13 で示したように，憑依した霊に対し，「心のある生きるもの (有情) の幸せのために何かすることができるのか？」，「責任を持つことは (私の) 命だ。仏陀の教えを守る道のために，良いものとなるために」などと諭す一方，「村のラーに対して，全く尊敬の念がない」と，村のラーの怒りが憑依に向かわせたことを開示するのである。ここでは，シャマンは人々と村のラーとのある

表 11-2　シャマンによる治療中の依頼者（患者）への指示の例

	指示事項	パルダンラモの占い書	アユ ラモSZ	レー ラモTD	レー郊外 ラモPD	カラツェ ラバPK
祝福	pyin rlabs（ラマの祝福）					
	rgyal mtshan rtsi mo'I dpung rgyan（rgyal mtshan rtsi mo の従者の祝福）				○	
行（マントラ）	yig brgyad（金剛薩？のマントラ）		○			
	ma ne（観音菩薩のマントラ）		○			
	mig brtse ma（ツォンガパ賛美の一節）		○			
	バンザルグル（グル・リンポチェのマントラ）		○	○		
行（拝礼）	phyag（五体投地）		○			
経典読誦	sher snying bdud zlog（btangs tog）（般若心経）	○	○		○	
	bka' thang sde lnga（五部遺教）		○			
	klu 'bum（龍全書）		○			
	gdugs dkar（仏頂大白傘蓋経）	○	○		○	
	'bum chung（簡略大般若経）	○	○			
	sgrol ma（ターラ礼讃経）	○	○		○	
	sa bdags gdon grol（土地神の災いを払う経）	○	○		○	
	sa bdags bshags 'bum（土地神に許しを請う経）		○		○	
	sa bdags gi bcing sgam（土地神を縛る経）				○	
	tshe gzungs（長寿の陀羅尼）	○			○	
	tshe sgrub（長寿の獲得）				○	
祓い儀礼	gshin bzlog（死霊祓い）				○	
	sbyin sregs ジンシャク（護摩）	○			○	
	bka' bsgo カブゴ（生霊祓い）		○			
	gshegs gsol（払い祈祷）		○			
	rgya nag skag zlog（厄年払い）		○			
	rim 'gro（困難除去）				○	
トルマ	klu gtor（龍のストルマ）	○	○	○		
沐浴	lha khrus（ラーの沐浴）	○	○	○		○
浄化	lha bsangs（ラーの浄化）	○		○		
	klu bsangs（龍の浄化）		○			
	mnol bsangs（物忘れの浄化）		○			
	grib bsangs（穢れの浄化）				○	
供物	村のラーへの 'phrin bcol（供物）		○			
	生まれラーへの 'phrin bcol（供物）		○			
祈りと供物	rta phyag khyung gsum			○		
	gsol mcod（祈祷と供物）		○			
	gser skyems（供物）	○	○			
神々への祈り	gsol kha（祈り）		○		○	
	brag btsan rgyal po への祈り		○			
	phrin las rgyal po への祈り		○			
	dpal ldan lha mo への祈り	○				
	thugs rje chen po への祈り		○			
	rdo rje chen po（大金剛）への祈祷		○			
	mkha' 'gro ma（ダキニ）への祈祷					○
	chos srung（護法尊）への祈り					○
	sman bla'i mdo chog（薬師如来の儀礼）			○		
祈り旗	dar chen（大旗）を立てる		○			
	rlung rta（ルンタ）	○	○		○	
	chu dar（川に祈りの旗を立てる）				○	
その他	アムチのところへ		○			○
	東の方向					
	すぐ戻る					○
	bka' lung（ラマの口伝）		○			○

べき関係の保ち方を示し，再確認させる役目を果たしている。

　また，このような霊の憑依をわずらう依頼者は，儀礼の場でシュクパの葉を焚いた香り，シャマンへのラーの憑依に同調して，「霊に憑依された」（ヒステリックな声を上げ，体がひきつったような）状態を示す。このことは，ラダッキにおいて，「憑依」という身体的発現は人々の間に十分にパターン化されていることを示している。さらに，ラーとなったシャマンによる一人舞台のような依頼者に憑依した霊との対話の現出は，その場に居合わせる人々に霊の世界を実感させるものとなる。つまり，人々は霊の関与を恐れて訪れるのであるが，彼らに対し，改めて霊の世界を現出させ，再確認させることになっている。言いかえると，人々は，シャマンに心に抱く不安を現出してもらい，それを解消してもらっているということができる。

　ところで，1990年当時にも，ヒンドゥー教徒インド人がシャマンを訪れるということもみられた。このようなインド人の事例では，超自然的要因に対し，たいていウルドゥ語でジャドゥ（*jadu*⁶呪術），つまり黒呪術が原因であると告げられていた。超自然的原因を彼らの観念体系に合わせて説明する様子が見て取れる。その一方で，「パルダンラモに祈るのであれば，応えよう」と告げるように，シャマンは同時に自らのラーへの帰依を要求する場面もあった。

　さらに，みぞおちの差し込むような痛みを訴えるインド人の依頼者（事例10-9）に，ラモTDが，「トウガラシをたくさん食べるな。ニンニクをたくさん食べるな」と告げるのに対し，この場に居合わせた人がこれをヒンディー語で通訳するという場面があった。そして，最後には「守護神に，祈りを捧げよ。毎年，怠ることなく必ず捧げよ」，「食べ物で，害のあるものを食べるな」，「そして，医者とアムチに頼れ」という答えで終わっていた。ここにも，インド人の慣習に合わせ，一般的で普遍的な用語を用いながら答えが返されるさまを読み取ることができる。

6. 依頼者・内容にみる変容

　2003年のラモDTの治療儀礼では，次のような事例を観察した。ムスリムの母と娘の事例では，DTは娘に対し「死霊の障り[7]」であると答え，また，「ジャドゥ（*jadu*）をもらった」とウルドゥ語で説明していた。そして，「厄払いの祈祷をし，シュクパ（*Juniperus sp.*）の葉を焚いて浄化するように」と指示し，少女と母親に「穢れの吸出

---

[6] ウルドゥー語で，呪術，魔術，魅力などを意味する言葉である（加賀谷　2005：447）。また，「悪霊の仕業（effect of evil spirit）」という意味もある（Ferozsons Urdu-English Dictionary 1967: 249）。ヒンディー語でも同じようにいう。

[7] ここでは，障りに対し，nod pa（悪いもの）という表現を使っていた。

し」を行い，吸い出したものを見せていた。また，ヒマチャル・プラデーシュ州のマナリー地区から幼児を連れてやってきた女性がいたが，彼女に対してはムギ粒による占いをしたあと，強力な生霊の障りがあると告げていた。この日は特にこの乳児に対し処置を施さなかったが，マナリーからの女性はラモを自分の村に DT を招くために来たのであった。儀礼が終わってから，DT はこれからマナリーなどへ約 1 ヶ月間の旅に出るのだと語っていた。

一方，仏教徒たちの間では，子供の顔におできが一杯にでき，病院で診てもらうが処置の施しようがなく困り果てたムスリムの女性が子供をつれてシャマンのもとを訪れたことが評判となっていた。これに絡んで，次のような話が流布されていた。

> ムスリムラダッキの母親はラモ（シャマン）のところに出かけた。実は，その女性の家では，近くにあったチョルテン（mchod rten「仏塔」）を邪魔なので壊したのであった。これを壊した後，子供の顔に，おできが出てきたのである。シャマンは子供をみるなり，家の近くのチョルテンを壊したのが，このおできの原因であると告げた。こうして，その女性は7日間シャマンのところに通い，浄化儀礼を施してもらった。

第6章で述べたように，村人の間では，おできなどの腫れものはルーやサダックの障りによる病いであると考えられてきた。ある土地に何かを建てたり，建造物を壊したりするときには，土地神の許しを請う（仏教）儀礼が必要であり，そうしないと，病いとなって跳ね返ってくると考えるのである。この話に登場する女性はムスリムとして，仏塔を破壊するときにこのような仏教儀礼を実行しなかったのではあるが，サダックの障りではないかと病因を疑いシャマンを訪ねたといえる。

既に述べたように，シャマン自身が直接病いを治療するための儀礼を実行するのは，憑霊の病いなど限られた場合においてのみであり，たいていは，何らかの儀礼の実行を指示するのみである。そして，シャマンの指示を受けた依頼者は，たいてい，僧侶に頼んで，必要な儀礼，すなわち経典を読み，祓いの供物を捧げることなどを行うのが一般的である。この例では，「仏塔の破壊」という直接的原因が開示され，しかも，このムスリムの女性に対しては，サダックの儀礼の実施という指示ではなく，シャマン自らが施す浄化儀礼（穢れの吸い出し）による治療のみを行ったのである。

ラダッキのシャマンの儀礼は，その場で開示される病因が居合わせた依頼者に共有される構造に特徴があった。この話ではサダックの儀礼の実施という指示はなく，「ムスリム女性による仏塔の破壊」というムスリムによる仏教徒への敵対行為に焦点があてられることになっている。つまり，土地神の障りという究極的病因が隠され，仏塔の破壊が病因として顕示されるとともに，ムスリムといえどもシャマンの力を頼っている現状が浮き彫りにされることになっている。

第5章で述べたように，今日のラダックにおいては，仏教徒とムスリムとの平和

的共存が叫ばれる一方で，仏教徒はムスリムからの改宗の働きかけを厳しく監視するというように，両者の間に潜在的葛藤が続いている現状がある。「仏塔の破壊」という行為は，このような両者の葛藤を抜きにしては起きえない出来事でもある。しかも，この例は，身体的不調をそれにより生じた障りとして捉える世界観がムスリムにも共有されていることを示すとともに，その障りを解消できるのはシャマンであるというように，仏教徒とムスリムとの間の葛藤の解消役となるシャマンの姿を示すものとなっている。

一方，シャマニズムの観光資源化は，ラダック固有の実践が今や文化を越えて展開するトランスカルチュラルな実践となりつつあることを示している。実際，シャマンのもとにはヒンドゥー教徒，ヨーロッパ人も多く訪れることとなるとともに，ラダック地方のみならず，遠く離れた他州の村々にまで依頼に応じて出張するシャマンも現れている。

では，他の宗教を信仰する人々に対し，シャマンはどのように対処しているのであろうか。ヨーロッパ人へのシャマンの対処をみる機会はなかった。しかし，参与観察した事例時における著者の依頼に対する対処の仕方から，この点について付記しておきたい。

1990年の事例中に，筆者がシャマンに行ってもらった占いでは，次のような答えが与えられた。たとえば，ラモTD（1990年9月3日）は，「日本の家族が元気かどうか」という問いに対して，私がどこから来たのかを確認してから，「みな元気でいる」と答えていた。また，ラバPK（1990年9月29日）は，「これから出かけるヒンドゥスタン地方への旅」について，「うまく帰ることだろう。父の国に帰りなさい。悪いことはない」と応えてくれた。一方，ラモDT（2003年9月19日）は，「日本の家族の様子はどうか」という問いに対し，「家族に何も問題はない。ただし家族は心配しているので，僧院に出かけたら，わずかでも良いからお賽銭をあげて，お祈りをするように。風の馬（rlung sta）を揚げてもらうように」と告げた。

どのシャマンも，いわば，こちらを気遣い，いわば，当たり障りのない（差し障りのない）答えを返していたといえる。かれらは，「穢れの吸出し」こそ，施さなかったが，このような答えと熱したナイフによる浄化を施してくれたのである。ここには，相手の事情に合わせながらも，一般的な答えを返すとともに，ラダックの伝統的やり方を保持するという対応をみることができる。

7．境界を越えるシャマニズム

以上述べてきたように，ラダックのシャマンの儀礼においては，シャマンの超常

性を示すために，多様な身体技法が用いられてきた。そして，シャマンの身体表現は，憑依をとおした「ラーとの合一」とラーとしての「超自然的力の誇示」にあった。しかも，超自然的病因はシャマンの異言を助手が説明しなおすことによって開示される構造となっている。ラダッキのシャマンに見られる精霊との合一，力の誇示に用いられる身体表現は，いわば人間の本有的な身体技法といえるものである（山田 2005)。このため，「○○精霊」といった個別の名称によって語られる，文化に強く規定された超自然的病因を「悪霊」，「黒呪術」といったより一般的な病因に置き換えることで，シャマンの託宣はその力への信仰とともに，トランスカルチュラルな文脈へと容易に移行可能となっていると考えることができる。

また，現在のシャマンの治療実践は，ラダック文化に根ざした文化的語りと，よりトランスカルチュラルに理解可能な脱文化的語りを使い分けながら実践されているといえよう。2003年の観察事例は少ないため，今日の変容を十分に示したということはできない。しかし，シャマンのもとを訪れるラダックの人々は，仏教徒であろうと，ムスリムであろうと，共通の病因論／災因論に立っているということを指摘できる。また，ヒンドゥー教徒インド人にみられる，一種の妖術といえる「ジャドゥ」という観念には，ラダックにおける「生霊」の観念と共通する点が全くないわけではない。このような共通性を背景に，シャマンは，ラダック文化を普遍的な文脈で見直すことにより，異なる文化を持つ人をも依頼者として引き受け可能となっているということができる。つまり，そこでは病因についての語りの脱文化化，あるいは一般化が起きているのであり，シャマンは伝統文化の保持者であるとともに，変革者であるという一面を垣間見ることができる。

さらに，シャマンがヒンディー語を使いながらも，遠くアルナチャル・プラデーシュ州まで旅立ち，依頼者に応えようとする現象からは，ラダッキのシャマニズムがチベット仏教の世界観を介し，広くチベット社会に適用可能な汎チベット的実践という性質をも備え始めていることが読み取れる。そして，そこには，シャマンのラーが地域に限定された村のラーからより高位のラーへと転換されることにより，霊の遍在性がラダック地方に限定されず，より広範囲に拡大されていくという変容が伴われているということができる。

シャマンの身体表現は，憑依をとおした「ラーとの合一」とラーとしての「超自然的力の誇示」という簡潔性に特徴があり，この簡潔性こそが，語りの脱文化化をとおして，その実践のトランスカルチャー的受容を可能にさせているともいえる。ラダックにおけるシャマニズムの実践については，さらなる追跡調査が必要であるが，シャマニズムの観光資源化の中で，ラダッキのシャマンは「超自然的存在への信仰」といった汎世界的な信仰と，チベット仏教で一般的な神々への信仰という汎チベット的信仰を核に，ローカルではなく，超域的な治療者という新たな役割をも

担い始め，文化の境界を越える実践への道を歩み始めていることは確かである。ラダッキのシャマンは現代化という文化動態の下で，伝統の継承者であり創造者であるという両義的役割を担い続けていることが分かる。

終　章

　本書では，ヒマラヤの山岳地帯という立地条件，環境条件の中で育まれてきたラダッキの伝統文化を，ラダック王国の歴史的背景，農耕・牧畜を主要な生計基盤とする彼らの生態と社会的背景，健康を支えてきたアムチの医学体系，シャマニズムをめぐる信仰と宗教実践という点に注目しながら描いてきた。本書の目的は，序章で述べたように，宗教と生態とが連繋しあうものという視点に立ち，ラダッキにおけるシャマニズムを，病いと治療をキーワードに，伝統医学と彼らの暮らしという生態をも含めて総合的に捉える試みであった。

　また，アニミズムとシャマニズムを単純社会に限定される問題としてではなく，ラダック王国という複合社会における宗教動態として人類学的に再考し，さらには，近年どの社会においても経験される現代化という文化動態の中で，伝統文化が生き続ける，あるいは再活性化されるという，伝統文化の「連続性」とは何を物語るのかについて考えることでもあった。以下で，まとめとして，ラダッキにおける宗教と生態，アニミズムとシャマニズムの特徴，伝統文化の連続性について考えてみることにしたい。

ラダッキの宗教と生態

　ラダックの人々の生態は，農耕と牧畜との見事な連繋のもとに維持され，しかも標高に応じて農耕と牧畜への依存度が変化するという生計活動の地域差を背景に，地域間交易，あるいは農耕の村と牧畜の村との協力関係の構築を前提として成り立っていた。交易活動は村人の生活にとって重要な位置を占めてきたばかりではなく，王国という国家政体にとっても重要な経済活動であった。いわゆるシルクロー

ド交易の中継地にあるという立地が歴史的に国家の財政的基盤を支えてきたのである。つまり，ラダッキの生態は単に自給自足的な自然経済だけではなく，「もの」の交換にもとづく交易経済によって維持されてきた点に特徴がある。

また，戸を単位として徴税する王国時代の租税制度は，社会単位・生計単位となる「イエ」(カンパ) をめぐる社会制度を強化してきたといえる。実際，「イエ」と「イエ」との労働交換，パスプンという祀る神を共有する「イエ」を越えた社会組織の制度化，「イエ」を分割しないことを大原則とする一妻多夫婚，一夫多妻婚を容認する婚姻制度などが伝統として受け継がれてきた。

一方，畑地への給水，畑地からの家畜の隔離，牧草地の選択と利用をめぐる生計上の調整は，「イエ」と「イエ」との社会的葛藤を潜在的に生み出してきたということができる。とくに，少しでも長く畑に給水したいという欲求が，村の中で大きなもめ事へと発展することはしばしば起きてきたことである。また，自分の畑に他家の家畜が入り込むことも同様に，「イエ」と「イエ」との葛藤を増幅してきた。

カラツェの村でみられたように，村の歴史の中で新しく定住した「イエ」が「生霊」を生み出す「イエ」として社会的に徴づけられるという，「イエ」同士の潜在的葛藤を象徴するような現象もみられる。ここには，日本における「憑きもの」信仰において，たとえば「狐もち」という村の中での徴づけが草分けではなく，後から村に入ってきた新興の家筋に多くみられ (石塚 1972)，江戸中期以降の貨幣経済の農村浸透に伴って発生した新興地主が「憑きものもち」として徴づけされた (速水 1999) といわれてきたことと共通点を見出すことができる。共同体内における特定の「イエ」の印づけという，日本社会と同じような過程がラダックで進行したことがうかがわれる。

さらに，アムチの医学は，身体の不調を体液の均衡の乱れと捉え，調和のとれた食事をとり，節制した生活態度を送ることが健康維持の根本とし，予防医学的な医学理論をもつ一方で，病いを超自然的に捉える疾病観を前提としていた。医学理論上では，多様な「悪霊」による病いの存在が言及されるのに対し，ラダッキの村の生活の中で病いの原因として頻繁に登場し，祓いの対象となる霊は，「生霊」「死霊」であり，また泉と結びつく「ルー」，土地と結びつく「サダック」である。

「生霊」は嫉妬が原因で他人に憑依するという言説が流布するように，「生霊の憑依」は村の中の人間関係，共存・共生関係の負の表象ということができる。また，「水」と「土地」は農耕牧畜生活を根幹で支える自然的かつ社会的資源ということができ，ルー，サダックはこれらの社会的資源の重要性を常に喚起させるものということができる。

言い換えれば，村の中の社会関係や社会的資源にたいする侵犯的行為が「霊」の観念を介在させることによって，直接的ではなく，比喩的，間接的に戒められるこ

とになるということもできる。このように,「生霊」「死霊」という社会的関係性の投影された宗教的観念,あるいは社会的資源の価値が投影された宗教的観念がアニミズムの観念の中で大きな意味を持つことは,複合社会であるラダックの特徴的な点といえよう。この意味で,チベット仏教の僧侶や,霊による病いの治療者であるシャマンは,個人的病いの治療をとおして社会的不調和,不均衡を調整する役を担うともいえる。

　ラダックの伝統的生態は,共同体内に経済的格差をもたらしてきたのであり,それに伴う社会的葛藤と妬みを生み出しながら,宗教的観念を介在させることにより,共同体の維持が図られてきたということもできる。そこには,社会的葛藤の解消者という僧侶やシャマンといった宗教的職能者の社会性を読みとることができるとともに,ラダッキの伝統文化における宗教と生態の相互連繋性をみることができる。

彼らのアニミズムとシャマニズムの実践

　シャマニズムは,その定義からして霊の観念を基盤として初めて成り立つ宗教実践であり,ラダックのシャマニズムをみても,多様な霊の観念を背景に現代まで継承されてきたことが分かる。しかし,ここで注意しなければならないのは,ラダッキにおけるアニミズム的観念の独自性,あるいは特徴といえる点である。

　ラダッキは,仏陀や菩薩を信仰するとともに,さまざまな霊の存在を信じ,不幸,災いをもたらす悪霊を恐れる。仏法を護る護法尊ですらときには,なんらかの障りをもたらすと考えられているし,仏教の経典には常に人に危害を加える360種の魔が登場し,ラダッキはこれらの霊の存在,霊との関係を気にしながら生きているといえる。しかし,このようなアニミズム的観念のなかで,村人の日常生活に深く関わるものは,上述の死霊,生霊,ルー,サダックに加えて,ラーの観念ということができる。ルー,サダック,ラーは,大切に扱う限りは人間に幸せをもたらすのに対し,粗末に扱えば,危害,災いをもたらすと考えられているものである。

　なかでもラーの観念は,ラダッキのシャマニズムの実践にとってとても重要なものである。ラーは仏法に帰依するようになり,チベット仏教の教義に組み込まれていった神格であるが,解脱に達することができない土着の荒ぶる神々とされる。ラダッキの間では,自分たちの願いを聞いてくれる神々と考えられており,仏教の神々に対する以上に,日常的には浄化儀礼を行うことが大切であると考えられている。第10,11章で示したように,シャマンの依頼者・患者への指示の中にもラーへの浄化儀礼であるラップサンスの実行がよく登場していた。

　ラーの観念は多種多様な神々を内包するものであり,ラーの浄化儀礼のテキストには60種類もの多様なラーの種類が記載されている。たとえば,「台所のラー」「父（父による）のラー」「家のラー」「かまどのラー」「畑のラー」「馬のラー」「財産

のラー」「闘い（戦争）のラー」「橋のラー」「村のラー」などがある。

　中でも，村のラーは，村人すべての幸せを見守る神と考えられているが，一般的にシャマンがまず頼るラーとなっている。これらのラーの観念には，「火の神」に結びつく「かまどのラー」のように，人類にとって根源的ということのできる霊の観念もあるが，多くはラダッキの日々の生活における重大な関心事を反映し，ラーの機能は，畑，馬，財産などというように，細分化されていることが分かる。しかも，各々のラーは，村人のさまざまな「所有物」，いわば財産，あるいは「家族」「村人」といった集団に対するといったように，実利主義的な「もの」を護ることを求められる存在といえよう。

　この意味で，ラダッキのアニミズムは狩猟採集を基盤とするアイヌのアニミズムとは対照的である。実際，アイヌのアニミズムでは，「山岳を領有する」神といった例のように，主要な神々をみると，たとえば，海，山，大地，コタン（村）などのアイヌの活動空間領域を対象にして神の観念が想定される。しかも「山岳を領有する」神がクマ，「大地を領有する」神が大木を顕れとするというように，霊（神）の観念は自然の動物や植物に具現化される。さらに，アイヌの世界観においては，「カムイは（神）は人であり，人はカムイである」といわれるように，神と人間とは同等（同義）で反転した関係にあり，両者の関係は相補的互酬性の原理で捉えられ，神々はアイヌの自然-人間関係の象徴的表現となっている（山田 1994; Yamada 1994）。

　一方，東シベリアの牧畜を生計としてきたサハのアニミズムとも異なっている。サハの世界観では，宇宙は「上の世界」「中の世界」「下の世界」の3層構造をなすと考えられ，「上の世界」にはアジャライダールあるいはタガラと呼ばれる神々，「中の世界」にはイッチと呼ばれる「主霊」，「下の世界」にはアバースと呼ばれる悪霊というように，それぞれの世界には固有の超自然的存在が住むと考えられている（Yamada 1997）。「上の世界」に住む最高神をはじめとする「馬の神」「牛の神」「出産の神」「運命の神」「軍神」といった実利主義的な役割を担う神々への信仰がある一方で，「中の世界」に住む「火の主」や，「森の主」「峠の主」「道の主」「湖の主」「家の主」「家畜小屋の主」「天幕の主」といった自然の領域や土地をみまもるイッチ（主霊）への信仰をもつことを特徴とする（山田 1994）。

　サハの自然のイッチへの信仰には，たとえば「森の主」が森の動物の持ち主であって，狩人の成功はこの精霊の助けによると考えられるように，牧畜を主要な生計としながら，狩猟，漁撈という自然に依存した生計を営んできたサハの生態が投影されている。しかし，たとえば，「森の主」の観念は，自然を霊的な存在とみるものであるが，そのものを所有する超自然的存在としての「主」を含意し，ここには「所有」の観念が投影されているというように，自然の動植物の1つ1つが個として「神」とみなされるというアイヌのカムイの観念との大きな違いを示すものと

なっている。一方，神の観念が「もの」に対して超越的なるとともに，即物的・実利主義的な性格を帯びる点では，ラダッキのラーの観念との共通性をみることができる。アニミズムの観念の人々の生態と連繋した多様性をこれらの例に読みとることができる。

　サハのシャマニズムにおいては，神々や精霊は「啓示」という形式をとおして，選ばれた人間（シャマン）に特別な力を恵与すると考えられている（Yamada 1997, 山田 1998）。一旦啓示を受けたシャマンは，力を持った特別な存在として日常的にも生き，ここには，人間と霊的な存在との関係における，人間が霊的な存在へと上昇するというベクトルの在り方が読みとれる。これに対し，ラダッキのシャマニズムでは，シャマンは「憑依」の経験をとおしてラーとの関係を結ぶことが特徴である。人間がラーに憑依され，ラーそのものになるという観念には，チベット仏教における転生活仏の観念と同じものが底流となっているということができる。ただし，活仏は日常的にも仏とみなされるのに対し，シャマンは儀礼の最中に限りラーとなるが，日常的には普通の村人に過ぎない。しかも，「憑依」という観念には，人間と霊的な関係との関係における，つねに霊的な存在が人間に向かって下降するというサハのシャマンの場合とは逆のベクトルの在り方が読みとれる。

　ラダッキにおいては，霊的な存在はアイヌのように人間と同等，相補的互酬的関係をもつものではないばかりでなく，人間に対し超越的であり，両者の関係は一方向的なのである。常に人間に対して超越的な力を及ぼすとされるさまざまな超自然的存在の観念を持つラダッキにおいては，それに対抗するものとして霊的存在に変態したシャマンが必要とされてきたといえる。このように考えると，シャマニズムにおける「憑依」型と「脱魂」型との区別は，人間と霊的な存在との関係の捉え方を基盤にした実践形式の違いであるといえる。ラダッキのシャマニズムは，仏教的な観念とも習合しながら，神々の超越性，実利的即物的機能を強く反映したアニミズムを基盤とする宗教実践ということができる。

ラダックにおける伝統文化の連続性

　本書で述べてきたように，ラダック地方では，インドの独立以降，戦略的に地域開発が進められてきた。この過程で，インド軍駐留，インド－チベット国境警備隊の配置，商品経済，貨幣経済の急激な流入と浸透，観光化と外国人旅行者の流入，学校教育の浸透などが同時に進行してきた。世界の各地でみられるように，ラダッキもまた，伝統文化と社会の現代化という過程を歩んできたのである。

　ラダッキ社会では現代化の中で，イスラム教徒を多数派とするカシミール州政府のもとでの仏教徒社会というこの地域特有の社会・政治的状況を反映した，宗教による経済的利益へのアクセスの違いによりラダッキ仏教徒とムスリムとの間に葛藤

が増幅されてきた。その結果，ラダッキ仏教徒の政治的地位の保全と確保を求める「連邦直轄地」の指定を求める政治運動が激化させられてきたという近年の政治運動史がある。第5章で描いたように，この政治運動は，最終的には，ラダッキ仏教徒を含め，ラダック地方の人々を8部族に区別し，「指定部族」の地位を与えられること，ラダック地方に「ラダック自治山麓開発協議会」が設立されることで一応の決着をみることになっている。

　また，特別な産業がない地域における経済的現代化は，観光化を軸に進められることが多いが，ラダックも例外ではない。とくに，「小チベット」「西チベット」として欧米の人々の関心を引きつけてきたラダックにとって，観光化の推進は自然の成り行きでもあり，夏の間に，レー支区の人口と同じ数の旅行者が訪れるまでとなっている。このような一時的過剰となる人口動態は，軍隊の駐留による人口増加も重なり，食糧需要の拡大，野菜などの商品作物の需要の増大など，それまでの環境と調和した自給自足を基本とするラダッキの伝統的生活を変化させてきたのである。

　観光化の隆盛は，また，伝統的農耕・牧畜からホテル，タクシー，ガイド，旅行代理店，土産物店など観光産業へと転換する人々を増大させるとともに，レーへの人口の集中を促してきた。村における農耕・牧畜を支えてきた，一種の「ユイ」のような労働交換のシステムが労働提供の代わりに，お金で代償させるという転換をみたり，また，農作業そのものがネパール人の雇用によって維持されるといった変化が進行している。さらに，脱穀機の導入といった機械化は労働交換を必要としなくなる一方で，機械を購入，維持，あるいは借用するための現金が必要となる。このように，今日のラダックにおいて，人々にとって現金収入の必要性がますます増大することになっているのである。

　伝統社会がこのような変動を経るなかで，彼らのシャマニズムは生き続けているのである。そこでは，シャマンは儀礼の身体的技法を変えることなしに，欧米の観光客，ラダッキ・モスリム，チベット系他民族，ヒンドゥー教徒など，ラダッキ仏教徒以外の依頼者の要求に応えていた。第11章で述べたように，今日のシャマンの活動には，インドの公用語の1つであるヒンディー語や英語を介したラダッキ・シャマニズムの越境性，汎チベット化の進展をみることができるとともに，ムスリムと仏教徒との対立の解消者というシャマンの新たな役割をみることができる。

　シベリアのサハにおいて，シャマンが伝統文化の担い手という意識を強固にもち，伝統的アニミズムの観念を現代的なエコロジーの哲学に定置させながら，伝統文化の再活性化を図るという活動を展開していた。そこには，シャマニズムの現代化と呼びうる過程が進行しているとみなすことが出来よう。ラダッキのシャマニズムをみても，伝統社会の現代化の中で，シャマニズムの実践そのものも現代化の過程にある。そこには，これまで述べてきたように，ラダッキ・シャマンの素早い順応性

を窺うことができ，シャマンには，どの社会においても時代の先端を走り，伝統を素早く現代的状況に順応させながら維持する主体となりうるという一面をみることができる。シャマンのような個人的存在が，伝統文化を動態的過程の中で順応させ，維持する主体となりうることを本書もまた示している。

　私たちは，「伝統文化」という言葉を使う際には，「文化」をあたかも変化しない，固定化されたものとしてイメージしがちである。しかし，「文化」を生きる動的な主体としてみる視点も必要であろう。ここで示した文化動態は，圧倒的多数を占める他の人々に代わって，特定のエージェント（行為主体）が伝統文化維持の担い手となり，「文化」が生き続けることを物語る。現代化の中でのこのような意味での伝統文化の連続性は，サハ，アイヌなど他の社会でもみることができ，ラダック社会もこの例外ではないのである。

引用文献

荒木博之，1985『やまとことばの人類学』東京，朝日選書，朝日新聞社．
Bamzai, P. N. K., 1962. *A History of Kashmir*. New Delhi: Metropolitan Book Co.
Bhasin, M. K., 1992. *Cold Desert Ladakh: Ecology and Development*. Delhi: Kamla-Raj Enterprises.
Bhasin, Veena, 1999. *Tribals of Ladakh: Ecology, Human Settlements and Health*. Delhi: Kamla-Raj Enterprises.
Biddulph, J., 1977 [1880]. *Tribes of the Hindoo Koosh*. Karachi: Indus Publication. [reprint]
Brauen, Martin, 1979. The *Pha-spun* of Ladakh. In: Aris, Michael & Anung San Suu Kyi (eds.), *Tibetan Studies: in honour of Hugh Richardson*, Warminster, England: Aris & Phillips Ltd, pp. 53–58.
Bray, John, 2005. Early Protestant Missionary Engagement with the Himalayan Region and Tibet. In: Bray, John (ed.), *Ladakhi Histories: Local and Regional Perspectives*. Leiden: Brill, pp. 248–270.
Coleman, G., 1995. *A Handbook of Tibetan Culture*. New Delhi: Rupa & Co.
Cunningham, Alexander, 1854. *Ladakh, Physical, Statiscal and Historical, with Notices of the Surrounding Countries*. London: Wm. H. Allen and Co. [HRAF AJ4 W. Tibetans, 1]
Das, Chandra, 1981 [1902]. *Tibetan-English Dictionary*. Kyoto: Rinsen Book Co.
Dash, Vaidya Bhagwan, 1987. *Materia Medica of Indo-Tibetan Medicine*. Delhi: Classics India Publications.
——, 1988. *Formulary of Tibetan Medicine*. Delhi: Classics India Publications.
Day, Sophie, 1989. *Embodying Spirits: Village Oracles and Possession Ritual in Ladakh, North India*. Ph. D. thesis. London School of Economics and Political Science, London University.
——, 1990. Ordering spirits: The initiation of village oracles in Ladakh. In: Icke-Schwalbe Lydia & Gudrun Meier (eds.), *Wissenschaftsgeschichte und gegenwärtige Forschungen in Nordwest-Indien*, Dresden: Staatliches Museum für Völkerkunde Dresden Forschungsstelle, pp. 206–222.
Dummer, Tom, 1988. *Tibetan Medicine and Other Holistic Health-care Systems*. London: Routledge.
ダマー，トム，1991『チベット医学入門』井村宏次・久保博嗣（訳），東京，春秋社．
デェ，ロラン，2005『チベット史』今枝由郎（訳），東京，春秋社．
Erdmann, Ferry, 1983. Social Stratification in Ladakh: Upper Estate and Low-castes. In: Kantowsky, D. & R. Sander (eds.), *Recent Research on Ladakh: History, Culture, Sociology, Ecology*, München: Weltforum Verlag, pp. 139–165.
Ferozsons (comp.), 1967. *Ferozsons Urdu-English Dictionary*. Lahore: Ferozsons.
Finckh, Elisabeth, 1988. Foundations of Tibetan Medicine, Volume Two. Dorset: Element Books.
Francke, A. H., 1914. *Antiquities of Indian Tibet, Part. 1: Personal Narrative*. New Delhi: S. Chand & Co. (Pvt.) Ltd. (reprint).
——, 1923. *Tibetan Wedding Songs*. Translated from the German for HRAF by R. Neuse, HRAF AJ4 West Tibetans, Source 15 [*Tibetische Hochzeitsliseder*. Hagen i. W. und Darmstadt: Folkwang Verlag G. M. B. H.]
——, 1972 [1926]. *Antiquities of Indian Tibet, Part 2: The Chronicles of Ladakh and Minor Chronicles*. New Delhi: S. Chand & Co. Ltd. [reprint]
——, 1977 [1907]. *A History of Ladakh*, with Critical Introduction and Annotations by S. S. Gergan & F. M. Hassnain. New Delhi: Sterling Publishers.
——, 1998 [1907]. *A History of Western Tibet*. Delhi: Pilgrims Book Pvt. Ltd.
Gergan, S.S. & F.M. Hassnain, 1977. Critical Introduction. In: Francke, A. H., *A History of Ladakh*, with Critical Introduction and Annotation by S. S. Gergan and F. M. Hassnain, New Delhi: Sterling Pub, pp. 1–46.
Goldstein, Melvyn C., 1984. *English-Tibetan Dictionary of Modern Tibetan*. Dharamsala, India: Library of Tibetan Works and Archives.

─── (ed.), 2001. *The New Tibetan-English Dictionary of Modern Tibetan*. Berkeley: University of California Press.
Grist, Nicola, 2005. The History of Islam in Suru. In: Bray, John (ed.), *Ladakhi Histories: Local and Regional Perspectives*, Leiden: Brill, pp. 175-180.
Gurmet, Namgyal, 1986. The Problems and Practices of Amchis in Ladakh. In: Leh Nutrition Project (ed.), *The Art of Tibetan Medicine in Ladakh*, London: Save the Children, p. 11.
Hamid, Abdul, 1998. *Ladakhi-English-Urdu Dictionary*. Leh: Melong Publications.
速水保孝, 1999『憑きもの持ち迷信―その歴史的考察』東京, 明石書店.
Heyde, Christian, 2005. The Early History of the Moravian Mission in the Western Himalaya: The Life and Works of Wilhelm and Maria Heyde. In: Bray, John (ed.), *Ladkahi Histories: Local and Regional Perspectives*. Leiden: Brill, pp. 271-280.
平田昌弘, 2002「中央アジアの乳加工体系―カザフ系牧畜民の事例をとおして」『民族学研究』67 (2): 158-182.
堀田満（代表）, 2002『世界有用植物事典』(オンデマンド版) 東京, 平凡社.
稲村晃江, 1987「訳者まえがき」V. B. アタヴァレー（著）, 稲村晃江（訳）『アーユルヴェーダ』東京, 平河出版社, pp. 1-38.
─── , 1990「アーユルヴェーダ入門」アーユルヴェーダ研究会（編）『インド伝統医学入門』東京, 東方出版, pp. 38-56.
インド・チベット研究会, 1982『チベット密教の研究―西チベット, ラダックのラマ教文化について』京都, 永田文昌堂.
煎本孝, 1986「ラダック王国史の人類学的考察―歴史―生態学的視点」『国立民族学博物館研究報告』11(2): 403-455.
Irimoto, T. & T. Yamada (eds.), 1994. *Circumpolar Religion and Ecology*, Tokyo: University of Tokyo Press.
石塚尊俊, 1972『日本の憑きもの』未来社.
Gyaltsen, Jamyang, 1997. The Introduction of Buddhism into Ladakh. In: Osmaston, Henry & Nawang Tsering (eds.), *Recent Research on Ladakh: Proceedings of the Sixth International Colloquium on Ladakh Leh 1993*, Delhi: Motilal Banarsidass Pub., pp. 117-119.
Jäschke, H. A., 1998 [1881]. *A Tibetan-English Dictionary*. Surrey: Curson Press.
Jettmar, Karl, 1980 [1958]. *Bolor and Dardistan*. Islamabad-Pakistan: National Institute of Folk Heritage. (reprint)
─── , 1980. *Bolor and Dardistan*. Islamabad: National Institute of Folk Heritage.
─── , 1982. *Rockvarvings and Inscriptions in the Northern Area of Pakistan*. Islamabad: Institute of Folk Heritage.
Jina, Prem Singh, 1994. *Tourism in Ladakh Himalaya*. New Delhi: Indus Publishing Co.
─── , 1995. *Famous Western Explorers to Ladakh*. New Delhi: Indus Publishing Co.
─── , 1999. *Changing Face of Ladakh Himalaya*. Faridabad, India: Om Publications.
Jina, Prema Singh & Konchok Namgyal, 1995. *Phyang Monastery of Ladakh*. Delhi: Indus Publishing Co.
Kachroo, P., Bansi Lal Sapru & Uppeandra Dhar, 1977. *Flora of Ladakh: An Ecological and Taxonomical Appraisal*. Dehra Dun: Bishen Singh Mahendra Pal Singh.
加賀谷寛, 2005『ウルドゥー語辞典』東京, 大学書林.
金岡秀友・柳川啓一, 1989『仏教文化事典』東京, 佼成出版社.
川喜多二郎, 1997「チベット族の一妻多夫」『川喜多二郎著作集第11巻』東京, 中央公論社, pp. 339-374.
川崎信定, 1993『チベット死者の書』東京, 筑摩書房.
Khan, A. H., 1985. *Census of India 1981, Series-8: Jammu and Kashmir, Paper 1 of 1985*. Household Population by Religion of Head of Household upto Tehsil and Town Level. Srinagar: Jammu and Kashmir Government.

―, 1989. *Census of India 1981, Part XII Series-8, Census Atlas Jammu and Kashmir*, Delhi: Controllers of Publications.
桑山正進（編），1992『慧超往五天竺國傳研究』京都，京都大学人文科学研究所.
Ladakh Buddhist Association 2000. *Why Union Territory for Ladakh*. (Memorandum to Members of Parliament by Ladakh Buddhist Association). Leh: Ladakh Buddhist Association.
Le Calloc'h, Bernard, 1987. Un phénomène de géographie humaine: la polyandrie au Ladakh au temps d'Alexandre Csoma de Korös (1822–1826), *Acta geographica, 3e serie/Société de geographie* 71: 2–19.
Majumdar, R. C., 1960. *The Classical Account of India: Being a compilation of the English translation of the accounts left by Herodotus, Megasthenes, Arrian, Strabo and others with Maps, editorial notes, comments, analysis and introduction*. Calcutta: Firma K. L. Mukhopadhyay.
Mann, R. S., 1978. Ladakhi Polyandry Reinterpreted. *Indian Anthropologist* 8(1): 17–30.
松平千秋，1971『ヘロドトス 歴史（上）』東京，岩波書店（岩波文庫）.
松永有慶，1980「ラダック地方におけるリンチェンザンポの遺跡」『第3回高野山大学チベット仏教文化調査団報告書』京都，高野山大学チベット仏教文化研究会，pp. 11–16.
M'Crindle, J. W., 1901. *Ancient India as described in classical literature: Being a collection of Greek and Latin texts relating to India, extracted from Herodotus, Strabo, Diodorus Siculus, Pliny, Alelian, Philostratus, Dion Chrysostom, Porphyry, Stobaeus and other works*. Westminster: Archibald Constable and Co., Ltd. (translated and annotated).
Meyer, Fernand, 1983. *Gso-ba Rig-pa: Le systeme medical tibetain*. Paris: Editions du Centre National de la Recherche Scientifique.
水谷真成（訳注），1999a『大唐西域記1』，東洋文庫，東京，平凡社.
―（訳注），1999b『大唐西域記2』，東洋文庫，東京，平凡社.
―（訳注），1999c『大唐西域記3』，東洋文庫，東京，平凡社.
長沢和俊（訳注），1971「法顕伝」『法顕伝・宋雲行紀』東洋文庫，東京，平凡社，pp. 1–157.
中村元，1963『インド古代史上』（中村元選集5巻）東京，春秋社.
―，1966『インド古代史下』（中村元選集6巻）東京，春秋社.
中野定雄，中野里美，中野美代（訳），1986『プリニウスの博物誌第1巻』東京，雄山閣.
中尾佐助，1972『料理の起源』東京，日本放送出版協会.
難波恒雄，1980『原色和漢薬図鑑（上）』大阪，保育社.
Nebesky-Wojkowitz, Rene de, 1993. *Oracled and Demons of Tibet: The Cult and Iconography of the Tibetan Protective Deities*. Kathmandu, Nepal: Tiwari's Pilgrims Book House.
西岡祖秀，1987「チベットの医学」長野泰彦・立川武蔵（編）『チベットの言語と文化』東京，冬樹社，pp. 390–407.
Norberg-Hodge, Helena, 2000. *Ancient Futures*. London: Rider.
織田武雄（監修），中務哲郎（訳），1986『プトレマイオス地理学』東京，東海大学出版会.
Paldan, Thupstan, 1982. *A Brief Guide to the Buddhist Monasteries and Royal Castles of Ladakh*. New Delhi: Golden Printers.
Petech, Luciano, 1939. *A Study of Chronicles of Ladakh*. Calcutta: Calcutta Oriental Press.
―, 1977. *The Kingdon of Ladakh: C. 950–1842 A. D.*, Serie Orientale Roma vol. 51. Roma: Instituto Italiano per il Medio ed Esttremo Oriente.
Phunsog, S. T., 1986. Dr. S. T. Phunsog, Superintendant SNM Hospital (Government Project Amchi). In: Leh Nutrition Project (ed.), *The Art of Tibetan Medicine in Ladakh*, London: Save the Children, pp. 7–8.
Pinault, David, 1999. Muslim-Buddhist Relations in a Ritual Context: An Analysis of the Muharram Procession in Leh Township, Ladakh. In: van Beek, Martijn et. al. (eds.), *Ladakh: Culture, History, and Development between Himalaya and Karakoram*, Aarhus: Aarhus University Press, pp. 290–316.
Raghunathan, K. 1978 [1976]. *Preliminary Techno Economical Survey of Natural Resources and Herbal Wealth of*

Ladakh. New Delhi: Central Council for Research in Indian Medicine and Homoeopathy.

Rather, Ali Mohmad, 1997. Discrimination in Ladakh Society: A Study of Mons and Bedas of Ladakh. In: Osmaston, Henry & Nawang Tsering (eds.), *Recent Research on Ladakh: Proceedings of the Sixth International Colloquium on Ladakh Leh 1993*, Delhi: Motilal Banarsidass Pub., pp. 215–218.

Rechung Rinpoche, 1976 [1973]. *Tibetan Medicine*. Berkeley: University of California Press.

Rgya-mtsho, Yon-tan, 1983. *Gso-rig zin-tig gces-bsdus* (A treatise on Tibetan medicine). Reprinted from the 1976 Kokonor People's Publishing House edition by O-rgyan Rnam-rgyal. Smanrtsis Shesrig Spendzod, vol. 114. Leh, Ladakh: Tashigang.

Rigzin, Tsepak, 1997. *Tibetan-English Dictionary of Buddhism Terminology*. Dharamsala, India: Library of Tibetan Works and Archives.

榊亮三郎, 1981 [1925]『飜譯名義大集』全2巻, 東京, 国書刊行会.

Samphel, Tsering, 2000. Why Union Territory Status for Ladakh: Memorandum to Members of Parliament by Ladakh Buddhist Association. In: Ladakh Buddhist Association (ed.), *Why Union Territory Status for Ladakh*, Leh: Ladakh Buddhist Association, pp. 1–8.

佐藤久光, 1982「ラダック社会とシャマニズム」インド・チベット研究会（編）『チベット密教の研究―西チベット, ラダックのラマ教文化について』京都, 永田文昌堂, pp. 397–479.

佐藤長, 1958『古代チベット史研究上』, 東洋史研究叢刊 5-1, 京都, 東洋史研究会.

―――, 1959『古代チベット史研究下』京都, 東洋史研究会.

Srinivas, Smriti, 1998. *The Mouths of People, the Voice of God: Buddhists and Muslims in a Frontier Community of Ladakh*. Delhi: Oxford University Press.

スタン, R. A., 1971『チベットの文化』山口瑞鳳・定方晟（訳）, 東京, 岩波書店. (Stein, R. A., 1962. *La civilisation tibétaine*, Paris: Dunod.)

The Save the Children (ed.), 1986. *The Art of Tibetan Medicine in Ladakh*, Overseas Department Research Project Report No. 1. London: The Save the Children Fund (UK).

Thomas, F. W., 1935. *Tibetan Literary Texts and Documents concerning Chinese Turkestan. Part I: Literary Texts Oriental Translation Fund*, New series vol. 32. London: Royal Asiatic Society.

Tourist Office Leh, 2003. *Tourist Directory of Ladakh*, Leh: Tourist Office.

Trogawa Rinpoche, 1986. Dr. Trogawa Rinpoche, Lhasa trained Amchi. In: Leh Nutrition Project (ed.), *The Art of Tibetan Medicine in Ladakh*, London: Save the Children, pp. 6–7

Tundup, Dorjey, 2001. *Reach Ladakh- Ladakh & Spiti*. Leh: Reach Ladakh Publications.

Tylor, E. B., 1958 [1871]. *Religion in Primitive Culture*. New York: Harper & Row.

van Beek, Martijn, 1996. *Identity Fetishism and the Art of Representation: The long struggle for regional autonomy in Ladakh*. Ph. D. thesis, Cornell University.

―――, 2002. website. Thoughts on the Ladakh Autonomous Hill Development Council Act of 1995. http://www.mtnforum.org/resources/library/vanbm97a.htm 02/06/25.

Wylie, Turrel, 1959. A Standard System of Tibetan Transcription. *Harvard Journal of Asiatic Studies* 22: 261–267.

薬師義美, 1991『チベットの報告I』東洋文庫 542, 平凡社 (de Filippi, Filippo (ed.), 1937. *An Account of Tibet, The travels of Ippolito Desideri of Pistonia, S. J., 1712–1727*. London: George Routledge & Sons, Ltd., revised edition.)

Yamada, T., 1994. Animal as the Intersection of Religion with Ecology. In: Irimoto, T. & T. Yamada (eds.), *Circumpolar Religion and Ecology*, Tokyo: University of Tokyo Press, pp. 69–102.

―――, 1997. The concept of universe and spiritual beings among contemporary Yakut shamans: The revitalization of animistic belief and shamanistic tradition. In: Yamada, T., & T. Irimoto, *Circimpolar Animism and Shamanism*, Sapporo: University of Hokkaido Press, pp. 207–228.

山田孝子，1994『アイヌの世界観』東京，講談社．
──，1997「西チベット，ラダックにおける病いと治療」山田慶児（編）『歴史の中の病と医学』，京都，思文閣出版，pp. 567-590.
──，1998「サハ・ヤクートにおけるシャマニズムの復興と自然の意味」『エコソフィア』1：129-147.
──，2002「西チベット，ラダッキの民族医学──アムチの医学理論とその実践」寺嶋秀明・篠原徹（編）『エスノ・サイエンス』京都，京都大学学術出版会，pp. 215-274.
──，2005「現代化とシャマニズムの実践にみる身体──ラダッキとサハの事例より」『文化人類学』70（2）：226-246.
山口瑞鳳，1983『吐蕃王国成立史研究』東京，岩波書店．
──，1988『チベット下』東京，東京大学出版会．
矢野道雄，1988「解説」『インド医学概論──チャラカ・サンヒター』矢野道雄（編・訳），東京，朝日出版社，pp. vii-L.
矢崎正見，1993『ラダックにおけるチベット仏教の展開』東京，大東出版社．
矢田修真，1997「解説：ザンスカル・ラダックとヴォルフガンク・フリードルのフィールドワーク（現地調査）について」『ザンスカル（ラダック）の社会・経済・物質文化』ヴォルフガンク・フリードル（著），矢田修真・井藤広志（訳），東京，文化書院，pp. 193-205.
頼富本宏，1982「ラマ寺院の概要」インド・チベット研究会（編）『チベット密教の研究──西チベット，ラダックのラマ教文化について』京都，永田文昌堂，pp. 33-62.
──，1982「ラマ教の美術」インド・チベット研究会（編）『チベット密教の研究──西チベット，ラダックのラマ教文化について』京都，永田文昌堂，pp. 93-238.
張怡孫　2004［1993］『蔵漢大辞典』上・下，北京，民族出版社．

索　引

[ア行]

アイヌ　5, 6
アイベックス (skyin)　206, 208, 209
悪霊 (ドン gdon)　203, 218, 219, 278
　悪霊の病い　266
　悪霊脈 (ドンツァ gdon rtsa)　242, 243
　子供の悪霊 (チスドン chis gdon)　217, 243, 280
味 (ロ ro)　252, 253
　甘味 (ガルワ mngar ba)　252
　辛味 (ツァワ tsha ba)　252
　鹹味 (ランツワ lan tshwa ba)　252
　酸味 (スキュルワ skyur ba)　252
　渋味 (スカワ ska ba)　252
　消化後に感じる味 (ジュジェッスム zhu rjes gsum)　252
　苦味 (カワ kha ba)　252
　六味　252
アジャン (a jang)　73, 75, 83
アショーカ王　21
熱い　163, 164
　熱い病い　290
アティーシャ　26, 30
アニミズム　5, 397
アネ (a ne)　75, 86
アムチ (am chi)　5, 161, 197, 233, 363, 364, 366, 391
　アムチジュックス (am chi 'jugs　アムチ資格試験)　262
　アムチの医学　162
　アムチの家系　266, 268
アーユルヴェーダ医学　291
アリ・ミール・シェル・カン (Ali Mir Sher Khan)　35
アルゴン (ar gon)　37, 184
アンズ (chu li)　20, 44, 116, 117
　アンズの実　239
　アンズ油　17, 147, 156
　干しアンズ (chu li skam bo)　17, 66, 116, 119, 147, 154, 159, 239
イエ (家)　398
イェシュケ (H. A. Jäschke)　38, 56
家筋 (ルギュ　rgyud)　211
イクギャ (yig brgya　金剛薩埵のマントラ)　319, 353, 354
異言　341, 359
石を選別する試験　350

イスラム　33, 36
　イスラム化　16
　イスラム教徒　385
　イスラム君主国　29, 34
痛み (キュック khyug)　247, 362
イニシエーション　331
岩壁画　21, 22
インダス川　2, 3, 12, 16, 20
インド　1, 2, 11, 23, 45, 165
　インド医学　234
　インド政府　14, 84
　インド・チベット国境警備隊　113
　インド・パキスタン分離独立　47, 165, 178
占い　221-224, 386
エコロジーの哲学　402
NGO　189, 192
エンドウ (シャンマ sran ma)　114, 115, 123, 141, 161
『往五天竺国伝』　24
オオムギ (ナス nas)　97, 111, 124, 135, 136, 164, 333
　オオムギの炒り粉 (ツァンパ rtsam pa/スガンフェ rngan phye)　82, 84, 137, 239, 344
　皮ムギ (ソワ so ba)　112, 113
オスィ　→チーズ
夫方居住　70
お守り (シュガ sngags)　306
オーラングゼーブ王 (Aurangzeb)　36
オンチョチェス (ongs byo byes　風選作業)　106, 108
オンポ (on po)　198, 212, 216, 380, 381

[カ行]

開墾　98, 99
外出禁止令　182
カカタジ (ga ga rta lchi　馬長官)　49
カーギュ派 (bka'brgyud pa)　30
　ディグン・カーギュ派 ('bri gung bka' brugyud pa)　3, 30, 38, 303
　ドゥクパ・カーギュ派 ('brug pa bka' brgyud pa)　31, 304
核家族化　172
カシミーリ　176
カシュガル　43
カスダール (bka' sdar)　52, 54
風の馬　→ルン
カタック　62, 87, 263, 265

カタンデルガ（bka' thang lde lnga 「五部遺教」）
　　375, 389
家畜の屠殺　132
学校教育の普及　169
カニシカ王　21
カニンガム（Alexander Cunningham）　2, 34, 38,
　　41
カブゴ（bka' bsgo　除魔儀礼）　206, 212, 218,
　　279, 389
カブツァド（gap tshad　熱の病い）　158
カブツェ（kab tse）　144, 148
カブル国　33, 34, 36
カブルン（khab lung　針の吸い出し）　316, 323,
　　325, 327, 347, 348, 353, 355, 357, 386
かまどの神　→ラー
神々の超越性　401
仮面舞踏（チャム 'cham）　89
ガラ（ga ra　鍛冶屋）　54, 64, 184
カラコルム山脈　12, 16
カラシナ　209
　　カラシナ油（ニュンスカル nyungs dkar）
　　　　110, 148, 161
　　セイヨウカラシナ　97, 111
ガリ地方　30
カル（khal）　102
カルギル支区　18, 165, 175, 184
カルツイ（dkar spri　初乳）　130
カルポン（mkhar dpon　司令官）　48
カルン（kha lung　口の教え）　344, 345, 355
カローシュティー文字　21, 22
カロン（bka' blon　宰相）　48, 50, 51, 58
灌漑　95, 97
カンギュル（bka' 'gyur　大蔵経の仏説部）　91
観光　165
　　観光化　172, 174, 402
　　観光客　171
　　観光地化　165, 171, 172
ガンスタッド（ngan gtad　妖術対抗術）　323,
　　325
関税収入　46
観想（行）　328
観音菩薩　65
カンパ（khang pa　家）　55, 56
　　カウン（kha un, khang chung　分家）　57,
　　　　59-62
　　カンチェン（khang chen　木家、隠居所）
　　　　57, 59, 61
機械化　110
既婚女性　69, 174
貴族階層　59
キデ・ニマゴン王　28
ギャクタック（bgegs bskrad　悪霊祓い）　84,
　　156
ギャジ（brgya bzhi　4種各100個の供物）　222
ギャナクカルドク（rgya nag skag zlog　中国式の
　　厄祓い）　363, 374
ギャルポ（rgyal po）　62, 203, 220, 221, 223, 224,
　　243, 279, 318, 360, 375, 386, 389
灸（メツァ me btsa'）　257, 273, 275, 277, 364,
　　365
　　グルメ（dngul me　銀灸）　257
　　セルメ（gzer me　金灸）　257
ギュシ（rgyud bzhi　『四部医典』）　197, 234,
　　235, 241, 259, 263-268, 272
境界を越える　395
清らか（ツァンマ gtsang ma）　163, 164
キリスト教　176
　　キリスト教徒　61, 175
　　キリスト教の宣教師　38
　　モラビア教会　56, 165, 176
ギルギット　22, 24
ググル（gu gul）　279
グゲ　28
クシュ（ku shu　リンゴ）　119
薬　252-254
　　丸薬（リルブ ril bu）　256, 278
　　粉薬（チェマ phye ma）　256, 278
　　植物性薬　281
　　煎薬（タン thang）　274, 278
　　ノルブドゥンタン（nor bu bdun thang　煎薬
　　　　の一種）　277
　　マヌジタン（ma nu bzhi thang　煎薬の一種）
　　　　277, 290
　　薬師如来（sangs rgyas sman bla）　263, 264,
　　　　267, 293, 359, 365, 366, 375, 389
　　薬性　281, 283
　　薬草の採集　268
　　薬物の種類　254
　　薬味　282, 283
グプタ文字　21
クマ送り（イオマンテ）　6
クーユ（kho g.yus/g.yul byed pa　脱穀作業）
　　106, 110
グラブ・シン王（Gulab Singh）　39
クル（khur/khur ru　一抱え）　106
クルミ（Juglans regia L.　ペルシャグルミ）
　　121, 122, 156, 159
グル・リンポチェ　→パドマサンバヴァ
クワ（Morus alba L.）　122
軍神　→ラー
啓示　401
『ケーサル叙事詩』　41
穢れ（ディブ grib）　155, 220, 332, 338
　　穢れた（ディブチャン grib can）　162-164

穢れの吸い出し →ディプルン
下剤（bshal btang byes）　285
結婚　68, 69, 73, 75, 76
　　結婚式（bag ston）　76, 80, 81, 158
　　1 世代 1 婚姻　70, 88
　　一妻多夫婚　70-72, 179
　　一妻多夫婚の禁止　168
　　一夫多妻婚　70, 71
　　ブドット（bdud　養子縁組婚）　72
　　婿入り　70
　　娘交換婚（bag sdeb）　76, 78
　　略奪婚（skyu ste kyon se）　76-79
ゲルック派（dge lugs pa）　30, 32
健康維持法　240
現代化　395
交易　70, 80, 264
　　交易規則　36
　　交易協定　47
　　交易経済　45
　　交易権　40
　　交易路　43
　　国際交易　41, 43
　　国内交易　41, 43
高標高地域　15
国立アムチ医学研究所　261
小作人の廃止　168
五色の矢　348
五臓六腑　245
古代インド王朝　21
五体投地　→チャック
国境紛争　11
ことわざ　41, 46, 69, 70, 75, 79, 80, 102, 109, 111, 113, 123, 134, 136, 140, 151, 162, 163
ゴバ（mgo ba　村長）　49, 54
五仏　350
「五部遺教」→カタンデルガ
護法尊　62
コムギ（トォ gros）　113, 124, 135
　　コムギ粉（バクフェ bag phye）　143, 239
コラック（kho lag）　138, 148, 152-154
コルレ王　26, 30
ゴレス（mgo ras　花嫁が被る白い布）　82-84
声色や口調の変化　341
金剛鈴　→リルブ
ゴンスキャル（'gong rkyal　生霊）　157, 210-215, 222, 305, 306, 341, 371, 372, 375, 392, 398, 399
　　ゴンボ（'gong pho　男性の生霊）　210, 278
　　ゴンモ（'gong mo　女性の生霊）　210
ゴンチャ（gon chas　長衣）　174
ゴンパ（dgon pa　僧院）
　　アルチ・ゴンパ　28, 30

　　カルシャ・ゴンパ　28
　　サブー・ゴンパ　32, 89
　　タックタク・ゴンパ　32
　　ティクセ・ゴンパ　32
　　マトゥ・ゴンパ　32
　　ラマユル・ゴンパ　30, 88, 169, 170
ゴンボ/ゴンポ（mgon po）　62, 210, 222, 224, 278, 318

[サ行]
サイード・アリ・ハマダーニ（Sayyid Ali Hamadani）　33
サガチョチェス（sa ga bcho byes　サガ月の儀礼）　91, 99
サキャ派（sa skya pa）　30, 32
搾乳　129, 130, 132
サダック（sa bdags　土地神）　99, 201, 203, 223, 243, 360, 375, 389, 392, 398, 399
　　サダックの儀礼（sa bdag gdon grol）　361
ザティ 14（dza ti bcu bzhi）　287
ザー・ナッド（gza'nad　麻痺）　200, 251
サハ　5
サムセウ（bsam bse u　生殖器）　246
ザン（zan　オオムギ料理名）　216
　　マルザン（mar zan）　138, 152, 154, 155, 157, 158, 160, 163
サンス　→浄化儀礼
ザンスカル（zangs dkar）　11, 18, 40, 263
　　ザンスカル川　18
持参財（レマ le ma）　75, 80
　　持参財の目録（ズギック zu gyig）　76, 79, 87
ジダック（zhi dag　土地神）　109
実利的即物的機能　400, 401
指定部族　183
　　指定部族地位（Scheduled Tribe Status）　165, 180, 183, 402
『四部医典』→ギュシ
ジムスカン（gzims khang）　51, 58
シャクソル（gshegs gsol　ラーの離脱請願）　339, 354, 355
シャクポン（gshags dpon　主席判事）　49, 50
ジャドゥ（'ja'a'du　妖術）　325, 394
シャマン　197, 225, 301
　　シャマニズム　5, 7, 301, 397
　　シャマンの里　378
ジャム・カシミール　1, 12, 40, 171
　　ジャム・カシミール藩王国　40, 71
シャルスマン（bshal sman　下剤）　256
宗教　7
　　宗教的共存　188
　　宗教的対立　179, 181, 186, 188

宗教的対立の解消　187
宗教的多様性　11, 36, 39
『15の子供の悪霊』　217, 218, 280
シュクパ（shug pa Juniperus sp.）　62, 90, 199, 333, 342, 391
守護神（シュンマ srung ma）　221, 319, 356, 367, 368, 373
　　守護神への祈り　363, 370
出産　157, 176
シュップラー（shub lha　初穂儀礼）　53, 93, 94, 103
「樹木荘厳経」　→ドンポギャンベド
シュルトゥク（srul thug）　146
シュンマ　→守護神
浄化　370
　　浄化儀礼（サンス bsangs）　90, 311, 335
　　浄化の沐浴（トゥス khrus）　370
　　かまど浄化儀礼（タップ・サンス thab bsangs）　155
初乳　→カルツイ
除魔儀礼　→カブゴ
シン（srin　虫）　249, 251
　　シン・ナッド（srin nad　虫の病い）　249
　　コンシン（khong srin　体内の虫）　249
ジンシャク（zhing sregs　護摩を焚く）　112, 213, 306, 389
親族名称　73, 75
身体的技法　402
身体の平衡状態　292
シンデ　→霊
シンドゥ・ダルシャン（Sindhu Darshan）祭り　187
神秘主義教団　33
スィルモ（bsil mo　冷たい）　161
スカルド　16, 34, 35, 289
スガントック（rngan thug）　138, 152
スガンフェ　→オオムギ
スキェスカル（skye skar　生まれ星）　237
スキェスラー（skyes lha　生まれ年のラー）　205
スキャブド（skyabs 'gros　護法尊の儀式）　380
スキュー（skyu　コムギ料理名）　144
スキュックスタンチェス（skyugs btang byes　吐剤）　256
スキュルチュックス（skyur bcugs　パンの一種）　146, 148
ズクモ（zug mo　痛み）　199, 244
スタクナ・リンポチェ　304, 308, 309, 323, 325, 346, 370, 380, 381
スチャンデン（spyan 'dren　招来儀礼）　313, 328, 335, 342, 344, 348
ストデ（stod le　胸当て）　332

ストルマ（gtor ma　円錐形の供え物）　84, 128, 220-222, 279
スニンカ（snying ka　鳩尾の痛み）　200
スピティ　12
スマドギョックス（smad gyoks）　332
スマンモ（sman mo）　203, 205, 206, 208
スミョチェス（smyo byes　狂気）　310
ズングドゥス（gzungs bsdus　『陀羅尼集』）　217
製剤方法　256
生態　7
Save the Children Fund（子供救済基金）　268
西洋医学　198
セルキェム（gser skyems）　90, 318, 322, 338, 342, 348, 353, 382
センゲ・ナムギャル（Sengge Namgyal）　28, 31, 35, 48
占星術　237
　　ツィスパ（rtsis pa　占星術師）　198
葬儀　155, 176
相補的互酬性の原理　400
ゾー／ゾモ（ヤクと牛の種間雑種）　18, 95, 124, 125, 127
　　ゾー（mdzo　牡個体）　17, 123
　　ゾモ（mdzo mo　牝個体）　17, 123
ソスニョン（bsod snyoms）　269
供え（ティムチョル phrin bcol）　360
ソバ（ダオ bra bo）　97, 114, 115, 135, 141
　　ソバ粉　140
　　ダッタンソバ　115
ソラマメ　114, 115, 141
ゾラワール・シン（Zorawar Singh）　39, 48
ソルカ（gsol kha　祈り）　90
ソワ　→オオムギ（皮ムギ）
ソンツェン・ガンポ王　25, 234
ソンデ　→霊

[タ行]
第1次クシャーナ朝　21
第1次ラダック王朝　27
体液　236
　　体液の不均衡　244
　　体液の平衡状態　161
『大唐西域記』　1, 23
大土地所有禁止令　167
タギ（ta gi　コムギ料理名）　153
　　タギショモ（ta gi srab mo　チャパティ）　130, 143, 158
　　タギトゥクモ（ta gi thug mo　厚いパン）　143, 153
　　タギツプセトゥクパ（ta gi gtub ste thug pa）　144

タクショス（thak chod pa　郷長）　51
ダクナクチョモ（drag nag chomo）　109
タクマル（brag dmar）　322, 380
タシスパ（bkra shis pa）　81, 83, 86
ダスブースム（'bras bu gsum　3種の果実）　277, 290
タック（khrag　血）　246
　　タック・ナッド（血の病い）　270
脱穀作業　→クーユ
脱穀場　→ユルタック
脱魂　401
立て織機　132
ダムシ（dam sri　怨鬼）　202, 243
ターラ（dar ba　バターミルク）　143, 149, 162
ダライ・ラマ法王　314, 318, 323
ダラムサラ　267, 268
ダル（da ru　デンデン太鼓）　332, 335, 338, 341, 382
タルスマン（thal sman　灰化薬）　199, 256
タルタック（thal bsreg　灰の中で焼いた大型のパン）　65, 143
タン　→薬
タントラ仏教　26
タンマ12女神　318
タンラ（thang lha）　318, 322, 386
タンワ（grang ba　冷たい）　239
地域開発　174
チェマ　→薬
チーズ　148
　　チュルペ（phyur pe/chur phe　乾燥チーズ）　150, 152
　　オスィ（o sri　生チーズ）　150
チスドン　→悪霊
チベット　36, 55
　　チベット医学　132, 234
　　チベット暦　99, 102, 111, 124, 217, 219
　　チベット－モンゴル軍　36
チャクジ・ゴバ（chagsi goba　市長）　49
チャクゾット（phyag mdsod　大蔵大臣）　49
　　チャクゾットパ（chagzodpa）　58
チャクメン（jag med）　324, 387
チャスール（ja srul）　138, 152
チャダール（chab dar）　18, 20
チャック（phyag　五体投地）　319, 322, 328, 335, 380
チャパティ　→タキ
チャン（chang　オオムギ酒）　64, 66, 67, 82, 84, 141, 143, 163, 239, 265, 274, 284
チャンタン　20, 41, 42, 45, 46, 88, 123, 263, 308
　　チャンタン地方ルトック　28, 51
チャンパ（風邪）　270
チュウ（chu　水）　246

チュウセル（chu ser）　248, 249, 272
チュウタキ（chu'i ta gi）　144
チュショット（chushot）　35, 37
チュダル（chu dar　水（川）の祈りの旗）　374
チュリ　→アンズ
チュルペ　→チーズ
チュンパシュガ（'byung pa lnga　5元素）　236
超越的　401
超自然的存在　202
「長寿の陀羅尼経」　374, 389
腸詰め（ギュマ rgyu ma）　153
チョカン（mchod khang / chos khang　仏間）　67, 90
チョッドパ（mchod pa　ツァンパで作る供え物）　93
チョーマ・ド・ケーレス（Alexandre Csoma de Korös）　1, 38
チョルテン（mchod rten　仏塔）　392
チョンジ21（cong zhi nyer gcig）　288
チンラップス（byin rlabs　福力・祝福物）　211
ツァッド（tshad　熱）　246
ツァワ（tsha ba　熱い）　239
ツァン（btsan　山野の魔）　200, 203, 205, 206, 219, 221, 223, 243, 350, 351
ツァンパ　→オオムギ
ツィスパ　→占星術
ツィトゥ（tshi du　不浄）　156
通過儀礼　80, 88, 89, 156
ツェズングス（tshe gzungs　「長寿の陀羅尼」）　363
ツェリンチェッドガ（tshe ring mched lnga　長寿5姉妹）　326, 349, 356, 386
ツォクス（tsogs）　156, 322
冷たい　163, 164
　　冷たい病い　290
ティクタ8種（tig ta brgyad pa）　285
ティスパ（mkhris pa　胆汁）　115, 158, 201, 236-239, 244, 252, 253, 266, 272, 290, 292
　　ティスパの病い　162, 284, 266, 272, 290
ティソン・デツェン王　24
ティデ・ツクツェン王　24
ディプルン（grib lung　穢れの吸い出し）　323, 325-327, 338, 353, 355, 357, 362, 363, 382, 386, 391
ティホ（dri pho　男性の生霊）　210, 243
ティモ（dri mo　女性の生霊）　210, 243
ディモ（'bri mo　牝ヤク）　123
ティンポン（khrims dpon　裁判官）　49
デウカルナック（rde 'u dkar nag　白と黒の石）　348
デェー（'dre　鬼）　203, 209, 218, 350
デェボ（gre bo　男鬼）　219

テクドゥム（dreg grum　痛風）　247
デシデリ（Ippolito Desideri）　38, 55
デルギャッド・セルキェム（sde brgyad gser skyems　8セルキェム）　318, 354
転生的憑依　329
デンデン太鼓　→ダル
トウガラシ　391
頭冠　335
トゥク（dug　毒）　246
トゥクタル（thug thal）　140
トゥクパ（thug pa　コムギ料理）　140, 152, 154, 157-159, 161, 162
　　タキツプセトゥクパ　→タキ
　　ティムトゥク（grims thug）　144, 153
　　バルトゥク（bal thug）　146
トゥス（khrus　沐浴）　199, 220, 312, 322, 368, 370
トゥックス（'khrugs　不調）　272
　　トゥックス・ナッド（外傷性全身障害）　270
ドゥックスカル（gdugs dkar　「仏頂大白傘蓋経」）　221, 222, 323, 363, 375, 389
トォ　→コムギ
ドク（brog　山の牧場）　124
　　ドクサ　119, 121, 124, 127
トクダン・リンポチェ　169, 170, 303, 307, 313, 322, 323
特定カースト集団　183
ドグラ　39
　　ドグラ体制　40
　　ドグラ地方　39
吐剤　→スキュクスタンチェス
　　吐剤療法　288
年厄（ロケック lo keg）　374
ドス（mdos）　220, 279
土地制度改革　167
吐蕃王国の解体　25
トランスカルチュラル　385, 393, 394
トランス状態　340
トランスヒマラヤ　11, 12
ドルジェ（rdo rje, vajra　金剛杵）　332, 333
ドルマ（sgrol ma　「ターラ礼讃経」）　221
ドン　→悪霊
トンスノッド（don snod　（五）臓・（六）腑）　245
　　スノッドトゥック（snod drug　六腑）　248
　　トンシュガ（don lnga　五臓」）　248
ドンパ（grong pa　農民）　54
ドンポギャンペド（sdong po brgyan pa'i mdo　「樹木荘厳経」）　221, 222
ドンモ（dong mo）　152

[ナ行]
ナクルック王　27
ナシ（*Pyrus communis* L.　セイヨウナシ）　121
ナッド（nad）　199, 237
　　ザー・ナッド（gza'nad　麻痺）　200, 251
　　タック・ナッド　→血
　　トゥックス・ナッド　→トゥックス
　　ニャン・ナッド　→ニャン
　　ルス・ナッド（rus nad　骨の病い）　247
ナムシェス（rnam sras　財宝神）　83
ナローパ（na' a ro pa）　3, 30
ナンブ（snam bu　羊毛布）　46
ニェスパスム（nyes pa gsum　3病因）　236
ニャン（gnyan）　204, 243
　　ニャン・ナッド（gnyan nad）　251, 270
ニュンスカル　→カラシナ
ニョーパ（gnyo' bo pa）　81, 86
ニンニク　162, 391
ニンマ派（rnying ma）　30, 32
ヌスパ（nus pa　薬の力）　252
ヌブラ地方　118, 122, 124, 125, 141, 264
熱―冷二元論　239, 240, 292
ノール・バクシ派　34
ノチン　280
ノルブドゥンタン（nor bu bdun thang）　277, 290

[ハ行]
バクザン（bag zan）　143
バクラ・リンポチェ　308, 313, 315, 323
播種　102
パシュミナ　20, 44, 46
バスゴ　30, 48
パスプン（pha sphun）　52, 55, 56, 62, 89, 163
　　パスプン・メンバー　62, 64, 65, 67, 71, 80, 81, 84, 86, 88, 155, 176
　　パスラー（phas lha　パスプンのラー）　56, 62, 176
バター（マル mar）　148, 150, 163
　　バター茶（ジャまたはソルジャ ja/sol ja）　83, 152, 153, 159
　　バターランプ　333, 344
畑への給水　102, 103
『八科精髄集』　234
『8女神の占星術と原因、徴候、治療』　217, 219
初穂儀礼　→シュップラー
バトカン（bad kan　粘液）　200, 236-240, 244, 252, 253, 266, 270, 290, 292, 365, 366
　　バトカンの病い　162, 272, 287, 288
バトルン（pad rlung）　201
パドマサンバヴァ（グル・リンポチェ）　25, 32,

202, 203, 243, 319, 322, 323
パパ（pa pa）　　138, 148, 161, 216
針の吸出し　→カブルン
張りぼて（ベーソプ　be sob）　130
パルダンラモ（dpal ldan lha mo）　345, 386, 388, 391
『パルダンラモの占い書』　217, 220, 388
パルツァマルクー（bag tsa mar khu）　145
バルティ（sbal ti）　3, 16, 24, 41, 51, 176
　　バルティスタン　11, 16, 26, 34, 40
ハルマン品種　118
「ハレ」の料理　153, 159
バンザルグル（bdzra gu ru　グル・リンポチェのマントラ）　319, 322, 353, 354
汎チベット化　402
「般若心経」　389
被差別カースト集団　54
ヒマチャル・プラデーシュ州　2
憑依　401
　　憑依霊　209, 305
　　憑霊型　301
　　憑霊の病い　278, 304, 341
ヒンディー語　362, 382, 391, 394, 402
ヒンドゥー教徒　179, 362, 385, 391, 394
風選　106
フェマル（phye mar）　138, 148, 152, 154
「仏頂大白傘蓋経」　→ドゥックスカル
仏教徒　402
プックマ（phug ma）　109, 126, 127, 141
ブドウ　44
プトレマイオス　20, 22
ブラーフミー文字　21
フランケ（A. H. Francke）　2
プーリック　2, 12, 28, 34, 35
プリニウス　22
ブルザ（bru zha）　24
ベーラ（spe rags　頭飾り）　69, 76
ベダ（be da）　54, 73, 184
ヘロドトス　22
牧畜　96
ホータン　44, 45, 51
『法顕伝』　22
ボト（Bot/Boto）　176, 183, 184
ポロツェ（po ro tse）　103, 104
ボロル国（勃律）　22, 23
本尊（イーダム　yi dam）　333

[マ行]
マクパ（mag pa　婿）　59, 70, 75
マクポン（dmag dpon　軍最高指揮官）　49
マナリ　2, 382, 392
マヌ（ma nu）　277

マヌジタン（manu bzhi thang）　290
マネ（ma ne　観音菩薩のマントラ）　353
マメ類（sran ma）　114, 135
マルクル（mar khur）　144
マルドゥン（ma gdung　大梁）　214, 215
マルザン　→ザン
マルユル（mar yul）　12, 23, 26
マントラ（真言）　65, 279, 319, 328
ミクツェマ（dmigs brtse ma　ツォンガパ賛美の一節）　353
身分制の廃止　167
ミポン（mi dpon　村長）　49
脈（ルツァ　rtsa）　241–243, 246, 249
　　脈診（レクパ　reg pa）　241, 274, 336
ムーアクロフト（William Moorcroft）　1, 38, 48
ムギ作農耕　96
虫　→シン
ムスリム　17, 58, 175, 179, 391, 392, 402
　　シーア・ムスリム　165, 176, 186
　　スンニ・ムスリム　37, 165, 176, 186
　　ムスリム化　176
　　ムスリムへの改宗　185, 186
ムチュウ（dmu chu　浮腫）　249, 251
村役（yul'i tshogs po）　54, 80
メ（me　火）　235–237
　　メガックス（me sngags　火の浄化）　316, 327, 339
　　メツァ　→灸
　　メルン（me lung　火の口伝）　316
モクモク（mog mog）　144
沐浴　→トゥス
目録　→持参財
モスクの建設　36
モン（mon　楽師）　53, 73, 93, 184, 265
モンゴル大戦争　36

[ヤ行]
矢（mda' dar）　62, 82, 86, 348
夜間外出禁止令　181
ヤク（g.yag）　17, 123
厄年祓いの儀式　389, 391
野生ヒツジ（ri dags）　157
ヤルカンド　43–45, 51
ヤンクー（g.yang 'gugs　吉兆の儀礼）　82, 84, 156
ユリメンバ（yul'i mem bha　村役）　82
ユルタック（g.yul 'thag, g.yul kha　脱穀場）　103, 104, 106
良い運勢（スパルカ　spar kha）　209
ヨーグルト　148, 149, 158, 160–162
ヨス（yos　炒ったオオムギの粒）　137, 156
　　トヨス（gro yos　コムギのヨス）　147

嫁（na ma） 88

[ラ・ワ行]
ラー（lha 地方神） 109, 204, 205, 218, 303, 307, 308, 313, 314, 342, 350, 352, 399
　　キィムラー（khym lha 家族のラー） 319
　　ジンラー（zhing lha 畑のラー） 99, 205
　　タップラー（thab lha かまどの神） 333, 382
　　ダラー（dgra lha 軍神） 91, 205, 223
　　ユッラー（yul lha 村のラー） 205, 221, 312, 313, 368, 370, 371, 386, 389
　　ラカン（lha khang ラーを祀る部屋） 372
　　ラーシャッド（lha bshad ラーの物語） 335
　　ラップサンス（lha bsangs ラーの浄化） 67, 90, 157, 368, 372, 374
　　ラトー（lha tho ラーを祀る石積み） 3, 62, 157, 163, 307
　　ラートゥス（lha khrus ラーの沐浴） 368, 372, 374
　　ラーとデーの分離儀礼 →ラポック
　　ラーの観念 399
　　ラーの憑依 303, 327, 385
　　ラーへの祈願（lha gsol） 220
ラス（las カルマ） 216
ラダック（la dwags） 1, 12, 26, 40
　　ラダック王国 46
　　『ラダック王統記』 26, 34
　　ラダック学生教育・文化運動（SECMOL） 190
　　ラダック管区（Ladakh Region） 14
　　ラダック管区レー支区 165
　　ラダック計画 189
　　ラダック自治山麓開発評議会（Ladakh Autonomous Hill Development Council） 184, 188, 402
　　ラダック仏教徒協会 80, 169, 170, 179, 180, 182–186
ラバ（lha ba 男性シャマン） 197, 216, 225, 301, 311, 330
　　ストック・ラバ 380
　　ヘミス・ラバ 316
　　ティクセ・ラバ 304, 308, 309, 316, 317, 322, 325
ラポック（lha-phog ラーとデーの分離儀礼） 304, 307, 309, 316, 321, 322, 327, 341, 346, 357, 358, 385, 387
ラホール 12
ラマ（bla ma 僧侶） 67
ラモ（lha mo 女性シャマン） 197, 216, 225, 301, 311, 330

ランタック（rang 'thag 水車小屋） 136
ランダルマ 25, 30
リクシュガ（rigs lnga 五智の宝冠） 328, 332
リムド（rim 'gro 困難を取り除く儀式） 374
リューマチ 247, 272
リルブ（dril bu 金剛鈴） 332, 335, 356
リルブ →薬
リンチェンザンポ（lo tsa' a ba rin chen bzang po） 3, 26, 28, 30, 234, 235
リント（rin mtho） 75, 213
リンポチェ（rin po che 高貴なもの） 211, 218, 224, 254, 256, 308, 312, 321, 323–325, 328, 341, 345, 352, 374, 385, 386
ルー（klu 龍神） 99, 109, 201, 203, 219, 223, 243, 350, 353, 392, 398, 399
　　ルーサンス（klu bsangs） 357
　　ルーストル（klu gtor） 360
　　ルーブン（klu 'bum 龍の礼讃経） 357
ルツァ →脈
　　ルツァ・ナッド（rtsa nad） 249
　　ルツァカル（rtsa dkar） 249, 270
ルトック →チャンタン
ルン（rlung 体液風） 158, 200, 201, 236–240, 244, 252, 253, 266, 270, 272, 292
　　ルンの病い 266, 270, 272, 285
　　タクルン（khrag rlung 血と体液風） 364
　　ルンスタ（klung rta 風の馬） 209, 222, 374, 393
レー 14
　　レー栄養計画（Leh Nutrition Project） 190
　　レー支区（Leh Tehsil） 14, 15, 175
　　レー－スリナガル間道路開通 171
霊 202
　　霊の障り 366
　　霊の憑依 134, 302, 303, 310, 312, 314, 366
　　霊の憑依による病い 301
　　霊の分離 →ラポック
　　生霊（ソンデ gson 'dre） 210, 222
　　死霊（シンデ shi 'dre） 210, 341, 342, 371, 398, 399
　　死霊の障り 375, 391
レマ →持参財
レルパチェン 25
連邦直轄領地位（Union Territory Status） 165
ロ →味
ローサル（lo gsar 正月） 52, 62, 65, 132
ロンポ（blon po 町の長官、知事） 48
早生品種 111

あとがき

　雄大なトランスヒマラヤの山々に囲まれたラダックでの暮らしは，夏と冬が対照的であった。夏は，雨量が少なく，乾燥した大地の中でも，村の中や山の牧草地では，色とりどりの草花が咲き乱れ，美しい景色で人々を魅了する。しかも，この季節は，ラダッキにとってもっとも忙しく，朝早くから日が暮れるまで，働きとおす毎日をもたらす。一方，冬は寒さがとても厳しい。しかし，太陽の恵みは暖かく，とくに晴れた日に過ごす日だまりは，時間が止まったかのような，くつろいだ至福の時を与えてくれる。畑仕事もなく，家畜の世話も最小限となり，生計活動から解放された，あたかも静まりかえったような冬の生活は，結婚式や僧院の祭りによって彩られる。第1回調査のときのラダックでの越冬は，思いのほか，太陽の恵みを感じたこと，人々が各地の僧院の祭り見物に，遠路をものともせず，はるばる出かけていたことを今でも思い出す。

　こうした自然のリズムに合わせたラダックの人々の営みは，文化と自然との緊密な関係をいつも語りかけてくれたのである。本書がラダックにおける病いと治療を主題としながら，第1部において，ラダックの歴史と人々の暮らしを取り上げたのも，調査の当初からラダックにおける文化と自然との関係の妙味に引きつけられてきたことが背景にある。ラダックにおいて病いと治療をめぐって展開する問題は，自然の中で育まれる暮らし，人々の生態の理解がなくては，理解できないと考えたことにある。

　アイヌの世界観で示したように，自然と文化の問題は，動物が宗教と生態を繋ぐ結節点となり，世界観の本質を象徴的に表すという形で，提起されるという文化の事例もある。これに対し，農耕・牧畜という生計手段を環境に抗しながら，みごとにこれを活用して完成させたラダックの文化では，超自然的世界において，自然の意味は遠ざかり，むしろ人間のもつ社会性が大きな意味を持つようになっている。ここでは，自然と文化の問題は，むしろ人間に本来根ざす，あるいは人間由来のさまざまな情念が生態と宗教との結節点となり表出されているといえよう。本書が自然と文化の問題をうまく描写できたとは言い切れないかもしれないが，病いと治療の問題について，生態も含めて包括的に取り上げた民族誌という2部構成をとることによって，本書はもう1つの異なる自然と文化の問題を示すことができたと考えている。

　1983年に初めてラダックを訪れてから，今年ははや4半世紀経ってしまった。主に調査を行ったのは1980年代であり，本書の大部分は，1980年代の人々の暮ら

しと，病いと治療の問題を描くものとなっている。2003年の調査で痛感したのであるが，1980年代に接することのできたゆったりと時の流れるようなラダッキの生活は，もはやラダッキにとっても古き良き思い出となりつつあった。ラダックはグローバル化の波にますます洗われ，一層気ぜわしく，世知辛い世界へと変貌しつつあるかのように，その変化が身をもって感じられたのであった。

このときの身体感覚が，1980年代のラダッキの暮らしを，このような形で書き残すことへと後押ししてくれたということができよう。1990年代には，それまでの調査の成果のうち一部を，アムチの医学あるいはシャマニズムという観点から，英語や日本語の論文という形で何篇か発表してきたが，ラダックの民族誌という形では，まとめるには至らないままで来てしまった。しかし，ラダックの伝統が変貌しつつあるという今日の現状にあって，本書は今や，1980年代のラダッキの生活を1つの歴史的事実として書き残すという役割をも担うものと考えることができる。この意味で，ラダック調査の成果をまとめた本書によって，ラダックにおける調査において協力し，支えてくれた多くのラダックの人々に対し，彼らの伝統文化を日本に紹介するという責任を曲がりなりにも果たすことができたと，やっと肩の荷が下りた気分である。

人類学の調査は，いつも快く受け入れてくれる人々があって初めて成り立つものである。道で誰と出会っても，「ジュレー」と挨拶を交わしてくれた，暖かいコミュニケーション作法は今でも忘れることができない。村人1人1人の他者のもてなし方は，ラダックでの生活を居心地の良いものにしてくれたのであった。中でも，次の人々には大変お世話になった。

第1回目のラダックの調査では，レーのジョルダン家の人々（ジョルダン夫妻は2人とも今はこの世にいないが）に，ラダック語，ラダック文化についての最初の手ほどきしてもらい，ラダックでの生活を暖かく見守られ，レー，サブー村での生活が可能となった。2回目以降の調査では，レーのイシェイ・アグモ氏とサブー村の彼女の家族，カラツェ村のギャムツォ家の人々には，レー，サブー村，カラツェ村での暮らしを支えてもらっていた。

また，アムチの医学を丁寧に教授してくれたギュルメット・ナムギャル氏，サブー村アユ地区のラモを始めとするインタビューに快く応じ，また治療儀礼の参与観察を快く認めてくれたラダッキのシャマンたち，彼らの犠牲的精神なくしては，この調査もうまく進みはしなかった。ディゲン・カギュッ派の僧侶コンチョク・パンディ氏には，チベット仏教を始めとするラダッキの信仰を分かりやすく教えてもらっただけではなく，シャマンの治療儀礼におけるシャマンと依頼者との対話の転写という気の遠くなるような作業に協力してもらった。発音がチベット語とはかなり異なっており，チベット文字に書き留めることは，チベット語の深い知識無くし

ては間違いが多いものとなっていたが，氏のチベット語に関する博識は，この作業を進めるにあたって強い味方となってくれたのである．

さらに，ラダックで収集できた植物標本の同定については，当時京都大学理学部植物学教室の村田源先生のお世話になった．アムチから譲り受けた薬物標本の同定にあたっては，京都大学薬学部の本多義昭先生（現在京都大学名誉教授），富山医科薬科大学和漢薬研究所におられた故難波恒雄先生のはからいで同研究所の山路誠一氏（現在日本薬科大学生薬学分野講師）にお世話になった．また，『パルダンラモの占い書』の日本語訳出にあたっては，チベット語研究者星実千代先生（当時東京外国語大学講師）のご協力を得た．本書は，これらすべての方々のご協力の下に初めて可能となったものである．これらの方々に心から感謝の意を表します．

この研究を進めるにあたってのフィールド調査は，1989-1990年については平成元-2年度日本学術振興会国際共同研究「西チベット民族の生態と世界観の動態に関する文化人類学的研究」，2003年については平成15年度特定領域研究「資源人類学」（『資源の分配と共有に関する人類学的統合領域の構築』）の研究分担者として助成を受けて行われたものである．また，フィールドデータの分析は，平成20年度科学研究費補助金（基盤研究(c)）「西チベット，ラダックにおける現代化とシャマニズムの動態に関する研究」の助成を受けて行なわれ，本書の出版は，京都大学教育研究振興財団平成20年度学術研究書刊行助成によるものである．さらに，京都大学学術出版会の佐伯かおる氏，國方栄二氏には，本書の出版に当たって多大な労をとって頂いた．以上の関係機関および関係各位に深くお礼申し上げます．

なお，第1部は書き下ろしであるが，第6章は「西チベット，ラダックにおける病いと治療」（『歴史の中の病いと医学』 思文閣出版，1997），第7章と第8章は「西チベット，ラダッキの民族医学 ―― アムチの医学理論とその実践」（『エスノ・サイエンス』京都大学学術出版会，2002），第9章は Spirit Possession and Shamanism among the Ladakhi in Western Tibet (*Shamans and Cultures*, Budapest: Akadémiai Kiadó, 1993) および The Ladakhi Shaman as Performer of Oneness with Local Gods, *Lha* (*Shamanism in Performing Arts*, Budapest: Akadémiai Kiadó, 1995)，第10章は The Ladakhi Shaman's Communication with His Patient: Folk Etiology Reproduced (*Shaman*, vol.4, nos. 1-2, 1996)，第11章は「現代化とシャマニズムの実践にみる身体 ―― ラダッキとサハの事例より」（『文化人類学』70 (2)，2005）として，発表した論文をもとに，全面的に加筆し，書き直したものである．

2008年12月

山田　孝子

[著者紹介]

山田 孝子（やまだ たかこ）

京都大学大学院理学研究科博士課程単位取得退学。京都大学理学博士。現在，京都大学大学院人間・環境学研究科教授。専門は宗教人類学，文化人類学，シャマニズム研究。
主要著書・論文：『アイヌの世界観』（講談社，1994年），*Circumpolar Animism and Shamanism*（共編：Yamada, T. & T. Irimoto, Hokkaido University Press, 1997年），*An Anthropology of Animism and Shamanism*（Akadémiai Kiadó, 1999年），*The World View of the Ainu*（Kegan Paul, 2001年），「現代化とシャマニズムの実践にみる身体」（『文化人類学』70 (2)，2005年），『北の民の人類学 ── 強国に生きる民族性と帰属性』（煎本孝・山田孝子編著，京都大学学術出版会，2007年）など。

ラダック
──西チベットにおける病いと治療の民族誌　　© Takako Yamada 2009

2009年3月25日　初版第一刷発行

著 者	山田孝子
発行人	加藤重樹

発行所　京都大学学術出版会
京都市左京区吉田河原町15-9
京大会館内（〒606-8305）
電話（075）761-6182
FAX（075）761-6190
URL http://www.kyoto-up.or.jp
振替 01000-8-64677

ISBN 978-4-87698-760-3
Printed in Japan

印刷・製本　㈱クイックス東京
定価はカバーに表示してあります